上海市「十二五」重点图书

本书由上海文化发展基金会图书出版专项基金资助出版

唐宋笔记选注

上

倪进 选注

上海教育出版社

总　目

上　册

下　　册

序
一

看到《笔记选注》这样的书，有读者也许会有陌生感。他们熟悉的是《古诗文选注》之类的书目，对笔记不太了解。其实，笔记可是中华文化府藏中的一大宗财宝。

于今被称为"笔记"的，是指古人的随笔杂记类著作。其中多为对轶事琐闻的记述，也有考订辨证等议论。因为是随手记录所见所闻所思所想，所以与写作时即准备公之于世的反复推敲的文章，自然会有所不同。笔记更为广泛地反映社会生活，记录当时难以见于史书文集的细节，对今人更为具体地了解古代社会的政治、经济、文化等各个方面，是大有助益的。笔记能较为自由地表达作者的思想情绪，而存世文集中的文字，往往由于种种顾忌，不如笔记率性真实。笔记中流露出的真思想真感情，可以让我们更为感性地体味那个时代士人的精神状态。笔记多为信笔著录，较少字斟句酌，不大会刻意模仿经传史汉，因而其语言较之有为而作的文字，往往显得生动活泼，也会在不经意中用上了当时的鲜活的语词，是我们了解语言变迁的重要资料。

笔记有如此之价值，然而尚未得到充分的关注。以"选注"而言，本人孤陋寡闻，仅见20世纪50年代吕叔湘的《笔记文选读》，不过七万馀字的小册子而已。试想，历代的笔记，汗牛充栋，今日之读者，何从下手？故而出版一部历代笔记选注，乃是极有价值和极为迫切的事情，确实可以称之为填补空白。应感谢倪进先生，感谢上海教育出版社，办成了这件大事。

倪进先生长期从事古代文学、文艺学的教学和研究，以他的学力，任笔记之选注，实在恰当不过。选注之难，首先在"选"。须于海量的笔记中选取若干种，再须于每种之中选取若干则，这固然耗费时间和精力，但更要有眼光。倪君的取舍标准，将思想性、学术性与趣味性结合成一体。我敢说，诸位将此书逐篇读完，不会感到某篇选录不当。倪君的判断力是可以信赖的。

　　上海人称赞办事认真，常说"一点一画"，即一丝不苟。倪君写东西，可真是"一点一画"，相当之慢。五六年前，就听说他有选注历代笔记的计划，由唐迄清，以后凡见面，必定询问著述进度，这当然有催促之意。现在看到书稿，不得不承认，慢工出细活。此书的注释，史实典故，名物训诂，无不考订翔实，申说清晰，且多有创获。如陆游为其前妻所作《钗头凤》词、《沈园》诗，注家多本《齐东野语》诸书，断唐氏为陆游表妹，且有确指其名为"琬"者。倪君对《齐东野语》"放翁钟情前室"一则之注释，考辨甚详，足证陈说之不确。又若《兰亭帖》如何为唐太宗所得，《南部新书》选注引《隋唐嘉话》《书法要录》等以供参考，注文篇幅为原文之数倍，故事亦生动，平添不少阅读趣味。司马光《涑水记闻》素负盛名，"杯酒释兵权"的故事即首见于此书，学界或以为并非信史，但如此著名的历史故事，毕竟值得一读。其中"以散官就第"一语，读过未必留心，倪君竟将它拈出并加上长注，且把极为复杂的宋代官制陈说了个大概，举重若轻，亦启发读者如何于不疑处生疑。倪君注释，注重与史籍及前后笔记相互印证，每每指示与史合与不合，用工颇深。语词训释亦有如是佳例。若"东坡言勾当自家事"篇，有"只且第一五更起"句，注释曰："只且，宋人习用语，犹言'就该'。"之后列举《近思录》一例、《朱子语类》两例为证；又引《诗经》中"只且"作比较，以免读者误读误解。"只且"这样的语词，在阅读时是极容易被忽略的，遍查手头的辞书亦未见，而宋人习用语之说，或为倪君之创获耶。这样的例子，书中还有很多。

　　在本文的末尾，照例要对这部选注作些批评。考虑到现今社会大众文言阅读能力的实际情况，就该书总体而言，愚以为对语言文字的解说疏通尚嫌太少。这对读者群的扩大，也许会有不利影响，修订再版之时，或可考虑适当增补。以上仅供倪进先生及出版社参考而已。

蒋人杰

2014 年 11 月

序二

　　中国古代笔记是一份丰厚的文化学术遗产，是人文学科、社会学科乃至自然学科研究的重要资料来源。长期以来，国内学术界就十分重视古代笔记的整理，陆续出版了一系列作品。如近几年中华书局的《历代史料笔记丛刊》、上海师范大学古籍所的《全宋笔记》等。但是，古代笔记卷帙浩繁，即使专门治学者也很难得窥全豹，何况普通读者和青年学子。因此，从继承和光大中华文化的意义出发，出版一部分量适中的选注本，是非常必要的，也是适应当今社会需求的。

　　《历代笔记选注》可以说填补了这方面的空白。从所选书目看，注意到题材的多样性，有助于读者全面了解古代笔记的丰富内容，能够激发他们阅读、研究中国古代典籍的兴趣。从选文标准看，作者的取舍坚持了传承文明、陶冶情操的原则，去除了古代笔记中掺杂的不良记载，说明其立意的雅正，同时还注意到作品思想性与可读性的统一。而在注释方面，恐怕是作者最为用心的地方。不难看出，作者对古代笔记中的名物故实、语词典章等，花费了大量功夫和精力进行爬梳抉理、考订辨证，并在吸收前人与今人研究成果的基础上渐出己意、自成一家，以科学的笺注方法保证了该书的学术价值。

孙玉文

2014 年 11 月

凡例

一、所选笔记均据中华书局《历代史料笔记丛刊》点校本。

二、选文取舍依李肇《国史补自序》："纪事实，探物理，辨疑惑，示劝戒，采风俗，助谈笑"则取之；"言报应，叙鬼神，征梦卜，近帷箔"则去之。旨在芟其芜杂，扬其菁华。

三、所选作者作品首次出现时，作简要介绍和评价。

四、选文注释以名物制度、史实人物、词章典故为主，亦兼及天文地理、风土习俗等内容。

五、选文原有标题者一仍其旧，无标题者均加拟标题，另标注阿拉伯数字为序。选文皆注明原卷数，以备查检。

目录

南部新书（二十五则） [宋] 钱 易

归田录（十八则） [宋] 欧阳修

涑水记闻（四十九则） ［宋］司马光

东斋记事（十二则）　［宋］范　镇

东轩笔录（二十八则）　［宋］魏　泰

玉壶清话（三十六则）　［宋］文　莹

东坡志林(十八则) [宋] 苏 轼

青箱杂记(十则) [宋] 吴处厚

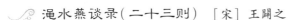

邵氏闻见录（三十五则） ［宋］邵伯温

墨庄漫录（十三则） ［宋］张邦基

 鸡肋编(十则) ［宋］庄 绰

朝野佥载

[唐] 张　鷟

《朝野佥载》六卷，唐张鷟撰。鷟字文成，号浮休子，深州陆泽（今属河北深州市）人。历武后、中宗、睿宗三朝和玄宗前期，以词章知名，人称「青钱学士」。开元初遭贬岭南，开元中召回，终于司门员外郎。生平事迹附于两《唐书》其孙张荐传中。

《朝野佥载》所载唐朝故事，以武后朝为主。作者于当时闻见，无分朝野，兼收博采。司马光作《资治通鉴》，曾引用其中记载。然书中亦记有不少鬼神荒怪之事，故《四库全书总目提要》评此书曰：「未免失于琐杂。」

选文标题为编者所拟。

1. 侯 敏 妻

则天朝①，太仆卿来俊臣之强盛②，朝官侧目，上林令侯敏偏事之。其妻董氏谏止之曰："俊臣，国贼也，势不久。一朝事败，党附先遭③，君可敬而远之。"敏稍稍引退。俊臣怒，出为涪州武龙令。敏欲弃官归，董氏曰："速去，莫求住。"遂行至州，投刺参州将④，错题一张纸。州将展看，尾后有字⑤，大怒曰："修名不了⑥，何以为县令！"不放上⑦。敏忧闷无已，董氏曰："且住，莫求去。"停五十日，忠州贼破武龙，杀旧县令，掠家口并尽。敏以不计上获全。后俊臣诛，逐其党流岭南，敏又获免。（卷三）

【注释】

① 则天朝：武周皇帝在位时期，即天授元年（690）至长安四年（704）。武周皇帝名曌（zhào），称帝时自称圣神皇帝，卒谥大圣则天皇后，后遂称武则天。

② 太仆卿：太仆寺长官。太仆寺是唐代中央事务机关九寺之一。九寺为太常、光禄、卫尉、宗正、太仆、大理、鸿胪、司农、太府。九寺长官称"卿"。太仆寺掌管朝廷车马之政。因骑兵在战争中处于重要地位，唐太仆寺大力牧养军马，所以也是军事机关。　来俊臣：雍州万年（今陕西西安市）人。少时凶险，不事生产。因告密为则天所信任，累迁侍御史，擢拜左台御史中丞。掌推事院，大兴刑狱，与其党造《告密罗织经》一卷，专用以醋灌鼻、入瓮火烤等酷刑逼供，前后被族杀冤死者千馀家。万岁通天二年（697），因得罪武氏诸王及太平公主被诛。

③ 党附：阿附于权贵而结成的团伙。

④ 投刺：投递名帖。刺，名帖，相当于今之名片。古时官员进见上级，须呈递名帖。

⑤ 尾后有字：据1974年江西南昌发掘西晋吴应墓、1984年安徽马鞍山发掘东吴朱然墓出土的名刺，其样式大致有三：一是书郡名、姓名、敬词、问候语、县名、表字（豫章吴应再拜问起居南昌字子远）；二是书官职、籍贯、姓名、年龄、表字（中郎豫章南昌都乡吉阳里吴应年七十三字子远）；三是在帖顶端居中书"谒"字，右侧直书官爵、籍贯、姓名、敬词（□节右军师左大司马当阳侯丹杨朱然再拜）。可知三种名刺各有不同用处，第一种用于日常社交（爵里刺），第二种用于官场应酬（长刺），第三种则是进见上级的正式拜帖（谒）。此处侯敏进见州将，应该用第三种，却错题了表字。

⑥ 修名：正名分。此句意谓尊卑名分也不明白。

⑦ 上：上任；就职。

2. 李 畲 母

监察御史李畲母[①]，清素贞洁，畲请禄米送至宅[②]，母遣量之，剩三石。问其故，令史曰："御史例不概剩[③]。"又问车脚几钱，又曰："御史例不还脚钱。"母怒，令还所剩米及脚钱以责畲，畲乃追仓官科罪[④]。诸御史皆有惭色。（卷三）

【注释】

① 监察御史：唐代最高监察机关为御史台，内设台院、殿院、察院，分别由侍御史、殿中侍御史、监察御史居其职，合称"三院御史"。监察御史主要监察百官和朝廷政务，也常受命巡按各地和战场，行赏罚奖惩之事。

② 禄米：用作官员薪俸的粟米。

③ 概：量谷物时刮平斗斛的器具。此处用作动词，刮平，削平。

④ 科罪：定罪。

3. 白铁余惑众

白铁余者，延州稽胡也[①]，左道惑众[②]。先于深山中埋一金铜像于柏树之下，经数年，草生其上。绐乡人曰："吾昨夜山下过，每见佛光。"大设斋，卜吉日以出圣佛。及期[③]，集数百人，命于非所藏处刷[④]，不得。乃劝曰："诸公不至诚布施[⑤]，佛不可见。"由是男女争布施者百馀万。更于埋处刷之，得金铜像。乡人以为圣，远近传之，莫不欲见。乃宣言曰："见圣佛者，百病即愈。"左侧数百里[⑥]，老小士女皆就之。乃以绯紫红黄绫为袋数十重盛像，人聚观者，去一重一回布施，收千端乃见像[⑦]。如此矫伪一二年，乡人归伏，遂作乱，自号光王，署置官职，杀长吏[⑧]，数年为患。命将军程务挺斩之[⑨]。（卷三）

【注释】

① 延州：唐属关内道，治肤施（今陕西延安市北）。 稽胡：古族名，匈奴的别种。《旧唐书·程务挺传》载白铁余为绥州城平县（今陕西榆林市清涧县东北）人。

② 左道：指非正统的邪法、妖术。

③ 及期：到了约定的日子。

④ 劚（zhú）：挖、掘。

⑤ 布施：施舍财物。

⑥ 左侧：附近。

⑦ 千端：形容所收钱帛繁多。

⑧ 长吏：此处指朝廷任命的州县官员。

⑨ 程务挺：洺州平恩（今河北邯郸市曲周县东南）人。唐初名将程名振之子。务挺少随父征讨，以勇力闻，迁右领军卫中郎将。高宗永隆中（680—681），随礼部尚书裴行俭击破突厥史伏念，迁右卫将军，封平原郡公。永淳二年（683），平白铁余之乱，拜左骁卫大将军。嗣圣元年（684），武则天临朝，屡受赏赐，官左武卫大将军、单于道安抚大使，以御突厥。同年冬十二月，中书令裴炎下狱，务挺上书辩冤，忤旨。或言务挺与裴炎、徐敬业潜相接结，则天遣人就军斩之。

4. 阎玄一多忘

　　五原县令阎玄一为人多忘。尝至州，于主人舍坐，州佐史前过①，以为县典也②，呼欲杖之，典曰："某是州佐也。"玄一惭谢而止。须臾县典至，一疑其州佐也，执手引坐，典曰："某是县佐也。"又愧而止。曾有人传其兄书者，止于阶下，俄而里胥白录人到③，玄一索杖，遂鞭送书人数下。其人不知所以，讯之，玄一曰："吾大错。"顾直典回宅取杯酒暖痛④。良久，典持酒至，玄一既忘其取酒，复忘其被杖者，因便赐直典饮之。（卷三）

【注释】

　　① 佐史：地方佐官。唐代州长官为刺史，下有别驾、长史、司马、录事参军事、七曹参军等佐官。

　　② 县典：县的佐官。

　　③ 俄而里胥白录人到：不久，乡吏报告说缉捕的人已押到。里胥，乡吏。白，（下对上）告诉、陈述。录人，被拘捕的人。

　　④ 直典：值班的小吏。　暖痛（yù）：犹暖痛。旧时当人受杖责后，亲友备酒安慰之，谓之"暖痛"。痛，病灾。

5. 夏侯彪之贪鄙

　　益州新昌县令夏侯彪之初下车①，问里正曰②："鸡卵一钱几颗③？"曰："三颗。"

彪之乃遣取十千钱,令买三万颗,谓里正曰:"未须要,且寄母鸡抱之,遂成三万头鸡。经数月长成,令县吏与我卖,一鸡三十钱,半年之间成三十万。"又问:"竹笋一钱几茎?"曰:"五茎。"又取十千钱付之,买得五万茎,谓里正曰:"吾未须要笋,且向林中养之。至秋竹成,一茎十钱,成五十万。"其贪鄙不道皆类此。(卷三)

【注释】

① 下车:指官吏到任。

② 里正:乡官名,里长。唐以道、州、县三级建制,县下设里,一里辖几十、百馀户不等。

③ 鸡卵:鸡蛋。

6. 侯白讥陈使

陈朝尝令人聘隋①,不知其使机辨深浅,乃密令侯白变形貌②,着故弊衣,为贱人供承③。客谓是微贱,甚轻之,乃傍卧放气与之言④,白心颇不平。问白曰:"汝国马价贵贱?"报云:"马有数等,贵贱不同。若从伎俩筋脚好⑤,形容不恶,堪得乘骑者,直二十千已上⑥。若形容粗壮,虽无伎俩,堪驮物,直四五千已上。若彌尾燥蹄⑦,绝无伎俩,傍卧放气,一钱不直。"使者大惊,问其姓名,知是侯白,方始愧谢。(卷四)

【注释】

① 聘:访问。此句说南朝陈曾派使者访隋。隋建国于581年,589年灭陈。

② 侯白:隋臣。字君素,魏郡临漳(今河北邯郸市临漳县西南)人。以捷才善辩著称。

③ 供(gòng)承:侍奉;执役。

④ 傍卧放气:身子斜躺着,无顾忌地放屁。指态度极其轻慢无礼。

⑤ 伎俩:技能;本领。

⑥ 直:价值。

⑦ 彌(biē)尾燥蹄:马尾糟乱,马蹄粗劣。形容马外观丑陋。

7. 骆宾王激裴炎反

裴炎为中书令①,时徐敬业欲反②,令骆宾王画计③,取裴炎同起事。宾王足踏

壁，静思食顷，乃为谣曰："一片火，两片火，绯衣小儿当殿坐④。"教炎庄上小儿诵之，并都下童子皆唱。炎乃访学者令解之。召宾王至，数唻以宝物锦绮⑤，皆不言。又略以音乐、女妓、骏马，亦不语。乃对古忠臣烈士图共观之，见司马宣王⑥，宾王欻然起曰⑦："此英雄丈夫也。"即说自古大臣执政，多移社稷，炎大喜。宾王曰："但不知谣谶何如耳。"炎以谣言"片火绯衣"之事白，宾王即下，北面而拜曰⑧："此真人矣。"遂与敬业等合谋。扬州兵起，炎从内应，书与敬业等合谋，唯有"青鹅"。人有告者，朝廷莫之能解。则天曰："此'青'字者十二月，'鹅'字者我自与也⑨。"遂诛炎，敬业等寻败。（卷五）

【注释】

① 裴炎：绛州闻喜（今属山西）人。少补弘文生，精于学，擢明经第。高宗朝，历官兵部侍郎、中书门下平章事、侍中、中书令。中宗即位，欲命韦后之父玄贞为侍中，炎与则天定策废立，炎以此封河东县侯。武后临朝，徐敬业反，问策于炎，炎请归政，后大怒，命御史大夫骞味道、御史鱼承晔鞫之。光宅元年（684）十月，斩炎于洛阳都亭驿之前街。 中书令：唐中书省长官。中书省、门下省、尚书省是朝廷最高政务机构，凡军国政要，皆由中书省定策并草为诏敕，交门下省审议复奏，然后付尚书省颁发执行。

② 时徐敬业欲反：嗣圣元年（684），武后临朝称制，废中宗，立睿宗。柳州司马徐敬业，联合唐之奇、骆宾王等起兵反于扬州。不久兵败，徐为部下所杀。

③ 骆宾王：婺州义乌（今属浙江）人。曾任临海丞。后随徐敬业起兵反武则天，兵败，下落不明。与王勃等诗文齐名，为"初唐四杰"之一。

④ 一片火，两片火，绯衣小儿当殿坐：此谣暗指"裴炎称王"。

⑤ 唻：利诱。

⑥ 司马宣王：即司马懿。字仲达，河内温县（今河南焦作市温县西南）人。初为曹操主簿，后任太子中庶子，深得曹丕信重。魏明帝时，任大将军。齐王曹芳即位，与皇族曹爽受遗诏辅政。嘉平元年（249），杀爽，专朝政。死后，其子师、昭相继专权，至其孙炎，终代魏立晋，追尊为宣帝，庙号高祖。

⑦ 欻（xū）然：忽然。

⑧ 北面：表示臣服。古礼，臣拜君（或卑幼拜尊长），须面向北行礼。

⑨ 我自与：我将亲自参与（起事）。"鹅"字左边为"我"，右边"鸟"可拆成"自"与"与"二字。

8. 忠武将军辛承嗣

忠武将军辛承嗣轻捷①。曾解鞍绊马，脱衣而卧，令一人百步走马持枪而来。

承嗣鞴马解绊②,着衣摆甲③,上马盘枪逆拒④,刺马擒人而还。承嗣曾与将军元帅
奖驰骋⑤,一手捉鞍桥,双足直上捺蜻蜓⑥,走马二十里。与中郎裴绍业于青海被吐
蕃围⑦,谓绍业曰:"相随带将军共出。"绍业惧,不敢。承嗣曰:"为将军试之。"单马
持枪,所向皆靡,却迎绍业出。承嗣马被箭,乃跳下,夺贼壮马乘之,一无损伤。裴
旻为幽州都督,孙佺北征,被奚贼围之⑧。旻马上立走,轮刀雷发,箭若星流,应刀
而断。贼不敢取,蓬飞而去。(卷六)

【注释】

　　① 忠武将军:唐武官散阶第八级,正四品上。

　　② 鞴(bèi):给马套上鞍、辔。

　　③ 摆(huàn):穿。

　　④ 逆拒:迎击;抵御。

　　⑤ 奖驰骋:骑马比赛。奖,奖励。

　　⑥ 捺蜻蜓:又作"竖蜻蜓"。身体倒立,用手支撑。

　　⑦ 吐蕃(bō):唐人对当时藏族政权的称呼,在今青藏高原。

　　⑧ 奚:即库莫奚,古游牧民族。与契丹同源于鲜卑宇文部一支,分布在饶乐水(今内蒙古西
拉木伦河)流域。

9. 卢 照 邻

　　卢照邻字昇之,范阳人。弱冠拜邓王府典签①,王府书记一以委之②。王有书
十二车,照邻总披览,略能记忆。后为益州新都县尉,秩满③,婆娑于蜀中④,放旷诗
酒,故世称"王杨卢骆"⑤。照邻闻之曰:"喜居王后,耻在骆前。"时杨之为文,好以
古人姓名连用,如张平子之略谈⑥,陆士衡之所记⑦,潘安仁宜其陋矣⑧,仲长统何足
知之⑨。号为"点鬼簿"。骆宾王文好以数对,"如秦地重关一百二,汉家离宫三十
六"。时人号为"算博士"。如卢生之文,时人莫能评其得失矣。惜哉,不幸有冉耕
之疾⑩,著《幽忧子》以释愤焉。文集二十卷。(卷六)

【注释】

　　① 典签:隋唐诸王府所设掌文书的小吏。

　　② 书记:此处指文字、案牍一类的工作。

③ 秩满：谓官吏任期届满。

④ 婆娑(suō)：盘桓；逗留。

⑤ 王杨卢骆：即王勃、杨炯、卢照邻、骆宾王。四人诗文齐名，有"初唐四杰"之称。

⑥ 张平子：东汉文学家张衡，字平子，南阳西鄂(今河南南阳石桥镇)人。代表作有《二京赋》《归田赋》等。

⑦ 陆士衡：西晋文学家陆机，字士衡，吴郡吴县华亭(今上海松江区)人。代表作有《文赋》等。

⑧ 潘安仁：西晋文学家潘岳，字安仁，荥阳中牟(今属河南)人。代表作有《闲居赋》等。

⑨ 仲长统：东汉文学家，字公理，山阳高平(今山东微山西北)人。著作有《昌言》。

⑩ 冉耕之疾：冉耕，字伯牛，孔子弟子。有德行而患恶疾，孔子痛惜之(见《论语·雍也》)。后作为贤者患恶疾之典。

10. 唐俭与太宗棋

吏部尚书唐俭与太宗棋①，争道②。上大怒，出为潭州。蓄怒未泄，谓尉迟敬德曰③："唐俭轻我，我欲杀之，卿为我证验有怨言指斥。"敬德唯唯。明日对仗云④，敬德顿首曰："臣实不闻。"频问，确定不移。上怒，碎玉珽于地⑤，奋衣入⑥。良久索食，引三品以上皆入宴，上曰："敬德今日利益者各有三：唐俭免枉死，朕免枉杀，敬德免曲从，三利也；朕有怒过之美⑦，俭有再生之幸，敬德有忠直之誉，三益也。"赏敬德一千段⑧，群臣皆称"万岁"。(补辑)

【注释】

① 唐俭：字茂约，并州晋阳(今山西太原市晋源区)人。李氏父子起兵太原，为大将军府记室参军。高祖武德初，除内史舍人，迁中书侍郎。后平叛有功，拜礼部尚书，授天策府长史，累封莒国公。太宗贞观初，以计破突厥颉利部，还，授民部尚书。从猎洛阳苑，有豕跃及镫，俭投马搏之。太宗拔剑断豕，顾笑曰："天策长史不见上将击贼邪，何惧之甚？"对曰："汉祖以马上得之，不以马上治之。陛下神武定四方，岂复逞雄心于一兽？"太宗因以罢猎。高宗永徽初，致仕于家。显庆元年(656)卒，年七十八。赠开府仪同三司、并州都督，陪葬昭陵，谥曰襄。据两《唐书·唐俭传》，俭贞观初除民部尚书(唐初沿隋称，后改"民部"为"户部")，非为"吏部尚书"。唐尚书省下属吏、户、礼、兵、刑、工六部，为朝廷行政执行机构。六部长官称为"尚书"。吏部掌选补、勋封、考课之政；户部掌天下财政、民政。

② 争道：争抢棋路。

③尉迟敬德:尉迟恭,字敬德,朔州善阳(今山西朔州市)人。隋末从军,骁勇善战,为刘武周偏将。武德三年(620),太宗讨武周,敬德降,引为右一府统军。后从太宗击败王世充军,平窦建德、刘黑闼之乱。九年六月,玄武门之变,射杀李元吉,助太宗即位。历任泾州道行军总管、襄州都督等,封鄂国公。晚年笃信仙方,不与外人交通十六年。显庆三年(658)卒,年七十四。赠司徒,谥忠武,陪葬昭陵。

④对仗:当廷奏事。后"云"字当为衍文。

⑤玉珽:玉笏。

⑥奋衣:同拂袖。把衣袖一甩。表示生气。

⑦怒过:指发怒后很快就消气了。

⑧段:量词,布帛等条形物的一截。

大唐新语

[唐] 刘肃

《大唐新语》十三卷，唐刘肃撰。据《新唐书·艺文志》和《全唐文》卷六九五，宪宗元和（806—820）中，刘肃曾历江都县、浔阳县主簿。其他则无可考。

《大唐新语》纂辑唐朝史料，仿《世说新语》体例，分「匡赞」「规谏」「极谏」「刚正」等三十门，主要记述唐初至大历间人物言行故事，内容多以政治教化为主。书后有「总论」一篇，阐明以前事为鉴的编撰意图。

选文标题为编者所拟。

1. 杜　如　晦

杜如晦少聪悟①，精彩绝人。太宗引为秦府兵曹②，俄改陕州长史。房玄龄闻于太宗曰③："馀人不足惜，杜如晦聪明识达，王佐之才。若大王守藩④，无用之；必欲经营四方，非此人不可。"太宗乃请为秦府掾⑤，封建平县男⑥，补文学馆学士。令文学褚亮为之赞曰："建平文雅，休有烈光⑦。怀忠履义，身立名扬。"贞观初，为右仆射⑧，玄龄为左仆射。太宗谓之曰："公为仆射，当须大开耳目，求访贤哲，此乃宰相之弘益⑨。比闻听受词诉，日不暇给，安能为朕求贤哉！"自是台阁规模⑩，皆二人所定。其法令意在宽平，不以求备取人，不以己长格物。如晦、玄龄引进之，如不及也⑪。太宗每与玄龄图事，则曰："非如晦莫能筹之。"及如晦至，卒用玄龄之策。二人相须以断大事，迄今言良相者，称房杜焉。及如晦薨，太宗谓虞世南曰⑫："吾与如晦，君臣义重，不幸物化⑬，实痛于怀。卿体吾意，为制碑也。"后太宗尝新瓜美，怆然悼之，辍其半，使置之灵座。及赐玄龄黄银带，因谓之曰："如晦与公同心辅朕，今日所赐，惟独见公。"泫然流涕。以黄银带辟恶，为鬼神所畏，命取金带，使玄龄送之于其家也。（卷一《匡赞第一》）

【注释】

① 杜如晦：字克明，京兆杜陵（今陕西西安市东南）人。隋末任滏阳尉。唐太宗平京城，引为秦王府兵曹参军。从征关中，助太宗筹谋，迁陕东道大行台司勋郎中，封建平县男。寻兼文学馆学士、天策府从事中郎。武德九年（626），玄武门之变，助太宗即位。后累官至尚书右仆射，与房玄龄共掌朝政。贞观四年（630）卒，年四十六。赠开府仪同三司，及葬加司空，谥曰成。

② 秦府兵曹：秦府中掌兵事的官员。唐府、州设六曹（或六司），长官称"六曹参军事"。武德元年（618），唐高祖李渊称帝，封次子李世民（太宗）为秦王，任尚书令。

③ 房玄龄：字乔（一说名乔，字玄龄），齐州临淄（今山东淄博市临淄区北）人。隋末举进士，任隰城尉。唐兵入关中，归太宗，为秦王府记室。助太宗筹谋，取帝位。贞观元年（627）任中书令，后为尚书左仆射，监修国史，长期执政。与杜如晦、魏徵等同为太宗勋臣，累封梁国公。贞观二十三年（649）卒，年七十。赠太尉、并州都督，谥曰文昭。

④ 守藩：指王侯驻守其封地。

⑤ 府掾（yuàn）：府署幕僚。

⑥ 县男：爵位名，从五品上，食邑三百户。隋唐封爵共分九等，依次为亲王、嗣王和郡王、国

公、郡公、县公、县侯、县伯、县子、县男。

⑦ 休有烈光：意谓享有美好的荣耀。休，美。语见《诗经·周颂·载见》。

⑧ 仆射(yè)：唐尚书省长官。尚书省长官本应为尚书令，因太宗即位前曾任此职，故不再复置，以左右仆射为实际长官。左仆射统吏、户、礼三部；右仆射统兵、刑、工三部。唐初，仆射地位尊崇，师长百僚。

⑨ 弘益：补益；增益。

⑩ 台阁：此处指尚书省。

⑪ 如不及：意即用人取其长，重视人才的过人之处。如，顺随，依从。不及，比不上。

⑫ 虞世南：字伯施，越州余姚(今属浙江)人。仕隋为起居舍人。入唐，官至秘书监，封永兴县子。能文工书，书学智永，承二王之法，与欧阳询、褚遂良、薛稷并称唐初四大书家。

⑬ 物化：随物而化，指去世。语出《庄子·刻意》："圣人之生也天行，其死也物化。"

2. 魏徵陈古今理体

魏徵常陈古今理体①，言太平可致。太宗纳其言，封德彝难之曰②："三代已后③，人渐浇讹④，故秦任法律，汉杂霸道，皆欲理而不能，岂能理而不欲⑤。魏徵书生，若信其虚论，必乱国家。"徵诘之曰："五帝三皇⑥，不易人而理⑦。行帝道则帝，行王道则王，在其所化而已。考之载籍，可得而知。昔黄帝与蚩尤战⑧，既胜之后，便致太平。九夷乱德⑨，颛顼征之，既克之后，不失其理。桀为乱⑩，汤放之；纣无道⑪，武王伐之：而俱致太平。若言人渐浇讹，不返朴素，至今应为鬼魅，宁可得而教化耶？"德彝无以难之。徵蘦，太宗御制碑文并御书⑫。后为人所谗，敕令踣之⑬。及征辽不如意，深自悔恨，乃叹曰："魏徵若在，不使我有此举也。"既渡水，驰驿以少牢祭之⑭，复立碑焉。(卷一《匡赞第一》)

【注释】

① 魏徵：字玄成，魏郡内黄(今河南安阳市内黄县西北)人，祖籍巨鹿下曲阳(今河北晋州市西)，一说馆陶(今属河北)。少孤贫好学，曾为道士。隋末隶李密。密败，降唐。又为窦建德所获，任起居舍人。建德败，入唐为太子李建成洗马，劝建成早除李世民。及太宗即位，擢为谏议大夫。贞观三年(629)，授秘书监，参与朝政。后官侍中，封郑国公。十七年卒，年六十四。赠司空、相州都督，谥曰文贞。徵直言敢谏，其言论见于《贞观政要》。 理体：治政之道。理，治。

② 封德彝：名伦，字德彝，观州蓚(今河北景县)人。隋开皇末，为杨素行军记室，以机智为素

赏识。大业中，依附虞世基。后附宇文化及，化及败，降唐。任内史侍郎，从李世民灭王世充。武德末，任中书令。太宗即位，迁尚书右仆射。为人险佞，每上奏，常窥测帝意而附和。贞观元年(627)卒。后数年，太宗察其阴附建成事，乃改谥曰缪，追夺赠官。

③ 三代：指夏、商、周三个朝代。

④ 浇讹：轻浮伪诈。

⑤ 理而不欲：意谓教化百姓而不使有所欲求。

⑥ 五帝三皇：传说远古有五帝三皇。五帝通常指黄帝、颛顼(Zhuānxū)、帝喾(Kù)、唐尧、虞舜。三皇通常指伏羲、燧人、神农。

⑦ 易人：轻视人。

⑧ 蚩尤：传说中东方九黎族首领，后与黄帝战于涿鹿(今属河北)，失败被杀。

⑨ 九夷：古时称东方九个民族。《论语注疏》："一曰玄菟，二曰乐浪，三曰高丽，四曰满饰，五曰凫臾，六曰索家，七曰东屠，八曰倭人，九曰天鄙。"又《后汉书·东夷传》："夷有九种，曰畎夷、于夷、方夷、黄夷、白夷、赤夷、玄夷、风夷、阳夷。"

⑩ 桀：夏朝末代君主。汤灭之，建立商朝。

⑪ 纣：商朝末代君主。武王灭之，建立周朝。

⑫ 御制碑文并御书：据宋钱易《南部新书·己》："魏徵疾亟，文皇梦与徵别，既寤流涕。是夕徵卒，故御制碑文云：'昔殷宗得良弼于梦中，朕今失贤臣于觉后。'"

⑬ 踣(bó)：仆倒。

⑭ 驰驿以少牢祭之：骑快马赶回用少牢之礼祭奠魏徵。驰驿，驾乘驿马疾行。少牢，古代祭礼所用豕、羊。

3. 姚 崇 辅 政

姚崇以拒太平公主①，出为申州刺史②，玄宗深德之③。太平既诛，征为同州刺史。素与张说不叶④，说讽赵彦昭弹之⑤，玄宗不纳。俄校猎于渭滨，密召崇会于行所，玄宗谓曰："卿颇知猎乎？"崇对曰："此臣少所习也。臣年三十，居泽中，以呼鹰逐兔为乐，犹不知书。张璟谓臣曰：'君当位极人臣，无自弃也。'尔来折节读书⑥，以至将相。臣少为猎师，老而犹能。"玄宗大悦，与之偕马臂鹰⑦，迟速在手，动必称旨。玄宗欢甚，乐则割鲜⑧，闲则咨以政事，备陈古今理乱之本上之，可行者必委曲言之。玄宗心益开，听之亹亹忘倦⑨。军国之务，咸访于崇。崇罢冗职，修旧章，内外有叙。又请无赦宥，无度僧⑩，无数迁吏，无任功臣以政。

玄宗悉从之,而天下大理。(卷一《匡赞第一》)

【注释】

① 姚崇:本名元崇,字元之,后改名崇,陕州硖石(今河南陕县东硖石镇西石门)人。历任武则天、睿宗、玄宗朝宰相。睿宗时因奏请太平公主出居东都,贬为申州刺史。开元初复相,封梁国公,迁紫微令。奏请禁止宦官、贵戚干政,禁绝寺观营造,奖励群臣劝谏等十事,为其后"开元之治"奠定基础。后荐宋璟自代。《资治通鉴》卷二百十一:"唐世贤相,前称'房杜',后称'姚宋',它人莫得比焉。"开元九年(721)卒,年七十二。赠扬州大都督,谥曰文献。十七年重赠太子太保。 太平公主:高宗之女,武则天所生。唐隆元年(710),参与李隆基(玄宗)发动的宫廷政变,杀韦后和安乐公主,把持朝政。玄宗即位,她阴谋政变,事败被杀。

② 刺史:唐代州长官。

③ 德:此处用作动词,感激。

④ 张说(yuè):字道济,一字说之,其先自范阳徙河南,更为洛阳人。睿宗朝官至同中书门下平章事、监修国史,玄宗朝召为中书令,封燕国公。曾任朔方节度使。明练边事,擅长文辞。开元十八年(730)卒,年六十四。谥文贞。 叶(xié):同"协",和洽。

⑤ 说讽赵彦昭弹之:张说暗示赵彦昭弹劾他(姚崇)。讽,用含蓄的话暗示。弹,弹劾。赵彦昭,字奂然,甘州张掖(今属甘肃)人。中宗时,累迁中书侍郎、同中书门下平章事。睿宗立,出为宋州刺史。后历吏部侍郎、御史大夫,改刑部尚书,封耿国公。姚崇执政,恶其人,贬江州别驾,卒。

⑥ 折节:克制自己,改变平素志向。

⑦ 臂鹰:架鹰于臂。

⑧ 割鲜:宰杀动物。

⑨ 亹亹(wěi):形容勤勉不倦。

⑩ 度僧:使人出家。

4. 文德皇后谏太宗

太宗尝罢朝,自言:"杀却此田舍汉①!"文德皇后问②:"谁触忤陛下?"太宗曰:"魏徵每庭辱我,使我常不得自由③。"皇后退,朝服立于庭④。太宗惊曰:"何为若是?"对曰:"妾闻主圣臣忠。今陛下圣明,故魏徵得尽直言。妾备后宫⑤,安敢不贺?"于是太宗意乃释。(卷一《规谏第二》)

【注释】

① 田舍汉：乡巴佬。

② 文德皇后：长孙氏，河南洛阳人。隋左骁卫将军长孙晟之女。武德元年（618），册为秦王妃。太宗即位，为皇后。贞观十年（636）崩，年三十六。上元元年（674），改上尊号曰文德顺圣皇后。

③ 自由：自己作主而不受约束。

④ 朝服：君臣朝会时所穿礼服。此处用作动词。

⑤ 备：充任；充当。常用作谦词。

5. 魏徵讽太宗纳言

皇甫德参上书曰①："陛下修洛阳宫，是劳人也；收地租，是厚敛也；俗尚高髻②，是宫中所化也。"太宗怒曰："此人欲使国家不收一租，不役一人，宫人无发，乃称其意。"魏徵进曰："贾谊当汉文之时，上书云：'可为痛哭者三，可为长叹者五③。'自古上书，率多激切。若非激切，则不能服人主之心。激切即似讪谤，所谓'狂夫之言，圣人择焉'。惟在陛下裁察，不可责之。否则于后谁敢言者。"乃赐绢二十匹，命归。（卷二《极谏第三》）

【注释】

① 皇甫德参：时任陕县丞（《贞观政要》卷五），一说中牟丞（《资治通鉴》卷一百九十四）。

② 髻（jì）：妇女将头发在头顶或脑后盘成各种形状。

③ 贾谊上书句：贾谊，西汉政论家、文学家。少博学，文帝初召为博士，不久迁太中大夫。为大臣排挤，贬为长沙王太傅。后为梁怀王太傅。他多次上疏，批评时政。据《汉书·贾谊传》："谊数上疏陈政事，多所欲匡建。其大略曰：'臣窃惟事势，可为痛哭者一，可为流涕者二，可为长太息者六。若其它背理而伤道者，难遍以疏举。'"

6. 魏徵进言事君之道

房玄龄与高士廉偕行，遇少府少监窦德素①，问之曰："北门近来有何营造？"德素以闻太宗。太宗谓玄龄、士廉曰："卿但知南衙事②，我北门小小营造，何妨卿事③？"玄龄等拜谢。魏徵进曰："臣不解陛下责，亦不解玄龄等谢。既任大臣，即陛下股肱耳目,有所营造,何容不知。责其访问官司④,臣所不解。陛下所为若是,当助陛下成之;所为若非,当奏罢之。此乃事君之道。玄龄等问既无罪,而陛下责之,玄龄等不识所守,臣实不喻。"太宗深纳之。(卷二《极谏第三》)

【注释】

① 少府少监(jiàn):唐代设五监,为国子监、少府监、将作监、都水监、军器监,与九寺同为唐代中央事务机关。参见第3页第1则注释②。五监长官称"监",少监是次官。少府监掌朝廷百工技巧之政。

② 南衙:唐三大政务机关中书省、门下省、尚书省均在皇宫之南,故称。时房玄龄、高士廉皆任职于尚书省,房为左仆射,高为吏部尚书。

③ 何妨卿事:意谓关你们什么事。

④ 官司:指官方主管部门。

7. 崔氏教子为官

郑善果父诚周为大将军,讨尉迟迥遇害①。善果性至孝笃慎,大业中为鲁郡太守②。母崔氏甚贤明,晓正道。尝于阁中听善果决断,闻剖析合理,悦;若处事不允,则不与之言。善果伏床前,终日不敢食。母曰:"吾非怒汝,乃愧汝家耶。汝先君清恪③,以身殉国,吾亦望汝及此。汝自童子承袭茅土④,今致方伯⑤,岂汝自能致之耶? 安可不思此事。吾寡妇也,有慈无威,使汝不知教训,以负清忠之业。吾死之日,亦何面目见汝先君乎?"善果由是励己清廉,所莅咸有政绩⑥。炀帝以其俭素,考为天下第一⑦,赏物千段,黄金百两。入朝,拜左庶子⑧,数进忠言,多所匡谏。迁工部尚书,正身奉法,甚著劳绩。(卷三《清廉第六》)

【注释】

① 尉迟迥:北周大臣。大定元年(581),杨坚(隋文帝)代周称帝,尉迟迥曾起兵反抗,被镇压。

② 大业:隋炀帝年号(605—617)。

③ 清恪:廉洁恭谨。

④ 茅土:指王侯的封爵。古代天子封爵时,用代表方位的五色土筑坛,按封地所在方向取一色土,包以白茅而授之。

⑤ 方伯：殷周时代一方诸侯之长。后泛称地方长官。

⑥ 莅：临视；治理。

⑦ 考：考察，考核。

⑧ 左庶子：隋唐时期，太子属官称左右庶子。

8. 冯立事主

　　冯立有武艺，略涉书记，事隐太子①。太子诛，左右悉逃散。立叹曰："岂有生受其恩，而逃其难！"乃率兵犯玄武门，杀将军敬君弘，谓其徒曰："微以报太子矣。"遂解兵而遁。俄来请罪，太宗数之曰："汝间构阻我骨肉，复出兵来战，杀我将士，汝罪大也，何以逃死？"对曰："屈身事主，期于效命。当战之日，无所顾惮。"因歔欷，悲不自胜。太宗宥之。立谓其所亲曰："逢莫大之恩，终当以死奉答。"俄而突厥至便桥②，立率数百人力战，杀获甚众。太宗深嘉叹之。出牧南海③，前后牧守率多贪冒，蛮夷患之，数为叛逆。立不营生业④，衣食取给而已。尝至贪泉，叹曰："此吴隐之所酌泉也⑤。饮一杯何足道哉，吾当汲而为食。"毕饮而去。（卷三《清廉第六》）

【注释】

　　① 隐太子：唐高祖李渊长子李建成。武德九年（626）六月四日，李世民在玄武门（长安太极宫北面正门）设伏，诛杀李建成等。三天后，高祖遂立世民为太子，八月又正式传位世民。史称"玄武门之变"。

　　② 突厥至便桥：太宗即位不几日，突厥颉利率兵犯境，旬日逼近长安城西北渭水便桥。便桥，初作便门桥，汉武帝建元三年建，去长安四十里。

　　③ 出牧：出任州府长官。

　　④ 生业：产业；资财。

　　⑤ 吴隐之：晋良吏。晋安帝时，出任广州刺史。未至州二十里地名石门（在今广东佛山市南海区西北），有水名"贪泉"。当地传说，一饮此水，就会变成贪得无厌之人。隐之既至，酌而饮之，因赋诗曰："古人云此水，一歃怀千金。试使夷齐饮，终当不易心。"诗以伯夷、叔齐自比，述清廉为政之志。事见《晋书·良吏传》。

9. 李日知知止

　　李日知为侍中①，频乞骸骨②，诏许之。初，日知将欲陈请，不与妻谋。及还饰装③,将出居别业④,妻惊曰:"家室屡空,子弟名宦未立⑤,何为辞职也?"日知曰:"书生至此已过分,人情无厌,若恣其心,是无止足也。"(卷三《清廉第六》)

【注释】

① 李日知:郑州荥阳(今属河南)人。举进士。神龙初为给事中,累迁黄门侍郎。景云元年(710),同中书门下平章事,转御史大夫。明年,拜侍中。先天元年(712),转刑部尚书,罢知政事。请致仕,许之。开元三年(715)卒。　侍中:门下省长官。唐中书令、门下侍中、尚书令(或仆射)皆号称"宰相"。

② 乞骸骨:古代官吏自请退职,意即使骸骨能归葬故里。

③ 饰(chì)装:整理行装。

④ 出居别业:迁居别墅。

⑤ 名宦:名声和官职。

10. 韦景骏治县

韦景骏为肥乡令,县界漳水,连年泛滥。景骏审其地势,增筑堤防,遂无水患,至今赖焉。时河北大饥,景骏躬自巡抚贫弱,人吏立碑,以纪其德。肥乡人有母子相告者,景骏谓之曰:"吾少孤,每见人养亲,自痛终天无分①。汝幸在温清之地②,何得如此?锡类不行③,令之罪也④。"因泪下呜咽,仍取《孝经》与之,令其习读。于是母子感悟,各请改悔。迁赵州长史,路由肥乡,人吏惊喜,竞来犒饯,留连弥日。有童幼数人,年甫十岁,亦在其中,景骏谓之曰:"计吾北去,此时汝辈未生,既无旧思,何殷勤之甚也?"咸对曰:"比闻长老传说⑤,县中廨宇⑥、学堂、馆舍、堤桥,并是明公遗迹。将谓古人⑦,不意得瞻睹,不觉欣恋,倍于常也。"终于奉先令。(卷四《政能第八》)

【注释】

① 终天无分:终身没有机缘。

② 温清(qìng):冬暖夏凉的省称。常用来指侍奉父母之礼,冬天温被使暖,夏天扇席使凉。

③ 锡类:指孝道。语出《诗经·大雅·既醉》:"孝子不匮,永锡尔类。"

④ 令:县令。此句是韦景骏自责之辞。

⑤ 比闻:频频听到。

⑥ 廨(xiè)宇：官舍。

⑦ 将谓：以为。"将""谓"组成同义复词，表"以为"义，多见于唐宋笔记。

11. 李 纲 忠 义

李纲慷慨有志节，每以忠义自命。初名瑗，字子玉，读《后汉书》，慕张纲为人①，因改名曰纲，字文纪。周齐王宪引为参军②。及宪遇害，无敢收视者。纲抚枢号恸，躬自埋瘗③，时人义之。仕隋太子洗马④。太子勇之废也⑤，隋文帝切责宫寮，以其不存辅导。纲对曰："今日之事，乃陛下过，非太子罪也。太子才非常品，性本常人，得贤明之士辅之，足嗣皇业。奈何使弦歌鹰犬之徒，日在其侧。乃陛下训导之不足，岂太子罪耶！"文帝奇之，擢为尚书左丞⑥。周齐王女婿居，纲以故吏，每加赡恤。及纲卒，宇文氏被发号哭，如丧其父也。（卷五《节义第十》）

【注释】

① 张纲：东汉犍为武阳（今四川彭山县东）人，字文纪。顺帝时任侍御史，上书斥责宦官专权，又奏劾大将军梁冀及其弟河南尹梁不疑，有清名。

② 周齐王宪：即宇文宪，宇文泰之子，北周孝闵帝、明帝、武帝的兄弟，封齐炀王。大成元年（579），武帝死，宣帝继位，疑宪有异心，被诛。　参军：王府幕僚。

③ 埋瘗(yì)：埋葬。

④ 太子洗马：太子属官，司职出行前导威仪。

⑤ 太子勇之废：开皇二十年（600），隋文帝发觉长子杨勇奢侈好色，便废其太子身份，立杨广（隋炀帝）为太子。

⑥ 尚书左丞：隋尚书省左仆射的属官。《旧唐书·李纲传》："帝奇其对，擢拜尚书右丞。"

12. 李林甫构陷李适之

李适之性简率①，不务苛细②，人吏便之。雅好宾客，饮酒一斗不乱，延接宾朋，昼决公务，庭无留事。及为左相③，每事不让李林甫④。林甫憾之，密奏其"好酒，颇妨政事"。玄宗惑焉，除太子少保⑤。适之遽命亲故欢会，赋诗曰："避贤初罢相，乐圣且衔杯。为问门前客，今朝几个来？"举朝伏其度量。适之在门下也，性疏而不忌。林甫尝卖之曰："华山之下，有金矿焉，采之可以富国。上未之知耳。"适之心善其言,他日款曲奏之⑥,玄宗大悦。顾问林甫,对曰:"臣知之久矣。华山,陛下本命,王气所在,不可发掘。故臣不敢言。"适之由是渐见疏退。林甫阴构陷之,贬于袁州,遣御史罗奭就州处置⑦。适之闻命排马牒到⑧,仰药而死。子霅,亦见害。(卷七《识量第十四》)

【注释】

① 李适之:一名昌。唐宗室。神龙初(705)起为左卫郎将。历官通州刺史、泰州都督、陕州刺史、御史大夫、刑部尚书等。天宝元年(742),代牛仙客为左相,封清和县公。因与李林甫争权,罢知政事,守太子少保。后贬死袁州。适之善饮,与贺知章、李白、张旭等有"饮中八仙"之称。

② 荷细:繁琐。荷,通"苛"。

③ 左相:唐天宝元年,改门下省为左相。

④ 李林甫:小字哥奴。唐宗室。因厚结武惠妃和武三思女,于唐玄宗开元二十二年(734)任礼部尚书、同中书门下三品,封晋国公。在职十九年,权势颇盛。对人表面友好,暗加陷害,人称"口蜜腹剑"。

⑤ 少保:太子辅导官。古代东宫置有太师、太傅、太保,次官有少师、少傅、少保,专司训导。

⑥ 款曲:详情。

⑦ 罗奭:应为罗希奭。本杭州人,家洛阳。天宝初为殿中侍御史,持法深刻。

⑧ 排马牒:古代换乘驿站马匹的凭证。此句意谓适之已听到御史到达的消息。

13. 娄师德贤良宽厚

娄师德弱冠进士擢第①。上元初,吐蕃强盛,诏募猛士以讨之,师德以监察御史应募。高宗大悦,授朝散大夫②,专总边任。前后四十馀年,恭勤接下,孜孜不息,而朴忠沉厚,心无适莫③。狄仁杰入相也④,师德密荐之。及为同列,颇轻师德,频挤之外使。师德知之而不憾。则天觉之,问仁杰曰:"师德贤乎?"对曰:"为将谨守,贤则臣不知。"又问:"师德知人乎?"对曰:"臣尝同官,未闻其知人。"则天曰:"朕之用卿,师德实荐也,亦可谓知人矣。"仁杰大惭而退,叹曰:"娄公盛德,我为其所容,莫窥其际也。"当危乱之朝,屠灭者接踵,而师德以功名终始,识者多之⑤。初,师德在庙堂,其弟某以资高拜代州都督⑥。将行,谓之曰:"吾少不才,位居宰相,汝今又得州牧,叨据过分⑦,人所嫉也。将何以终之?"弟对曰:"自今虽有唾某面者,亦不敢言,但自拭之,庶不为兄之忧也。"师德曰:"此适为我忧也⑧。夫前人

唾者,发于怒也,汝今拭之,是逆前人怒也。唾不拭将自干,何如笑而受之?"弟曰:"谨受教。"师德与人不竞,皆此类也。(卷七《容恕第十五》)

【注释】

① 娄师德:郑州原武(今河南新乡市原阳县西)人。弱冠进士擢第,授江都尉、扬州长史。累迁至监察御史。长寿元年(692),拜夏官侍郎判尚书事,次年拜相。后以征讨吐蕃兵败,贬为原州员外司马。万岁通天二年(697),再拜相,次年充陇右诸军大使。圣历二年(699)卒。赠凉州都督,谥曰贞。

② 朝散大夫:散官名。隋唐官员分职事官和散官两类。职事官指中央和地方各级行政事务机关的官员,有明确职权;散官只是一种表示身份地位的称号,无实际职权。如文中娄师德,监察御史是其职事官称,品级为正八品下,朝散大夫是其散官号,品级为从五品下。

③ 适(dí)莫:指用情的亲疏厚薄。适,亲厚。莫,疏薄。

④ 狄仁杰:字怀英,并州太原(今属山西)人。举明经,授汴州判佐。历并州都督府法曹、大理丞、侍御史、度支郎中、宁州刺史等,又为诸州刺史,以不畏权贵著称。天授二年(691)九月,转地官侍郎判尚书、同凤阁鸾台平章事。未几,为来俊臣所陷,下狱,贬为彭泽令。万岁通天年(696),契丹寇河北,仁杰起为魏州刺史,转幽州都督。神功元年(697),再拜相,兼纳言,力劝则天立庐陵王李显为太子。久视元年(700)卒。赠文昌右相,谥文惠。中宗又追赠司空,睿宗追封梁国公。

⑤ 多:赞扬。

⑥ 都督:唐于重要地区设都督府,长官称"都督",品级一般高于州刺史。

⑦ 叨据:自谦之词,谓占据不应有的职位。

⑧ 适:恰好。

14. 裴琰之藏锋

裴琰之弱冠为同州司户①,但以行乐为事,略不视案牍。刺史李崇仪怪之,问户佐,户佐对:"司户小儿郎,不闲书判。"数日,崇仪谓琰之曰:"同州事物殷系②,司户尤甚。公何不别求京官,无为滞此司也③。"琰之唯诺。复数日,曹事委积,众议以为琰之不知书,但遨游耳。他日,崇仪召入,励而责之。琰之出问户佐曰:"文案几何?"对曰:"急者二百馀道。"琰之曰:"有何多,如此逼人!"命每案后连纸十张,令五六人供研墨点笔。琰之不上厅,语主案者略言其事意,倚柱而断之,词理纵横,文笔灿烂，手不停缀，落纸如飞。倾州官寮，观者如堵。既而回案于崇仪，崇仪曰："司户解判耶？"户佐曰："司户大高手笔。"仍未之奇也。比四五案，崇仪悚怍④，召琰之，降阶谢曰："公词翰若此，何忍藏锋以成鄙夫之过？"由此名动一州。数日，闻于京邑，除雍州判司⑤。（卷八《聪敏第十七》）

【注释】

　　① 裴琰之：绛州闻喜（今山西运城市闻喜县东北）人。永徽中（650—655）为同州司户参军，裁决积案，名动一州，号"霹雳手"。后为永年令，有惠政。官至仓部郎中。　司户：唐州府六曹参军之一。六曹为司功、司仓、司户、司兵、司法、司士。诸曹参军又称"判司"，分掌州府各项政务，司户主管民户。

　　② 般系：指繁杂纠结。

　　③ 无为：不用；何必。

　　④ 悚怍：惶恐惭愧。

　　⑤ 雍州判司：雍州为京畿地区，开元元年改为京兆府，判司职掌虽同于州，但品秩略高。

15. 宇文士及巧言谀媚

　　太宗尝止一树下，曰："此嘉树。"宇文士及从而美之不容口①，太宗正色谓之曰："魏徵尝劝我远佞人，我不悟佞人为谁矣，意常疑汝而未明也，今乃果然。"士及叩头谢曰："南衙群臣，面折廷诤②，陛下常不举首。今臣幸在左右，若不少顺从，陛下虽贵为天子，复何聊乎③！"太宗怒乃解。（卷九《谀佞第二十一》）

【注释】

　　① 宇文士及：雍州长安（今陕西西安市）人。隋时以父勋封新城县公，尚炀帝女南阳公主，官内史令。入唐，授上仪同。从太宗征战，迁秦王府骠骑将军，进爵郢国公，升中书侍郎。太宗即位，代为中书令，寻以本官检校凉州都督。征为殿中监，以疾出为蒲州刺史，又入为右卫大将军。贞观十六年（642）卒。赠左卫大将军、凉州都督，谥曰恭。

　　② 面折廷诤：又作"面折廷争"。指在朝廷上犯颜直谏，据理力争。

　　③ 复何聊乎：意即又有什么意思呢。聊，寄托。

16. 魏元忠恶郭霸为佞

魏元忠为御史大夫①，卧病，诸御史省之。侍御史郭霸独后②，见元忠，忧形于色，请视元忠便液，以验疾之轻重。元忠辞拒，霸固请尝之，元忠惊惕③。霸喜悦曰："大夫泄味甘，或难瘳④；而今味苦矣，即日当愈。"元忠刚直，甚恶其佞，露其事于朝庭。（卷九《谀佞第二十一》）

【注释】

① 魏元忠：本名真宰，避则天母号改，宋州宋城（今河南商丘市睢阳区）人。初为太学生，志气倜傥，不以举荐为意。仪凤四年（679），吐番犯边，元忠赴洛阳上封事言用兵之道，授秘书省正字，寻除监察御史，迁殿中侍御史。嗣圣元年（684），徐敬业扬州作乱，元忠监理军事，平乱有功，升洛阳令。寻陷周兴狱，免死配流贵州。圣历元年（698），召授侍御史，拜御史中丞。又为来俊臣、侯思止所陷，再被流于岭表。复还，仍原官。二年，擢拜凤阁侍郎、同凤阁鸾台平章事、检校并州长史。未几，迁左肃政台御史大夫兼检校洛州长史。又为大总管率军拒犯塞突厥与吐蕃，未尝败。后为张宗昌所诬，贬端州高要尉。神龙元年（705），中宗即位，召授卫尉卿、同中书门下三品，寻进拜侍中、检校兵部尚书，主持军国大政。未几迁中书令，加授光禄大夫，累封齐国公、监修国史。二年，为左仆射。景龙元年（707），太子李重俊起兵斩武三思，请废韦后为庶人，事败。元忠因其子参与作乱，上表请辞，加特进致仕。而朝论未止，乃贬渠州员外司马，行至涪陵而卒，年七十馀。四年，追赠尚书左仆射、齐国公、本州刺史。谥曰贞。

② 郭霸：庐江（今属安徽合肥市）人。天授二年（691），自宋州宁陵丞应革命举，拜左台监察御史。长寿二年（693），官至右台侍御史。初，召见于则天前，自陈忠鲠云："往年征徐敬业，臣愿抽其筋，食其肉，饮其血，绝其髓。"则天悦，故拜官。时人号为"四其御史"。尝刑讯逼死芳州刺史李思征。凶慝疯疾，圣历中，谓屡见思征索命，援刀刳腹死。

③ 惊惕：惊愕而有所警惕。

④ 瘳（chōu）：病愈。

17. 杨再思谄谀

张易之兄同休①，尝请公卿宴于司礼寺②，因请御史大夫杨再思曰③："公面似高丽④，请作高丽舞。"再思欣然，帖纸旗巾子，反披紫袍，作高丽舞，略无惭色。再思又见易之弟昌宗以貌美被宠,因诶之曰:"人言六郎似莲花,再思以为不然,只是莲花似六郎耳。"有识咸笑之。后昌宗兄弟犯赃,则天命桓彦范、李承嘉勘当以取实。经数日,彦范等奏:"昌宗兄弟共有赃四千馀贯,法当解职。"昌宗奏:"臣有功于国家,所犯不至解免。"则天问诸宰臣曰:"昌宗于国有功否?"再思时为内史⑤,奏曰:"昌宗合炼神丹,圣躬服之有效⑥,此实莫大之功。"乃赦之。天下名士,视再思为粪土也。(卷九《诶佞第二十一》)

【注释】

① 张易之:定州义丰(今河北保定市安国市)人。兄同休,弟昌宗。易之、昌宗二人美姿容,兼善音律歌词。万岁通天二年(697),昌宗以太平公主荐,入宫侍奉则天。昌宗复荐其兄,皆有宠。同休官至司礼少卿;易之累官麟台监,封恒国公;昌宗官春官侍郎,封邺国公。武周晚年,易之秉政,败坏朝纲。神龙元年(705)正月,张柬之等大臣乘则天病重,迎中宗复辟,诛杀张氏三兄弟。

② 司礼寺:即太常寺。光宅元年(684),武则天改太常寺为司礼寺;神龙元年(705),中宗复位,改回原名。太常寺为唐代中央事务机关九寺之一,掌朝廷礼仪。参见第3页第1则注释②。

③ 杨再思:郑州原武(今河南新乡市原阳县西)人。少举明经,授玄武尉。则天朝,历天官员外郎、左右肃政台御史大夫。证圣初(695),官至凤阁侍郎同凤阁鸾台平章事、兼太子右庶子。后带本官检校京兆府长史、扬州大都督府长史。中宗即位,拜户部尚书,兼中书令,转侍中,封郑国公。景龙三年(709),迁尚书右仆射,加光禄大夫,卒。赠特进、并州大都督,谥曰恭。再思居相位十馀年,明哲保身,以为人奸诈、善于逢迎而著称。

④ 高丽:又称"高句丽",古族名。公元前37年建国,辖今鸭绿江及其支流浑江流域一带。后逐渐向朝鲜半岛迁移,与新罗、百济形成三国鼎立。427年迁都平壤。668年为唐和新罗联军所灭。

⑤ 内史:即中书令。武则天改中书省为凤阁,中书令为内史。

⑥ 圣躬:臣下称皇帝的身体。也代指皇帝。

18. 阎立本悔以书画供奉

太宗尝与侍臣泛舟春苑,池中有异鸟随波容与①,太宗击赏数四②,诏坐者为咏,召阎立本写之③。阁外传呼云:"画师阎立本。"立本时为主爵郎中④,奔走流汗,俯伏池侧,手挥丹青,不堪愧赧。既而戒其子曰:"吾少好读书,幸免面墙⑤。缘情

染翰⑥，颇及侪流。唯以丹青见知，躬厮养之务⑦，辱莫大焉！汝宜深戒，勿习此也。"（卷十一《惩戒第二十五》）

【注释】

① 容与：随水波起伏动荡的样子。

② 击赏数（shuò）四：多次击节赞赏。数四，犹言再三再四。

③ 阎立本：雍州万年（今陕西西安市）人。与父毗、兄立德俱擅工艺绘画，有能名。高宗显庆中，历将作监、工部尚书，拜右相，改中书令。工书画，称誉当时。存世作品有《历代帝王图》《步辇图》等。

④ 主爵郎中：唐尚书省吏部属官，又称司封郎中。掌封命、朝会、赐予之级。

⑤ 面墙：比喻不学而识见浅薄。语出《尚书·周官》："不学墙面，莅事惟烦。"

⑥ 缘情染翰：指诗文、书画创作。

⑦ 厮养：犹厮役，指受人役使的奴仆。

明皇杂录

[唐] 郑处诲

《明皇杂录》二卷，补遗一卷，唐郑处诲撰。处诲字延美（一作廷美），荥阳（今河南荥阳市）人。生卒年不详。早年文章拔秀，为士友所推。文宗太和八年（834）登进士第，仕历工部刑部侍郎、汴州刺史、宣武军节度观察等使，卒于汴州。其祖郑馀庆，为德宗朝重臣，宪宗朝官至尚书左仆射，兼太子少师。

《明皇杂录》以记玄宗朝杂事为主，内容涉及玄宗前期励精图治而创开元之治、后期骄奢淫逸而致天宝之乱的史实，颇具参考价值。然书中也有少量记载失之考证，犹间杂神仙鬼怪之说。《四库全书总目提要》评曰：「是书亦不尽实录，然小说所记，真伪相参，自古已然，不独处诲，在博考而慎取之，固不能因一二事之失实，遂废此一书也。」此论较为公允。

选文标题为编者所拟。

1. 玄宗求相而忘其名

开元中，上急于为理，尤注意于宰辅，常欲用张嘉贞为相①，而忘其名。夜令中人持烛于省中②，访直宿者为谁③，还奏中书侍郎韦抗④，上即令召入寝殿。上曰："朕欲命一相，常记得风标为当时重臣⑤，姓张而重名，今为北方侯伯⑥，不欲访左右，旬日念之，终忘其名，卿试言之。"抗奏曰："张齐丘今为朔方节度⑦。"上即令草诏，仍令宫人持烛，抗跪于御前，援笔而成，上甚称其敏捷典丽，因促命写诏敕。抗归宿省中，上不解衣以待旦，将降其诏书。夜漏未半，忽有中人复促抗入见。上迎谓曰："非张齐丘，乃太原节度张嘉贞。"别命草诏。上谓抗曰："维朕志先定⑧，可以言命矣。适朕因阅近日大臣章疏，首举一通⑨，乃嘉贞表也，因此洒然方记得其名⑩。此亦天启，非人事也。"上嘉其得人⑪，复叹用舍如有人主张⑫。（卷上）

【注释】

① 张嘉贞：蒲州猗氏（今山西运城市临猗县）人。应五经举，授平乡尉，坐事免归乡里。则天召为监察御史，累迁中书舍人，历泰州都督、并州长史。为政严肃，人吏敬畏。开元初（713），为并州天兵军大使。八年春，擢中书侍郎、同平章事，数月加银青光禄大夫、迁中书令。十一年，以其弟贪赃事发，出为幽州刺史。后改户部尚书、兼益州长史判都督事。十三年，再贬台州刺史，复代为工部尚书、定州刺史知北平军事，累封河东侯。十七年，以疾请就医东都，卒，年六十四。赠益州大都督，谥恭肃。

② 中人：宦官。　省：中书、门下、尚书三省的简称。此处指中书省。

③ 直宿：值夜。

④ 韦抗：京兆万年（今陕西西安市）人。睿宗朝宰辅韦安石从兄之子。弱冠苹明经。景云初（710），为永昌令，政令肃一，宽猛得中。迁右台御史中丞。开元三年（715），自左庶子出为益州长史。四年，入为黄门侍郎。八年，为御史大夫兼按察京畿。寻以荐御史非其人，出为安州都督，转蒲州刺史。十一年，入为大理卿，代为刑部尚书，寻又分掌吏部选事。十四年卒。赠太子少傅，谥曰贞。

⑤ 风标：标记。

⑥ 侯伯：爵位名，侯爵与伯爵。此处代指一方长官。

⑦ 张齐丘：苏州昆山（今属江苏苏州市）人。玄宗朝为朔方节度使兼御史大夫、东都留守。天宝八载（749），齐丘于中受降城西北五百馀里木剌山筑横塞军，以郭子仪为横塞军使。明年，因

分配粮草失宜,军士殴其判官,子仪以身捍齐丘,乃得免。齐丘坐贬为济阴郡太守,河西节度使安思顺代朔方节度使。　　朔方节度:睿宗时于边疆诸州始设节度使,以总揽数州军事。天宝初,节度使已增至八个,朔方节度使(驻今宁夏灵武)为其中之一,其权力也扩张到总揽辖区各州军、民、财政。　　按:此则言张嘉贞为相、张齐丘为朔方节度,并非同时期。据宋洪迈《容斋随笔》卷三:"予考其事,大为不然。按开元八年,嘉贞为相,而齐丘以天宝八载始为朔方节度,相去三十年,安得如上所云者?又,是时明皇临御未久,方厉精为治,不应置相而不审其名位。盖郑处诲所著《明皇杂录》妄载其事,史家误采之也,《资治通鉴》弃不取云。"

⑧维:相当于"虽然""即使"。此句及下句意谓即使我已拿定了主意,还是要受命运的安排。

⑨首举一通:首先拿起的一份(奏章)。通,量词,文书的一份。

⑩洒然:了然而悟貌。

⑪嘉:乐。

⑫主张:主宰;作主。此句意谓选用与舍弃好像另有主宰之人。

2. 杨暄举明经

杨国忠之子暄①,举明经②。礼部侍郎达奚珣考之,不及格,将黜落,惧国忠而未敢定。时驾在华清宫③,珣子抚为会昌尉④,珣遽召使,以书报抚,令候国忠,具言其状。抚既至国忠私第,五鼓初起,列火满门⑤,将欲趋朝,轩盖如市。国忠方乘马,抚因趋入,谒于烛下,国忠谓其子必在选中,抚盖微笑,意色甚欢。抚乃白曰:"奉大人命,相君之子试不中,然不敢黜退。"国忠却立,大呼曰:"我儿何虑不富贵,岂藉一名,为鼠辈所卖耶?"不顾,乘马而去。抚惶骇,遽奔告于珣曰:"国忠恃势倨贵,使人之惨舒⑥,出于咄嗟⑦,奈何以校其曲直⑧?"因致暄于上第。既而为户部侍郎,珣才自礼部侍郎转吏部侍郎⑨,与同列。暄话于所亲,尚叹己之淹徊⑩,而谓珣迁改疾速。(卷上)

【注释】

①杨国忠:蒲州永乐(今山西运城市芮城县永乐镇)人。本名钊,玄宗赐名国忠。杨贵妃堂兄。以贵妃故,由监察御史迁侍御史,兼十五使职,权倾内外。天宝十一载(752),李林甫死,代为右相,兼领四十馀使,又专判度支、吏部,结党营私。十五载,安禄山以"讨国忠"为名叛,长安失守,国忠随玄宗奔蜀,行至马嵬驿,为禁军所杀。

② 举明经：参加明经科考试。唐代科举考试分常科和制科。常科每年分科举行，以明经、进士两科为主。明经科偏重帖经，进士科偏重诗赋，前者只要熟读经传就可，后者则需要具备文学才能，所以明经及第人数常常十倍于进士。常科考试最初由吏部考功员外郎主持，玄宗时改由礼部侍郎主持。制科是皇帝下诏临时举行的考试，由皇帝亲自主持。唐各科考试，以进士地位为高，受朝野所重。

③ 驾：帝王的车。又指帝王。　华清宫：故址在长安骊山（今属陕西西安市临潼区）西北麓，有温泉。唐贞观十八年（644）建汤泉宫，咸亨二年（671）改名温泉宫，天宝六载（747）扩建并改名华清宫。玄宗与杨贵妃每于冬季居此。天宝十五载，毁于兵火。

④ 会昌尉：会昌县佐官。唐会昌县在骊山西，近华清宫。

⑤ 列火：排列灯烛或火把。

⑥ 惨舒：指忧乐、祸福等。

⑦ 咄嗟：呼吸之间。言时间极短。上下句意即瞬息间可以改变人的命运。

⑧ 校（jiào）其曲直：计较其是非。

⑨ 礼部侍郎转吏部侍郎：唐尚书省六部，吏、户、礼同列，归左仆射、左丞所统；兵、刑、工同列，归右仆射、右丞所统。又分为三行，吏、兵为前行，户、刑为中行，礼、工为后行，官员按后、中、前的次序迁转。文中达奚珣的迁转越过了中行，故后文杨暄才有对他升迁过快的抱怨。

⑩ 淹徊：又作"淹回"。徘徊；逗留。常指有才德而屈居下位。

3. 萧颖士傲慢受责

萧颖士开元二十三年及第①，恃才傲物，曼无与比②，常自携一壶，逐胜郊野。偶憩于逆旅，独酌独饮。会有风雨暴至，有紫衣老人领一小童，避雨于此。颖士见其散冗③，颇肆陵侮。逡巡风定雨霁④，车马卒至，老人上马，呵殿而去⑤。颖士仓忙觇之⑥，左右曰："吏部王尚书，名丘。"初，颖十常造门⑦，未之面，极惊愕。明日，具长笺造门谢，丘命引至庑下，坐责之，且曰："所恨与子非亲属，当庭训之耳⑧。"顷曰："子负文学之名，踞忽如此⑨，止于一第乎？"颖士终扬州功曹⑩。（卷上）

【注释】

① 萧颖士：字茂挺，祖籍南兰陵（治今江苏常州市西北），生于颍川（治今河南许昌市禹州市）。开元二十三年（735）进士及第。历官秘书省正字、集贤校理、扬州功曹参军。有文名，与李华并称"萧李"。

② 曼无与比：没有可以与之相比的。"曼""无"同义重言。

③ 散(sǎn)冗：闲散。

④ 逡巡：顷刻。

⑤ 呵殿：官员出行，仪卫前呵后殿，喝令行人让道。

⑥ 仓忙：匆忙。

⑦ 造门：上门。到别人家里去。

⑧ 庭训：古代称父教为庭训。此句意指颖士缺乏家教。

⑨ 踞忽：傲慢轻忽。踞，通"倨"。

⑩ 功曹：官名。唐府州六曹之司功参军。参见第 24 页第 14 则注释①。

4. 李林甫持权忌能

玄宗宴于勤政楼，下巷无居人。宴罢，帝犹垂帘以观。兵部侍郎卢绚谓帝已归宫掖①，垂鞭按辔，纵横楼下。绚负文雅之称，而复风标清粹②，帝一见不觉目送之，问左右曰："谁？"近臣具以绚名氏对之，帝亟称其蕴藉③。是时林甫方持权忌能，帝左右宠幸，未尝不厚以金帛为贿，由是帝之动静，林甫无不知之。翌日，林甫召绚之子弟谓曰："贤尊以素望清崇，今南方藉才④，圣上有交广之寄⑤，可乎？若惮遐方，即当请老；不然，以宾詹仍分务东洛⑥，亦优贤之命也。子归而具道建议可否。"于是绚以宾詹为请。林甫恐乖众望，出为华州刺史。不旬月，诬其有疾，为郡不理，授太子詹事，员外安置⑦。（卷下）

【注释】

① 宫掖：皇宫。掖，嫔妃居住的旁舍。

② 风标清粹：风度清秀。

③ 蕴藉：犹言有涵养。

④ 藉才：此处指登记、选用派往……的人才。藉，通"籍"。

⑤ 交广：指唐岭南道交州(后改安南都护府，治今越南河内市)、广州地区。道，又叫"方镇"，是凌驾州县之上的行政机关。唐玄宗时，全国分为十五道。岭南道辖今广东、广西大部、海南、云南南盘江以南和越南北部。

⑥ 宾詹：太子属官。太子宾客、太子詹事的并称。　东洛：唐东都洛阳。

⑦ 员外：正式编制之内的官员为正员，编制之外有官名而不任职的为员外。属左降官。

5. 乐工李龟年

唐开元中,乐工李龟年、彭年、鹤年兄弟三人,皆有才学盛名。彭年善舞,鹤年、龟年能歌,尤妙制《渭川》①,特承顾遇。于东都大起第宅,僭侈之制②,逾于公侯。宅在东都通远里,中堂制度甲于都下③。其后龟年流落江南,每遇良辰胜赏,为人歌数阕,座中闻之,莫不掩泣罢酒。则杜甫尝赠诗所谓:"岐王宅里寻常见④,崔九堂前几度闻⑤。正值江南好风景⑥,落花时节又逢君。"崔九堂,殿中监涤⑦,中书令湜之第也。(卷下)

【注释】

① 渭川:乐曲名。

② 僭侈之制:指超越等级标准、过分奢侈的建筑规模。

③ 中堂制度甲于都下:房屋正厅规模是全都城最大最好的。制度,规模,样式。

④ 岐王:玄宗之弟李范,封岐王。曾助玄宗诛灭太平公主。参见第16页第3则注释①。杜甫此诗题作《江南逢李龟年》。

⑤ 崔九:崔涤,宰相崔湜之弟。玄宗即位,湜坐太平党被诛,涤仍见宠,赐名澄,用为秘书监。

⑥ 值:《杜诗详注》卷二十三作"是"。

⑦ 殿中监:殿中省长官。掌皇帝服舆之事。崔涤任殿中监,两《唐书》未见载。

6. 萧嵩草诏

玄宗尝器重苏颋①,欲倚以为相,礼遇顾问,与群臣特异。欲命相前一日,卜秘密不欲令左右知,迨夜将艾②,乃令草诏,访于侍臣曰:"外廷直宿谁?"遂命秉烛召来,至则中书舍人萧嵩③。上即以颋姓名授嵩,令草制书。既成,其词曰"国之瑰宝"。上寻读三四,谓嵩曰:"颋,瓖之子④,朕不欲斥其父名,卿为刊削之。"上仍命撤帐中屏风与嵩,嵩惭惧流汗,笔不能下者久之。上以嵩抒思移时⑤,必当精密,不觉前席以观。唯改曰:"国之珍宝",他无更易。嵩既退,上掷其草于地曰:"虚有其表耳⑥。"左右失笑。上闻,遽起掩其口曰:"嵩虽才艺非长,人臣之贵,亦无与比,前言戏耳。"其默识神览⑦,皆此类也。(卷下)

【注释】

　① 苏颋(tǐng)：京兆武功(今陕西咸阳市武功县西北)人。弱冠举进士，授乌程尉，累迁左台监察御史。武周末，尝复审来俊臣等所造冤狱，皆申雪之。神龙中，累迁给事中、修文馆学士、中书舍人。寻其父瓌拜相，父子同掌机要，时以为荣。父薨，袭其爵许国公。玄宗立，拜为中书侍郎。开元四年(716)，迁紫微侍郎、同紫微黄门平章事。八年，罢相，除礼部尚书，俄知益州大都督府长史事。十五年卒，年五十八。赠尚书右丞相，谥文宪。

　② 迨夜将艾：等到夜将尽时。艾，止，尽。

　③ 中书舍人：中书省掌进奏、表章、草诏的官员。　萧嵩：南朝梁皇族后裔。贞观初左仆射、宋国公萧瑀之曾侄孙。嵩美须髯，仪形伟丽。神龙元年(705)入仕，补洺州参军，历醴泉尉、监察御史、殿中侍御史。开元初为中书舍人，后三迁为尚书左丞、兵部侍郎。十五年(727)，为河西节度使、判凉州事，以反间计除吐蕃大将，重用张守珪等名将，大败吐蕃军。拜同中书门下三品，进中书令，封徐国公。后以太子太师致仕。天宝八载(749)卒，年八十馀。赠开府仪同三司。

　④ 斥其父名：直指其父名。瓌，同"瑰"，故玄宗责以"国之瑰宝"词未避颋父名讳。

　⑤ 抒思移时：构思运笔有一段时间。

　⑥ 虚有其表：萧嵩长大多须髯，美仪容，故言。

　⑦ 默识神览：犹言智慧英明。

7. 王维赋诗悼乐工

　天宝末，群贼陷两京①，大掠文武朝臣及黄门宫嫔、乐工、骑士②，每获数百人，以兵仗严卫，送于洛阳。至有逃于山谷者，而卒能罗捕追胁，授以冠带③。禄山尤致意乐工，求访颇切，于旬日获梨园弟子数百人④。群贼因相与大会于凝碧池，宴伪官数十人，大陈御库珍宝，罗列于前后。乐既作，梨园旧人不觉歔欷，相对泣下，群逆皆露刃持满以胁之⑤，而悲不能已。有乐工雷海清者，投乐器于地，西向恸哭。逆党乃缚海清于戏马殿，支解以示众，闻之者莫不伤痛。王维时为贼拘于菩提寺中，闻之赋诗曰："万户伤心生野烟，百官何日更朝天⑥。秋槐叶落空宫里，凝碧池头奏管弦。"(补遗)

【注释】

　① 群贼陷两京：天宝十四载(755)冬，安禄山起兵叛乱，迅即攻下东京洛阳。次年称帝于洛，国号"燕"。六月叛军破潼关，玄宗、杨国忠率随从仓皇出逃入蜀，西京长安遂陷。此处"两京"恐

为"西京"之误。

②黄门：宫廷；宫禁。

③冠带：指官职和爵位。

④梨园弟子：梨园，在长安光化门（一说芳林门）外禁苑中。玄宗曾选坐部伎（唐宫廷乐舞类别之一，在堂上坐奏表演。与"立部伎"相对）子弟三百人和宫女数百人于此习练歌舞，有时亲自教正，称为"皇帝梨园弟子"，亦称"梨园弟子"。宋赵令畤《侯鲭录》卷一："唐梨园弟子，以置院近于禁苑之梨园也。女妓入宜春苑，谓之内人，亦曰前头人，谓在上前也。骨肉居教坊，谓之内人家，有请俸，其得幸者，谓之十家。故郑嵎《津阳门》诗云'十家三国争光辉'是也。家虽多，亦以十家呼之。三国，谓秦、韩、虢国三夫人也。"

⑤露刃持满：指抽刀出鞘，拉满弓弦。

⑥更：王维《菩提寺禁裴迪来相看说逆贼等凝碧池上作音乐供奉人等举声便一时泪下私成口号诵示裴迪》诗中作"再"，见《王右丞集笺注》卷十四。

8. 僧义福临终勉房琯

唐开元中，有僧义福者，上党人也。梵行精修①，相好端洁②，缙绅士庶，翕然归依。尝从驾往东都，所历郡县，人皆倾向，檀施巨万③，皆委之而去。忽一旦召其学徒，告已将终。兵部侍郎张均、中书侍郎严挺之、刑部侍郎房琯、礼部侍郎韦陟④，常所礼谒⑤，是日亦同造焉。义福乃升座，为门徒演法，乃曰："吾没于是日，当以诀别耳。"久之，张谓房曰："某宿岁饵金丹⑥，尔来未尝临丧⑦。"言讫，张遂潜去。义福忽谓房曰："某与张公游有数年矣，张有非常之咎⑧，名节皆亏。向来若终法会⑨，足以免难，惜哉！"乃携房之手曰："必为中兴名臣，公其勉之。"言讫而终。及禄山之乱，张均陷贼庭，授伪署⑩；房琯赞两朝⑪，竟立大节。（补遗）

【注释】

①梵行：佛门语。谓清净除欲之行。

②相(xiàng)好：佛门语。佛经称释迦牟尼有三十二种相，八十二种好，因以作佛像的敬称。此处指僧人的仪容举止。

③檀施：布施。

④张均、严挺之、房琯、韦陟：四人皆唐开元、天宝时大臣。张均，河南洛阳人，宰相张说之子；开元中，说死，均除户部侍郎转兵部；天宝九载(750)迁刑部尚书，为李林甫、杨国忠所抑，不得进，

官至大理卿；禄山叛，均受伪命为中书令；被擒，肃宗于说有旧恩，特免死配流合浦郡。严挺之，华州华阴（今属陕西渭南市）人；神龙元年（705）制举擢第，授义兴尉，后以姚崇荐为右拾遗；开元末，与宰相张九龄友善，迁尚书左丞，李林甫忌之，九龄罢相，挺之出为洺州刺史，移绛郡太守；天宝初卒于东都。房琯，河南（治今河南洛阳市）人，以门荫补弘文；开元中历秘书省校书郎、监察御史，后贬慈溪、宋城、济源县令，有能名；天宝元年（742），拜主客员外郎，五载，擢试给事中，赐爵漳南县男，充华清宫使，又出为宜春、琅邪、邺郡、扶风太守；十四载，征拜左庶子，迁宪部侍郎；明年，玄宗苍黄幸蜀，琯与张均、张垍兄弟等行至城南，二张逗留不进，琯独驰蜀，玄宗大悦，即日授文部尚书、同中书门下平章事；寻奉使灵武册立肃宗，为肃宗所重，委以机务；自将兵诛寇，以不习战而败，为贺兰进明所谮，罢为太子少师；后从帝还都，称病不朝，出为邠州刺史，官至刑部尚书，宝应二年（763）卒。韦陟，字殷卿，京兆万年（今陕西西安市）人，中书令韦安石之子；以荫补官，历洛阳令、吏部郎中、礼部侍郎、吏部侍郎；李林甫忌其名高，出为襄阳太守，徙河南采访使、河东太守；天宝十二载（753），入考华清宫，又为杨国忠所忌，坐贬平乐；安禄山陷洛阳，弟斌没贼，国忠以通贼构陟罪，欲致死地；肃宗立，起为御史大夫、江东节度使，与高适、来瑱合兵平永王之乱；帝处分房琯，杜甫论之，词意迁慢，帝令陟等按之，陟奏甫"不失谏臣体"，帝由是疏之；后官至吏部尚书，卒。

⑤ 礼谒：以礼谒见。

⑥ 宿岁：除夕守夜。此句意谓除夕守岁时服过金丹，以求长生不死。

⑦ 尔来：从那时以来。

⑧ 咎：灾祸。

⑨ 向来：刚才；方才。　法会：佛门语。指供佛、说法等集会。

⑩ 授伪署：接受伪政权的委任。授，通"受"。

⑪ 赞：辅佐。

9. 康詧不自量

　　唐玄宗既用牛仙客为相①，颇忧时议不叶，因访于高力士②："用仙客相，外议以为如何？"力士曰："仙客出于胥吏③，非宰相器。"上大怒曰："即当用康詧④。"盖上一时恚怒之词，举其极不可者。或有窃报詧，以为上之于詧恩渥颇深⑤，行当为相矣⑥。詧闻之，以为信然。翌日，盛服趋朝，既就列，延颈北望，冀有成命，观之者无不掩口。然时论亦以长者目焉⑦。詧为将作大匠⑧，多巧思，尤能知地⑨，常谓人曰："我居是宅中，不为宰相耶？"闻之者益为嗤笑。（补遗）

【注释】

① 牛仙客：泾州鹑觚（今甘肃平凉市灵台县）人。初为县小吏。历洮州司马、河西节度判官，转太仆少卿、河西节度使、殿中监。开元二十四年（736）秋，迁朔方行军大总管。未久，擢工部尚书、同中书门下三品、知门下事。天宝元年（742），改官名，拜左相兼尚书。是年七月卒，年六十八。

② 高力士：高州良德（今广东茂名市高州市东北）人。玄宗时知内侍省事，封渤海郡公。为玄宗宠信之宦官，权势甚盛。安史之乱，随玄宗入蜀。上元元年（760）放逐巫州，两年后赦归，途中闻玄宗崩，呕血而死。

③ 胥吏：官府中的小官。

④ 詧（biàn）：辩。用作人名。

⑤ 恩渥：帝王给予的恩泽。

⑥ 行当：即将；将要。

⑦ 目：看待。此句意谓当时舆论还是把他当长者看待。

⑧ 将作大匠：官名。秦汉至魏晋称"将作大臣"，自隋至辽多称"将作大匠"。唐设将作监，为五监之一，掌官府手工业制作。参见第18页第6则注释①。

⑨ 知地：犹言看风水。

10. 玄宗感怀故旧

　　唐玄宗自蜀回，夜阑登勤政楼，凭栏南望，烟云满目，上因自歌曰："庭前琪树已堪攀，塞外征夫久未还。"盖卢思道之词也①。歌歇，上问："有旧人乎？逮明为我访来。"翌日，力士潜求于里中，因召与同至，则果梨园子弟也。其夜，上复与乘月登楼，唯力士及贵妃侍者红桃在焉。遂命歌《凉州词》，贵妃所制，上亲御玉笛为之倚曲。曲罢相睹，无不掩泣。上因广其曲，今《凉州》传于人间者，益加怨切焉。至德中，明皇复幸华清宫，父老奉迎，壶浆塞路②。时上春秋已高，常乘步辇③，父老进曰："前时上皇过此，常逐从禽④，今何不为？"上曰："吾老矣，岂复堪此！"父老士女闻之，莫不悲泣。新丰市有女伶曰谢阿蛮，善舞《凌波曲》，常出入宫中，杨贵妃遇之甚厚，亦游于国忠及诸姨宅⑤。上至华清宫，复令召焉。舞罢，阿蛮因出金粟装臂环，云："此贵妃所与。"上持之凄怨出涕，左右莫不呜咽。（补遗）

【注释】

① 卢思道：隋诗人。字子行，范阳（治今河北涿州市）人，曾仕北齐、北周。

② 壶浆：茶水、酒浆。

③ 步辇(niǎn)：古代一种用人抬的代步工具，类似轿子。

④ 从禽：追逐禽兽。即田猎。

⑤ 诸姨：指杨贵妃的三个妹妹，因贵妃受宠而并封"夫人"，玄宗呼为"姨"，即大姨韩国夫人、三姨虢国夫人、八姨秦国夫人。

11. 卢怀慎清俭

唐卢怀慎①，清慎贞素②，不营资产，器用屋宇，皆极俭陋。既贵，妻孥尚不免饥寒，而于故人亲戚散施甚厚。为黄门侍郎③，在东都掌选事④，奉身之具，才一布囊耳。后为黄门监兼吏部尚书，卧病既久，宋璟、卢从愿常相与访焉⑤。怀慎卧于敝箦单席，门无帘箔，每风雨至，则以席蔽焉。常器重璟与从愿，见之甚喜，留连永日，命设食，有蒸豆两瓯，菜数茎而已，此外翛然无办⑥。因持二人手谓曰："二公当出入为藩辅⑦。圣上求理甚切，然享国岁久，近者稍倦于勤，当有小人乘此而进，君其志之。"不数日而终。疾既笃，因手疏荐宋璟、卢从愿、李杰、李朝隐。上览其表，益加悼惜。既殁，家无留储，惟苍头自鬻⑧，以给丧事。上因校猎于城南⑨，望墟落间，环堵卑陋，其家若有所营，因驰使问焉。还白怀慎大祥⑩，方设斋会，上因为罢猎。因悯其贫匮，即以缣帛赠之。(逸文)

【注释】

① 卢怀慎：滑州灵昌(今河南安阳市滑县西南)人。少清谨，举进士。历监察御史、吏部员外郎、右御史台中丞。尝上疏陈时政，议官吏考绩制等，不纳，迁黄门侍郎，赐爵渔阳伯。先天二年(713)，分掌东都选事，寻征还拜相。开元三年(715)迁黄门监，与紫微令姚崇对掌枢密。四年，兼吏部尚书，以疾致仕，旬日而卒。赠荆州大都督，谥文成。

② 清慎贞素：清廉谨慎和纯真素朴。

③ 黄门侍郎：即门下省次官门下侍郎，掌传达诏书和机要文书，备皇帝顾问。开元元年，玄宗改门下省为黄门省，长官为黄门监；天宝元年，改门下省长官为左相，次官为门下侍郎。

④ 选事：指铨选职官，考选举士之事。

⑤ 宋璟、卢从愿：二人皆睿宗、玄宗朝重臣。宋璟，邢州南和(今属河北邢台市)人。耿介有大节，工文翰，弱冠举进士，累官凤阁舍人。武周末，张氏兄弟纵恣益横，倾朝附之，独畏于璟。中宗时，官至黄门侍郎、洺州长史。睿宗践祚，拜吏部尚书、同中书门下三品。璟正典选，革外戚、公

主干政之弊。后罢相,累转为广州都督、五府经略使。玄宗即位,征为刑部尚书,迁吏部兼黄门监,改侍中,累封广平郡公。开元二十年(732),乞归东都。二十五年卒,年七十五。赠太尉,谥文贞。卢从愿,相州临漳(今河北邯郸市临漳县西南)人。举明经,授绛州夏县尉。又应制举,拜右拾遗,累迁中书舍人。睿宗时,为吏部侍郎,与李朝隐等条理选司,最为称职。开元四年(716),为中书侍郎。后拜吏部尚书致仕。二十五年卒,年七十馀。赠益州大都督,谥曰文。

⑥ 翛(xiāo)然:自然超脱貌。

⑦ 藩辅:辅佐;捍卫。

⑧ 苍头:奴仆。

⑨ 校(jiào)猎:用木栅栏围阻,猎取禽兽。也泛指打猎。

⑩ 大祥:古时父母丧后两周年的祭礼。

12. 雪 衣 娘

　　开元中,岭南献白鹦鹉,养之宫中,岁久,颇聪慧,洞晓言词。上及贵妃皆呼为雪衣女。性既驯扰①,常纵其饮啄飞鸣,然亦不离屏帏间。上令以近代词臣诗篇授之,数遍便可讽诵。上每与贵妃及诸王博戏②,上稍不胜,左右呼雪衣娘,必飞入局中鼓舞,以乱其行列,或啄嫔御及诸王手③,使不能争道。忽一日,飞上贵妃镜台,语曰:“雪衣娘昨夜梦为鸷鸟所搏,将尽于此乎?”上使贵妃授以《多心经》,记诵颇精熟,日夜不息,若惧祸难,有所禳者④。上与贵妃出于别殿,贵妃置雪衣娘于步辇竿上,与之同去。既至,上命从官校猎于殿下,鹦鹉方戏于殿上,忽有鹰搏之而毙。上与贵妃叹息久之,遂命瘗于苑中,为立冢,呼为鹦鹉冢。(逸文)

【注释】

① 驯扰:驯服。

② 博戏:古代一种棋戏。

③ 嫔御:帝王、诸侯的侍妾和宫女。

④ 禳:祈祷消灾。上下句意谓好像害怕灾难降临,在不停祈祷。

东观奏记

[唐] 裴庭裕

《东观奏记》三卷，唐裴庭裕撰。庭裕（一作廷裕）字膺馀，河东闻喜（今山西闻喜县）人。生卒年不详。昭宗大顺（890—891）中宜至右补阙，兼史馆修撰。后迁翰林学士，任左散骑常侍。乾宁（894—897）中在内庭，文书敏捷，号为『下水船』。唐末五代初，因事贬官湖南，卒于贬所。

大顺二年，庭裕等五人奉命专修《宣宗实录》。因感于宣宗以来四十年，中经黄巢之乱，备修《实录》的日历与起居注不存一字，即凭儿时记忆，采宣宗朝耳目闻睹之事，撰成《东观奏记》。此书记一朝政事，内容翔实，颇具条理，是以《新唐书》《资治通鉴》等书多有采摘，为后世史家所重。

选文标题为编者所拟。

1. 郭太后暴崩

宪宗皇帝晏驾之夕①，上虽幼②，颇记其事，追恨光陵商臣之酷③。即位后，诛除恶党无漏网者。时郭太后无恙，以上英察孝果④，且怀惭惧。时居兴庆宫，一日，与二侍儿同升勤政楼，依衡而望⑤，便欲殒于楼下，欲成上过。左右急持之，即闻于上，上大怒。其夕，太后暴崩，上志也⑥。（上卷）

【注释】

① 晏驾：古代称帝王死亡的讳辞。元和十五年（820）春正月，宪宗崩。据《旧唐书·宪宗本纪》："是夕，上崩于大明宫之中和殿，享年四十三。时以暴崩，皆言内官陈弘志弑逆，史氏讳而不书。"

② 上：指宣宗李忱（登基前名怡），宪宗第十三子，郑妃所生。

③ 光陵商臣之酷：光陵是穆宗李恒的陵墓，唐人常以陵墓代指已故帝王。穆宗为宪宗第三子，懿安皇后郭氏所生。商臣之酷，指春秋楚成王之子商臣弑父夺位之事。宪宗暴崩，朝野皆传乃穆宗、郭后勾结宦官所为。

④ 英察孝果：英明、孝顺而又果敢。

⑤ 衡：楼殿边上的栏杆。

⑥ 志：意愿，志向。此处用作动词，遂愿。宣宗即位，视郭太后、穆宗、敬宗（穆宗长子）、文宗（穆宗次子）、武宗（穆宗第五子）为逆，否定前朝政务，诛除其党羽，以遂继轨宪宗的心愿。

2. 王皞抗疏请懿安配享

懿安郭太后既崩，丧服许如故事①。礼院检讨官王皞抗疏②，请后合葬景陵，配享宪宗庙室。疏既入，上大怒。宰臣白敏中召皞诘其事③。皞曰："郭太后是宪宗春宫时元妃，汾阳王孙④，迨事顺宗为新妇。宪宗厌代之夜⑤，事出暗昧，母天下历五朝，不可以暗昧之事黜合配之礼！"敏中怒甚，皞声益厉。宰臣将会食⑥，周墀驻敏中厅门以俟同食⑦。敏中传语墀："正为一书生恼乱，但乞先之。"墀就敏中厅问其事，皞益不挠。墀以手加额于皞，赏其孤直。翌日，皞贬润州句容令，墀亦免相。大中十三年秋八月，上崩，宰臣令狐绹为山陵礼仪使⑧，奏皞为判官⑨。皞又拜章论懿安合配享宪宗⑩，始升祔焉⑪。（上卷）

【注释】

① 丧服许如故事：意即治丧礼制允许按先例进行。丧服，此处指服丧礼制，如百官缟素等。

② 礼院检讨：唐太常寺属官。太常寺别称"礼院"，参见第 26 页第 17 则注释②。　抗疏：上书直言。

③ 白敏中：字用晦，白居易从弟。少孤。长庆初（821）登进士第。武宗时，以宰相李德裕荐为知制诰，召入翰林充学士，迁中书舍人。累至兵部侍郎、学士承旨。会昌六年（846），拜同平章事，兼刑部尚书、集贤史馆大学士。宣宗即位，加右仆射，封太原郡开国公。及李德裕再贬岭南，敏中亦论罪。大中五年（851）罢相，出为邠州刺史，累转江陵尹、荆南节度使。懿宗即位，征拜司徒、门下侍郎、平章事，复辅政。寻加侍中。咸通三年（862），罢为河中尹、河中晋绛节度使，累迁中书令。以太子太师致仕，卒。

④ 汾阳王：唐大将郭子仪。子仪平安史之乱有功，肃宗朝迁中书令，封汾阳郡王。德宗朝尊为尚父，罢兵权。

⑤ 厌代：特指帝王逝世。唐人因避太宗李世民讳，改"世"为"代"。后沿用。

⑥ 会食：聚餐。

⑦ 周墀：字德升，汝南（今属河南驻马店市）人。长庆二年（822）擢进士第。文宗朝，累官翰林学士、中书舍人。武宗即位，出为华州刺史，迁至洪州刺史、江南西道观察使。宣宗时封上柱国、汝南男，入朝为兵部侍郎、判度支，寻以本官同平章事。后以直言罢，改检校右仆射历方镇，卒。

⑧ 令狐绹：字子直，京兆华原（今陕西铜川市耀州区）人。令狐楚之子。太和四年（830）举进士，释褐弘文馆校书郎。会昌五年（845），由户部员外郎出为湖州刺史。宣宗即位，召为考功郎中、知制诰，充翰林学士，进中书舍人，袭彭阳男，拜御史中丞。大中四年（862），拜兵部侍郎、同中书门下平章事。辅政十年罢。懿宗嗣位，出为方镇，历河中、宣武、淮南节度使。咸通十三年（872），以检校司徒为凤翔节度使，封赵国公，卒。　山陵礼仪使：临时性官职，掌帝王殡葬礼仪。

⑨ 判官：唐特派临时职务大臣可自选中低级官员，奏请充任判官，以资佐理，掌文书事务。

⑩ 拜章：上奏章。

⑪ 升祔(fù)：合葬后将灵位升入祖庙。

3. 宣宗赐白敏中柽木小函子

万寿公主，上女，钟爱独异。将下嫁，命择郎婿。郑颢，相门子，首科及第，声名籍甚，时婚卢氏。宰臣白敏中奏选尚主①，颢衔之，上未尝言。大中五年，敏中免相，为邠宁都统②。行有日，奏上曰："顷者，陛下爱女下嫁贵臣，郎婿郑颢赴婚楚

州,会有日。行次郑州,臣堂帖追回③,上副圣念。颢不乐国婚,衔臣入骨髓。臣在中书,颢无如臣何;一去玉阶④,必媒孽臣短⑤,死无种矣⑥!"上曰:"朕知此事久,卿何言之晚耶?"因命左右便殿中取一柽木小函子来⑦,扃锁甚固⑧。谓敏中曰:"此尽郑郎说卿文字,便以赐卿。若听颢言,不任卿如此矣!"敏中归启,益感上聪察宏恕,常置函子于佛前,焚香感谢。大中十二年,敏中任荆南节度使。暇日,与前进士陈错销忧阁静话,追感上恩,泣话此事,尽以示错。(上卷)

【注释】

① 尚主:娶公主为妻。因尊帝王之女,不敢言娶,故云。尚,承奉、仰攀之意。

② 都统:唐后期设诸道行营都统,为各道兵帅。

③ 堂帖:唐宰相签押下达的文书。

④ 玉阶:指朝廷。

⑤ 媒孽:本指酿酒的酒母。比喻借端诬陷,酿成其罪。

⑥ 无种:绝后。

⑦ 柽(chēng)木小函子:用柽木做的小匣子。柽,河柳。

⑧ 扃(jiōng)锁:锁闭。

4. 宣宗得君人法

上临御天下,得君人法①。每宰臣延英奏事②,唤上阶后,左右前后无一人立,才处分③,宸威不可仰视④。奏事下三四刻⑤,龙颜忽怡然,谓宰臣曰:"可以闲话矣。"自是,询闾里闲事,话宫中燕乐,无所不至矣。一刻已来,宸威复整肃,是将还宫也,必有戒励之言。每谓宰臣:"长忧卿负朕,挠法⑥,后不得相见!"度量如此。赵国公令狐绹每谓人曰⑦:"十年持政柄,每延英奏对,虽严冬甚寒,亦汗流洽背。"(上卷)

【注释】

① 君人法:犹言御人术。

② 延英:即延英殿,唐宫殿名。大明宫内宫便殿。肃宗时,宰相苗晋卿年老,行动不便,天子特地在延英殿召对,以示优礼。后沿为惯例。

③ 才处分:刚刚开始处理(事情)。

④ 宸威:帝王的威严。宸,帝王居住地,借指王位,也代帝王。

⑤ 刻:计时单位。古代以漏壶计时,一昼夜分十二辰,九十六刻,每辰八刻。

⑥ 挠法:枉法。

⑦ 国公:爵位名。从一品,食邑三千户。参见第 13 页第 1 则注释⑥。

5. 丞 相 畏 人

吏部侍郎孔温业白执政①,求外任②。丞相白敏中曰:"我辈亦须自检点,孔吏部不肯居朝矣!"至理之世③,丞相畏人也如此。(上卷)

【注释】

① 白执政:上书弹劾主持朝政的人。白,上告,弹劾,又称"白奏"。

② 外任:地方官职位。

③ 至理:大治。

6. 宣宗无幽不察

崔罕为京兆尹①,内园巡官不避马,杖之五十四方死。上赫怒,令与远郡。宰臣论救,上曰:"罕为京兆尹,锄强抚弱,是其职任。但不避马,便杖之可矣,不合问知是内园巡官方决②,一错也;又人臣之刑,止行二十七,过此,是朕刑也。五十四杖颇骇闻听!"宰臣又论救。上曰:"与一廉察③,奋梃者宜抵罪④。根本轻⑤,致罕过制耳。"宰臣益贺上无幽不察。罕止贬湖南观察使。(中卷)

【注释】

① 京兆尹:唐京兆府长官。玄宗开元初,改雍州为京兆府,州长史改京兆尹。

② 不合:不该;不应当。

③ 廉察:唐对观察使或职权与之相当的官员的简称。观察使为一道长官,掌考察所辖州县官吏政绩,后亦统理军政民事。边疆重镇则设节度使。参见第 31 页第 1 则注释⑦。

④ 奋梃者:指执行杖刑的打手。奋梃,用力挥舞棍棒。

⑤ 根本轻:意即事情的根由本来是轻的。

7. 韦澳纳国舅租

韦澳为京兆尹,豪右敛手①。国舅郑光庄不纳租②,澳系其主者,期以五日,不足必抵法。太后为言之上。延英问澳,澳具奏本末。上曰:"今日纳租足,放否?"曰:"尚在限内,来日即不得矣。"澳既出半廷,上连召之曰:"国舅庄租今日纳足,放主者否?"澳曰:"必放。"上入告太后曰:"韦澳不可犯也,且与送钱纳租。"顷刻租足而放。(中卷)

【注释】

① 豪右:豪族大户。

② 庄:皇室、贵族、官僚、富豪、寺院所占有并经营的大片土地。又称"庄田""庄园"。

8. 宣宗奖拔李君奭

上校猎城西,渐及渭水,见父老一二十人于村佛祠设斋。上问之,父老曰:"臣礼泉县百姓,本县令李君奭有异政,考秩已满①,百姓借留,诣府乞未替②,来此祈佛力也。"上默然,还宫后,于御扆上大书君奭名③。中书两拟礼泉令,上皆抹去之。逾岁,宰执以怀州刺史阙,请用人,御笔曰:"礼泉县令李君奭可怀州刺史。"莫测也④。君奭中谢⑤,宸旨奖励,始闻其事。(中卷)

【注释】

① 考秩:考定官吏的品秩或禄秩。此处指官吏的一届任期。

② 未替:不曾改变。

③ 御扆(yǐ):皇帝用的屏风。

④ 莫测:没有谁猜测到。

⑤ 中谢:入朝谢恩。

9. 僧从晦望赐紫

僧从晦住安国寺,道行高洁①,兼工诗,以文章应制②。上每择剧韵令赋③,亦多称旨。晦积年供奉,望紫方袍之赐^④,以耀法门。上两召至殿,上谓曰:"朕不惜一副紫袈裟与师,但师头耳稍薄^⑤,恐不胜耳!"竟不赐,晦悒悒而终。(下卷)

【注释】

① 道行(xíng):道德品行。

② 应制:应皇帝之命写作诗文。

③ 剧韵:险韵。艰僻难押的诗韵,如"尖""叉"等。

④ 紫方袍:僧人所穿袈裟,铺开来呈方形。唐武则天朝,僧法朗等译佛经有功,赐紫袈裟,是为僧人赐紫之始。

⑤ 头耳:比喻福分。

10. 柳公权老而受辱

大中十一年正月一日,上御含元殿受朝^①,太子太师卢钧年八十矣,自乐悬之南步而及殿墀^②,称贺上前,声容朗缓,举朝服之。至十二年元日,含元受贺,太子少师柳公权年亦八十矣^③,复为百官首,含元殿廷夐远^④,自乐悬南步至殿下,力已绵惫,称贺之后,上尊号"圣敬文思和武光孝皇帝",公权误曰:"光武和孝。"御史弹出之,罚一季俸料^⑤。七十致仕,旧典也,公权不能克遵典礼,老而受辱,人多惜之。(下卷)

【注释】

① 含元殿:唐宫殿名。高宗时所建,本名蓬莱宫。为大明宫的正殿。

② 乐悬:指悬挂钟磬之类乐器的架子。 殿墀(chí):宫殿台阶上的平地。

③ 柳公权:字诚悬,京兆华原(今陕西铜川市)人。元和进士。官至太子少师。咸通六年(865)卒,年八十八。工书,正楷尤知名。初学王羲之,遍阅近代笔法,而得力于颜真卿、欧阳询。

④ 夐(xiòng):远阔。

⑤ 俸料:唐宋官员除俸禄外,还供给食料、厨料等,两者合称"俸料"。有时不发给实物,折算成钱,称"料钱"。

11. 王宗实立郓王

上自不豫^①,宰辅侍臣无对见者。疮甚,令中使往东都太仆卿裴谂宣索药^②,中使往返五日。复命召医疮方士、院生对于寝殿，院言可疗。既出，不复召矣。大渐③，顾命内枢密使王归长、马公儒、宣徽南院使王居方④，以夔王当璧为托⑤。三内臣皆上素所厚者，泣而受命。时右军中尉王茂玄心亦感上，左军中尉王宗实素不同⑥。归长、公儒、居方患之，乃矫诏出宗实为淮南监军使，宣化门受命，将由右银台门出焉⑦。左军副使亓元实谓宗实曰："圣人不豫逾月，中尉止隔门起居⑧，今日除改，未可辨也，请一面圣人而出。"宗实始悟，却入。即诸门，已躏故事，添人守捉矣⑨。亓元实翼导宗实直至寝殿，上已晏驾，东首环泣⑩。宗实叱居方等下，责以矫宣，皆捧足乞命。遣宣徽北院使齐元简迎郓王于藩邸⑪，即位，是为懿宗。归长、公儒、居方皆诛死，籍没其家。（下卷）

【注释】

① 不豫：天子有疾的讳称。

② 中使：宫中派出的使者，一般由宦官担任。

③ 大渐：病危。

④ 顾命：临终遗命。 内枢密使：唐掌内宫枢密的宦官。太宗时始设，中晚唐当权宦官多以"枢密使"名义干预朝政。宣徽南院使：官名。唐肃宗以后设宣徽南、北院使，多由宦官担任，总领宫中诸司及三班内侍的名籍、郊祀朝会宴飨供帐等事宜。

⑤ 当璧：喻立为国君。典出《左传·昭公十三年》："当璧而立者，神所立也，谁敢违之？"夔王李滋，宣宗第三子。下文的郓王李温（登基后改名漼），宣宗长子。

⑥ 左右军中尉：指守卫皇宫的左右神策军首领，由宦官担任。唐代宗以后，神策军在禁军中势力最大，军事大权握于左右中尉之手，与枢密使二人合称"四贵"。

⑦ 宣化门、右银台门：唐大明宫从东至西，由左银台门、紫宸殿、右银台门一线分隔成南、北两部分。南部为外朝，有含元殿、宣政殿、紫宸殿及各台省署；北部为内苑，是皇帝、后妃起居、游乐场所。宣化门在紫宸殿门前，此门受命，再由右银台门出宫，是最便捷的路线。意即不让王宗实接近内苑。

⑧ 隔门起居：隔着禁门问安。意即皇帝病重，早不理事，连神策军中尉也只能隔禁门问安。

⑨ 守捉：把守。上下句意谓走近宫苑诸门，见各处都增派人员把守，沿用的是过去宫中出事时的惯常做法。

⑩ 东首：东侧。古人生病，头朝东寝于北牖下。此处指皇帝病逝，宫嫔内侍聚东面北而泣。

⑪ 藩邸：藩王宅第。

北梦琐言

[五代] 孙光宪

《北梦琐言》，五代孙光宪撰。光宪字孟文，自号葆光子，陵州贵平（今四川仁寿县东北）人。唐末前蜀时为陵州判官，后唐时避地江陵，为荆南节度使幕府。入宋授黄州刺史。宋太祖乾德六年（968）卒。

《北梦琐言》原书三十卷，今传本止二十卷。书中记晚唐武宗以后至五代史事，大体前十五卷记唐，后五卷记五代，涉及朝野轶闻，士人言行和风土民情。此书内容颇富，虽未免神妖、梦卜之言，然亦有不少史料为《资治通鉴》《旧五代史》《新五代史注》等书所征引。

今本标题由中华书局据清乾嘉时德州卢见曾辑刻雅雨堂丛书本补。

1. 宣宗称进士

　　唐宣宗皇帝，好儒雅，每直殿学士从容①，未尝不论前代兴亡。颇留心贡举，尝于殿柱上自题曰"乡贡进士李某②"。或宰臣出镇③，赋诗以赠之，词皆清丽。凡对宰臣言政事，即终日忘倦。洎僖宗皇帝，好蹴球、斗鸡为乐。自以能于步打④，谓俳优石野猪曰⑤："朕若作步打进士，亦合得一状元。"野猪对曰："或遇尧、舜、禹、汤作礼部侍郎⑥，陛下不免且落第。"帝笑而已。原其所好优劣，即圣政可知也。（卷一）

【注释】

　　① 直殿学士：当值的翰林学士。翰林学士为唐玄宗时置。初掌四方表疏批答，应和文章，后专掌内命，以分割中书舍人制诏之权。　从容：斡旋，周旋。

　　② 乡贡：唐不经学馆考试而由州县推荐应举的士子，因与州县进贡物品一同解送，故称。经由学馆考试合格而解送应举的，则称"生徒"。

　　③ 出镇：出任地方长官。

　　④ 步打：古代一种球类游戏。比赛时分两队，用下端弯曲的木棍徒步击球入门。本军中戏，唐时盛行宫中。

　　⑤ 俳优：古代以乐舞谐戏为业的艺人。

　　⑥ 或遇尧、舜、禹、汤作礼部侍郎：意即或许会遇到像尧、舜、禹、汤一样贤明的考官。唐玄宗时，科举考试改由礼部侍郎主持。参见第33页第2则注释②。

2. 日本国王子棋

　　唐宣宗朝，日本国王子入贡，善围棋。帝令待诏顾师言与之对手①。王子出本国如楸玉局、冷暖玉棋子。盖玉之苍者如楸玉色，其冷暖者言冬暖夏凉。人或过说，非也。王子至三十三下②，师言惧辱君命，汗手死心，始敢落指。王子亦凝目缩臂数四，竟伏不胜，回谓礼宾曰③："此第几手？"答曰："其第三手也。"王子愿见第一手，礼宾曰："胜第三可见第二，胜第二可见第一。"王子抚局叹曰："小国之一，不及大国之三！"此夷人也，犹不可轻，况中国之士乎！葆光子曰④："蜀简州刺史安重霸黩货无厌⑤，部民有油客子者⑥，姓邓，能棋，其力粗赡。安辄召与对敌，只令立侍。每落一子，俾其退立于西北牖下，俟我算路，然后进之。终日不下十数子而已。邓生倦立且饥,殆不可堪。次日又召,或有讽邓生曰:'此侯好赂,本不为棋,何不献效而自求退?'邓生然之,以中金十铤获免⑦。良可笑也。"(卷一)

【注释】

① 待诏:待命供奉内廷的人。唐初始置翰林院,为内廷供奉之所。翰林院中,除文词、经学之士外,还有卜、医、棋、画等有专门技艺的人,定期入值翰林院,以备皇帝召见。玄宗开元初,置翰林待诏,掌四方表奏批答、应和文章;后改为翰林供奉,又改翰林学士,别置学士院,专掌内制。自此,有翰林院与翰林学士院的分别。

② 三十三下:第三十三着棋。

③ 礼宾:司掌礼宾的官。唐九寺之一鸿胪寺负责四夷君长和外国使者来朝事宜。

④ 葆光子:本书作者孙光宪的号。

⑤ 蜀:唐末西南小国前蜀。　黩货:贪污纳贿。

⑥ 部民:邑民。　油客子:油商。

⑦ 中金:指银子,古代称白金。　铤(dìng):量词。用以计块状物。

3. 李太尉抑白少傅

白少傅居易①,文章冠世,不跻大位。先是,刘禹锡大和中为宾客时②,李太尉德裕同分司东都③。禹锡谒于德裕曰:"近曾得《白居易文集》否?"德裕曰:"累有相示,别令收贮,然未一披,今日为吾子览之④。"及取看,盈其箱笥,没于尘坌。既启之而复卷之,谓禹锡曰:"吾于此人不足久矣⑤,其文章精绝,何必览焉!但恐回吾之心,所以不欲观览。"其见抑也如此。衣冠之士⑥,并皆忌之,咸曰:"有学士才,非宰臣器。"识者于其答制中见经纶之用⑦,为时所排,比贾谊在汉文之朝不为卿相知⑧,人皆惜之。葆光子曰:"李卫公之抑忌白少傅,举类而知也。初,文宗命德裕论朝中朋党,首以杨虞卿、牛僧孺为言。杨、牛即白公密友也。其不引翼,义在于斯,非抑文章也,虑其朋比而掣肘也⑨。"(卷一)

【注释】

① 白少傅居易:白居易,字乐天,晚年号香山居士。其先太原(今山西太原市西南)人,后迁居下邽(今陕西渭南市北)。贞元十四年(798)进士及第,授秘书省校书郎。又应制举,授盩厔县尉、集贤殿校理。文辞富艳,尤精于诗。元和二年(807)召入翰林为学士,历左拾遗、左赞善大夫。

十年，上表请捕刺杀宰相武元衡之凶，以非谏职言事忤权贵，罢为江州司马。十四年召还，寻除主客郎中、知制诰。长庆元年(821)，求外任为杭州刺史。秩满，除太子左庶子、分司东都。宝历中，复出为苏州刺史。文宗即位，征拜秘书监。武宗时，以刑部尚书致仕，居洛之香山。大中元年(847)卒，年七十六。赠尚书右仆射。

② 刘禹锡：字梦得，洛阳人，自言系出中山(治今河北保定市定州市)。贞元九年(793)进士及第，又登博学宏辞科，入淮南节度使杜佑幕。从佑入朝，为监察御史。贞元末，参加王叔文集团反宦官与藩镇割据，贬朗州司马。元和十年(815)，自武陵召还。作诗咏玄都观看花君子，执政不悦，改迁连州刺史。太和二年(828)，以裴度力荐，召还，为主客郎中，迁太子宾客、分司东都，加检校礼部尚书。会昌二年(842)卒，年七十一。赠户部尚书。与柳宗元有深谊，晚年又与白居易唱和颇多。

③ 李太尉德裕：李德裕，字文饶，赵郡(治今河北石家庄市赵县)人。宰相李吉甫之子。元和十一年(816)始入太原幕为掌书记。历浙西观察使、西川节度使等。太和五年(831)，在西川，受吐蕃维州守将归降，为宰相牛僧孺迫令退还，自此牛李势同水火。朝臣各有依从，政争日烈，史称"牛李党争"。武宗即位，授门下侍郎、同平章事。以功兼守太尉，进封卫国公。宣宗立，罢相，出为东都留守。大中二年(848)，贬潮州，又贬崖州司户。三年，抵贬所后病卒，年六十三。　太尉：秦汉设置，为全国军政首脑。东汉时，太尉与司徒、司空并称三公。后世或置或废，为地位很高的虚衔。　分司：唐东都仿中央设各官署，官员任职其中，称分司。一般为虚衔，并无实权。

④ 吾子：古代男子之间对对方的敬称。

⑤ 不足：不满。

⑥ 衣冠之士：指士大夫、缙绅之士。

⑦ 答制：答策应制之作。　经纶：治国的抱负和才能。

⑧ 比：类似；同……一样。贾谊在汉文帝时受大臣排挤之事，参见第17页第5则注释③。

⑨ 朋比：相互勾结，成为帮派。　掣(chè)肘：谓从旁牵制阻挠。

4. 放孤寒三人及第

咸通中，礼部侍郎高湜知举。榜内孤贫者公乘亿赋诗三百首，人多书于屋壁。许棠有《洞庭》诗尤工，诗人谓之"许洞庭"。最奇者有聂夷中，河南中都人，少贫苦，精于古体，有《公子家》诗云："种花于西园，花发青楼道。花下一禾生，去之为恶草。"又《咏田家》诗云："父耕原上田，子劚山下荒①。六月禾未秀②，官家已修仓。"又云："锄禾当日午，汗滴禾下土。谁念盘中餐，粒粒皆辛苦。"又云："二月卖新丝,五月粜新谷。医得眼前疮,剜却心头肉。我愿君王心,化为光明烛。不照绮罗筵,只照逃亡屋。"所谓言近意远,合"三百篇"之旨也。盛得三人,见浞之公道也。葆光子尝有同寮,示我调举时诗卷③,内一句云:"斸松为荫花④。"因讯之曰:"贾浪仙云⑤:'空庭唯有竹,闲地拟栽松。'吾子与贾生,春兰秋菊也⑥。"他日赴达官牡丹宴,栏中有两松对植,立命斧斫之,以其荫花。此侯席上于愚有得色⑦,默不敢答,亦可知也。(卷二)

【注释】

① 斸(zhú):大锄。此处用作动词,掘,斫。

② 秀:谷物吐穗开花。

③ 调举:科举。

④ 斸:修剪枝蔓;芟除芜秽。

⑤ 贾浪仙:贾岛,字浪仙。唐诗人。

⑥ 春兰秋菊:比喻各擅其美。

⑦ 于愚有得色:对我露出得意的神色。

5. 卢肇为进士状元

唐相国李太尉德裕,抑退浮薄,奖拔孤寒。于时朝贵朋党,掌武破之①,由是结怨。而绝于附会,门无宾客,唯进士卢肇,宜春人,有奇才,每谒见,许脱衫从容②。旧例,礼部放榜,先禀朝廷,恐有亲属言荐。会昌三年,王相国起知举③,先白掌武。乃曰:"某不荐人,然奉贺今年榜中得一状元也。"起未喻其旨,复遣亲吏于相门侦问,吏曰:"相公于举子中,独有卢肇久接从容。"起相曰:"果在此也。"其年卢肇为状头及第④。时论曰:"卢虽受知于掌武,无妨主司之公道也⑤。"(卷三)

【注释】

① 掌武:唐代太尉的别称。

② 从容:逗留;盘桓。

③ 王相国起知举:时王起拜左仆射,复知贡举。

④ 状头:状元。

⑤ 主司:科举主试官。此处指王起。

6. 王中令铎拒黄巢

唐王中令铎[1]，重德名家，位望崇显，率由文雅，然非定乱之才，镇渚宫为都统[2]，以御黄巢。寇兵渐近。先是，赴镇以姬妾自随，其内未行，本以妒忌。忽报夫人离京在道，中令谓从事曰："黄巢渐以南来，夫人又自北至。且夕情味，何以安处？"幕寮戏曰："不如降黄巢。"公亦大笑之。洎荆州失守，复把潼关。黄巢差人传语云："令公儒生，非是我敌，请自退避，无辱锋刃。"于是弃关，随僖皇播迁于蜀[3]。再授都统，收复京都，大勋不成，竟罹非命[4]。时议曰："黄巢过江，高太尉不能拒捍，岂王中令儒懦所能应变乎？"落都统后有诗[5]，其要云："敕诏已闻来阙下，檄书犹未遍军前。"亦志在其中也。（卷三）

【注释】

① 中令：中书令的省称。

② 渚宫：春秋楚宫名。故址在江陵（今湖北荆州市荆州区）。此处代指江陵。僖宗乾符五年（878），王铎以宰执之长自请出镇，兼江陵尹、荆南节度使、充诸道行营兵马都统，率军阻击黄巢。

③ 播迁：迁徙；流亡。广明元年（880），黄巢军陷两京，僖宗逃往成都。

④ 竟罹非命：光启四年（888），王铎授沧景节度使，赴任途中，被人劫杀于魏州高鸡泊。

⑤ 落：免除。

7. 妖人伪称陈仆射

唐军容使田令孜擅权[1]，有回天之力。尝致书于许昌，为其兄陈敬瑄求兵马使职[2]，节将崔侍中安潜不允[3]。尔后崔公移镇西川，敬瑄与杨师立、牛勖、罗元杲以打球争三川[4]，敬瑄获头筹，制授右蜀节旄以代崔公[5]，中外惊骇。报状云[6]，陈仆射之命，莫知谁何。青城县弥勒会妖人窥此声势，乃伪作陈仆射行李[7]，云山东盗起，车驾必谋幸蜀[8]，先以陈公走马赴任。乃树一魁妖，共翼佐之。军府未喻，亦差迎候。至近驿，有指挥索白马四匹，察事者觉其非常，乃羁縻之[9]。未供承间，而真陈仆射亦连辔而至，其妖人等悉擒缚，而俟命颍川，俾隐而诛之。识者曰："陈仆射由阉官之力，无涓尘之效，盗处方镇，始为妖物所凭，终以自贻诛灭[10]，非不幸也。"（卷四）

【注释】

① 军容使：观军容使的省称。唐中后期为监视出征将帅的最高军职，以宦官头目充任。

② 兵马使：唐道（方镇）节度使或观察使的幕职，掌领兵打仗。

③ 节将：节度使。时崔安潜为许州刺史，兼忠武军节度、观察使。崔安潜，字进之，清河武城（今属山东德州市）人。宣宗大中朝宰相崔慎由之弟。大中三年（849）登进士第。懿宗咸通年间，历许州刺史、忠武军节度使、观察使。僖宗乾符中，迁成都尹、剑南西川节度使。曾率军平黄巢、王仙芝之乱，以功累加至检校侍中、太子太傅。卒，赠太师，谥贞孝。

④ 三川：唐中后期剑南西川（治今四川成都市）、剑南东川（治今四川绵阳市三台县）、山南西道（治今陕西汉中市）的合称。

⑤ 节旄：即旌节。唐节度使受命日赐之，专掌军权的凭证。

⑥ 报状：古代报纸。宋代始称"邸报"。地方长官在京设邸，邸中传抄诏令、奏章等，以报于诸藩，故称。

⑦ 行李：唐时称官府导从人员。

⑧ 车驾：帝王之车。

⑨ 羁縻（mí）：拘禁。

⑩ 自贻：给自己留下。光启二年（886），平息黄巢之乱后，田令孜朝中弄权，激起兵变，挟僖宗出逃凤翔、宝鸡、汉中。失势后，便自任西川监军使，投靠其兄陈敬瑄。龙纪元年（889）昭宗即位，三川大乱，朝廷诏宰相韦昭度镇西川，取代陈敬瑄。陈敬瑄反，田令孜引阆州刺史王建为援。王建趁此夺权，毒死敬瑄，杀令孜，据西川，后立国为蜀，史称"前蜀"。

8. 温李齐名

温庭云字飞卿①，或云作"筠"字，旧名岐，与李商隐齐名②，时号曰"温李"。才思艳丽，工于小赋，每入试，押官韵作赋③，凡八叉手而八韵成，多为邻铺假手④，号曰"救数人"也。而士行有缺，缙绅薄之。李义山谓曰："近得一联句云'远比召公三十六年宰辅'，未得偶句。"温曰："何不云'近同郭令二十四考中书⑤'。"宣宗尝赋诗，上句有"金步摇⑥"，未能对，遣未第进士对之，庭云乃以"玉条脱"续也⑦，宣宗赏焉。又药名有"白头翁"，温以"苍耳子"为对，他皆此类也。宣宗爱唱《菩萨蛮》词，令狐相国假其新撰密进之，戒令勿他泄，而遽言于人，由是疏之。温亦有言云："中书堂内坐将军。"讥相国无学也。宣皇好微行，遇于逆旅，温不识龙颜，傲然而诘之曰："公非司马、长史之流⑧？"帝曰："非也。"又谓曰："得非大参、簿、尉之

类⑨？"帝曰："非也。"谪为方城县尉，其制词曰："孔门以德行为先，文章为末。尔既德行无取，文章何以补焉？徒负不羁之才，罕有适时之用。"云云。竟流落而死也。杜幽公自西川除淮海，温庭云诣韦曲杜氏林亭⑩，留诗云："卓氏炉前金线柳，隋家堤畔锦帆风。贪为两地行霖雨，不见池莲照水红。"幽公闻之，遗绢一千匹。吴兴沈徽云："温舅曾于江淮为亲表槚楚⑪，由是改名焉。"庭云又每岁举场，多借举人为其假手。沈询侍郎知举，别施铺席授庭云，不与诸公邻比。翌日，帝前谓庭云曰："向来策名者，皆是文赋托于学士，某今岁场中并无假托学士，勉旃⑫！"因遣之，由是不得意也。（卷四）

【注释】

① 温庭云（筠）：字飞卿，太原（今山西太原市西南）人，寄家江东。仕途不得意，官止国子助教。工诗词。诗与李商隐齐名，称"温李"。词与韦庄并称"温韦"，多写闺情，收入《花间集》。

② 李商隐：字义山，号玉谿生，怀州河内（今河南焦作市沁阳市）人。开成进士。历县尉、秘书郎、东川节度使判官。因受牛李党争影响，遭排挤而潦倒终身。工诗。与杜牧、温庭筠等齐名。

③ 官韵：官方指定韵书中的韵，科考用。

④ 假手：科考中代人作文。

⑤ 郭令二十四考中书：郭子仪平息安史之乱有功，迁中书令，主持校考百官达二十四次。

⑥ 金步摇：古代妇女的一种首饰。以金珠装缀，行则摇动，故称。

⑦ 玉条脱：玉镯。

⑧ 司马、长史：指州的佐官。

⑨ 大参、簿、尉：指州县参军、主簿、县尉一类佐官。

⑩ 韦曲：唐地名，位于长安城南郊。另有杜曲。唐望族韦氏、杜氏分别世居于此。其地依山傍水，风景秀丽，为唐时游览胜地，并称"韦杜"。

⑪ 槚（jiǎ）楚：用槚木荆条制成的笞打刑具。此处用作动词，鞭笞。

⑫ 勉旃（zhān）：努力。用于劝勉。旃，助词，"之焉"的合音。

9. 李远讥曹唐

唐进士曹唐《游仙诗》，才情缥缈，岳阳李远员外每吟其诗而思其人。一日，曹往谒之，李倒屣而迎①。曹生仪质充伟②。李戏之曰："昔者未睹标仪③，将谓可乘鸾鹤④。此际拜见，安知壮水牛亦恐不胜其载。"时人闻而笑之。（卷五）

【注释】

① 倒屣:急于出迎,把鞋倒穿。

② 仪质充伟:意谓身姿肥硕。

③ 标仪:犹言姿容风采。

④ 鸾鹤:鸾与鹤,仙人所乘。

10. 杨 晟 义 母

唐杨晟始事凤翔节度李昌符,累立军功,因而疑之,潜欲加害。昌符爱姬周氏愍其无辜①,密告之,由是亡去而获免也。后为驾前五十四军都指挥使②,除威胜军节度使,建节于彭州。抚绥士民,延敬宾客,洎僧道辈各得其所,厚于礼敬,人甚怀之。李昌符之败,因令求访周氏。既至,以义母事之。周氏自以少年,复有美色,恐有好合之请。弘农告誓天地③,终不以非礼偶之。每旦未视事前,必伸问安之礼,虽厄在重围,未尝废也。新理之所④,兵力未完,遽为王蜀先主攻围⑤,保守孤城,救兵不至,凡十日而为西川所破而害焉。有马步使安师建者⑥,杨氏之腹心也,城克执之。蜀先主知其忠烈,冀为其用,欲宽之。师建曰:“某受杨司徒提拔,不敢惜死。”先主叹赏而行戮,为设祭而葬之。(卷五)

【注释】

① 愍:同“悯”。

② 都指挥使:军事长官幕职,掌领兵打仗。

③ 弘农:古郡名。治今河南灵宝市北。此处是杨晟郡望之称。

④ 新理之所:刚治理的地方。指彭州。

⑤ 王蜀先主:指前蜀国主王建。

⑥ 马步使:唐道(方镇)节度使或观察使的幕职,掌军中狱讼。

11. 章鲁封不幸

屯难之世①,君子遭遇不幸往往有之。唐进士章鲁封与罗隐齐名,皆浙中人,频举不第,声采甚著。钱尚父土豪倔起②,号钱塘八都。洎破董昌,奄有杭、越③,于是章、罗二士,罹其笼罩。然其出于草莱④,未谙事体,重县宰而轻郎官,尝曰:“某

人非才，只可作郎官，不堪作县令。"即可知也。以章鲁封为表奏孔目官⑤，章拒而见笞。差罗隐宰钱塘，皆畏死禀命也。章、罗以之为耻，钱公用之为荣，玉石俱焚，吁，可惜也！或云章鲁封后典苏州，著《章子》三卷行于世。罗隐为中朝所重，钱公寻倍加敬，官至给事中⑥，享寿考⑦，温饱而卒。（卷五）

【注释】

① 屯难(zhūn nán)：艰难。

② 钱尚父：即钱镠(liú)。昭宗景福二年(893)任镇海节度使，驻杭州。乾宁三年(896)，浙东节度使、越州刺史董昌自立罗平国王，钱镠灭之，得越州，授镇海镇东节度使。后梁开平元年(907)，为尚父，封吴越国王。

③ 奄：覆盖；包。常与"有"连用。

④ 草莱：草莽。杂草丛生之地。

⑤ 孔目：官府衙门中高级吏人。掌账目、狱讼、遣送等事务。

⑥ 给事中：门下省属官，掌驳正政令之事。后梁开平二年，罗隐官拜给事中。

⑦ 寿考：长寿。开平三年，罗隐年八十馀终于钱塘。

12. 以歌词自娱

先是，李远以曾有诗云："人事三杯酒，流年一局棋。"唐宣宗以其非牧人之才，不与郡守，宰相为言，然始俞允①。蜀相韦庄应举时，遇黄寇犯阙，著《秦妇吟》一篇，内一联云："内库烧为锦绣灰，天街踏尽公卿骨。"尔后公卿亦多垂讶②，庄乃讳之。时人号"秦妇吟秀才"。他日撰家戒，内不许垂《秦妇吟》障子③。以此止谤，亦无及也。晋相和凝④，少年时好为曲子词，布于汴、洛。洎入相，专托人收拾焚毁不暇。然相国厚重有德，终为艳词玷之。契丹入夷门⑤，号为"曲子相公"。所谓好事不出门，恶事行千里，士君子得不戒之乎！（卷六）

【注释】

① 俞允：允诺。多用于帝王。俞，应诺之辞。

② 垂讶：表示惊讶和关注。

③ 障子：题有文字或画有图画的整幅绸布，用作庆吊礼物以悬之。

④ 和凝：五代词人。字成绩，郓州须昌(今山东泰安市东平县西北)人。后晋时为中书侍郎

平章事。少年时好作短歌艳曲,《花间集》收二十首。

⑤ 夷门:开封的别称。后晋都城。开运四年(947),辽(契丹)兵攻破开封,晋亡。

13. 白太傅墓铭

白太傅与元相国友善①,以诗道著名,时号"元白"。其集内有诗挽元相云:"相看掩泪俱无语,别后伤心事岂知。想得咸阳原上树,已抽三丈白杨枝。"洎自撰墓志云:"与彭城刘梦得为诗友。"殊不言元公,时人疑其隙终也②。郑文公畋,与卢相携亲表也,阀阅相齐③,词学相均。同在中书,因公事不叶,挥霍间言语相挤诟④,不觉砚瓦翻泼。谓宰相斗击,亦不然也,竟以此出官矣。(卷六)

【注释】

① 白太傅、元相国:指白居易与元稹。白于文宗开成元年(836)授太子少傅,元于文宗太和三年(829)跻宰相位。二人诗学主张相近,同倡"新乐府"。

② 隙:(感情上的)裂痕。

③ 阀阅:泛指门第、家世。

④ 挥霍:迅疾。 挤诟:排挤指责。

14. 罗 顾 升 降

唐罗给事隐、顾博士云俱受知于相国令狐公。顾虽醝商之子①,而风韵详整②;罗亦钱塘人,乡音乖刺③。相国子弟每有宴会,顾独与之,丰韵谈谐,莫辨其寒素之士也。顾文赋为时所称,而切于成名④,尝有启事陈于所知,只望丙科尽处⑤,竟列名于尾株之前也。罗既频不得意,未免怨望,竟为贵子弟所排,契阔东归⑥。黄寇事平,朝贤议欲召之。韦贻范沮之曰⑦:"某曾与之同舟而载。虽未相识,舟人告云:'此有朝官。'罗曰:'是何朝官!我脚夹笔亦可以敌得数辈。'必若登科通籍⑧,吾徒为秕糠也。"由是不果召。诗人方干,亦吴人也。王龟大夫重之,既延入内,乃连下两拜。亚相安详以答之⑨,未起间,方又致一拜,时号"方三拜"也。(卷六)

【注释】

① 醝(cuó):盐。

② 详整：安详严整。

③ 乖剌：(言语、性情、行为等)别扭。

④ 切：急迫。

⑤ 丙科：此处指科举考试第三等。此句意谓只愿以最后一名录取。

⑥ 契(qiè)阔：劳苦；勤苦。

⑦ 沮：阻止。

⑧ 必若：假如。　登科通籍：指科考及第，入朝中名籍。

⑨ 亚相：唐时御史大夫的别称。

15. 孟浩然赵嘏以诗失意

唐襄阳孟浩然，与李太白交游。玄宗征李入翰林，孟以故人之分，有弹冠之望①。久无消息，乃入京谒之。一日，玄宗召李入对②，因从容说及孟浩然。李奏曰："臣故人也，见在臣私第。"上令急召赐对，俾口进佳句。孟浩然诵诗曰："北阙休上书，南山归敝庐。不才明主弃，多病故人疏③。"上意不悦，乃曰："未曾见浩然进书，朝廷退黜。何不云'气蒸云梦泽，波动岳阳城'④？"缘是不降恩泽，终于布衣而已。宣宗索赵嘏诗，其卷首有《题秦皇》诗，其略云："徒知六国随斤斧，莫有群儒定是非。"上不悦。(卷七)

【注释】

① 弹冠：比喻相友善者推荐出仕。

② 入对：臣子入宫回答皇帝提问或质询。

③ 北阙四句：见孟浩然《岁暮归南山》诗。

④ 气蒸两句：见孟浩然《临洞庭湖赠张丞相》诗。"波动岳阳城"中"动"字，诸本作"撼"。

16. 李商隐草进剑表

李商隐员外依彭阳令狐公楚，以笺奏受知①。相国危急②，有宝剑，尝为君上所赐，将进之，命李起草，不惬其旨。因口占云："前件剑③，武库神兵，先皇特赐。既不合将归泉下，又不宜留在人间。"时人服其简当。彭阳之子绹，继有韦平之拜④，似疏陇西⑤，未尝展分⑥。重阳日，义山诣宅⑦，于厅事上留题，其略云："十年泉下无

消息,九日樽前有所思。郎君官重施行马,东阁无因许再窥⑧。"相国睹之,惭怅而已。乃扃闭此厅,终身不处也。(卷七)

【注释】

① 笺奏:书札、奏章。

② 相国危急:唐宪宗时,令狐楚由宰相皇甫镈荐于朝,任翰林学士,累迁至中书侍郎同平章事。穆宗即位,镈罢相,几被杀,不久楚也因亲吏赃污事遭贬。所谓"相国危急",或指此。至敬宗继位,楚复起用,文宗朝官至尚书左仆射,进封彭阳郡开国公。

③ 前件:前面所述。

④ 韦平之拜:西汉韦贤、韦玄成与平当、平晏父子相继为相,世所推重。此处指令狐绹继其父而拜相。

⑤ 陇西:古郡名,治今甘肃临洮县。此处为李商隐郡望之称。

⑥ 展分:顾念情分。

⑦ 义山:李商隐的字。

⑧ 郎君:商隐在令狐家时呼绹为"郎君"。 施行马:(官署或府邸前)设置木架以阻拦人马通行。 东阁(gé):宰相招致、款待宾客的地方。李商隐《九日》诗:"曾共山翁把酒时,霜天白菊绕阶墀。十年泉下无消息,九日樽前有所思。不学汉臣栽苜蓿,空教楚客咏江蓠。郎君官贵施行马,东阁无因再得窥。"前二联追怀令狐楚对自己赏爱栽培,后二联怨恨令狐绹对自己冷遇排斥。

17. 卢沆遇宣宗私行

唐陕州廉使卢沆①,在举场甚有时称。曾于浐水逆旅遇宣宗皇帝微行,意其贵人,敛身回避。帝揖与相见,沆乃自称进士卢沆。帝请诗卷,袖之乘驴而去。他日,对大臣语及卢沆,令主司擢第②。沆不自安,恐僭冒之辱③。宰臣问沆与主上有何阶缘④,沆乃具陈因由,时亦不讶,以其文章非叨忝也⑤。沆后自廉察入朝知举,遇黄寇犯阙,不及终场。赵崇大夫戏之曰:"出腹不生养主司也⑥。"初,卢家未尝知举,卢相携耻之,拔为主文⑦,竟不果也。贾岛遇宣宗微行,问秀才名,对曰:"贾岛。"帝曰:"久闻诗名。"岛曰:"何以知之?"后言于宰臣,与平曾相次谪授长江尉⑧,所谓不识贵人也。(卷八)

【注释】

① 廉使：即廉察，唐对观察使的简称。参见第 48 页第 6 则注释③。

② 令主司擢第：命主考官录取他。唐科举制，进士及第后并不授官，还要经过吏部复试，称"释褐试"或"省试"，取中后才授官职。此处当指卢沆参加吏部复试。

③ 僭冒：未守本分而冒犯。

④ 阶缘：凭借；攀缘。

⑤ 叨忝：忝列；叨光。

⑥ 出腹不生养主司：犹言生来注定做不成主考官。

⑦ 主文：即知举，主持考试。也指主考官。卢氏宗亲虽不乏显贵，却无人做过主考官，时宰相卢携有意提拔卢沆为之。

⑧ 与平曾句：据《全唐诗话》卷三："岛久不第，吟《病蝉》之句，以刺公卿。或奏岛与平曾等为'十恶'，逐之。" 长江：县名。唐属剑南道遂州（州治今四川遂宁市，县治今四川遂宁市大英县回马镇长江坝）。

18. 垂　血　泪

　　唐进士殷保晦，妻封夫人，皆中朝士族也①。殷公历官台省②，始举进士时，文卷皆内子为之，动合规式③，中外皆知。良人偶傥疏放④，善与人交，未尝以文章为意。黄寇犯阙，夫妻遭难。初，封夫人就刃，殷公失声，双血被面。其从母为尼⑤，亲见其祸，泣言于姻亲。愚于殷之中表闻之⑥，方信古人云："泪尽继之以血。"哀痛之极也。（卷十一）

【注释】

① 中朝士族：中原世家大族。

② 台省：指中书省、门下省、尚书省和御史台。唐中央职官有"台省官"和"卿监官"之别。

③ 规式：格式。

④ 良人：女子对其丈夫的称呼。

⑤ 从母：母亲的姐妹，即姨母。

⑥ 中表：姑表或姨表亲戚。

19. 鼠　狼　智

　　相国张公文蔚，庄在东都北坡。庄内有鼠狼穴①，养四子，为蛇所吞。鼠狼雄雌情切,乃于穴外坋土②,恰容蛇头,俟其出穴。果入所坋处出头,度其回转不及,当腰啮断而劈蛇腹,衔出四子,尚有气,置于穴外,衔豆叶嚼而傅之③,皆活。何微物而有情有智若是乎?最灵者人,胡不思也?(卷十二)

【注释】

①鼠狼:鼬。俗称黄鼠狼。

②坋(bèn):同"坌",翻,刨。

③傅:涂搽。

20. 郑文公报恩

郑文公畋,字台文。父亚,曾任桂管观察使①。畋生于桂州,小字桂儿。时西门思恭为监军,有诏征赴阙。亚饯于北郊,自以衰年,因以畋托之,曰:"他日愿以桂儿为念,九泉之下,不敢忘之。"言讫,泫然流涕。思恭志之。及为神策军中尉,亚已卒,思恭使人召畋,馆之于第②,年未及冠,甚爱之如甥侄,因选师友教导之。畋后官至将相。黄巢之入长安,西门思恭逃难于终南山,畋以家财厚募有勇者,访而获之,以归岐下③,温清侍膳,有如父焉。思恭终于畋所,畋葬于凤翔西冈,松柏皆手植之。未几,畋亦卒,葬近西门之坟。百官皆造二陇以吊之④,无不堕泪,咸伏其义也。(卷十三)

【注释】

①桂管:唐桂州地区的代称。贞观后置岭南西道,于桂州置桂管观察使,管辖桂、蒙等十五州(今广西东北部)。

②馆:安置;使居住。

③岐:山名。在今陕西岐山县境内。

④陇:通"垄",坟墓。

21. 韩简听书

魏博节度使韩简①,性麄质②,每对文士,不晓其说,心常耻之。乃召一孝廉③,

令讲《论语》。及讲至《为政》篇，明日谓诸从事曰："仆近知古人淳朴，年至三十，方能行立。"外有闻者，无不绝倒。秦王李茂贞请三传王利甫讲《春秋》④。利甫古僻性狷，然演经义文，亹亹堪听⑤。茂贞连月听之不倦。利甫后寄褐于道门⑥，改名昼，卒于洛中也。武臣未必轻儒，但未睹通儒，多逢鄙薄之辈，沮其学善也，惜哉！（卷十三）

【注释】

① 魏博：唐方镇名。广德元年（763）为收抚安史馀众而设，治魏州（今河北邯郸市大名县东北）。

② 麤：同"粗"。

③ 孝廉：本为汉代选拔官吏的两种科目名，孝即孝子，廉指廉洁之士。后合称孝廉。隋以前，州举秀才，郡举孝廉。至隋唐，只有秀才之科，无孝廉之举。但俗称经制科选拔的举人为"孝廉"。

④ 三传：汉代治《春秋》，有《公羊传》《穀梁传》《左传》，合称三传。此处指治三传者。

⑤ 亹亹（wěi）：此谓谈论动人。

⑥ 寄褐：指不信教而穿道士服的人。

22. 昭 宗 遇 弑

昭宗迁都至洛①，左右并是汴人，虽有尊名，乃是虚器，如在笼槛，郁郁不乐。朱全忠以诸侯尽有匡复之志，虑帝有奔幸之谋。时护驾朱友谅等聚兵殿庭，诉以衣食不足。帝方劳谕②，友谅引兵升殿，帝颠仆入内，军士蹑而追之。帝叱曰："反耶？"友谅曰："臣非敢无礼，奉元帅之令。"帝奔入御厨，以庖人之刀斩数辈，竟为乱兵所害。内人李渐荣、裴正一闻弑帝，投刃而死。又以朱友谅、氏叔琮扇动军情，诛朱友谅、氏叔琮，以成济之罪归之③。友谅等临刑诉天曰："天若有知，他日亦当如我。"后全忠即位，为子友珪所弑④，竟如其言。（卷十五）

【注释】

① 昭宗迁都句：天祐元年（904），梁王朱全忠逼迫唐昭宗和百官、长安居民迁往洛阳。至洛，杀尽昭宗左右侍从。不久，又派人杀死昭宗，立李柷为昭宣帝（哀帝）。天祐四年（907），朱全忠逼昭宣帝禅位，改国号大梁，为梁太祖。

② 劳谕：降旨安慰。

③ 成济之罪：三国魏重臣司马昭专权，甘露五年（260），指使心腹成济刺死魏帝高贵乡公曹髦，立常道乡公曹奂（元帝），又以"弑君之罪"斩成济。见《三国志·魏志·高贵乡公髦纪》裴松之注引《汉晋春秋》。

④ 为子友珪所弑：后梁乾化二年（912），太祖病重，第三子友珪继承无望，夜间率兵入宫弑父自立，群臣不服。明年，第四子友贞夺位，杀友珪，为梁末帝。

23. 殿 栋 折 坠

梁祖末年，多行诛戮。一夕，寝殿大栋忽坠于御榻之上。初闻土落于寝帐上，乃惊觉。久之，又闻有小木坠于帐顶间，遂懻然下床，未出殿门，其栋乃坠。迟明①，召诸王近臣令观之。夜来惊危，几不相见，由是君臣相泣。又曰："惊忧之时，如有人引头于寝阁门内云：'里面莫有人否？'所以匆忙奔起，得非宫殿神乎？"它日，又游于大内西九曲池，泛鹢舟于池上②，舟忽倾侧，上堕于池中，宫嫔并内侍从官并跃入池，扶策登岸③，移时方安④。尔后发痼疾，竟罹其子郢王友珪弑逆之祸。舟倾栋折，非佳事也。（卷十六）

【注释】

① 迟（zhì）明：黎明。

② 鹢（yì）舟：船首画有鹢鸟之形的船。鹢，似鹭而大的水鸟。

③ 扶策：搀扶；支撑。

④ 移时：经过一段时间。

24. 明 宗 戒 秦 王

明宗戒秦王从荣曰①："吾少钟丧乱②，马上取功名，不暇留心经籍。在藩邸时，见判官论说经义，虽不深达其旨，大约令人开悟。今朝廷有正人端士，可亲附之，庶几有益。吾见先皇在藩时③，爱自作歌诗。将家子文非素习，未能尽妙，讽于人口，恐被诸儒窃笑。吾老矣，不能勉强于此，唯书义尚欲耳里频闻。"时从荣方聚杂进士浮薄之子，以歌诗吟咏为事，上道此言规讽之。或一日，秦王进诗，上说于俳优敬新磨，敬新磨赞美而曰："勿讶秦王诗好，他阿爷平生爱作诗④。"上大笑。（卷十九）

【注释】

　　① 明宗：后唐帝王李嗣源。唐末晋王李克用的养子，出身沙陀平民。同光元年（923），李克用之子李存勖在魏州自立为帝，国号唐，是为唐庄宗。同光四年，李存勖死，李嗣源即位，为唐明宗。　从荣：李嗣源之子，封秦王。

　　② 钟：当；遭逢。

　　③ 先皇：指庄宗李存勖。

　　④ 阿爷：父亲。此处指从荣伯父李存勖。

25. 父 子 相 认

　　姜志，许昌人，自小乱离，失其父母。尔后仕蜀，至武信军节度使。先是，厩中圉人姜春者①，事之多年，频罹鞭扑。一旦告老于国夫人②，请免马厩之役，而丐食于道路。夫人愍之，诘其乡贯姻亲，兼云有一子，随军入川，莫知存亡。其小字、身上记验，一一述之，果志之父也。洎父子相认，悲号殒绝。志乃授父杖，俾笞其背，以偿昔日所误之事。举国嗟叹之。此事川蜀皆知。（卷二十）

【注释】

　　① 圉（yǔ）人：掌管养马的人。

　　② 国夫人：命妇的封号。此处指姜志妻。

唐语林

[宋] 王谠

《唐语林》，宋王谠撰。谠字正甫，长安（今陕西西安市）人。生卒年不详。宋哲宗元祐（1086—1093）朝宰相吕大防之婿，曾为京东排岸司，后任国子监丞，又改少府监丞。元祐后，出任邠州通判。大约卒于徽宗崇宁（1102—1106）大观（1107—1110）年间。

《唐语林》广采五十家唐人笔记小说，并仿《世说新语》体例，分五十二门，记载有唐一代人物言行、名物制度和风俗民情。《四库全书总目提要》云：『是书虽仿《世说》，而所纪典章故实、嘉言懿行，多与正史相发明，视刘义庆之专尚清谈者已少，其裒集之功，尤不可没。』《唐语林》原书于明初散佚，清《四库全书》馆臣据明嘉靖初齐之鸾刻残本及《永乐大典》所载，校订增补、重新编纂而成八卷。今有周勋初《唐语林校证》，于《四库》辑本又有所补正。

选文标题为编者所拟。

1. 太 子 侍 膳

肃宗为太子，尝侍膳。尚食置熟俎①，有羊臂臑②。上顾太子，使太子割。肃宗既割，馀污漫刃，以饼洁之。上熟视，不怿③；肃宗徐举饼啖之，上大悦，谓太子曰："福当如是爱惜。"（卷一《德行》）

【注释】

① 尚食：唐掌皇帝膳食的机关。与尚药、尚衣、尚乘、尚舍、尚辇并称殿中省六局。殿中省长官称监，多由亲信、贵幸者充任。　　俎：古代祭祀、宴飨时陈置肉食的礼器，形如几。

② 臑(nào)：牲畜的前肢。

③ 不怿：不高兴。

2. 玄宗止焚库积

玄宗西幸①，车驾将自延秋门出②，杨国忠请由左藏库西③，上从之。望见千馀人持火以俟驾。上驻跸曰④："何用此？"国忠对曰："请焚库积⑤，无为盗守⑥。"上敛容曰："盗至，若不得此，必厚敛于人。不如与之，无重困吾民也。"命彻火炬而后行⑦。闻者皆感激流涕，迭相语曰："吾君爱人如是，福未艾也。虽太王去豳⑧，何以过于此也。"（卷一《德行》）

【注释】

① 西幸：指天宝十五载(756)六月，安禄山叛军进逼长安，玄宗、杨国忠率随从出逃入蜀。

② 延秋门：长安禁苑西门。

③ 藏(zàng)库：宫中储存宝物的府库。

④ 驻跸：帝王出行途中作短暂停留。此处指停下车驾。

⑤ 库积：库存物资。

⑥ 守：管理；看管。

⑦ 彻：通"撤"，撤去。

⑧ 太王去豳：太王即周文王之祖古公亶父，居于豳(今陕西彬县、旬邑县一带)。商末，戎狄攻之，古公率族人迁居岐山(今陕西岐山县东北)之下，定国号为周。文王称王，追尊古公为太王。

《诗经·周颂·天作》即记其事。

3. 李勉主书生丧

天宝中,有一书生旅次宋州①。时李汧公勉年少贫苦,与此书生同店。而不旬日,书生疾作,遂至不救。临绝,语公曰:"某家住洪州,将于北都求官,于此得疾且死,其命也。"因出囊金百两遗公,曰:"某之仆使无知有此,足下为我毕死事,馀金奉之。"李公许为办事。及礼毕,置金于墓中而同葬焉。后数年,公尉开封②。书生兄弟赍洪州牒来③,累路寻生行止④。至宋州,知李为主丧事,专诣开封,请金之所在。公请假至墓所,出金以付焉。(卷一《德行》)

【注释】

① 旅次:旅行中暂作停留。

② 尉:担任军尉。后李勉于德宗建中年间出任宣武军节度使,驻汴州(河南开封市)。

③ 赍洪州牒:携带洪州家族的谱牒。

④ 累路:沿途。

4. 郑还古孝友

荥阳郑还古,俊才嗜学,性孝友。初家青、齐间①,值李师道叛命②,扶老亲归洛,与其弟自舁肩舆③,晨暮奔追,两肩皆疮。妻柳氏,仆射元公之女,有妇道。弟齐古,好博戏赌钱,还古帑中恣其所用④,齐古得之辄尽。还古每出行,必封管籥付家人⑤,曰:"留待二十九郎。悦博⑥,勿使别取债息,为恶人所陷也。"弟感其谊,为之稍节。有堂弟善觜栗⑦,投许昌军为健儿⑧。还古使使召之,自与洗沐,同榻而寝,因致书方镇,求补他职。竟以刚躁喜持论,不容于时。(卷一《德行》)

【注释】

① 青、齐:唐青州、齐州(今山东青州市、淄博市、济南市一带)。

② 李师道:唐军事割据者。元和中,宪宗用兵革除藩镇割据,先后灭河北三镇、淮西镇、淄青镇等。其中淄青镇自永泰元年(765)李正己开始割据,传子孙至李师道,凡五十四年,是地最广、

兵最多的一镇。灭李师道后，唐恢复暂时统一。

③舁(yú)肩舆：抬轿子。

④帑(tǎng)：钱财。也指收藏钱财的府库。

⑤管籥(yuè)：钥匙。又作"管钥"。

⑥傥：假如。

⑦觱(bì)篥：古簧管乐器名。本出自西域龟兹，后传入中原，为隋唐燕乐及唐宋教坊乐的重要乐器。又作"觱篥"。

⑧健儿：唐军镇所置兵种。长期守边，可享受政府种种优待。

5. 太宗射猎于苑

太宗射猛兽于苑内，有群豕突出林中，太宗引弓射之，四发，殪四豕①。有一雄豕直来冲马，吏部尚书唐俭下马搏之。太宗拔剑断豕，顾而笑曰："天策长史②，不见上将击贼耶，何惧之甚？"俭对曰："汉祖以马上得之③，不以马上理之。陛下以神武定四方，岂复逞雄心于一兽？"太宗善之，因命罢猎。（卷一《言语》）

【注释】

①殪(yì)：杀死。

②天策：武德四年(621)，加封李世民为天策上将，置天策府，以唐俭为长史。

③汉祖：汉高祖刘邦。上下句意谓汉高祖凭借武力夺得天下，却不用武力治理它。

6. 张玄素论治政之道

张玄素①，贞观初，太宗闻其名，召见，访以理道。玄素曰："臣观自古以来，未有如隋室丧乱之甚，岂非其君自专，其法日乱？向使君虚受于上②，臣弼违于下③，岂至于此！且万乘之主④，欲使自专庶务，日断十事而有五条不中者，何况万务乎？以日继月，以至累年，乖谬既多，不亡何待？陛下若近鉴危亡，日慎一日，尧舜之道，何以加之⑤！"太宗深纳之。（卷一《言语》）

【注释】

①张玄素：蒲州虞乡(今山西运城市永济市于乡镇)人。隋末为景城县户曹，有令名。入唐，

太宗召对,授侍御史,寻迁给事中。贞观四年(630),上书谏太宗修洛阳宫乾阳殿,擢太子少詹事,转右庶子。太子承乾游玩不学,玄素屡劝之,太子怒,遣刺客欲加害。后太子废,玄素亦随例除名。十八年,起为潮州刺史,转邓州刺史。永徽中,以年老致仕。龙朔三年(663),加授银青光禄大夫,明年卒。

② 向使:假使。 虚受:指虚心接受(意见)。

③ 弼违:纠正过失。

④ 万乘(shèng):天子。周制,天子地方千里,能出兵车万乘。

⑤ 何以:(表反问)能不。

7. 马周谏太宗幸九成宫

太宗将幸九成宫①,马周上疏谏曰②:"伏见明敕③,以二月二日幸九成宫。臣窃惟太上皇春秋已高④,陛下宜朝夕侍膳,晨昏起居⑤。今所幸宫,去京三百馀里,銮舆动辄⑥,俄经旬日⑦,非可朝发暮至;脱上皇或思感⑧,欲即见陛下者,将何逮之?且车驾今行,本意避暑;则上皇尚留热处,而陛下自逐凉处。温清之道,臣切不安。"太宗称善。(卷一《言语》)

【注释】

① 九成宫:唐宫。在岐山之北(今陕西宝鸡市麟游县西)。本为隋仁寿宫,系皇帝避暑处。唐贞观五年重修,改名九成。

② 马周:字宾王,清河茌平(今山东聊城市茌平县东)人。少孤好学,尤精诗传。武德中,补博州助教,以饮酒为乐,不事讲授,为刺史笞责,乃入长安,为中郎将常何门客。贞观五年(631),太宗令百僚上书言得失,周代常何陈二十馀事奏之,召对,令直门下省。六年,授监察御史,累迁至中书侍郎兼太子右庶子。十八年,拜中书令。理政精审,颇获当时之誉。二十二年卒,年四十八。高宗追赠尚书右仆射、高唐县公。

③ 伏:敬词。古时用于臣对君奏言。 明敕:(皇帝)明白地训示或命令。

④ 窃惟:谦词。私下考虑。

⑤ 起居:问安;问好。

⑥ 銮舆动辄:天子车驾启动。 辄:支住车轮不使转动的木头。

⑦ 俄:(车驾)倾斜。此处是路途颠簸的意思。

⑧ 脱:倘若;如果。

8. 姚崇奏请捕蝗

开元中,山东蝗。姚元崇奏请遣使分捕。上曰:"蝗虫,天灾也,由朕不德而致焉。卿请捕之,无乃违天乎①?"崇曰:"《大田》之诗'秉畀炎火'者②,捕蝗之术也。古人行之于前,陛下用之于后。行之所以安农除害,国之大事也,陛下熟思之!"上曰:"事既古,用可救时,朕之心也。"遂行之。是时中外咸以为不可,上谓左右曰:"与贤相讨论已定。捕蝗之事,敢议者死。"自是所司结奏③,捕蝗十分去四。(卷一《政事上》)

【注释】

① 无乃:(表委婉猜度语气)恐怕;莫非。

② 秉畀(bì)炎火:用大火烧(害虫)。秉,持。畀,给以。语见《诗经·小雅·大田》。

③ 所司:有司。主管官吏。

9. 刘栖楚治府

刘桂州栖楚为京兆尹,号令严明,诛罚不避权势。先是,京城恶少及屠沽商贩多系名诸军①,干犯府县法令②,有罪即逃入军中,无由追捕。刘公为尹,一皆穷治③。有匿军中名目④,自称百姓者,罪之。坊市奸偷宿猾屏迹⑤。尝有儒生入市,市内有一军人,乘醉误突生驴过⑥,旁诸少年噪曰:"痴男子,尚敢近衣冠也⑦!"与属吏言,不伤气,未尝叱责一官人。常谓府县官曰:"诸公各自了本分公事,晴天美景,恣意游赏,勿致拘束。"(卷一《政事上》)

【注释】

① 系名:挂名。

② 干犯:触犯;冒犯。

③ 一皆穷治:全都彻底查办。

④ 名目:名称。此处指身份。

⑤ 屏(bǐng)迹:销声匿迹。

⑥ 突:冲撞;冲犯。

⑦ 衣冠:此处代指儒士。

10. 乐 工 罗 程

乐工罗程者,善弹琵琶,为第一,能变易新声①。得幸于武宗,恃恩自恣。宣宗初,亦召供奉。程既审上晓音律,尤自刻苦,往往令侍嫔御歌②,必为奇巧声动上,由是得幸。程一日果以眦睚杀人③,上大怒,立命斥出,付京兆。他工辈以程艺天下无双,欲以动上意。会幸苑中,乐将作,遂旁设一虚坐,置琵琶于其上。乐工等罗列上前,连拜且泣。上曰:"汝辈何为也?"进曰:"罗程负陛下,万死不赦。然臣辈惜程艺天下第一,不得永奉陛下,以是为恨。"上曰:"汝辈所惜者罗程艺耳,我所重者高祖、太宗法也。"卒不赦程。(卷二《政事下》)

【注释】

① 新声:新作的乐曲。

② 御歌:吹奏(歌曲)。

③ 眦睚(zì yá):又作"睚眦"。眼角。借指极小的仇恨。

11. 韦澳禁郑光庄吏

郑光,宣宗之舅,别墅吏颇恣横①,为里中患。积岁征租不入。户部侍郎韦澳为京兆尹,擒而械系之②。及延英对③,上曰:"卿禁郑光庄吏,何罪?"澳具奏之。上曰:"卿拟如何处置?"澳曰:"臣欲置于法④。"上曰:"郑光甚惜,如何?"澳曰:"陛下自内庭用臣为京兆,是使臣理畿甸积弊⑤。若郑光庄吏积年为蠹⑥,得宽重典,则是朝廷之法独行于贫下⑦,臣未敢奉诏。"上曰:"诚如此。但郑光再三干朕⑧,卿与贷法⑨,得否? 不然,重决贷死,可否?"澳曰:"臣不敢不奉诏,但许臣且系之,俟征积年税物毕放出,亦可为惩戒。"上曰:"可也。为郑光所税扰乡,行法自近⑩。"澳自延英出,径入府杖之,征欠租数百斛,乃纵去。(卷二《政事下》)

【注释】

① 别墅吏:即庄吏。掌管庄主家田租的人。

② 械系：用镣铐把人拘禁起来。

③ 延英：即延英殿，唐宫殿名。参见第47页第4则注释②。

④ 置：施。

⑤ 畿(jī)甸：指京城地区。

⑥ 积年为蠹：多年为害。蠹，蛀虫。

⑦ 贫下：贫民。

⑧ 干：求。

⑨ 贷法：枉法宽免。贷，宽恕，赦免。

⑩ 行法自近：意谓依法行事从亲近始。近，亲近的人。

12. 武 后 遗 才

骆宾王年方弱冠①，时徐敬业据扬州而反，宾王陷于贼庭，其时书檄皆宾王之词也②。每与朝廷文字，极数伪周③，天后览之，至"蛾眉不肯让人，狐媚偏能惑主"④，初微笑之。及见"一抔之土未干，六尺之孤安在"⑤，乃不悦曰："宰相因何失如此之人！"盖有遗才之恨。（卷二《文学》）

【注释】

① 弱冠：古时男子二十成人，初加冠，体犹未壮，故谓弱。后遂称男子二十岁或二十几岁的年龄为弱冠。

② 书檄：书简和檄文。檄文是古代用于征召、声讨等的文书。骆宾王曾作《为徐敬业讨武曌檄》，下文所引语句即出于此。

③ 极数伪周：尽力数落武周皇帝。载初元年(690)，武后称帝，改国号为周。

④ 蛾眉两句：原作"入门见嫉，蛾眉不肯让人；掩袖工谗，狐媚偏能惑主"。此言武氏入宫时行径。

⑤ 一抔两句："一抔之土"指坟墓；"六尺之孤"指中宗。两句言高宗驾崩未久，武后废中宗而临朝称制。

13. 郭子仪祭贞皇后

代宗独孤妃薨，赠贞皇后①。将葬，尚父汾阳王子仪在邠州②，其子尚主③，欲致祭。遍问诸吏，皆云："古无人臣祭皇后之仪。"子仪曰："此事须柳侍御裁之。"时殿中侍御史柳并④，字伯存，掌书记，奉使在邠，即急召之。既至，子仪曰："有切事，须藉侍御为之。"遂说祭事。殿中初亦对如诸人，既而曰："礼缘人情。令公勋德，不同常人。且又为姻戚，今自令公始，亦谓得宜。"子仪曰："正合某本意。"殿中草祭文，其官衔称驸马都尉郭暧父具官某，其文并叙特恩许致祭之意，辞简礼备，子仪大称之。（卷二《文学》）

【注释】

① 贞皇后：两《唐书》均作"贞懿皇后独孤氏"。

② 尚父：周武王称吕望（姜子牙）为尚父，意谓可尊尚的父辈。后世皇帝用以尊礼大臣。唐大将郭子仪平安史之乱有功，肃宗朝迁中书令，封汾阳郡王。德宗朝尊为尚父。参见第 46 页第 2 则注释④。

③ 尚主：驸马，皇帝女婿。时子仪第六子暧，尚代宗第四女昇平公主。参见第 47 页第 3 则注释①。

④ 殿中侍御史：唐代最高监察机关御史台"三院御史"之一，掌纠察朝廷供奉仪式，包括典礼服饰、祭祀、皇帝巡幸仪仗等。参见第 4 页第 2 则注释①。

14. 白居易治杭

　　白居易，长庆二年以中书舍人为杭州刺史，替严员外休复。休复有时名，居易喜为之代。时吴兴守钱徽、吴郡守李穰皆文学士，悉生平旧友，日以诗酒寄兴。官妓高玲珑、谢好好巧于应对，善歌舞。后元稹镇会稽，参其酬唱。每以筒竹盛诗来往。居易在杭，始筑堤捍钱塘潮，钟聚其水①，溉田千顷。复浚李泌六井②，民赖其汲。在苏作诗③，有"使君全未厌钱塘"之句。及罢，俸钱多留守库。继守者公用不足，则假而复填，如是五十馀年。及黄巢至郡，文籍多焚烧，其俸遂亡。（卷二《文学》）

【注释】

① 钟聚：汇集；聚集。

② 李泌六井：唐德宗建中二年至兴元元年（781—784），杭州刺史李泌掘相国井、西井、方井、白龟井、小方井、金牛井等六井，引西湖水入井，解民饮咸水之苦。

③ 苏：苏州。白居易于穆宗长庆二年（822）任杭州刺史，敬宗宝历初（825）任苏州刺史。

15. 文宗欲置诗学士

　　文宗好五言诗，品格与肃、代、宪宗同，而古调尤清峻①。尝欲置诗学士七十二员，学士中有荐人姓名者，宰相杨嗣复曰："今之能诗，无若宾客分司刘禹锡②。"上无言。李珏奏曰："当今起置诗学士，名稍不嘉。况诗人多穷薄之士，昧于识理。今翰林学士皆有文词，陛下得以览古今作者，可怡悦其间；有疑，顾问学士可也。陛下昔者命王起、许康佐为侍讲，天下谓陛下好古宗儒，敦扬朴厚。臣闻宪宗为诗，格合前古。当时轻薄之徒，摛章绘句③，聱牙崛奇，讥讽时事，尔后鼓扇名声，谓之'元和体'④，实非圣意好尚如此。今陛下更置诗学士，臣深虑轻薄小人，竞为嘲咏之词，属意于云山草木，亦不谓之'开成体'乎⑤？玷黯皇化⑥，实非小事。"（卷二《文学》）

【注释】

　　① 古调：指汉魏以来的古体诗。

　　② 宾客分司：东都太子属官，虚衔。

　　③ 摛（chī）章绘句：铺陈词藻。

　　④ 元和体：唐宪宗元和年间（806—820），诗人元稹、白居易相互唱和的长篇排律和流连光景的短篇，为时人所摹仿，形成一代诗风，故称。

　　⑤ 亦不……乎：表肯定的反问句。此句意即不也可以称之为"开成体"吗！开成，文宗年号（836—840）。

　　⑥ 玷黯皇化：玷污皇帝的德政和教化，使之不得显扬。

16. 郭尚父禁河中走马

　　郭尚父在河中①，禁无故走马，犯者死。南阳夫人乳母之子抵禁②，都虞候杖杀之③。诸子泣诉虞候纵横之状，公叱而遣之。明日，对宾客叹息数四，以其事告客曰："不赏父之都虞候，而惜母之阿奶儿④，非奴才而何⑤？"（卷三《方正》）

【注释】

　　① 河中：唐方镇名。至德二年（757）置，治蒲州（今山西永济市蒲州镇）。乾元（758）时改河

中府。

 ② 南阳夫人:郭子仪妻封南阳夫人。 抵禁:触犯禁令。

 ③ 都虞候:唐中后期军中执法官。

 ④ 阿奶:乳母的俗称。

 ⑤ 非……而何:不是……又是什么。

17. 裴 垍 讥 故 人

 裴先德垍在中书①。有故人,官亦不卑,自远而至,垍给恤甚厚②,从容款狎③。乘间求京府判司④,垍曰:"公诚佳士也,但此官与公不相当,不敢以故人之私,而隳朝廷纲纪⑤。他日有瞎眼宰相怜公者,不妨却得。"其执守如此⑥。(卷三《方正》)

【注释】

 ① 裴先德垍:据徐松《唐两京城坊考》卷四:"光德坊有太子宾客裴垍宅。""先德"应为"光德"之误。裴垍,字弘中,河东闻喜(今属山西)人。弱冠举进士。宪宗朝入为翰林学士,历考功郎中、知制诰、中书舍人。元和三年(808)秋,李吉甫出镇淮南,垍代为中书侍郎、同中书门下平章事,为宪宗信重。五年,以中风病罢为兵部尚书。明年,改太子宾客,卒。赠太子少傅。

 ② 给(jǐ)恤:给予周济。

 ③ 款狎:亲近,亲昵。

 ④ 京府判司:京都地区长官的佐史,掌文牍批判等事务。

 ⑤ 隳(huī):毁坏。

 ⑥ 执守:操守。指保持节操。

18. 柳公绰杖杀神策军将

 柳元公初拜京兆尹①,将赴上②,有神策军小将乘马不避③,公于市中杖杀之。及因入对,宪宗正色诘专杀之状④,公曰:"京兆尹,天下取则之地⑤。臣初受陛下奖擢,军中偏裨跃马冲过⑥,此乃轻陛下典法,不独试臣。臣知杖无礼之人,不知打神策军将。"上曰:"卿何不奏?"公曰:"臣只合决⑦,不合奏。"曰:"既死,合是何人奏?"公曰:"在街中,本街使金吾将军奏⑧;若在坊内⑨,则左右巡使奏⑩。"上乃止。(卷三《方正》)

【注释】

① 柳元公：柳公绰，字宽，小字起之，京兆华原（今陕西铜川市耀州区）人。柳公权之兄。贞元元年（785），年十八，应制举，登贤良方正、直言极谏科，授秘书省校书郎。德宗朝，官至京兆尹兼御史大夫。后又仕顺宗、宪宗、穆宗、敬宗、文宗五朝，历尚书左丞、检校户部尚书、检校左仆射、刑部尚书及节度观察等使。太和六年（832），累官兵部尚书，卒，年六十八。赠太子太保，谥曰元。

② 赴上：上任就职。

③ 神策军：唐禁军名之一。中后期多由宦官统领，分左右军。参见第51页第11则注释⑥。

④ 诘专杀之状：追问擅自杀人的理由。

⑤ 取则：拿来作为榜样。

⑥ 偏裨（pí）：副将；佐将。

⑦ 合：应当。

⑧ 街使金吾将军：唐巡视京师六街、掌管治安的武官。

⑨ 坊：此处指官署或朝廷。

⑩ 巡使：朝会、祭祀时掌纠察之官，由御史充任。

19. 崔慎由拒草废立令

崔慎由以元和元年登第①，至开成，已入翰林。因寓直②，忽中夜有内使宣召，引入数重门。至一处，堂宇华夐③，帘幕重蔽。见二中尉对烛而坐④，谓慎由曰："上不豫已来已数日，兼自登极后圣政多亏，今奉太后中旨⑤，有命学士草废立令。"慎由大惊曰："某有中外亲族数千口，兄弟甥侄仅三百人⑥，一旦闻此覆族之言，实不敢承命！况圣上高明之德，覆于八荒，岂可轻议？"二中尉默然，无以为对。良久，启后户，引慎由至一小殿，见文宗坐于殿上，二人趋阶而数文宗过恶，上惟俯首⑦。又曰："不为此拗木枕错失⑧，不合更在坐矣。"仍戒慎由曰："事泄，即汝也。"于是二中尉自执炬送慎由出殿门，复令中使送至院。拗木枕者，俗谈"强项"也⑨。慎由寻以疾出翰林，遂金縢其事⑩，付其子垂休，遂切于剿绝宦官者由此⑪。（卷三《方正》）

【注释】

① 崔慎由：字敬止，清河武城（今山东德州市武城西）人。太和元年（827），擢进士第，又应制登贤良方正科。大中初入朝，授右拾遗、员外郎、知制诰。后充翰林学士、户部侍郎，再历方镇，入为工部尚书。十年（856），以本官同中书门下平章事。十二年，为萧邺所排，罢相，出为梓州刺史，

改剑南东川节度使。咸通初,改华州刺史、潼关防御、镇国军等使,加检校司空、河中尹、河中晋绛节度使。寻入为吏部尚书。因疾请老,拜太子太保、分司东都,卒。此则云"元和元年登第,至开成,已入翰林",与史不合。"元和"为宪宗年号,崔慎由进士及第在文宗太和元年,故"元和"盖"太和"之误耳;而入朝为翰林学士,又不在文宗开成间,而在宣宗大中中。

　　② 寓直:值夜班于官署。

　　③ 华夐(xiòng):华美而深邃。

　　④ 二中尉:左右神策军首领,由宦官担任。参见第51页第11则注释⑥。

　　⑤ 中旨:唐以后不经中书、门下而由内廷直接发出的敕谕。

　　⑥ 仅(jìn):几乎;将近。

　　⑦ 俯首:低头。

　　⑧ 错失:疑"措大"之误。措大,穷酸书生。这是中尉讥讽慎由之词。

　　⑨ 强(jiàng)项:犟脖子。比喻倔强固执。

　　⑩ 金縢:用金属制的带子将收藏书契的柜子封存。此处用作动词,指记录并封存。

　　⑪ 切于剿绝宦官者:唐末,崔慎由之子崔胤为相,联合朱全忠(梁太祖)剿灭宦官。昭宗天祐元年(904),朱全忠杀崔胤,挟持昭宗及百官迁洛阳,不久派人杀死昭宗,立哀帝。参见第69页第22则注释①。

20. 太宗臂鹞而遇魏公

　　太宗得鹞子俊异①,私自臂之②,望见魏公,乃藏于怀。公知之,遂前白事,因话自古帝王逸豫③,微以为讽。上惜鹞子恐死,而又素严惮徵④,欲尽其言。徵语愈久,鹞竟死怀中。(卷三《方正》)

【注释】

　　① 鹞子:猛禽名。似鹰而较小。

　　② 臂:把……架于臂上。

　　③ 逸豫:安乐。

　　④ 严惮:畏惧。

21. 韦仁约刚正

　　韦仁约弹右仆射褚遂良①,出为同州刺史。遂良复职,黜仁约为清水令。或慰勉之，仁约对曰："仆狂鄙之性[②]，假以雄权[③]，而触物便发。丈夫当正色之地，必明目张胆然，不能碌碌为保妻子也。"时武候将军田仁会与侍御史张仁祎不协而诬奏之[④]。高宗临轩问仁祎，仁祎惶惧，应对失次[⑤]。仁约历阶进曰："臣与仁祎连曹[⑥]，颇知事由。仁祎懦而不能自理。若仁会眩惑圣听，致仁祎非常之罪，则臣事陛下不尽，臣之恨矣。请专对其状。"词辩纵横，高宗深纳之，乃释仁祎。仁约在宪司[⑦]，于王公卿相未尝行拜礼，人或劝之，答曰："雕鹗鹰鹯[⑧]，岂众禽之偶！奈何设拜以卑之！且耳目之官，固当独立耳。"后为左丞，奏曰："陛下为官择人，无其人则阙。今不惜美锦[⑨]，令臣制之，此陛下知臣之深矣。"振举纲目[⑩]，朝廷肃然。（卷三《方正》）

【注释】

　　① 褚遂良：字登善，祖籍阳翟（今河南许昌市禹州市），晋末南迁为钱塘（今浙江杭州市）人。父亮，秦王李世民文学馆十八学士之一，官至通直散骑常侍。遂良博涉文史，尤工隶书，以魏徵荐，太宗召令侍书。贞观间，历起居郎、谏议大夫、中书令。二十三年（649），受遗诏辅政。高宗即位，为吏部尚书、左仆射、知政事，封河南郡公。后以反对立武氏为后，贬潭州都督，转桂州都督，又贬爱州刺史。显庆三年（658）卒于官，年六十三。褚遂良遭韦仁约弹劾，在永徽元年（650）。遂良抑价强买中书译语人史诃担宅，监察御史韦仁约劾之，出为同州刺史。三年，征拜吏部尚书、同中书门下三品、监修国史，复为相。参见《唐会要》卷六十一、《旧唐书·褚遂良传》。

　　② 狂鄙：放诞粗野。

　　③ 雄权：大权。

　　④ 武候将军：隋唐官名，掌车驾出行，先驱后殿，昼夜巡查。

　　⑤ 失次：失常。

　　⑥ 连曹：官署相连。喻同僚。

　　⑦ 宪司：魏晋以来御史的别称。

　　⑧ 雕鹗鹰鹯（zhān）：四种猛禽。

　　⑨ 美锦：美丽而有文彩的丝织品。比喻国政。

　　⑩ 纲目：法纪；法度。

22. 李昭德叱谀佞者

　　李昭德在则天朝[①]，时谀佞者必见擢用。有人于洛水中获白石，有数点赤，诣阙请进[②]。宰臣诘之，其人曰："此石赤心，所以进。"昭德叱之曰："洛水石岂尽反耶?"左右皆失笑。昭德建立东都罗城及尚书省洛水中桥,人不知役而功成就。除数凶人,狱遂罢③。以持正廷净,为皇甫文所构④,与来俊臣同日弃市⑤。国人欢憾相半,哀昭德而快俊臣也。(卷三《方正》)

【注释】

① 李昭德:京兆长安(今陕西西安市)人。少举明经,累迁至凤阁侍郎。长寿二年(693),为夏官侍郎,迁凤阁鸾台平章事,加检校内史。为相时,惩治酷吏,维护忠良,然亦恃宠专权,遭人诟病。延载初(694),左迁钦州南宾尉,寻又召拜监察御史。后为太仆少卿来俊臣诬构有逆谋,被诛。中宗复辟,追赠左御史大夫。德宗时,加赠司空。

② 诣阙:赴朝。

③ 狱:刑狱。此句据《新唐书·李昭德传》,是时来俊臣、侯思止等枉挠刑法,诬陷忠良,人皆慑惧,昭德每廷奏其状,卒榜杀思止,其党受挫而稍收敛。

④ 为皇甫文所构:据《新唐书·李昭德传》,昭德为丘愔、邓注所构,遭外放。万岁通天二年(697),来俊臣诬昭德谋逆,因下狱,与来俊臣同日而诛。

⑤ 弃市:本指受刑罚之人于街市示众,民众共鄙弃之。后专指死刑。

23. 唐临宽仁多恕

唐公临性宽仁多恕,尝欲吊丧,令家僮归取白衫,僮仆误持馀衣,惧未敢进。临察之,谓曰:"今日气逆①,不宜哀泣,向取白衫且止之。"又令煮药,不精②,潜觉其故③,又谓曰:"今日阴晦,不宜服药,可弃之。"终不扬其过失。(卷三《雅量》)

【注释】

① 气逆:谓气上冲而不顺。

② 不精:不仔细。犹言粗心大意。

③ 潜觉:暗中觉察。

24. 裴 度 失 印

裴度在中书①,印忽亡失,度命张筵②,举座不晓其故。夜半宴酣,左右曰:"印复得。"度不答,极欢而罢。或问其故,度曰:"此盖诸胥盗印书券耳③。缓之则存,

急之则投诸水火。"人服其临事不挠^④。（卷三《雅量》）

【注释】

① 裴度:字中立,河东闻喜(今山西运城市闻喜县东北)人。贞元五年(789)进士及第,登宏词科,又应制举贤良方正、能直言极谏科,对策高第,授河阴县尉。元和九年(814),累官至御史中丞。时宪宗欲征讨诸镇,委机务于宰相武元衡。十年六月,成德节度使王承宗、淄青节度使李师道,遣刺客刺杀武元衡,并砍伤裴度,宪宗即以度为门下侍郎、同中书门下平章事,主持讨伐军事。十二年,度以宰相领淮西宣慰招讨处置使,率军平淮西。河北震慑,诸藩相继归顺。十五年,穆宗即位,河北再乱。长庆元年(821),又以度为镇州四面行营招讨使,统兵讨伐。时辅相庸才,度军前奏请常受阻挠,不得胜。因罢兵权,守司徒、同平章事,充东都留守。后历敬宗、文宗二朝,为淮南等四道节度使,封晋国公,亦曾短期入相,然遭李逢吉等排挤,终不能久。开成四年(839),卒于东都留守任上,年七十五。册赠太傅。

② 张筵:设宴。

③ 书券:书写契约。

④ 不挠:不弯曲。犹言不失常。

25. 卢承庆考内外官

卢尚书承庆,总章初考内外官^①。有督运,遭风失米,卢考之曰:"监运损粮,考中下。"其人容自若^②,无言而退。卢重其雅量,改注曰:"非力所及,考中中。"既无喜容,亦无愧词,又改曰:"宠辱不惊,考中上。"（卷三《雅量》）

【注释】

① 总章:唐高宗年号(668—670)。　考:考核;考评。

② 容自若:疑"容"后脱"止"字。容止自若,言仪容举止不改常态。

26. 韩皋论《止息》曲

韩太保皋深晓音律,尝观客弹琴为《止息》,乃叹曰:"妙哉,嵇生之音也^①! 为是曲也,其当魏、晋之际乎?《止息》与《广陵散》,同出而异名也。其音主商,商为秋声,天将肃杀,草木摇落,其岁之晏乎^②? 此所以知魏之季慢也^③。其商弦与宫同,是臣夺其君之位乎④?此所以知司马氏之将篡也。'广陵',维扬也;'散'者,流亡之谓也。'杨'者,武后之姓,言杨后与其父骏之倾覆晋祚者也⑤。晋难兴,终'止息'于此。其音哀愤而噍杀⑥,操者蹙而憯痛⑦,永嘉之乱⑧,其应此乎?叔夜撰此,将贻后代之知音,且避晋祸,托之神鬼,史氏非知味者,安得不传其谬欤?"(卷三《识鉴》)

【注释】

① 嵇生:即三国魏嵇康。字叔夜,谯郡铚(今安徽宿州市西南)人。为"竹林七贤"之一,与阮籍齐名。因不满当时掌权的司马氏集团,为司马昭所杀。有诗文传世。善鼓琴,以弹《广陵散》著名。

② 晏:晚;迟。

③ 慢:不坚实;松弛。

④ 臣夺其君之位:古人论乐,以为宫音主君,商音主臣;商与宫同,则臣僭犯上。

⑤ 杨后与其父骏:西晋太熙元年(290),晋武帝死,杨骏、杨皇后夺权,引起内乱,八王纷争达十六年,导致西晋灭亡。

⑥ 噍杀(jiāo shài):声音急促,不舒缓。

⑦ 憯:同"惨"。

⑧ 永嘉之乱:永嘉,晋怀帝年号(307—313)。八王战乱期间,匈奴贵族刘渊乘机起兵离石(今山西吕梁市西),国号汉。八王乱后,永嘉五年,刘渊部将石勒歼灭晋军十馀万,另一部将刘曜破洛阳,俘怀帝,杀王公士民三万馀人。史称"永嘉之乱"。

27. 裴度负引重之约

裴晋公为相,布衣交友、受恩子弟,报恩奖引不暂忘。大臣中有重德寡言者,忽曰:"某与一二人皆受知裴公。白衣时,约他日显达,彼此引重。某仕宦所得已多,然晋公有异于初,不以辅佐相许。"晋公闻之,笑曰:"实负初心。"乃问人曰:"曾见灵芝、珊瑚否?"曰:"此皆希世之宝。"又曰:"曾游山水否?"曰:"名山数游,唯庐山瀑布状如天汉①,天下无之。"晋公曰:"图画尚可悦目,何况亲观?然灵芝、珊瑚,为瑞为宝可矣,用于广厦,须杞、梓、樟、楠;瀑布可以图画,而无济于人,若以溉良田,激碾硙②,其功莫若长河之水。某公德行文学、器度标准,为大臣仪表,望之可敬;然长厚有馀,心无机术,伤于畏怯,剚割多疑③。前古人民质朴,征赋未分,地不过数千里,官不过一百

员。内无权幸④，外绝奸诈。画地为狱，人不敢逃；以赭染衣⑤，人不敢犯。虽曰列郡建国，侯伯分理；当时国之大者，不及今之一县，易为匡济。今天子设官一万八千，列郡三百五十，四十六连帅⑥，八十万甲兵。礼乐文物，轩裳士流⑦，盛于前古。材非王佐，安敢许人！"（卷三《识鉴》）

【注释】

① 天汉：天河；银河。

② 碾硙(niǎn wèi)：石碾，石磨。

③ 剸(tuán)割：裁决；治理。

④ 权幸：指有权势而得到帝王宠爱的奸佞之人。

⑤ 赭(zhě)：红土或赤红的颜料。

⑥ 连帅：古代十国以为连，连有帅，为诸侯之长。后泛指地方高级长官。唐多指观察使、按察使。

⑦ 轩裳士流：指高官和文士。

28. 徐敬业讨蛮贼

高宗时，群蛮聚为寇，讨之辄不利，乃除徐敬业为刺史。府发卒迎①，敬业尽放令还，单骑至府。贼闻新刺史至，皆缮理以待②。敬业一无所问，处他事已毕，方曰："贼安在？"曰："在南岸。"乃从一二佐史而往观之，莫不骇愕。贼所持兵觇望③，及见船中无人，又无兵仗，更闭营隐藏。敬业直入其营内，告云："国家知汝等为贪吏所害，非有他恶，可悉归田里，无去为贼。"唯召其帅，责以不早降之意，各答数十而遣之，境内肃然。其祖英公壮其胆略，曰："吾不办此④，然破我家者必此儿！"英公既薨，高宗思平辽勋⑤，令制其冢，象高丽中三山，犹霍去病之祁连山⑥。后敬业举兵，武后令掘平之。大雾三日不解，乃止。（卷三《识鉴》）

【注释】

① 发卒：派遣士兵。

② 缮理：整顿。此处指布防。

③ 觇(chān)望：窥探；窥望。

④ 办：具有；抱有。此句谓我不具有这种才略。

⑤ 平辽：贞观十八年(644)，太宗亲征高丽，授李勣为辽东道行军大总管，率军破辽东、白岩、盖牟(今辽宁辽阳市、抚顺市一带)诸城。李勣，本姓徐，赐姓李，封英国公，敬业祖父。

⑥ 霍去病：西汉名将。官至骠骑将军，封冠军侯。因抗击匈奴有功，死后武帝令为冢象祁连山。墓在今陕西兴平市茂陵东。

29. 白居易以诗谒顾况

白居易应举，初至京，以诗谒顾著作况①。况睹姓名，熟视曰："米价方贵，居亦不易。"及披卷，首篇曰："咸阳原上草②，一岁一枯荣；野火烧不尽，春风吹又生。"乃嗟赏曰："道得个语③，居即易也。"因为之延誉④，声名遂振。(卷三《赏誉》)

【注释】

① 顾著作况：顾况，中唐诗人。字逋翁，苏州海盐(今属浙江)人。至德进士，曾官著作佐郎。唐秘书省下领著作局，设郎二人，佐郎二人，掌撰拟碑志、祝祭之文。

② 咸阳原上草：今通行本《赋得古原草送别》诗皆作"离离原上草"。

③ 个：这；那。此句意即说得出这样的言语。

④ 延誉：传扬声誉。

30. 白敏中宴失意同年

白敏中在郎署①，未有知者，唯李卫公器之，多所延誉，然而无资用以奉僚友。卫公遗钱十万，俾为酒肴，会省阁诸公宴②。已有日。时秋霖涉旬日，贺拔惎员外求官未得，将欲出京，来别。惎与敏中同年③。主闻者告以方候朝官④，缪以他适对⑤。惎驻车留书，叙羁游之困。敏中得书，叹曰："士穷达当有时命，苟以侥幸取容⑥，未足发吾身。岂有美馔上邀当路豪贵，而遗登第故人？"遂令召惎先宴。既而朝客来，闻与惎宴，众人咸去。他日，见卫公，问来者谁，敏中具对："以留惎，负于推引⑦。"卫公亦称云："此事真古人所为。"惎自后以评事先拜⑧，而敏中以库部郎中入翰林为学士⑨，未逾三年，为丞相。(卷三《赏誉》)

【注释】

① 郎署：汉、唐时宿卫侍从官的公署。

② 省阁：又作"省阁"。中枢机构。

③ 同年：唐同榜进士互称"同年"。

④ 主阁者：看门的人。

⑤ 缪以他适对：意谓假称到别的地方去了。缪，欺诈。对，回答。

⑥ 取客：讨好别人以求自身安定。

⑦ 推引：推荐引进。

⑧ 评事：职官名，属中央司法部门大理寺。

⑨ 库部郎中：唐兵部所属库部司长官。掌兵器、卤簿（帝王车驾扈从仪仗）等。

31. 姚崇自比管晏

　　姚梁公与崔监司在中书。梁公有子丧，在假旬日，政事委积，处置皆不得。言于玄宗，玄宗曰："朕以天下事本付姚崇，以卿坐镇雅俗①。"及梁公出，顷刻间决遣尽毕。时齐平阳为舍人②，在旁见之。梁公自以为能，颇有得色，乃问平阳曰："余之为相，比何等人？"齐未及对。梁公曰："何如管、晏③？"曰："不可比管、晏。管、晏作法，虽不及后，犹及其身④。相公前入相，所立法令施未竟，悉更之，以此不及。"梁公曰："然则竟如何？"曰："相公可谓救时之相也。"梁公投笔曰："救时之相，岂易得乎？"时齐平阳善知今事，高仲舒善知古事。姚作相，凡质疑问难，皆此二人。因叹曰："欲知古事，问高仲舒；欲知今事，问齐澣，即无败政矣。"（卷三《品藻》）

【注释】

① 坐镇雅俗：安坐而以德威服众。

② 舍人：中书省掌进奏、表章、草诏的官员。参见第36页第6则注释③。

③ 管、晏：指春秋时期齐卿管仲和晏婴。二人执政，皆力行改革，使齐国发展和保持强大。

④ 虽不及后，犹及其身：意谓（管、晏之法）虽未延及后世，也还惠及当时。

32. 八龄童拜秘书正字

　　开元初，上留心理道，革去弊讹。不六七年间，天下大理，河清海晏，物殷俗阜①，安西诸国悉平为郡县。置开远门②，亘地万馀里。入河湟之赋税，满右藏③；东纳河北诸道租庸，充满左藏。财宝山积，不可胜计。四方丰稔，百姓乐业。户计一千餘万,米每斗三钱。丁壮之夫,不识兵器。路不拾遗,行不赍粮。奇瑞叠委,重译麏至④。人物欣然,咸思登岱告成⑤。上犹惕厉不已⑥,挥让数四⑦。是时彭城刘晏年八岁,献《东封书》,上览而奇之,命宰相出题,就中书试。张说、源乾曜咸相感慰荐。上以晏间生秀妙,引于内殿,纵六宫观看。杨妃坐于膝上⑧,亲为画眉总髻,宫人投花掷果者甚多。拜为秘书正字⑨。(卷三《夙慧》)

【注释】

① 物殷俗阜:物产丰盛,风俗淳厚。

② 置开远门:一作"自开远门西行"。开远门,唐长安十二城门之一,西面北门。

③ 右藏(zàng):帝王内库之一。掌金玉、珠宝、铜铁、骨角、齿毛、彩画。左藏掌钱帛、杂彩、天下赋调。

④ 奇瑞叠委,重(chóng)译麏(qún)至:祥瑞聚积,南蛮群至。重译,南方荒蛮之地。麏,成群。

⑤ 登岱告成:登泰山祭祀天地时报告所完成的功业。岱,泰山别称,又作岱宗、岱岳。古代帝王将登岱封禅视为国家大典。

⑥ 惕厉:警惕;戒惧。

⑦ 挥(huī)让:谦让。

⑧ 坐:使……坐。此句意即杨妃使刘晏坐在(她的)膝上。

⑨ 秘书正字:唐秘书省属官,掌校雠典籍,刊正文字。

33. 神童贾嘉隐

贾嘉隐年七岁,以神童召见。时长孙太尉无忌、李司空勣于朝堂立语①。李戏之曰:"吾所倚何树?"嘉隐云:"松树。"李曰:"此槐也,何言松?"嘉隐曰:"以公配木,何得非松。"长孙复问:"吾所倚何树?"曰:"槐树。"公曰:"汝不复能矫对耶②?"嘉隐曰:"何须矫对,但取其鬼木耳。"李叹曰:"此小儿獠面③,何得如此聪明!"嘉隐应声曰:"胡头尚作宰相④,獠面何废聪明。"李状胡也。(卷三《夙慧》)

【注释】

① 太尉、司空:东汉以后,太尉、司徒、司空并称三公,属地位很高的虚衔。参见第57页第3则注释③。

② 矫：假托；诈称。

③ 獠面：指容貌丑陋。

④ 胡头：胡人。古代对北方和西域各民族的称呼。

34. 玄宗岁畋遇王琚

玄宗在藩邸时，每岁畋于城南韦杜之间①。尝因逐兔，意乐忘反，与其徒十馀人，饥倦休息于大树下。忽有一书生，杀驴拔蒜，为具甚备②。上顾而奇之。及与语，磊落不凡。问姓名，王琚也。自此每游，必过其舍。或语，多合上意，乃益亲之。及韦氏专制③，上忧甚，密言之。琚曰："乱则杀之，又何虑焉？"上遂纳其谋，平国内难。累拜琚为中书侍郎，预配享④。（卷四《豪爽》）

【注释】

① 韦杜：长安城南郊的韦曲和杜曲，为唐时游览胜地。参见第61页第8则注释⑩。

② 为具甚备：意谓饭食酒肴操办得非常充足齐全。具：饭食、酒肴。

③ 韦氏专制：神龙元年（705），中宗复辟，恢复唐国号。韦皇后勾结武三思干政，驱逐唐旧臣，斜封卖官。景龙四年（710），韦皇后与安乐公主合谋毒杀中宗，准备临朝称制。李隆基发动羽林军攻入宫中，杀韦氏、安乐公主及武氏集团中人，恢复睿宗帝位，李隆基被立为皇太子。

④ 配享：祔祀。指功臣死后附祭于帝王宗庙。

35. 陈拾遗谏玄宗

玄宗起凉殿，拾遗陈知节上疏极谏①，上令力士召对。时暑毒方甚，上在凉殿，座后水激扇车②，风猎衣襟。知节至，赐坐石榻。阴雷沈吟③，仰不见日。四隅积水成帘飞洒，座内含冻。复赐冰屑麻节饮④。陈体生寒栗，腹中雷鸣，再三请起方许，上犹拭汗不已。陈才及门，遗泄狼籍，逾日复故。谓曰："卿论事宜审，勿以己方万乘也⑤。"（卷四《豪爽》）

【注释】

① 拾遗：武周垂拱元年（685）创置左右拾遗。左拾遗隶门下省，右拾遗隶中书省，掌讽谏。

② 扇车：鼓风取凉的扇具。

③ 阴霤(liù)沈吟：凉屋屋檐水流发出低声。霤，屋檐水。

④ 冰屑麻节饮：一种夏日冷饮。

⑤ 方：比较；比照。此句意谓不要拿自己推及皇上。

36. 严　武

武后朝，严安之、挺之，昆弟也。安之为长安兵曹，权过京兆，至今为寮者赖安之之术焉。挺之则登历台省，亦有时名。挺之薄妻而爱其子。严武年八岁，询其母曰："大人常厚玄英(妾也)，未尝慰省我母①，何至于斯？"母曰："吾与汝子母也，以汝尚幼，未知之也。汝父薄行，嫌吾寝陋②，枕席数宵，遂即怀汝。自后相弃，为汝父离妇焉。"其母凄咽，武亦愤惋。候父出，玄英方睡，武持小铁锤击碎其首。及挺之归，惊愕，视之，已毙矣。左右曰："小郎君戏运锤而致之。"挺之呼武曰："汝何戏之甚？"武曰："焉有大朝人士，厚其侍妾，困辱儿之母乎？故须击杀，非戏也。"父曰："真严挺之子。"武年二十三，为给事黄门③。明年，拥旄西蜀④，累于饮筵对客骋其笔札⑤。杜甫拾遗乘醉而言曰："不谓严挺之乃有此儿也⑥！"武恚目久之，曰："杜审言孙子拟捋虎须耶⑦？"合坐皆笑以弥缝之。武曰："与公等饮馔，所以谋欢，何至干祖考耶？"房太尉琯亦微有所忤，忧怖成疾。武母恐害损贤良，遂以小舟送甫下峡，母则可谓贤也，然二公几不免于虎口矣。李太白作《蜀道难》，乃为房、杜危之也。其略曰："剑阁峥嵘而崔嵬，一夫当关，万夫莫开。所守或非人，化为狼与豺。朝避猛虎，夕避长蛇。磨牙吮血，杀人如麻。锦城虽云乐，不如早还家。蜀道之难，难于上青天！侧身西望长咨嗟。"杜初自作《阆中行》："豺狼当路，无地游从。"或谓章仇大夫兼琼为陈子昂拾遗雪狱，高侍御适与王江宁昌龄申冤⑧，当时同为义士也。李翰林作此歌，朝右闻之，皆疑严武有刘焉之志⑨。其属刺史章彝因小瑕，武怒，遽命杖杀之。后为彝之外家报怨⑩，严氏之后遂微焉。（卷四《豪爽》）

【注释】

① 慰省(xǐng)：慰问。

② 寝陋：容貌丑陋。

③ 给事黄门：给事黄门侍郎的省称。隋为门下省次官，掌纠正奏章得失。唐为门下侍郎(即黄门侍郎)，掌传达诏书和机要文书，备皇帝顾问。参见第40页第11则注释③。

④ 拥旄：持旄。借指统帅军队。

⑤ 骋其笔札：此处指卖弄文才。骋，尽力施展。

⑥ 不谓：不意，不料。

⑦ 杜审言：字必简，巩县（今河南郑州市巩义市东）人，杜甫祖父。高宗咸亨元年（670）进士，武后朝授著作郎。唐"文章四友"之一，诗与沈佺期、宋之问齐名。

⑧ 或谓两句：章仇兼琼为陈子昂雪狱，高适为王昌龄申冤，事皆不可考。章仇兼琼天宝中任剑南节度使；陈子昂武后朝授麟台正字，转右拾遗，圣历初以父老解官归，不久为射洪县令段简所诬，卒于狱中。高适于安史乱后历任淮南、西川节度使，封渤海县侯；王昌龄开元进士，授校书郎，改汜水尉，再迁江宁丞，后以不护细行贬龙标尉，世乱还乡，在亳州为刺史间丘晓所杀。

⑨ 刘焉之志：指东汉末益州牧刘焉拥州自重，割据一方。另，本则关于李白《蜀道难》诗作意，据顾炎武《日知录》卷二十六："李白《蜀道难》之作，当在开元、天宝间。时人共言锦城之乐，而不知畏途之险，异地之虞，即事成篇，别无寓意。"又据《四库全书总目》卷一百四十子部小说家类一《云溪友议》提要："记李白《蜀道难》为房琯、杜甫厄于严武而作，宋萧士赟《李诗补注》已驳之。他如陈子昂为射洪令段简所杀在武后时，章仇兼琼判梓州事在天宝以后，时代迥不相及。杀王昌龄者间丘晓，杀间丘晓者张镐，与高适亦不相关。乃云章仇大夫兼琼为陈拾遗雪狱，高适侍御为王江宁申冤，殊不可解。"

⑩ 外家：泛指母亲或妻子的娘家。

37. 裴休惊走广德令

裴相为宣州观察①，朝谢后，闲行曲江②；荷花盛发，与省闼诸公同游。自慈恩至紫云楼下，见五六人坐水次，裴与诸人憩于旁。中有黄衣，饮酒轩昂③，笑语轻脱。裴稍不平，问曰："君所任何官？"对曰："诺，即不敢，新授宣州广德县令。"复问裴曰："押衙所任何职④？"曰："诺，即不敢，新授宣州观察使。"于是奔走而去，一席皆欢，闻者大笑。左右访于吏部云："有广德县令，已请换罗江令矣⑤。"宣宗在藩邸闻之，常与诸王为笑乐。及即位，裴为丞相，因书麻制回⑥，谓左右曰："诺，即不敢，新授中书侍郎平章事⑦。"（卷四《豪爽》）

【注释】

① 裴相：裴休，字公美，河内济源（今属河南）人。长庆中，从乡赋登第，又应贤良方正，升甲科。太和初，历诸藩辟，召入为监察御史、右补阙、史馆修撰。大中元年（847），累官户部侍郎，充

诸道盐铁转运使,转兵部侍郎兼御史大夫。六年八月,以本官同平章事,累转中书侍郎兼礼部尚书。十年,罢相,出为汴州刺史,充宣武军节度使,进上柱国、河东县子,历诸方镇。咸通元年(860),入为户部尚书,累迁吏部尚书、太子少师,卒。善为文章,工书,寺刹多请为题额。

② 曲江:即曲江池,位于长安城东南。秦为宜春苑,汉为乐游原,有水流曲折,故称。隋改名芙蓉园,唐复名曲江,为长安士民中和、上巳等盛节游赏胜地。唐末水涸池废。

③ 轩昂:此处形容骄傲自得的样子。

④ 押衙:唐宋时掌仪仗、侍卫的官。后也作一般佐吏的尊称。

⑤ 罗江:县名。唐属剑南道绵州,位于今四川德阳市北。宣州广德县在今安徽东部。

⑥ 麻制:唐委任宰执大臣的诏命,书于白麻纸上。

⑦ 平章事:唐初,以中书省长官中书令、门下省长官门下侍中、尚书省长官尚书令(或仆射)共议国政,行宰相之职。后来,皇帝不肯轻授三省长官,而宰相却不可缺员,便常以他官加以"平章事"衔号,行使宰相职权,谓"同中书门下平章事",意即与中书令、门下侍中一样参与评议政事。唐后期,中书令、门下侍中也基本不居宰相职,实际任宰相之职者就是"同平章事"。文中裴休本官是中书侍郎(中书省次官),加"平章事"衔,即为宰相。

38. 李 勉 释 囚

天宝已前,多刺客。李汧公勉为开封府,鞫囚有意气者①,咸哀勉求生,纵而逸之。后数岁,勉罢官,客行河北。偶见故囚,迎归,厚待之。告其妻曰:"此活我者,何以报德?"妻曰:"以缣千匹②,可乎?"曰:"未也。""二千匹,可乎?"亦曰:"未也。"妻曰:"大恩难报,不如杀之。"故囚心动。其僮哀勉,密告勉,被衣乘马而遁。比夜半,百馀里至津店③。津店老人曰:"此多猛兽,何故夜行?"勉因言其故。未毕,梁上有人瞥下曰:"几误杀长者④!"乃去。未明,携故囚夫妻二首而至示勉。(卷四《自新》)

【注释】

① 鞫(jū)囚有意气者:意谓审案中有知恩悔过的犯人。鞫,审讯。意气,情谊、恩义。

② 缣(jiān):一种质地细薄的丝织品。

③ 津店:渡口旁的旅店。

④ 长者:指有德行的人。

39.《谪仙怨》曲

天宝十五载正月，安禄山反[①]，陷洛阳。王师败绩，关门不守。车驾幸蜀，次马嵬驿[②]，六军不发，赐贵妃死，然后驾发。行至骆谷，上登高平，马上谓力士曰："吾苍皇出狩[③]，不及辞宗庙。此山绝高，望见秦川。吾今遥辞陵庙。"下马东向再拜，呜咽流涕，左右皆泣。又谓力士曰："吾取张九龄之言[④]，不至于此。"乃命中使往韶州，以太牢祭之[⑤]。既而取长笛吹自制曲，曲成复流涕，诏乐工录其谱。至成都，乃进谱而请名，上已不记，顾左右曰："何也？"左右以骆谷望长安索长笛吹出对之。良久，上曰："吾省矣。吾因思九龄，可号为《谪仙怨》。"有人自西川传者，无由知其本末，但呼为《剑南神曲》。其音怨切动人。大历中，江南人盛传。随州刺史刘长卿左迁睦州司马，祖筵闻之[⑥]，长卿随撰其词，意颇自得，盖亦不知事之始。词云："晴川落日初低，惆怅孤舟解携。鸟去平芜远近，人随流水东西。白云千里万里，明月前溪后溪。独恨长沙谪去，江潭春草萋萋。"其后，台州刺史窦弘馀以长卿之词虽美，而与本曲意兴不同，复作词以广不知者，其词曰："胡尘犯阙冲关，金辂提携玉颜[⑦]。云雨此时消散，君王何日归还？伤心朝恨暮恨，回首千山万山。独望天边初月，蛾眉独自弯弯。"（卷四《伤逝》）

【注释】

① 安禄山：营州柳城（今辽宁朝阳市）人。初名轧荦山，本姓康，或以为源出康国，随母嫁突厥人安延偃，改姓安，更名禄山。骁勇善战，以军功为平卢兵马使、营州都督等。后得玄宗信重，为平卢、范阳、河东三节度使，封东平郡王。天宝十四载（755）冬，以讨杨国忠为名，起兵范阳，南下攻陷洛阳。次年，在洛称雄武皇帝，国号燕，建元圣武。遣军破潼关，入长安。至德二载（757）春，为其子庆绪所杀。

② 马嵬（wéi）：地名。在今陕西兴平县。唐安史之乱，玄宗奔蜀，途中驻马嵬驿，卫兵杀杨国忠，玄宗被迫赐杨贵妃死，葬于马嵬坡。

③ 苍皇出狩：匆忙而慌张地出逃。出狩，帝王蒙难出奔的讳辞。

④ 张九龄之言：张九龄，字子寿，韶州曲江（治今广东韶关市）人。为开元贤相之一。开元二十二年（734），范阳节度使张守珪以裨将安禄山讨奚、契丹败，执送京师治罪，玄宗赦之。张九龄曰："禄山狼子野心，面有逆相，臣请因罪戮之，冀绝后患。"帝不听。事见两《唐书·张九龄传》。

⑤ 太牢：祭祀时并用牛、羊、豕三牲。

⑥ 祖筵:送行的酒宴。

⑦ 金辂(lù):又作"金路"。饰金之车,供帝王家乘用。

40. 太 宗 三 镜

太宗谓梁公曰①:"以铜为镜,可以正衣冠;以古为镜,可以知兴替;以人为镜,可以明得失。朕尝保此三镜,用防己过②。今魏徵殂逝③,一镜亡矣。"(卷四《伤逝》)

【注释】

① 梁公:即房玄龄。贞观朝尚书左仆射,封梁国公。与杜如晦、魏徵等同为唐太宗重要助手。

② 用:以。

③ 殂(cú)逝:逝世。

41. 白居易栖香山

白居易少傅分司东都,以诗酒自娱,著《醉吟先生传》以自叙。卢尚书简辞有别墅,近伊水①,亭榭清峻。方冬,与群从子侄同登眺嵩洛②。既而霰雪微下③,说镇金陵时,江南山水,每见居人以叶舟浮泛,就食菰米鲈鱼④,思之不忘。逡巡,忽有二人,衣蓑笠,循岸而来,牵引篷艇。船头覆青幕,中有白衣人与衲僧偶坐⑤;船后有小灶,安铜甑而炊⑥,丱角仆烹鱼煮茗⑦,溯流过于槛前。闻舟中吟笑方甚。卢叹其高逸,不知何人。从而问之,乃告居易与僧佛光,自建春门往香山精舍⑧。(卷四《栖逸》)

【注释】

① 伊水:洛水支流。源出熊耳山,向东北流经洛阳东,在今偃师市附近入洛水。

② 嵩洛:嵩山和洛水。唐东都洛阳附近地区。

③ 霰(xiàn)雪:小雪珠和雪花。

④ 菰(gū)米:菰之实。又名雕胡米。可作饭食。菰,生长于池沼中,嫩茎基部可做蔬菜,名茭白。

⑤ 衲僧:和尚;僧人。衲,僧衣,因用碎布拼缀而成,故称。

⑥ 甑(zèng)：炊具，可蒸食物。

⑦ 丱(guàn)角：头发梳成两角形。古时多为儿童和少年的发式。

⑧ 建春门：洛阳城东门。　　香山：位于洛阳龙门山之东，临伊水。白居易晚年筑石楼于此。

42. 卢姨羞狄仁杰

狄仁杰为相，有卢氏堂姨，居午桥南别墅①，未尝入城。仁杰伏腊②，每修礼甚谨③。尝雪后休假，候卢氏安否，适见表弟挟弧矢携雉兔来归，羞味进于堂上④。顾揖仁杰⑤，意甚轻傲。仁杰因启曰："某今为相，表弟有何欲，愿悉力从其意。"姨曰："吾止有一子，不欲令事女主⑥。"仁杰惭而去。（卷四《贤媛》）

【注释】

① 午桥：地在洛阳城南。

② 伏腊：古代两种祭祀，夏日伏祭和冬日腊祭。后泛指节日。

③ 修礼甚谨：施行礼教，严谨恭敬。

④ 羞味：美味。

⑤ 顾揖：回头作揖。

⑥ 女主：指武则天。

43. 太宗疑尉迟敬德

太宗谓尉迟敬德曰："人言卿反，何故？"对曰："臣反是实。臣从陛下讨逆伐叛，惟凭威灵①，幸而不死，然所存，刃锋也②。今大业已定，而反疑臣。"乃悉解衣投于地，以见所伤之处。帝对之流涕，曰："卿衣矣！朕以不疑卿，故以相告，何反以为恨？"（卷五《补遗》）

【注释】

① 威灵：神灵的威力。

② 刃锋：刀口。此处指被刀砍伤的疤痕。

44. 薛万彻尚平阳公主

薛万彻尚平阳公主①。人谓太宗曰："薛驸马无才气。"因此公主羞之，不同席者数月。帝闻之，大笑，置酒召诸婿尽往，独与薛欢语，屡称其美。因对握槊②，睹所佩刀，帝佯为不胜，解刀以佩之。酒罢，悦甚。薛未及就马，主遽召同载而还③，重之逾于旧日。（卷五《补遗》）

【注释】

① 平阳公主：高祖第三女，武德间卒。此处所记有误，薛万彻所尚乃丹阳公主，太宗妹。

② 握槊：古代一种博戏，又称双陆。双方于盘上各用十六枚（或十五枚）棒槌形的"马"立于自己一方，掷骰子的点数各占步数，先走到对方者为胜。此博戏从天竺传入，盛于南北朝、隋、唐。

③ 主：公主。

45. 高宗政归武后

高宗将下诏逊位于则天，摄知国政①，召宰臣议之。郝处俊对曰："《礼经》云：'天子理阳道，后理阴德。'然则帝之与后，犹日之与月，阴之与阳，各有所主，不相夺也。若失其序，上则谪见于天，下则祸成于人。昔魏文帝著令②，崩后尚不许皇后临朝，奈何遂欲自禅位天后？况天下者，高祖、太宗之天下，非陛下之天下。正合谨守宗庙，传之子孙，不可持国与人，有私于后。惟陛下审详。"中书侍郎李义琰进曰："处俊所引经典，其言至忠，惟圣虑无疑，则苍生幸甚。"高宗乃止。及天后受命，处俊已殁，孙象竟被族诛③。始，则天以权变多智，高宗将排群议而立之；及得志，威福并作，高宗举动必为掣肘，高宗不胜其忿。时有道士郭行真，出入宫掖，为则天行厌胜之术④，内侍王伏胜奏之。高宗大怒，密诏上官仪废之。仪因奏："天后专恣⑤，海内失望，请废黜以顺天心。"高宗即令仪草诏。左右驰告则天，则天遽诉，诏草犹在。高宗恐有怨怼，待之如初，且告之曰："此并上官仪教我。"则天遂诛仪及伏胜等，并赐太子忠死。自此政归武后，天子拱手而已。（卷五《补遗》）

【注释】

① 摄知：执掌。

② 魏文帝著令：指魏文帝曹丕于黄初三年（222）九月所下诏令。诏曰："夫妇人与政，乱之本也。自今以后，群臣不得奉事太后。后族之家，不得当辅政之任。又不得横受茅土之爵。以此诏传后世，若有背违，天下共诛之。"（《三国志·魏志·文帝纪》）

③ 孙象竟被族诛：象，两《唐书》作"象贤"，郝处俊之孙。垂拱（685—688）中为太子通事舍人，坐事，为武则天所诛。

④ 厌（yā）胜之术：古代一种巫术，谓能以诅咒制胜，压服人或物。

⑤ 专恣：专横放肆。

46. 安禄山得宠

上爱幸安禄山，呼之为儿，常于便殿与杨妃同乐之①。禄山每就坐，不拜上而拜杨妃，上顾而问之："不拜我而拜妃子，何也？"禄山奏云："外国人不知有父②，只知有母。"上笑而赦之。禄山丰肥大腹，上尝问："此腹中何物而大？"禄山寻声而对："腹中但无他物，唯赤心而已。"上以其真而益亲之。（卷五《补遗》）

【注释】

① 便殿：正殿以外的别殿，供帝王休闲之用。

② 外国人：安禄山为营州柳城（今辽宁朝阳市）胡人，原名轧荦山，本姓康，少孤，随母嫁突厥将军安延偃，遂改名安禄山。突厥是唐时北方大国，统辖有多个游牧部族，部族内婚制颇复杂，如有收继婚、兄弟共妻等，故云知其母而不知其父。

47. 李白谒宰相

李白开元中谒宰相，封一板①，上题曰："海上钓鳌客李白。"宰相问曰："先生临沧海，钓巨鳌，以何物为钩线？"白曰："风波逸其情，乾坤纵其志，以虹霓为线，明月为钩。"又曰："何物为饵？"白曰："以天下无义气丈夫为饵。"宰相竦然②。（卷五《补遗》）

【注释】

① 板：此处指拜帖、谒刺。参见第3页第1则注释⑤。

② 竦（sǒng）然：害怕的样子。　竦，同"悚"。

48. 苗晋卿困于科举

苗晋卿困于科举①。一年,似得复落。春时,携酒乘驴出都门,藉草而眠②。既觉,有老父坐于旁,因以馀杯饮之。老父愧谢曰:"郎君萦悒耶③? 要知前事乎?"晋卿曰:"某应举已久,有一第乎?"曰:"大有事,但问之。"苗曰:"某久穷,羡一郡,宁可及乎④?"曰:"更向上。""廉察乎⑤?"曰:"更向上。"苗乘酒,遂曰:"将相乎?"曰:"更向上。"苗怒而不信,因扬言曰:"将相更向上,天子也?"老父曰:"真者不得,假者即得⑥。"苗以为怪诞,揖之而去。后果为将相。及德宗崩,摄冢宰三日⑦。(卷六《补遗》)

【注释】

① 苗晋卿:字符辅,潞州壶关(今属山西长治市)人。幼好学,善属文,进士擢第。开元二十四年(736),拜中书舍人。二十七年,以本官权知吏部选事,寻迁吏部侍郎。前后典选五年,多所含容。天宝二年(743)春,以考选不公,贬为安康郡太守,遂为武当郡太守。安禄山叛,晋卿潜遁山谷,南投金州。会肃宗至凤翔,诏赴行在,拜为左相,军国大务悉以咨之。平京师,封韩国公,改侍中。永泰初(765)薨,年八十一。赠太师,谥曰懿献。后元载为相,讽有司改谥文贞。

② 藉(jiè):坐卧于……上。

③ 萦悒:愁思郁结缠绕。

④ 宁:乃;竟。

⑤ 廉察:唐观察使一类官职的简称,位在州郡长官之上。参见第48页第6则注释③。

⑥ 真者不得,假者即得:意谓做不了真天子,可做假天子。

⑦ 冢宰:周官名。亦称太宰,为六卿之首。主国政,统百官。后世因以为宰相之称。亦用于天子居丧日,授之以代为听政。据两《唐书·苗晋卿传》,玄宗崩,肃宗疾甚,诏晋卿摄冢宰,听政三日,固辞。不几日肃宗崩,代宗继位,又诏晋卿摄冢宰,恳辞,乃免。

49. 裴度羁寓洛中

裴晋公度少时羁寓洛中①,尝乘驴入皇城,上天津桥②。时淮西用兵已数年矣③。有二老人傍桥柱立,相语云:"蔡州用兵日久,征发正困于人,未知何时得平定?"忽睹裴公,惊愕而退。有仆携书囊后行,相去稍远,闻老人云:"适忧蔡州未

平，须待此人为将。"既归，其仆白之，裴曰："见我龙钟④，相戏尔！"其秋东府乡荐⑤，明年登第。及为相，请讨伐淮西，遂平。后守洛时，对客每话天津桥老人事。（卷六《补遗》）

【注释】

① 羁寓：旅居。

② 天津桥：古浮桥名。在今河南洛阳市西南。隋时建，唐宋屡次改建加固，金以后废圮。

③ 淮西用兵：元和九年(814)，淮西节度使吴少阳死，其子吴元济自立。宪宗发兵讨之。淮西镇辖申、光、蔡三州，唐军攻战近四年，不克。元和十二年，裴度为相，奏请取消监军宦官，督师攻入蔡州，擒吴元济，灭淮西镇。

④ 龙钟：失意潦倒貌。

⑤ 东府乡荐：由丞相府举荐应进士试。东府，唐宋时指丞相府。

50. 李 母 训 子①

李尚书景让少孤，母夫人性严明。居东都。诸子尚幼，家贫无资，训励诸子，言动以礼。时霖雨久，宅墙夜隤②，僮仆修筑，忽见一船槽③，实之以钱。婢仆等来告，夫人谓僮仆曰："吾闻不勤而获，犹谓之灾；士君子所慎者，非常之得也。若天实以先君馀庆④，悯及未亡人，当令诸孤学问成立，他日为俸钱入吾门，此未敢取。"乃令闭如故。其子景温、景庄皆进士擢第，并有重名，位至方镇。景让最刚正，奏弹无所避。初，夫人孀居，犹才未中年，贞干严肃⑤，姻族敬惮，训厉诸子必以礼，虽贵达，稍怠于辞旨，犹杖之。景让除浙西，问曰："何日进发？"景让忘于审思，对以近日。夫人曰："比行日⑥，吾或有故，不行如何？"景让惧。夫人曰："汝今贵达，不须老母可矣！"命僮仆斥去衣，笞于堂下⑦，景让时已班白矣。搢绅以为美谈⑧。在浙西，左押衙因应对有失，杖死；既而军中汹汹，将为乱，太夫人乃候其受衙，出坐厅中，叱景让立厅下，曰："天子以方镇命汝，安得轻用刑，如众心不宁，非惟上负天子⑨，而令垂白之母羞辱而死，使吾何面目见汝先人于地下？"左右皆感咽。命杖其背。宾客大将拜泣乞之，久乃许。军中遂息。景庄累举未登第，闻其被黜将笞⑩，其兄中表皆劝景让嘱于主司，景让终不用，曰："朝廷取士，自有公论，岂敢效人求关节乎？主司知是景让弟非冒取名者，自当放及第。"是岁，景庄登科。（卷七《补遗》）

【注释】

① 本则见于周勋初《唐语林校正》卷四《贤媛》,此据《四库全书》辑本。

② 陨(tuí):同"颓"。坍塌。

③ 船槽:船形凹槽。

④ 馀庆:指留给子孙后辈的德泽。

⑤ 贞干:忠贞干练。

⑥ 比:及;等到。

⑦ 箠(chuí):鞭打。

⑧ 搢绅:又作"缙绅"。古代称有官职或做过官的人。

⑨ 非惟:不仅。

⑩ 被黜将笞:意即景庄科举不中将受母夫人责打。黜,罢除。笞,用鞭、杖或竹板打。

南部新书

[宋] 钱 易

《南部新书》十卷，宋钱易撰。易字希白，吴越王俶之子。生卒年不详。真宗朝官至翰林学士。大中祥符（1008—1017）间，以度支员外郎直集贤院、知开封，作此书。

《南部新书》自甲至癸，以十干编次，皆记唐时故实，间及五代。《四库全书总目提要》曰：「多录轶闻琐事，而朝章国典，因革损益之故，亦杂载其中。故虽小说家言，而实有裨于史学。」

选文标题为编者所拟。

1. 项斯以卷谒杨敬之

项斯始未为闻人,因以卷谒江西杨敬之①。杨甚爱之,赠诗云:"几度见诗诗尽好,及观标格过于诗②。平生不解藏人善,到处逢人说项斯。"未几诗达长安,斯明年登上第③。(甲)

【注释】

① 卷(juàn):书籍;书册。唐代有行卷习尚,士子于考试前将所作诗文写成卷轴,投送朝中显贵以延誉。

② 标格:风度;风范。

③ 上第:考试成绩排名第一等。

2. 李听不与太子名马

李听为羽林将军①,有名马。穆皇在东宫②,讽听献之③,听以总兵不从。及即位,太原拟帅皆不允,谓宰臣曰:"李听为羽林将军,不与朕马,是必可任。"遂降制④。(甲)

【注释】

① 羽林将军:禁卫军统帅。唐太宗时置左右屯营,高宗时改为左右羽林军。

② 穆皇:唐穆宗李恒。时为太子。

③ 讽:用委婉的言语暗示或劝告。

④ 降制:下达委任的命令。据《旧唐书·李听传》:"长庆二年二月,授检校兵部尚书、太原尹、北京留守、河东节度使,代裴度。"

3. 允执厥中

大和中①,上自延英退②,独召柳公权对。上不悦,曰:"今日一场大奇也。嗣复、李珏道张讽是奇才,请与近密官。郑覃、夷行即云是奸邪,须斥之于岭外。教我如何即是?"公权奏曰:"允执厥中^③。"上曰:"如何是'允执厥中'?"又奏:"嗣復、李珏既言是奇才,即不合斥于岭外。郑覃、夷行既云是奸邪,亦不合致于近密。若且与荆襄间一郡守,此近于'允执厥中'。"旬日又召对,上曰:"'允执厥中',向道也是。"张遂为郡守。(甲)

【注释】

① 大(tài)和:唐文宗年号(827—835)。

② 延英:唐宫殿名。参见第47页第4则注释②。

③ 允执厥中:谓言行符合不偏不倚的中正之道。语出《尚书·大禹谟》:"人心惟危,道心惟微,惟精惟一,允执厥中。"孔安国传:"危则难安,微则难明,故戒以精一,信执其中。"

4. 许高阳怂恿高宗立武昭仪

高宗欲废王皇后,立武昭仪^①,犹豫未定。许高阳宣言于朝曰^②:"田舍翁购种得十斛麦^③,尚须换却旧妇。况天子富有四海,立一皇后,有何不可?"上意乃定。吁!牝鸡之孽,洎移土德^④,过始于高阳。(甲)

【注释】

① 昭仪:唐内官名。唐沿隋旧制,宫廷女官设内官和宫官,内官为皇帝的妻妾,宫官则是皇帝的婢女。内官设夫人,正一品,在皇后之下有贵妃、淑妃、德妃、贤妃各一人;九嫔,正二品,有昭仪、昭容、昭媛、脩仪、脩容、脩媛、充仪、充容、充媛各一人;婕妤九人,正三品;美人四人,正四品;才人五人,正五品;宝林二十七人,正六品;御女二十七人,正七品;采女二十七人,正八品。宫官为众宫女之首,设淑仪、德仪、贤仪、顺仪、婉仪、芳仪各一人,正二品,掌教九御四德,率其属以赞皇后;六尚,正三品;二十四司,正四品;二十四典,正六品。武昭仪,即武曌,并州文水(今属山西)人。十四岁入宫,太宗立为才人。太宗崩,出居感业寺为尼。高宗于寺见之,复召入宫,拜昭仪。与王皇后、萧良娣争宠。永徽六年(655),高宗废王皇后而立武昭仪,称天皇武后,亦称天后。

② 许高阳:许敬宗。其先自高阳郡(今河北保定市东)徙江左,故称。高宗废立后,敬宗时任礼部尚书,"特赞成其计"(《旧唐书·许敬宗传》)。

③ 购种(zhòng):谓求取收获。 斛:十斗为一斛。

④ 牝鸡之孽,洎(jì)移土德:意谓女性掌权之害,逐渐改变了帝后之德。牝鸡,母鸡,喻专权的妇人。洎,浸,逐渐。土德,帝后的功德。

5. 裴谞奏郭公细过

大历中①，禁屠杀，而郭子仪隶人杀羊②，裴谞尹京③，具奏之。或言："郭公有社稷功，岂不为盖之。"裴笑曰："非尔所解。郭公权太盛，上新即位，必谓党附者众。吾今发其细过，以明其不弄权，用安大臣耳。"人皆是之。谞五世为河南尹④，坐未尝当正位⑤。（乙）

【注释】

　　① 大历：唐代宗年号（766—779）。

　　② 隶人：此处指仆人。

　　③ 尹京：治理京畿。担任京畿长官。

　　④ 河南尹：唐上都长安设京兆尹，东都洛阳设河南尹，北都太原设太原尹。后来又陆续设有凤翔、成都、河中、江陵、兴元、兴德等府尹，主持府政。由于高宗、武后时多居东都洛阳，玄宗以后诸帝虽皆居长安，但洛阳原设略同于长安的职官建制未曾省去，凡在那里任职的，叫分司东都或分司。分司各官署往往空存其名，朝廷也常以贬降或闲废官员安置于此，只领俸而不任事。

　　⑤ 坐未尝当正位：以致不曾担任正式职位。坐，以致。

6. 俳　优　都　知

咸通中①，俳优恃恩②，咸为都知③。一日乐喧哗，上召都知止之，三十人并进。上曰："止召都知，何为毕至？"梨园使奏曰④："三十人皆都知。"乃命李可及为都都知⑤。后王铎为都都统⑥，袭此也。吁哉！（丙）

【注释】

　　① 咸通：唐懿宗年号（860—873）。

　　② 俳优：以乐舞谐戏为业的艺人。

　　③ 都知：唐教坊官名。教坊乃唐代掌管女乐的官署。高祖武德（618—626）年间于禁中置内教坊，掌习教音乐，其官隶属太常寺。玄宗开元二年（714）置内教坊于蓬莱宫侧，洛阳、长安又各设左右教坊，以教俗乐，以中官为教坊使，从此不隶属太常。后凡祭祀朝会，则用太常雅乐；岁时宴享，则用教坊诸部乐。据左汉林《唐代教坊及内教坊乐官考论》（载《宁夏大学学报》2007 年第

1期),唐内教坊乐官设有:梨园教坊使,总领梨园、教坊事务,由宦官充任;教坊使,管理教坊事务,由宦官充任;教坊副使,协助管理教坊事务,多由精通音乐的宦官充任;都判官,教坊乐官;判官,都判官之下的乐官,由乐工充任;都都知、都知,低级乐官,由乐工充任。

④ 梨园使:即梨园教坊使。

⑤ 都都知:教坊中管理都知的低级乐官,即总都知。

⑥ 都都统:唐后期设诸道(大行政区)行营都统,为各道出征兵的统帅。以后因都统太多,又在其上设"都都统",即总都统。

7. 宣 皇 微 行

大中十年春①,宣皇微行,至新丰柳陌,见一布衣抱膝而叹,因问之。布衣曰:"我邛人②,观光至此,此甚快乐。有巢南之想③,又为橐装所迫④。今崔相公镇西川⑤,欲预其行⑥,无双缣以遗其掌事者⑦。"帝曰:"子明旦相伺于此。"及旦,敕慎由将归剑门⑧。(丙)

【注释】

① 大中:唐宣宗年号(847—859)。

② 邛(qióng):唐邛州,治临邛(今四川邛崃市)。

③ 巢南:指思念故乡。语本《古诗十九首·行行重行行》:"胡马依北风,越鸟巢南枝。"

④ 橐装:即橐中装。橐中所装裹之物。此处指盘缠。

⑤ 崔相公:崔慎由,字敬止。参见第85页第19则注释①。

⑥ 预:参预;参加。

⑦ 双缣:双丝织的浅黄色细绢。古人常用为货币或赏赐酬谢的礼物。

⑧ 将(jiāng):带领。此句意谓命令崔慎由带邛人回剑门。

8. 慈 恩 寺 牡 丹

长安三月十五日,两街看牡丹,奔走车马。慈恩寺元果院牡丹①,先于诸牡丹半月开;太真院牡丹,后诸牡丹半月开。故装兵部潞《白牡丹》诗,自题于佛殿东颊唇壁之上。大和中,车驾自夹城出芙蓉园②,路幸此寺,见所题诗,吟玩久之,因令宫嫔讽念。及暮归大内,即此诗满六宫矣。其诗曰:"长安豪贵惜春残,争赏先开紫

牡丹③。别有玉杯承露冷④，无人起就月中看。"兵部时任给事⑤。（丁）

【注释】

① 慈恩寺：唐代寺院名。旧寺在长安东南曲江北（今陕西西安市南郊），宋时已毁，仅存大雁塔。今寺为近代重建。唐贞观二十二年（648），李治（高宗）为太子时，就隋无漏寺旧址为母文德皇后追福所建，故名慈恩寺。唐玄奘自印度学佛归国，曾住此从事佛经翻译达八年之久，并于寺旁建雁塔以收藏经像。寺在全盛时有元果、太真等十馀院，室一千八百九十七，僧三百人。自中宗神龙始，进士登科，皇帝均赐宴曲江上，题名雁塔。

② 车驾：帝王之车。此处代指文宗。　夹城：两边筑有高墙的通道。《旧唐书·玄宗纪上》："其月（开元二十年六月）遣范安及于长安广花萼楼，筑夹城至芙蓉园。"　芙蓉园：隋唐长安名园。　唐刘𫗧《隋唐嘉话》卷上："京城南隅芙蓉园者，本名曲江园，隋文帝以曲名不正，诏改之。"

③ 先开紫牡丹：元果院种紫牡丹，先开。太真院种白牡丹，后开。

④ 玉杯：喻指白牡丹。

⑤ 给事：给事中的省称。参见第63页第11则注释⑥。

9. 兰 亭 帖

《兰亭》者①，武德四年欧阳询就越访求得之②，始入秦王府③。麻道嵩奉教拓两本④，一送辩才，一王自收。嵩私拓一本。于时天下草创，秦王虽亲揔戎⑤，《兰亭》不离肘腋。及即位，学之不倦。至贞观二十三年⑥，褚遂良请入昭陵⑦。后但得其摹本耳。（丁）

【注释】

① 兰亭：行书法帖。东晋王羲之书。穆帝永和九年（353）三月上巳，王羲之与谢安、孙绰等四十一人修禊于山阴（今浙江绍兴市）兰亭，临流赋诗，羲之草序，用蚕茧纸、鼠须笔书之。真本相传共二十八行，三百二十四字，唐时为太宗所得。太宗曾命人钩摹数本，分赐亲贵近臣。太宗死，以真迹殉葬。存世唐摹墨迹以冯承素（一说褚遂良）"神龙本"为最著，石刻则首推欧阳询"定武本"。

② 武德：唐高祖年号（618—626）。　欧阳询：唐书法家。字信本，潭州临湘（今湖南长沙市）人。书学二王（羲之、献之），世称"欧体"。与虞世南、褚遂良、薛稷并称为唐初四大书家。碑刻有正书《九成宫醴泉铭》等。另编有《艺文类聚》一百卷。

关于唐太宗获取《兰亭帖》的经过，主要有三说：其一，即本则所记"武德四年欧阳询就越访求得之"。其二，太宗为秦王时，得知帖在僧辩才处，乃使萧翊就越州求得之。见唐刘餗《隋唐嘉话》卷下："王右军《兰亭序》，梁乱出在外，陈天嘉中为僧永所得。至太建中，献之宣帝。隋平陈日，或以献晋王（炀帝），王不之宝。后僧果从帝借拓。及登极，竟未从索。果师死后，弟子僧辩得之。太宗为秦王日，见拓本惊喜，乃贵价市大王书《兰亭》，终不至焉。及知在辩师处，使萧翊就越州求得之，以武德四年入秦府。贞观十年，乃拓十本以赐近臣。"其三，贞观中，太宗使监察御史萧翼设谋从辩才处赚取。见唐何延之《兰亭记》（载唐张彦远《法书要录》卷三）："此书留付子孙传掌，至七代孙智永……俗号永禅师。……禅师年近百岁乃终，其遗书并付弟子辩才。辩才俗姓袁氏，梁司空昂之玄孙。辩才博学工文，琴棋书画，皆得其妙。每临禅师之书，逼真乱本。辩才尝于所寝方丈梁上凿其暗槛，以贮《兰亭》，保惜贵重，甚于禅师在日。至贞观中，太宗以德政之暇，锐志玩书，临写右军真、草书帖，购募备尽，唯未得《兰亭》。寻讨此书，知在辩才之所，乃降敕追师入内道场供养，恩赉优洽。数日后，因言次乃问及《兰亭》，方便善诱，无所不至。辩才确称：'往日侍奉先师，实尝获见。自禅师殁后，荐经丧乱坠失，不知所在。'既而不获，遂放归越中。后更推究，不离辩才之处。又敕追辩才入内，重问《兰亭》。如此者三度，竟靳固不出。上谓侍臣曰：'右军之书，朕所偏宝。就中逸少之迹，莫如《兰亭》。求见此书，营于寤寐。此僧耆年，又无所用，若为得一智略之士，以设谋计取之。'尚书右仆射房玄龄奏曰：'臣闻监察御史萧翼者，梁元帝之曾孙。今贯魏州莘县，负才艺，多权谋，可充此使，必以见获。'太宗遂诏见翼，翼奏曰：'若作公使，义无得理，臣请私行诣彼，须得二王杂帖三数通。'太宗依给。翼遂改冠微服，至湘潭，随商人船下至于越州。又衣黄衫，极宽长潦倒，得山东书生之体，日暮入寺，巡廊以观壁画，过辩才院，止于门前。辩才遥见翼，乃问曰：'何处檀越？'翼乃就前礼拜云：'弟子是北人，将少许蚕种来卖。历寺纵观，幸遇禅师。'寒温既毕，语议便合。因延入房内，即共围棋抚琴，投壶握槊，谈说文史，意甚相得。……明日乃去，辩才云：'檀越闲即更来此。'翼乃载酒赴之，兴后作诗，如此者数四。诗酒为务，其俗混然，遂经旬朔。翼示师梁元帝自画《职贡图》，师嗟赏不已。因谈论翰墨，翼曰：'弟子先门皆传二王楷书法，弟子又幼来耽玩，今亦有数帖自随。'辩才欣然曰：'明日来，可把此看。'翼依期而往，出其书，以示辩才。辩才熟详之曰：'是即是矣，然未佳善。贫道有一真迹，颇亦殊常。'翼曰：'何帖？'辩才曰：'《兰亭》。'翼佯笑曰：'数经乱离，真迹岂在？必是响拓伪作耳。'辩才曰：'禅师在日保惜，临亡之时，亲付于吾。付受有绪，那得参差？可明日来看。'及翼到，师自于屋梁上槛内出之。翼见讫，故驳瑕指颣曰：'果是响拓书也。'纷竞不定。自示翼之后，更不复安于梁槛上，弄萧翼二王诸帖，并借置于几案之间。辩才时年八十余，每日于窗下临学数遍，其老而笃好也如此。自是翼往还既数，童弟等无复猜疑。后辩才出赴灵汜桥南严迁家斋，翼遂私来房前，谓弟子曰：'翼遗却帛子在床上。'童子即为开门，翼遂于案上取得《兰亭》及御府二王书帖，便赴永安驿，告驿长凌愬曰：'我是御史，奉敕来此，有墨敕，可报汝都督齐善行。'……于是善行闻之，驰来拜谒。萧翼因宣示敕旨，具告所由。善行走使人召辩才，辩才仍在严迁家，未还寺，遽见追呼，

不知所以。又遣散直云：'侍御须见。'及师来见，御史乃是房中萧生也。萧翼报云：'奉敕遣来取《兰亭》，《兰亭》今得矣，故唤师来取别。'辩才闻语，身便绝倒，良久始苏。翼便驰驿而发，至都奏御，太宗大悦，以玄龄举得其人，赏锦彩千段，擢拜翼为员外郎，加入五品，赐银瓶一、金镂瓶一、玛瑙碗一，并实以珠；内厩良马两匹，兼宝装鞍辔；庄宅各一区。太宗初怒老僧之秘恡，俄以其年耄，不忍加刑，数日后，仍赐物三千段、谷三千石，便敕越州支给。辩才不敢将入己用，回造三层宝塔，塔甚精丽，至今犹存。老僧因惊悸患重，不能强饭，唯啜粥，岁馀乃卒。"

③秦王：即唐太宗李世民。隋末，随父李渊起兵。李渊称帝时，封为秦王，任中书令。

④麻道嵩：人名。生平不详。麻道嵩奉教拓《兰亭帖》事，未见他书。何延之《兰亭记》："帝命供奉拓书人赵模、韩道政、冯承素、诸葛贞等四人，各拓数本，以赐皇太子、诸王近臣。"

⑤摠戎：又作"总戎"。统管军事；统率军队。

⑥贞观：唐太宗年号（627—649）。贞观二十三年（649）五月，太宗崩于含风殿，年五十二。

⑦昭陵：唐太宗陵墓。　褚遂良：唐大臣、书法家。字登善，钱塘（今浙江杭州市）人，一说阳翟（今河南禹州市）人。太宗时官至中书令。贞观二十三年受太宗遗诏辅政。唐初四大书家之一。此句谓褚遂良奏请将《兰亭帖》随太宗入葬。《隋唐嘉话》卷下："帝崩，中书令褚遂良奏：'《兰亭》先帝所重，不可留。'遂秘于昭陵。"另一说见《兰亭记》，曰："贞观二十三年，圣躬不豫，幸玉华宫含风殿。临崩，谓高宗曰：'吾欲从汝求一物，汝诚孝也，岂能违吾心耶！汝意如何？'高宗哽咽流涕，引耳而听受制命。太宗曰：'吾所欲得《兰亭》，可与我将去。'及弓剑不遗，同轨毕至，随仙驾入玄宫矣。"

10. 陆龟蒙戏驿使

陆龟蒙居震泽之南巨积庄①，产有斗鸭一栏，颇极驯养。一旦，有驿使过②，挟弹毙其尤者。龟蒙诣而诟之，曰："此鸭能人语。"复归家，少顷，手一表本云③："见待附苏州上进④，使者毙之，何也？"使人恐，尽与橐中金，以糊其口，龟蒙始焚其章，接以酒食。使者俟其稍悦，方请其人语之由。曰："能自呼其名⑤。"使者愤且笑，拂袖上马。复召之，尽还其金，曰："吾戏之耳。"（丁）

【注释】

①陆龟蒙：唐文学家。字鲁望，姑苏（今江苏苏州市）人。曾任湖、苏二州从事，后隐居甫里（今江苏苏州市吴中区甪直镇），自号江湖散人、甫里先生，又号天随子。诗文与皮日休齐名，世称"皮陆"。有《唐甫里先生文集》。　震泽：太湖之古称。

②驿使：传递公文、书信的人。

③ 表本:奏章的一种,多用于陈请谢贺。

④ 见:拟。此句意谓准备作为地方特产进贡朝廷。

⑤ 自呼其名:形容鸟禽的鸣叫声与其名字相同。《山海经·中山经》:有鸟名婴勺、青耕,"其鸣自呼","其鸣自叫"。

11. 李光弼斩御史崔众

王承业为太原节度使,军政不修①。诏御史崔众交兵于河东②,众侮易承业③,或裹甲持枪,突入承业厅事,玩谑之。李光弼闻之④,素不平。至是众交兵于光弼,光弼以其无礼,不即交兵,令收系之。中使至,除众御史中丞⑤,怀其敕,问众所在。光弼曰:"有罪系之矣。"中使以敕示光弼,光弼曰:"今只斩侍御史。若宣制命,即斩中丞。若拜宰相,即斩宰相。"中使惧,遂寝而还。翌日,斩众于碑堂之下。(丁)

【注释】

① 不修:未加整治。

② 交兵:此处指交接兵权。

③ 侮易:欺凌;轻视。

④ 李光弼:营州柳城(今辽宁朝阳市)人。契丹族。有勇谋,善骑射。曾任河西节度副使、朔方节度副使等职。安禄山叛,任河东节度使,与郭子仪进攻河北,收复十馀郡,后坚守太原。乾元二年(759),迁天下兵马副元帅。宝应元年(762),出镇徐州,进封临淮王。因久握重兵遭忌,求自保不回朝,卒于镇。

⑤ 御史中丞:唐最高监察机关御史台次官。参见第4页第2则注释①。

12. 李 绅 苛 急

李绅在维扬日①,有举子诉扬子江舟子不渡,恐失试期。绅判云:"昔在风尘,曾遭此辈。今之多幸,得以相逢,各抛付扬子江。"其苛急也如此。后因科蛤②,为属邑令所抗云:"奉命取蛤,且非其时,严冬沍寒③,滴水成冻。若生于浅水,则犹可涉胫而求;既处于深潭,非没身而不敢。贵贱则异,性命不殊。"绅大惭而止。终以吴湘狱,仰药而死④。(丁)

【注释】

① 李绅：字公垂，润州无锡（今属江苏）人。元和进士。有诗名。穆宗朝召为翰林学士，与李德裕、元稹相善，时称"三俊"。后陷牛、李党争，出为外任。武宗即位，加检校尚书右仆射、扬州大都督府长史、知淮南节度大使事。会昌元年（841），入为兵部侍郎同平章事。在相位四年，因中风，足缓不任朝谒，拜章求罢，守仆射平章事，出为淮南节度使。六年，卒。　维扬：扬州之古称。唐淮南道治所。"李绅在维扬日"，指绅入相前任职扬州时。

② 科蛤（gé）：征收蛤蜊，以为岁贡。本书戊卷："太和中，上颇好食蛤蜊，沿海官吏先时递进，人亦劳止。"

③ 沍（hù）寒：寒气凝结，谓极寒。

④ 仰药：饮服毒药。据《旧唐书·李绅传》："会昌五年，扬州江都县尉吴湘坐赃下狱，准法当死，具事上闻。谏官疑其冤，论之，遣御史崔元藻覆推，与扬州所奏多同，湘竟伏法。及德裕罢相，群怨方构，湘兄进士汝纳诣阙诉冤，言'绅在淮南恃德裕之势，枉杀臣弟'。德裕既贬，绅亦追削三任官告。"李绅杀吴湘在会昌五年（845），六年李绅死，而后宣宗即位，李德裕失势罢相，大中初吴湘案平反，李绅才被追责，削去三任官职的委任。可见，本则"终以吴湘狱，仰药而死"的说法不确，李绅当病死于淮南任上。

13. 赵鏻女救父

咸通六年，沧州盐院吏赵鏻犯罪①，至死。既就刑，有女请随父死，云："七岁母亡，蒙父私盗官利钱衣食之。今父罪彰露，合随其法。"盐院官崔据义之，遂具以事闻。诏哀之，兼减父之死②。女又泣曰："昔为父所生，今为官所赐，誓落发奉佛，以报君王。"因于怀中出刃，立截其耳以示信。既而侍父减死罪之刑，疾愈，遂归浮图氏③。（丁）

【注释】

① 盐院：盐政衙门。

② 兼：并。

③ 浮图：又作"浮屠"。佛。

14. 权不失权与沆瀣一气

杜审权，大中十二年知举①，放卢处权②。有戏之曰："座主审权，门生处权，可

谓权不失权。"又乾符二年③,崔沆放崔瀣,谭者称"座主门生沆瀣一气"④。（戊）

【注释】

① 知举:"知贡举"的省称。主持进士考试。亦指特派主持考试的大臣。杜审权,字殷衡,京兆(治今陕西西安市)人。《旧唐书·杜审权传》:"（大中）十年,权知礼部贡举。十一年,选士三十人,后多至达官。正拜礼部侍郎。"

② 放:放榜。考试后公布录取名单。

③ 乾符:唐僖宗年号(874—879)。

④ 谭者:谈论的人。 沆瀣:本指夜间的露水雾气,引申为彼此契合。成语"沆瀣一气"即本此。后多用于贬义,用以喻气味相投的人勾结一起。

15. 放榜字用两体

李纾侍郎尝放举人,命笔吏勒书纸榜,未及填名。首书贡院字,吏得疾暴卒。礼部令吏王泵者①,亦善书,李侍郎召令终其事。适值泵被酒已醉,昏夜之中,半酣挥染,笔不加墨。迨明悬榜,方始觉寤,修改不及。粲然一榜之中②,字有两体,浓澹相间,返致其妍。自后书榜,因摸法之③,遂为故事。今因用毡墨澹书④,亦奇丽耳。（己）

【注释】

① 令吏:疑为"令史"之误。令史,隋唐三省、六部及御史台低级事务员之称,位卑秩下,不参官品。

② 粲然:鲜明貌;明白貌。

③ 摸(mó)法:模仿;效法。摸,同"摹"。

④ 毡墨:毡与墨。模拓碑或古器物上字与图的用具。

16. 李泌不以闻鸮音为悲

天宝末①,韦斌谪守蕲春②。时李泌以处士放逐于彼③,中夜同宴,屡闻鸮音④,韦流涕而叹。泌曰:"此鸟之声,人以为恶,以好音听之,则无足悲矣。"请饮酒不闻鸮音者,浮以大白⑤。坐客皆企其声⑥,终夕不厌。（己）

【注释】

① 天宝:唐玄宗年号(742—755)。

② 韦斌:京兆万年(今陕西西安市)人。早修整,尚文艺,容止严厉有大臣貌。天宝初,受徐安贞、王维、崔颢等当代辞人推挹。天宝中,拜中书舍人兼集贤院学士。天宝五载(746),右相李林甫构陷刑部尚书韦坚,斌以亲累贬巴陵太守,移临安太守。十四载(755),安禄山反,陷洛阳,斌为贼所得,伪授黄门侍郎,忧愤而卒。生平附两《唐书·韦安石传》中。 蕲春:隋大业及唐天宝、至德时改蕲州为蕲春郡(治今湖北黄冈市蕲春县东北)。

③ 李泌:字长源,其先辽东襄平(今辽宁辽阳市)人,后居京兆。少聪敏,博涉经史,善属文,尤工于诗,以王佐自负。玄宗时待诏翰林、东宫供奉。安史乱起,奔肃宗,深见信任,使掌机务,权逾宰相。代宗时召为翰林学士。德宗时拜中书侍郎平章事,封邺侯。放逐蕲春事,据《旧唐书·李泌传》:"(天宝中)杨国忠忌其才辩,奏泌尝为《感遇》诗讽刺时政,诏于蕲春郡安置。乃潜遁名山,以习隐自适。" 处士:隐士。

④ 鸮(xiāo):俗称猫头鹰。古人认为是恶声之鸟。《诗经·陈风·墓门》:"墓门有梅,有鸮萃止。"毛传:"鸮,恶声之鸟也。"

⑤ 浮以大白:满饮一杯酒。刘向《说苑·善说》:"饮不釂者,浮以大白。"原意为罚饮一满杯酒,后称满饮或畅饮一杯酒。

⑥ 企:盼望;希望。

17. 骊山华清宫遗迹

骊山华清宫毁废已久,今所存者唯缭垣耳①。天宝所植松柏,遍满岩谷,望之郁然,虽屡经兵寇,而不被斫伐。朝元阁在山岭之上,基最为崭绝②,柱础尚有存者。山腹即长生殿,殿东西盘石道,自山麓而上,道侧有饮酒亭子。明皇吹笛楼③、宫人走马楼,故基犹存。缭垣之内,汤泉凡八九所。是御汤,周环数丈,悉砌以白石,莹彻如玉,石面皆隐起鱼龙花鸟之状,千名万品④,不可殚记。四面石座,皆级而上。中有双白石瓮,腹异口,瓮中涌出,渍注白莲之上。御汤西北角,则妃子汤,面稍狭。汤侧红白石盆四,所刻作菡萏之状,陷于白石面。馀汤逦迤相属而下,凿石作暗渠走水。西北数十步,复立一石表⑤,水自石表涌出,灌注一石盆中,此亦后置也。(己)

【注释】

① 缭垣:围墙。

② 蔪绝：险峻陡峭。

③ 明皇：唐玄宗李隆基谥至道大圣大明孝皇帝，后世多称为明皇。

④ 千名万品：各种名目品类。

⑤ 石表：又作"石套"。无字石碑。

18. 哥舒翰杀张擢

天宝中，哥舒翰为河西节度使①，控地数千里，甚著威令。故西鄙人歌曰②："北斗七星高，哥舒夜带刀。吐番揔杀尽③，更筑两重壕。"时差都知兵马使张擢上都奏事④，值杨国忠专权好货，擢逗留不返，因纳贿交结。翰续入朝奏，擢知翰至，擢求国忠拔用。国忠乃除擢兼御史大夫充剑南西川节度使。敕下，就第辞翰，翰命部下就执于庭，数其罪而杀之。俄奏闻，帝却赐擢尸，更令翰决一百⑤。（庚）

【注释】

① 哥舒翰：突厥族突骑施哥舒部人。从军河西，为节度使王忠嗣牙将，勇而有谋，曾屡破吐蕃兵。天宝六载（747），代王忠嗣为陇右节度使（驻今青海乐都县）。后兼河西节度使（驻今甘肃武威），封西平郡王。安禄山叛乱，起为兵马副元帅，统兵二十万守潼关。朝廷一再促其迎战，他被迫出兵，大败，为部将执送安禄山而降，囚于洛阳。后安庆绪兵败撤退时被杀。

② 西鄙：西部边疆。

③ 揔（zǒng）杀：率军冲杀。

④ 都知兵马使：唐道（方镇）节度使或观察使的幕职，掌领兵打仗。幕府有都知兵马使、都押衙、都虞候、都教练使、都指挥使等武职，也有副使、行军司马、判官、掌书记、支使、推官、巡官等文职。

⑤ 决：责打。

19. 饮妓段东美

薛宜僚，会昌中为左庶子①，充新罗册赠使②。由青州泛海③，船频阻恶风雨，至登州④，却漂回青州。邮传一年⑤，节度乌汉贞加待遇。有籍中饮妓段东美者⑥，薛颇属情，连帅置于驿中⑦。是春薛发日，祖筵呜咽流涕⑧，东美亦然。乃于席上留诗曰："阿母桃花方似锦⑨，王孙草色正如烟⑩。不须更向沧溟望，惆怅欢娱恰一年。"

薛到外国，未行册礼，旌节晓夕有声。旋染疾，谓判官苗田曰："东美何故频见梦中乎？"数日而卒。苗摄大使行礼⑪。薛旅榇还及青州⑫，东美乃请告⑬，至驿素服奠，哀号抚柩，一恸而卒。情缘相感，颇为奇事。（庚）

【注释】

①左庶子：太子属官。参见第19页第7则注释⑧。

②新罗：朝鲜半岛古国。相传公元前57年建国。都金城（今韩国庆州）。至公元4世纪中叶成为朝鲜半岛东南部强国，继而与百济、高句丽形成鼎足。公元7世纪中叶，灭百济和高句丽，统一半岛大部。9世纪衰落，935年为王氏高丽所取代。参见第26页第17则注释④。 册赠使：奉命对死者追加封赐的官员。据张琛《唐代册赠使关联问题研究》（载《西南交通大学学报·社会科学版》2010年6月第11卷第3期）：唐代对皇亲国戚和贵臣进行册赠，一般有主使、副使二人。主使多由寺监长官、三省长官和东宫官充任，品级在从四品上至正三品之间，外蕃册赠使则由正三品官员担任。副使基本由三省清官担任，品级为从八品上至从四品下之间。

③青州：唐属河南道，治益都（今山东青州市）。

④登州：唐属河南道，治蓬莱（今属山东）。

⑤邮传（chuán）：转运官物，传送文书。

⑥籍中饮妓：即官妓。唐代官妓隶属于州县官府乐籍，以伎乐歌舞为官府宴会侑酒助兴，故亦称酒妓或饮妓。她们多来自乐人或贫苦家庭，一旦成为官妓，很难摆脱身份，只有得到地方最高长官许可才能除籍。

⑦连帅：泛指地方高级长官。唐代多指观察使、节度使。

⑧祖筵：送行的酒席。祖，出行时祭祀路神。

⑨阿母：指鸨母。

⑩王孙：泛指隐士或游子。《楚辞·招隐士》："王孙游兮不归，春草生兮萋萋。"

⑪摄：代理；假代。

⑫旅榇：客死者的灵柩。

⑬请告：请假。

20. 萧颖士之仆

萧颖士①，开元中，年十九，擢进士第。儒释道三教，无不该通②。然性褊躁③，忽忿戾④，举世无比。常使一佣仆杜亮，每一决责，便至力殚。亮养疮平，复为其指使如故。人有劝，曰："岂不知。但以爱其才而慕其博奥。"以此恋恋不能去，卒至

于死耳。(庚)

【注释】

① 萧颖士：字茂挺,祖籍南兰陵(今江苏常州市西北),生于颍川(今河南许昌市)。开元进士,曾任秘书正字、集贤校理、扬州功曹参军等职。致力于古文写作,与李华齐名,时称"萧李"。

② 该通：博通。

③ 褊躁：指气量、性情等狭隘、急躁。

④ 忿戾：蛮横无理,动辄发怒。

21. 赵 州 禅 师

真定帅王公①,一日携诸子入赵州院②,坐而问。曰："大王会么③?"王曰："不会。"师云："自小持斋身已老,见人无力下禅床。"王公尤加礼重。翌日令客将传语④,师下禅床受之。侍者问："和尚见大王来,不下禅床,今日军将来,为甚么却下禅床?"师云："非汝所知。第一等人来,禅床上接;中等人来,下禅床接;末等人来,三门外接。"(辛)

【注释】

① 真定：唐恒州治所(今河北石家庄市正定县)。宝应元年(762),置成德军。兴元元年(784),置大都督府。元和十五年(820),避穆宗李恒讳,改恒州为镇州。 王公：即王镕,唐末藩镇割据者。成德军节度使,昭宗朝封赵王。其先回鹘部人,远祖事镇州节度使王武俊,为骑将,武俊嘉其勇干,收为义子,其后子孙以王为氏。穆宗长庆初,四代祖王廷凑授成德军节度使,至王镕,皆世袭之。僖宗光启二年(886),镕袭其父位,年仅十岁。成德境时为梁(朱全忠)、晋(李克用)窥图争夺之地,镕卑辞厚礼,苟全其间。后依附周庄宗李存勖(李克用之子)抗梁。天祐十八年(921),为部将张文礼所杀。明年,庄宗攻下镇州,杀张文礼,于所焚府第灰间得镕之残骸,命致祭葬于王氏故茔。

② 赵州：指唐末高僧从谂。因其住持于赵州(今河北石家庄市赵县)观音院,传扬佛教,不遗馀力,世称"赵州和尚"。简称"赵州"。

③ 会：礼佛的法会。包括念佛、诵经、拜忏、唱赞等内容。

④ 客将：寄居本地的外籍将领。

22. 韩晋公入蜀得琴木

　　韩晋公在朝①,奉使入蜀,至骆谷②,山椒巨树,耸茂可爱,乌鸟之声皆异。下马以探弓射其颠杪③,柯坠于下,响震山谷,有金石之韵。使还,戒县尹募樵夫伐之,取其干,载以归,召良工斫之,亦不知其名,坚致如紫石,复金色线交结其间。匠曰:"为胡琴槽④,他木不可并。"遂为二琴,名大者曰"大忽雷",小者曰"小忽雷"。因便殿德皇言乐,遂献大忽雷,及禁中所有,小忽雷在亲仁里⑤。(壬)

【注释】

　　① 韩晋公:韩滉,字太冲,长安人。德宗贞元元年(785)七月,拜检校左仆射同中书门下平章事。二年春,特封晋国公。工书画,有《五牛图》《文苑图》传世。

　　② 骆谷:在今陕西周至西南。谷长四百馀里,为关中与汉中间的交通要道。三国魏景元四年(263),钟会统军分别从斜谷、骆谷入蜀,即此。唐武德七年(624),复开骆谷道,并置关于北口。

　　③ 探弓:即"弹(dàn)弓"。古代用弹力发射弹丸的武器。

　　④ 胡琴:古代泛称来自北方和西北地区各族的拨弦乐器。有时指琵琶,有时指忽雷。约宋元开始,亦为拉弦乐器之称。

　　⑤ 亲仁里:又称"亲仁坊"。唐长安城里坊名。长安城以朱雀门街为南北中轴,分东城、西城。亲仁里位于东第三街,所居多名门望族。如有滕王元婴宅、尚父汾阳郡王郭子仪宅、昌乐公主宅、柳州刺史柳宗元宅等。

23. 恩权隆赫之妖甚于物之妖

　　王涯居相位①,有女适窦氏,欲求钱十七万,市一玉钗。涯曰:"于女何惜。此妖物也,必与祸相随。"后数月,女自婚会归,告王曰:"前时玉钗为冯外郎妻首饰矣②,乃冯球也。"王叹曰:"冯为郎吏,妻之首饰有十七万钱,其可久乎?其善终乎?"冯为贾𫗧门人,最密。贾为东户③,又取为属郎。贾有苍头,颇张威福,冯于贾忠,将发之未能。贾入相,冯一日遇苍头于门,召而勖之曰④:"户部中谤辞不一,苟不悛⑤,必告相国。"奴拜谢而去。未浃旬⑥,冯晨谒贾,贾未兴。时方冬命火,内有人曰:"官当出。"俄有二青衣出曰:"相公恐员外寒,奉地黄酒三杯。"冯悦,尽举之。青衣入,冯出告其仆驭曰:"喝且咽。"粗能言其事,食顷而终。贾为兴叹出涕,竟不知其由。明年，王、贾皆遭祸[7]。噫！王以珍玩奇货为物之妖，信知言矣，而徒知物之妖，而不知恩权隆赫之妖甚于物也[8]。冯以卑位贪货，已不能正其家，尽忠所事，而不能保其身，斯亦不足言矣。贾之获害门客于墙庑之间而不知，欲始终富贵，其可得乎？此虽一事，作戒数端。（壬）

【注释】

① 王涯：字广津，太原（今山西太原市西南）人。贞元八年（792）进士，历仕德宗、顺宗、宪宗、穆宗、敬宗、文宗六朝。宪宗元和十一年（816）加中书侍郎同平章事，十三年罢相。穆宗、敬宗时，曾任剑南东川节度使、盐铁转运使。文宗大和三年（829）入为太常卿；四年九月守左仆射，主持将河南十二州铜铁冶赋税收归中央；七年七月再拜相，进封代国公；九年五月兼领江南榷茶使；十一月"甘露之变"，为宦官仇士良等所杀。

② 外郎：即"员外郎"之简称。隋于尚书省各司置员外郎一人，为各司之次官。唐宋沿置，与郎中通称为郎官。

③ 东户：或指唐尚书省吏、户、礼三部。唐尚书省位于皇城中轴承天门街（承天门至朱雀门）的东侧。据徐松《唐两京城坊考》卷一："省内当中有都堂，本尚书令厅事。都堂之东吏部、户部、礼部三行，每行四司，左司统之。都堂之西兵部、刑部、工部三行，每行四司，右司统之。"又据《旧唐书·贾𫗧传》："大和初，入为太常少卿。二年，以本官知制诰。三年七月，拜中书舍人。四年九月，权知礼部贡举。五年，榜出后，正拜礼部侍郎。凡典礼闱三岁，所选士七十五人，得其名人多至公卿者。七年五月，转兵部侍郎。八年十一月，迁京兆尹兼御史大夫。九年四月，检校礼部尚书、润州刺史、浙西观察使。制出未行，拜中书侍郎同平章事，进金紫阶，封姑臧男，食邑三百户。未几，加集贤殿学士，监修国史。"可见，贾𫗧大和间在礼部任上供职最久，政绩最著。联系下文"又取（冯）为属郎"，"属郎"即六部各司郎官。故此处"东户"应指唐尚书省礼部。

④ 勖（xù）：勉励。

⑤ 悛（quān）：悔改。

⑥ 浃旬：一旬；十天。

⑦ 王、贾皆遭祸：文宗时，宦官专权。大和九年（835）十一月，翰林侍讲学士、宰相李训得文宗授意，与凤翔节度使郑注等，密谋内外结合，以左金吾仗院石榴树上夜降甘露为名，诱使宦官仇士良等往观，谋加诛杀。因所伏甲兵暴露，失败。仇士良等劫文宗回宫，捕杀李训、舒元舆、王涯、贾𫗧等，郑注也被监军宦官所杀，株连者千余人。史称"甘露之变"。旧说王涯、贾𫗧并未参与密谋，属冤杀。《资治通鉴》卷二百四十九：宣宗大中八年（854）冬十月，"上以甘露之变，惟李训、郑注当死，自馀王涯、贾𫗧等无罪，诏皆雪其冤"。

⑧ 恩权隆赫：谓受恩宠而权势高厚。

24. 沙门玄奘于西域回

　　沙门玄奘，俗姓陈，偃师人①，少聪敏，有操行。贞观三年，因疾而挺志往五天竺国②，凡经十七岁，至贞观十九年二月十五日方到长安。足所亲践者，一百一十一国。采求佛法，咸究根源，凡得经论六百五十七部，佛舍利及佛像等甚多③。京师士女迎之，填郛溢郭。时太宗在东都，乃留所得经像于弘福寺④。有瑞气徘徊像上，移晷乃灭。遂诣驾，并将异方奇物朝谒。太宗谓之曰："法师行后，造弘福寺，其处虽小，禅院虚静，可为翻译之所。"太宗御制《圣教序》。高宗时为太子，又作《述圣记》，并勒于碑。麟德中⑤，终于坊郡玉华宫⑥。玄奘撰《西域记》十二卷，见行于代，著作郎敬播为之序⑦。（壬）

【注释】

　　① 偃师：唐属都畿道（今属河南）。

　　② 五天竺国：古印度别称"天竺"，时分东、西、南、北、中五天竺国。《新唐书·西域传上》："天竺国，汉身毒国也，或曰摩伽陀，曰婆罗门。去京师九千六百里，都护治所二千八百里。居葱岭南，幅圆三万里，分东、西、南、北、中五天竺，皆城邑数百。南天竺濒海，出师子、豹、犀、橐它、犀、象、火齐、琅玕、石蜜、黑盐。北天竺距雪山，圜抱如壁，南有谷，通为国门。东天竺际海，与扶南、林邑接。西天竺与罽宾、波斯接。中天竺在四天竺之会，都城曰茶镈和罗城，滨迦毗黎河。有别城数百，皆置长；别国数十，置王。"

　　③ 舍利：梵语"身骨"的音译。释迦牟尼佛遗体火化后结成的坚硬珠状物。又名舍利子。

　　④ 弘福寺：后改为"兴福寺"。位于朱雀门街西第三街修德坊西北隅。《唐两京城坊考》卷四·"贞观八年（634），太宗为太穆皇后追福，立为弘福寺。神龙元年（705），改为兴福寺。寺北有果园，复有藕花池二所。太宗时广召天下名僧居之。沙门玄奘于西域回，居此寺西北禅院翻译。寺内有碑，面文贺兰敏之写《金刚经》，阴文寺僧怀仁集王羲之写太宗《圣教序》及高宗《述圣记》，为时所重。"

　　⑤ 麟德：唐高宗年号（664—665）。

　　⑥ 坊郡：即坊州。唐坊州治中部（今陕西黄陵县），辖鄜城、中部、升平、宜君诸县。玄奘先于弘福寺翻译佛经，后入住慈恩寺。显庆元年（656），翻译佛经凡成七十五部。《旧唐书·方伎传》："奏上之后，以京城人众竞来礼谒，玄奘乃奏请逐静翻译，敕乃移于宜君山故玉华宫。"

　　⑦ 著作郎：唐秘书省下设著作局，置郎二人，从五品上，佐郎二人，从六品上。掌撰碑志及

祝祭。

25. 李 佐 失 父

　　唐李佐，山东名族。年少时，因安史乱，失其父。后擢第有令名①，为京兆少尹②。阴求其父，有识告佐，往迎于殡葬徒中。归而跪食③，如是累月。一旦召佐曰："汝孝行纯也，然吾三十年在此党中，昨从汝归，未与流辈诀绝。汝可具大猪五头、白醪数斛、蒜齑数瓮④、薄饼十盘，开设中堂，吾与群党一醉申诀，无恨矣。"佐承教，数日乃具。父出召客，俄而市善薤歌者百人至⑤，初则列堂中，久乃杂讴，及暮皆醉。众扶佐父登榻，而《薤露》一声，凡百皆和。俄相扶坌出⑥，不知所往，行路观者亿万。明日，佐弃家入山，数日而卒。（癸）

【注释】

　　① 令名：美好的声誉。

　　② 京兆少尹：唐京兆府次官。置二人，以理府事。

　　③ 跪食(sì)：跪着供奉（茶饭等）。指侍亲孝行。

　　④ 蒜齑(jī)：蒜汁。齑，同"齑"，调味用的姜、蒜等碎末。

　　⑤ 薤(xiè)歌：即《薤露》。乐府《相和曲》名，古代挽歌。晋崔豹《古今注》卷中："《薤露》《蒿里》，并丧歌也。出田横门人，横自杀，门人伤之，为之悲歌，言人命如薤上之露，易晞灭也；亦谓人死，魂魄归乎蒿里。故有二章，一章曰：'薤上朝露何易晞，露晞明朝还复滋。人死一去何时归？'其二曰：'蒿里谁家地，聚敛魂魄无贤愚。鬼伯一何相催促，人命不得少踟蹰。'至孝武时，李延年乃分为二曲，《薤露》送王公贵人，《蒿里》送士大夫庶人，使挽柩者歌之，世呼为挽歌。"

　　⑥ 坌(bèn)出：涌出。

归田录

[宋] 欧阳修

《归田录》二卷，宋欧阳修撰。修字永叔，号醉翁，晚年又号六一居士，吉州吉水（今属江西）人。仁宗天圣八年（1030）进士。因直言敢谏，曾贬知夷陵、滁州。后累官至翰林学士、枢密副使、参知政事。神宗熙宁五年（1072）卒，享年六十五岁。谥文忠。

《归田录》记人物谈谐、官场轶事及朝廷制度，多系作者所经历见闻。《自序》有云：「《归田录》者，朝廷之遗事，史官之所不记，与夫士大夫笑谈之馀而可录者，录之以备闲居之览也。」可知此书乃平时札记，归田后排纂而成之。书中除偶有舛误外，大致可资考据，为北宋前期重要史料。

选文标题为编者所拟。

1. 太祖初幸相国寺

太祖皇帝初幸相国寺①，至佛像前烧香，问当拜与不拜，僧录赞宁奏曰②："不拜。"问其何故，对曰："见在佛不拜过去佛③。"赞宁者，颇知书，有口辩，其语虽类俳优，然适会上意④，故微笑而颔之，遂以为定制。至今行幸焚香，皆不拜也。议者以为得礼。（卷一）

【注释】

① 相国寺：在今河南开封市内。本名建国寺，北齐天保六年（555）建，唐睿宗延和元年（712）改名大相国寺，沿用至今。

② 僧录：僧官名。

③ 见（xiàn）在佛：三世佛之一。佛教谓过去、现在、未来三世，各有佛出世。过去佛为迦叶诸佛，现在佛为释迦牟尼佛，未来佛为弥勒诸佛。此处用作调侃语，以比宋太祖。

④ 适会：适应；融洽。

2. 鲁宗道私入酒家

仁宗在东宫，鲁肃简公（宗道）为谕德①，其居在宋门外②，俗谓之浴堂巷，有酒肆在其侧，号仁和，酒有名于京师，公往往易服微行，饮于其中。一日，真宗急召公，将有所问。使者及门而公不在，移时乃自仁和肆中饮归。中使遽先入白，乃与公约曰："上若怪公来迟，当托何事以对？幸先见教，冀不异同。"公曰："但以实告。"中使曰："然则当得罪。"公曰："饮酒人之常情，欺君臣子之大罪也。"中使嗟叹而去。真宗果问，使者具如公对。真宗问曰："何故私入酒家？"公谢曰："臣家贫无器皿，酒肆百物具备，宾至如归，适有乡里亲客自远来，遂与之饮。然臣既易服，市人亦无识臣者。"真宗笑曰："卿为宫臣，恐为御史所弹。"然自此奇公，以为忠实可大用。晚年每为章献明肃太后言群臣可大用者数人③，公其一也。其后章献皆用之。（卷一）

【注释】

① 谕德:官名。唐高宗龙朔三年(663)于东宫官属中设左右谕德各一员,主管对太子的讽谏规劝。历代因之,至清康熙年间废。文中鲁宗道(谥肃简)先以户部员外郎兼右谕德,一年后迁左谕德,直龙图阁。

② 宋门:即朝阳门,宋都城东京(今河南开封市)东门。

③ 章献明肃太后:宋真宗妃刘氏。景德四年(1007),章穆郭皇后崩,真宗欲立刘氏,大臣多以为不可。天禧四年(1020),真宗久疾,刘氏始干朝政。帝崩,遗诏立之。仁宗嗣位,尊为皇太后,垂帘听政。明道二年(1033)崩,谥章献明肃。

3. 太宗亲试进士

太宗时亲试进士,每以先进卷子者赐第一人及第①。孙何与李庶幾同在科场,皆有时名,庶幾文思敏速,何尤苦思迟。会言事者上言:"举子轻薄,为文不求义理,惟以敏速相夸。"因言:"庶幾与举子于饼肆中作赋,以一饼熟成一韵者为胜。"太宗闻之大怒,是岁殿试②,庶幾最先进卷子,遽叱出之。由是何为第一。(卷一)

【注释】

① 先进卷子者:指科举考试中最先交卷子的人。

② 殿试:科举考试的最高一级,由皇帝亲临殿廷策试。唐载初元年(690)二月,武则天于洛阳殿策问贡士,开科举殿试之先例,但有唐一代未成定制。宋开宝六年(973),因疑省试有舞弊,宋太祖于讲武殿举行复试,重颁第名。开宝八年(975),省试、殿试始分两榜,并有省元、状元之别,殿试遂成定制。

4. 故老言五代时事

故老能言五代时事者云①:冯相(道)、和相(凝)同在中书②,一日,和问冯曰:"公靴新买,其直几何?"冯举左足示和曰:"九百。"和性褊急③,遽回顾小吏云:"吾靴何得用一千八百?"因诟责久之。冯徐举其右足曰:"此亦九百。"于是烘堂大笑。时谓宰相如此,何以镇服百僚。(卷一)

【注释】

① 故老：前朝遗老。也指年事高而见识广的人。

② 冯相、和相：指五代大臣冯道、和凝。后晋朝两人同时为相。

③ 褊（biǎn）急：气量狭小，性情急躁。

5. 太祖不使忠臣失信

太祖时，郭进为西山巡检①，有告其阴通河东刘继元②，将有异志者，太祖大怒，以其诬害忠臣，命缚其人予进，使自处置。进得而不杀，谓曰："尔能为我取继元一城一寨，不止赎尔死，当请赏尔一官。"岁馀，其人诱其一城来降。进具其事送之于朝，请赏以官。太祖曰："尔诬害我忠良，此才可赎死尔，赏不可得也！"命以其人还进，进复请曰："使臣失信，则不能用人矣。"太祖于是赏以一官。君臣之间盖如此。（卷一）

【注释】

① 巡检：宋边区、关隘驻军指挥。或兼管数州数县，或管一州一县，以武官充任，并受州县调遣。

② 河东刘继元：五代时十国之一北汉国末代主。公元951年，后周太祖郭威灭后汉，后汉河东节度使刘崇（后改名旻）称帝，据太原，仍以汉为国号，史称北汉。至继元，历四主。太平兴国四年（979），宋太宗亲征，破太原，继元降，北汉国亡，先后凡二十九年。

6. 太祖叹宰相寡闻

太祖建隆六年①，将议改元②，语宰相勿用前世旧号，于是改元乾德。其后，因于禁中见内人镜背有乾德之号，以问学士陶毂③，毂曰："此伪蜀时年号也④。"因问内人，乃是故蜀王时人。太祖由是益重儒士，而叹宰相寡闻也。（卷一）

【注释】

① 建隆六年：一本作"建隆末"，一本作"建隆四年"。宋建隆无六年，疑"六"乃"末"或"四"

之误。

②　改元：古代君主改用新年号纪年。年号以"一"为元，故称。

③　陶穀：字秀实，邠州新平（今陕西彬县）人。本姓唐，因避后晋高祖讳而改。穀博学多艺，善书画，尤精礼制、历象之学。后周时官至翰林学士承旨、尚书吏部侍郎。入宋，仍翰林学士承旨，累加户部尚书。卒，赠右仆射。

④　伪蜀：指唐末西川割据者王建所立前蜀国。公元907年，王建于成都称帝，历二主，925年为后唐所灭。乾德（919—924）为后主王衍年号。

7. 仁宗朝改元之由

仁宗即位，改元天圣，时章献明肃太后临朝称制①，议者谓撰号者取天字，于文为"二人"，以为"二人圣"者，悦太后尔。至九年，改元明道，又以为明字于文"日月并"也，与"二人"旨同。无何，以犯契丹讳②，明年遽改曰景祐，是时连岁天下大旱，改元诏意冀以迎和气也。五年，因郊又改元曰宝元③。自景祐初，群臣慕唐玄宗以开元加尊号④，遂请加景祐于尊号之上，至宝元亦然。是岁赵元昊以河西叛⑤，改姓元氏，朝廷恶之，遽改元曰康定，而不复加于尊号。而好事者又曰"康定乃谥尔"。明年又改曰庆历。至九年，大旱，河北尤甚，民死者十八九，于是又改元曰皇祐，犹景祐也。六年，日蚀四月朔⑥，以谓正阳之月⑦，自古所忌，又改元曰至和。三年，仁宗不豫，久之康复，又改元曰嘉祐。自天圣至此，凡年号九，皆有谓也。（卷一）

【注释】

①　临朝称制：指母后当政，代行皇帝职权。

②　犯契丹讳：冒犯契丹先主名讳。契丹景宗耶律贤，小字明扆，与宋年号同"明"字，故称犯讳。契丹建国于907年，938年改国号为辽，983年复称契丹，1066年仍称辽。为宋北方强敌。

③　郊：古代帝王祭祀天地。冬至祭天于南郊，夏至瘗地（祭土地神）于北郊。

④　尊号：尊崇帝、后及先王的称号。加尊号始于唐，如唐中宗称应天神龙皇帝，唐玄宗称开元神武皇帝。后世仿效之。

⑤　赵元昊以河西叛：宋初，党项贵族拓拔氏附宋自立，号大夏，宋赐姓赵氏。后又附辽抗宋，由辽册封夏王。宋明道元年（1032），元昊继夏王位，始建年号"显道"。宋宝元元年（1038），元昊称帝，都兴庆府（今宁夏银川市）。宋称之为西夏。此后，宋、辽、夏形成鼎峙局面。

⑥ 朔：农历每月初一。

⑦ 正阳之月：指农历四月。古人谓为阳极盛、阴极衰之时，不和。

8. 太 祖 解 讼

太祖时，以李汉超为关南巡检使捍北虏①，与兵三千而已，然其齐州赋税最多，乃以为齐州防御使②，悉与一州之赋，俾之养士③。而汉超武人，所为多不法。久之，关南百姓诣阙讼汉超贷民钱不还及掠其女以为妾。太祖召百姓入见便殿，赐以酒食慰劳之，徐问曰："自汉超在关南，契丹入寇者几？"百姓曰："无也。"太祖曰："往时契丹入寇，边将不能御，河北之民，岁遭劫虏，汝于此时能保全其赀财妇女乎④？今汉超所取，孰与契丹之多？"又问讼女者曰："汝家几女，所嫁何人？"百姓具以对。太祖曰："然则所嫁皆村夫也。若汉超者，吾之贵臣也，以爱汝女则取之，得之必不使失所，与其嫁村夫，孰若处汉超家富贵！"于是百姓皆感悦而去。太祖使人语汉超曰："汝须钱何不告我，而取于民乎！"乃赐以银数百两，曰："汝自还之，使其感汝也。"汉超感泣，誓以死报。（卷一）

【注释】

① 关南：北宋瓦桥、益津、淤口三关以南地区（今河北白洋淀以东、大清河流域至河间市一带），初属河北路。宋行政区划设路，路之下府、州、军、监并称，再下为县。河北路因接近辽境，常有战斗。

② 防御使：唐武则天时始设。安史之乱时分设于中原军事要地，专掌军事，由州刺史兼任。宋为武将兼衔，官阶高于团练使，团练使义高于刺史。

③ 养士：此指扩充士官，供养幕僚。

④ 赀财：钱财。赀，同"资"。

9. 卖 油 翁

陈康肃公（尧咨）善射①，当世无双，公亦以此自矜②。尝射于家圃，有卖油翁释担而立，睨之久而不去。见其发矢十中八九，但微颔之。康肃问曰："汝亦知射乎？

吾射不亦精乎?"翁曰:"无他,但手熟尔。"康肃忿然曰:"尔安敢轻吾射!"翁曰:"以我酌油知之。"乃取一葫芦置于地,以钱覆其口,徐以杓酌油沥之③,自钱孔入而钱不湿,因曰:"我亦无他,惟手熟尔。"康肃笑而遣之。此与庄生所谓"解牛""斫轮"者何异④。(卷一)

【注释】

① 陈康肃公:陈尧咨,字嘉谟,阆州阆中(今属四川)人。咸平三年(1000),举进士第一,授将作监丞,通判济州。召为秘书省著作郎,直史馆,判三司度支勾院。擢右正言、知制诰。后出知荆南。改起居舍人,同判吏部流内铨。因提拔寒士,得真宗嘉奖,迁右谏议大夫、集贤院学士。以龙图阁学士、尚书工部郎中知永兴军。尧咨性刚戾,数被挫。后以安国军节度观察留后知郓州,拜武信军节度使知河阳,徙澶州,又徙天雄军。病卒,赠太尉,谥康肃。尧咨工隶书,善射。其长兄尧叟,字唐夫,端拱二年(989)登进士甲科,景德五年(1008)官至检校太傅、同平章事、枢密使,谥文忠;次兄尧佐,字希元,端拱元年(988)进士及第,历官翰林学士、枢密副使、参知政事,景祐四年(1037)拜同中书门下平章事、集贤殿大学士,谥文惠。

② 自矜:自夸。

③ 沥:液体下滴。

④ 解牛、斫轮:即庖丁解牛和轮扁斫轮。《庄子》内篇《养生主》、外篇《天道》中所载寓言,喻技艺之道,不可言传,得心应手,而达纯熟神妙之境。

10.宋郊改名

宋郑公(庠)初名郊,字伯庠,与其弟(祁)自布衣时名动天下,号为"二宋"。其为知制诰①,仁宗骤加奖眷②,便欲大用。有忌其先进者潜之③,谓其"姓符国号,名应郊天④"。又曰:"郊者交也,交者,替代之名也,'宋交',其言不详⑤。"仁宗遽命改之,公怏怏不获已⑥,乃改为庠,字公序。公后更践二府二十馀年⑦,以司空致仕,兼享福寿而终⑧。而潜者竟不见用以卒,可以为小人之戒也。(卷一)

【注释】

① 知制诰:官名。宋袭唐制,设翰林学士院,任职者有翰林学士承旨(不常设),其下有翰林学士知制诰,负责起草朝廷制诰、敕敕、国书及公文,侍奉皇帝出巡,充顾问。为清要之职。

② 骤加奖眷：多次加以赏识眷顾。骤，屡次，多次。

③ 谮(zèn)：诬陷；中伤。

④ 郊天：祭天。古代帝王之大礼。

⑤ 详：通"祥"。吉利；吉祥。

⑥ 怏怏不获已：形容不满而又无可奈何的样子。不获已，不得已。

⑦ 二府：指中书门下省和枢密院。宋代枢密院为朝廷最高军务机构，长官为枢密使，与宰相共掌文、武大权，称为东、西"二府"。

⑧ 福寿：幸福和年寿。

11. 钱思公纯德

　　钱思公生长富贵①，而性俭约，闺门用度②，为法甚谨。子弟辈非时不能辄取一钱③。公有一珊瑚笔格④，平生尤所珍惜，常置之几案。子弟有欲钱者，辄窃而藏之，公即怅然自失，乃榜于家庭⑤，以钱十千赎之。居一二日，子弟伴为求得以献，公欣然以十千赐之。他日有欲钱者，又窃去。一岁中率五七如此，公终不悟也。余官西都，在公幕亲见之，每与同僚叹公之纯德也。（卷一）

【注释】

　　① 钱思公：钱惟演，字希圣，钱塘（今浙江杭州市）人。吴越王钱俶第十四子。从俶归宋，历右神武将军、太仆少卿、命直秘阁，预修《册府元龟》，累迁工部尚书，拜枢密使。仁宗时，官保大军节度使，加同中书门下平章事。后因擅议宗庙，且与后家通婚姻，落职为崇信军节度使，归本镇。景祐元年（1034）卒，年五十八。赠侍中，谥曰思，改谥曰文僖。惟演工文辞，与杨亿、刘筠等十七人相唱和，合集为《西昆酬唱集》。

　　② 闺门：本指宫苑、内室之门。此处借指家庭。

　　③ 非时：不是时候。即不在合适、规定的时间里。

　　④ 笔格：笔架。

　　⑤ 榜：此处用作动词，张榜。

12. 孙僅幸免文字狱

　　孙何、孙僅俱以能文驰名一时。僅为陕西转运使①，作《骊山诗》二篇，其后篇有云:"秦帝墓成陈胜起,明皇宫就禄山来。"时方建玉清昭应宫②,有恶僧者,欲中伤之,因录其诗以进。真宗读前篇云:"朱衣吏引上骊山",遽曰:"僧小器也,此何足夸!"遂弃不读,而陈胜、禄山之语,卒得不闻,人以为幸也。(卷一)

【注释】

① 转运使:官名。始置于唐,掌两京间粮米运输和江南各道水陆转运。宋初掌管一路或数路财赋,又兼监察官吏之事。后职权扩大,成为府州以上、一级行政区路的长官。

② 玉清昭应宫:宋真宗所建道教宫观,以贮藏"天书"并供奉玉皇、圣祖、太祖(赵匡胤)、太宗(赵炅)像。大中祥符元年(1008)四月始建,初名昭应宫,二年七月重命名玉清昭应宫,七年十一月建成。仁宗天圣七年(1029)六月毁于雷火。

13. 西夏弑逆之谋

赵元昊二子:长曰佞令受,次曰谅祚。谅祚之母,尼也,有色而宠,佞令受母子怨望①。而谅祚母之兄曰没藏讹啰者②,亦黠虏也,因教佞令受以弑逆之谋③。元昊已见杀,讹啰遂以弑逆之罪诛佞令受子母,而谅祚乃得立,而年甚幼,讹啰遂专夏国之政。其后谅祚稍长,卒杀讹啰,灭其族。元昊为西鄙患者十馀年④,国家困天下之力,有事于一方,而败军杀将,不可胜数,然未尝少挫其锋。及其困于女色,祸生父子之间,以亡其身,此自古贤智之君或不能免,况夷狄乎!讹啰教人之子杀其父,以为己利,而卒亦灭族,皆理之然也。(卷二)

【注释】

① 怨望:怨恨;心怀不满。

② 没藏讹啰(máng):啰,《宋史》作"庞"。没藏氏为西夏大族,讹庞为族长,时任国相,总管政务。

③ 弑逆:臣杀君曰弑,子杀父曰逆。

④ 西鄙:西部边疆。西夏国辖今宁夏、陕北、甘肃西北部、青海东北部和内蒙古部分地区,位于北宋之西。

14. 田元均强笑拒请托

京师诸司库务，皆由三司举官监当①。而权贵之家子弟亲戚，因缘请托，不可胜数，为三司使者常以为患。田元均为人宽厚长者，其在三司，深厌干请者，虽不能从，然不欲峻拒之②，每温颜强笑以遣之。尝谓人曰："作三司使数年，强笑多矣，直笑得面似靴皮。"士大夫闻者传以为笑，然皆服其德量也。（卷二）

【注释】

① 三司：北宋前期最高财政机构。五代后唐始设盐铁、度支、户部三司，宋初沿之，总管各地贡赋和朝廷财政。长官为三司使，位亚执政，号为"计相"。三司职权广泛，事务殷繁，下设盐铁七案、度支八案、户部五案，另设附属机构十司，实际取代了尚书省许多职务。神宗元丰官制改革，废三司仍归尚书省户部、工部管辖。

② 峻拒：严厉拒绝。

15. 钱思公好读书

钱思公虽生长富贵，而少所嗜好。在西洛时，尝语僚属言："平生惟好读书，坐则读经史，卧则读小说①，上厕则阅小辞②，盖未尝顷刻释卷也。"谢希深亦言："宋公垂同在史院③，每走厕必挟书以往，讽诵之声琅然闻于远近，其笃学如此。"余因谓希深曰："余平生所作文章，多在三上，乃马上、枕上、厕上也。"盖惟此尤可以属思尔④。（卷二）

【注释】

① 小说：汉代指稗官野史、逸闻琐事一类杂著。宋代指说话之一，即烟粉、灵怪、传奇一类故事，用通俗文字记载，又称话本。

② 小辞：指篇幅短小的诗词。

③ 史院：即史馆，编修史书的官署。北宋以后，将考试入选昭文馆、史馆、集贤院、秘阁、龙图阁、天章阁的士人，称作"馆阁学士"。

④ 属(zhǔ)思：构思。

16. 梅圣俞晚年修书

梅圣俞以诗知名①,三十年终不得一馆职②。晚年与修《唐书》,书成未奏而卒,士大夫莫不叹惜。其初受敕修《唐书》,语其妻刁氏曰:"吾之修书,可谓猢狲入布袋矣③。"刁氏对曰:"君于仕宦,亦何异鲇鱼上竹竿耶④!"闻者皆以为善对。(卷二)

【注释】

① 梅圣俞:梅尧臣,字圣俞,宣城(今属安徽)人。世称宛陵先生。少时应进士不第,历任州县官属。中年后赐同进士出身,授国子监直讲,官至尚书都官员外郎。工诗。诗与欧阳修、苏舜钦齐名,并称"梅欧""苏梅"。有《宛陵先生文集》。

② 馆职:指入馆阁担任编撰、修校等官职的统称。

③ 猢狲入布袋:禅语。喻放荡之性受到约束。

④ 鲇鱼上竹竿:俗语。谓鲇鱼上钓竿,不能自脱。喻羁身仕途。

17. 宋朝知州与通判争权

国朝自下湖南①,始置诸州通判②,既非副贰,又非属官。故尝与知州争权,每云:"我是监郡,朝廷使我监汝。"举动为其所制。太祖闻而患之,下诏书戒励,使与长吏协和,凡文书,非与长吏同签书者,所在不得承受施行。至此遂稍稍戢③。然至今州郡往往与通判不和。往时有钱昆少卿者④,家世馀杭人也,杭人嗜蟹,昆尝求补外郡,人问其所欲何州,昆曰:"但得有螃蟹无通判处则可矣。"至今士人以为口实⑤。(卷二)

【注释】

① 国朝自下湖南:建隆元年(960),宋朝建立后,采取"先南后北"的方针,即防御北方辽朝与北汉国,逐个消灭南方各割据国。建隆四年,灭南平(荆南)国和湖南割据者周保权,成为统一全国的第一役。该地区后分置为荆湖北路(治江陵)和荆湖南路(治长沙)。

② 通判:宋地方官制,于府州设知府和知州,另设通判一职,以监督地方官吏。乾德元年

（963），平定荆湖之后，宋太祖即命刑部郎中贾玭等通判湖南诸州。

③ 戢（jí）：收敛。

④ 少卿：唐中央事务机关九寺长官称"卿"，副官称"少卿"。宋因之，但大多已成闲官。

⑤ 口实：指经常谈论的内容。

18. 酒　敌

　　石曼卿磊落奇才，知名当世，气貌雄伟，饮酒过人。有刘潜者，亦志义之士也，常与曼卿为酒敌①。闻京师沙行王氏新开酒楼，遂往造焉，对饮终日，不交一言。王氏怪其所饮过多，非常人之量，以为异人，稍献肴果，益取好酒，奉之甚谨。二人饮啖自若，傲然不顾②，至夕殊无酒色③，相揖而去。明日都下喧传：王氏酒楼有二酒仙来饮，久之乃知刘、石也。（卷二）

【注释】

　　① 酒敌：饮酒的对手。

　　② 傲：同"傲"。

　　③ 酒色：酒容；醉态。

涑水记闻

[宋] 司马光

《涑水记闻》，宋司马光撰。光字君实，陕州夏县（今属山西）涑水乡人，世称涑水先生。仁宗宝元元年（1038）进士。历知谏院、龙图阁直学士。以反对王安石新法，出知永兴军（治今陕西西安市）。后退居洛阳。主编《资治通鉴》，先后历十九年，至神宗元丰七年（1084）成书。哲宗元祐元年（1086）初召为相，起用旧党，尽废新法。为相八月后病卒，享年六十八。追赠太师，温国公，谥文正。

《涑水记闻》为作者平时见闻，随手记录，以备写作《资治通鉴后记》之用。《通鉴后记》拟记北宋开国以来历史，故《记闻》一书，起于太祖，讫于神宗，以采录国家大政为多，亦间涉朝野琐事。然这部记录文字在作者生前身后均未成书，只以钞本流传于世。南宋钞本即有五卷本、十卷本、三十二卷本，明清钞本和刻本则有两卷本、十六卷本。

《四库全书》本经过刊削，合为十五卷，补遗一卷，共十六卷。

今本由邓广铭、张希清点校，补辑，凡十六卷，辑佚一卷，另附录《温公日记》《温公琐语》二书，并皆拟制标题置于卷端。

1. 陈桥兵变黄袍加身

建隆元年正月辛丑朔^①，镇、定奏契丹与北汉合势入寇^②，太祖时为归德军节度使、殿前都点检^③，受周恭帝诏，将宿卫诸军御之。癸卯，发师，宿陈桥^④，将士阴相与谋曰："主上幼弱，未能亲政。今我辈出死力为国家破贼，谁则知之？不若先立点检为天子，然后北征，未晚也。"甲辰将旦，将士皆擐甲执兵仗，集于驿门，欢噪突入驿中^⑤。太祖尚未起，太宗时为内殿祗候供奉官都知^⑥，入白太祖，太祖惊起，出视之。诸将露刃罗立于庭，曰："诸军无主，愿奉太尉为天子。"太祖未及答，或以黄袍加太祖之身，众皆拜于庭下，大呼称万岁，声闻数里。太祖固拒之，众不听，扶太祖上马，拥逼南行。太祖度不能免，乃擥辔驻马谓将士曰^⑦："汝辈自贪富贵，强立我为天子，能从我命则可，不然，我不能为若主也。"众皆下马听命。太祖曰："主上及太后，我平日北面事之，公卿大臣，皆我比肩之人也^⑧，汝曹今毋得辄加不逞^⑨。近世帝王初举兵入京城，皆纵兵大掠，谓之'夯市'。汝曹今毋得夯市及犯府库，事定之日当厚赉汝；不然，当诛汝。如此可乎？"众皆曰："诺。"乃整饬队伍而行，入自仁和门，市里皆安堵^⑩，无所惊扰，不终日而帝业成焉。

明道二年，先公为利州路转运使，光侍食于蜀道驿中。先公为光言太祖不夯市事，且曰："国家所以能混一海内，福祚延长，内外无患，由太祖以仁义得之故也。"（卷一）

【注释】

①建隆元年正月辛丑朔：建隆元年（960），宋太祖登基改元。正月辛丑朔，指正月初一，为辛丑日。古人以干支纪日，十干（甲乙丙丁戊己庚辛壬癸）与十二支（子丑寅卯辰巳午未申酉戌亥）依次组合为六十单位，周而复始。文中"辛丑"为正月初一，可推知下文"癸卯"为初三，"甲辰"为初四。

②镇、定：后周镇州（治今河北石家庄市正定县）、定州（今属河北）。

③归德军节度使、殿前都点检：归德军节度使治宋州（今河南商丘市），防卫京城（开封市）东面。后周设殿前司，以都点检为长官，统帅禁军。

④陈桥：即陈桥驿，在今河南开封市东北四十里。五代、北宋时，为汴京至大名第一个驿站。

⑤欢噪：喧哗吵闹。

⑥内殿祗（zhī）候供奉官都知：祗候供奉官，阁职武官（相应于馆职文官），掌殿廷纠察、侍

卫、扈从。都知,殿前司武官名。

⑦ 擥:同"揽"。

⑧ 比肩:并列,居同等地位。

⑨ 辄加不逞:擅自作乱。不逞,泛指为非作歹。

⑩ 安堵:安居。

2. 太 祖 受 禅

周恭帝之世①,有右拾遗、直史馆郑起上宰相范质书②,言太祖得众心,不宜使典禁兵,质不听。及太祖入城,诸将奉登明德门,太祖命将士皆释甲还营,太祖亦归公署,释黄袍。俄而,将士拥质及宰相王溥、魏仁浦等皆至,太祖呜咽流涕曰:"吾受世宗厚恩,今为六军所逼,一旦至此,惭负天地,将若之何?"质等未及对,军校罗彦瑰按剑厉声曰:"我辈无主,今日必得天子!"太祖叱之,不退。质颇诮让太祖③,且不肯拜,王溥先拜,质不能已,从之,且称万岁,请诣崇元殿④,召百官就列。周帝内出制书,禅位,太祖就龙墀北面再拜命⑤。宰相扶太祖登殿,易服于东序⑥,还即位,群臣朝贺。及太宗即位,先命溥致仕,盖薄其为人也。又尝称质之贤,曰:"惜也,但欠世宗一死耳。"(卷一)

【注释】

① 周恭帝之世:后周显德六年(959),周世宗柴荣死,子宗训年七岁即位,为恭帝。显德七年(建德元年)元旦,忽奏报辽、北汉合兵南侵,命赵匡胤率禁军抵御,致陈桥兵变,周亡宋立。

② 右拾遗、直史馆:右拾遗为中书省掌讽谏的属官,参见第95页第35则注释①。直史馆,指掌编修史书的馆阁学士。参见第137页第15则注释③。 范质:字文素,大名宗城(治今河北邢台市威县东北)人。后唐长兴四年(933)举进士,迁封丘令。后晋天福中,以文章干宰相桑维翰,官至知制诰。后汉初,加中书舍人、户部侍郎。后周太祖自邺起兵向阙,质匿民间,物色得之,喜甚,登极后以质为相,兼参知枢密院事。世宗时详定《刑统》,入受顾命。恭帝嗣位,加开府仪同三司,封萧国公。宋太祖陈桥兵变,质率百僚降阶受命,加兼侍中,罢参知枢密。俄被疾。定《南郊行礼图》上之,进封鲁国公。乾德二年(964)正月,罢为太子太傅。九月,卒,年五十四。赠中书令。

③ 诮(qiào)让:责问。

④ 崇元殿:五代、北宋皇宫正殿。

⑤ 龙墀(chí):即丹墀。皇宫赤色台阶和平地。 拜命:受命。

⑥ 东序：宫室东厢房。

3. 民间喧言当立点检为天子

周恭帝幼冲①，军政多决于韩通，通愚愎，太祖英武有度量，多智略，屡立战功，由是将士皆爱服归心焉。及将北征，京师间喧言："出军之日，当立点检为天子。"富室或挈家逃匿于外州，独宫中不之知。太祖闻之惧，密以告家人曰："外间讻讻如此②，将若之何？"太祖姊或云即魏国长公主，面如铁色，方在厨，引面杖逐太祖击之，曰："大丈夫临大事，可否当自决胸怀③，乃来家间恐怖妇女何为邪④！"太祖默然而出。（卷一）

【注释】

① 幼冲：谓年龄幼小。

② 讻讻：形容议论纷纷的样子。

③ 自决胸怀：凭借胸襟气度自己决定。

④ 恐怖：恫吓；威胁。

4. 太 祖 微 行

太祖初即位，亟出微行①，或谏曰："陛下新得天下，人心未安，今数轻出，万一有不虞之变②，其可悔乎！"上笑曰："帝王之兴，自有天命，求之亦不能得，拒之亦不能止。万一有不虞之变，其可免乎！周世宗见诸将方面大耳者皆杀之，然我终日侍侧，不能害我。若应为天下主，谁能图之？不应为天下主，虽闭门深居，何益也？"由是微行愈数，曰："有天命者，任自为之，我不汝禁也。"于是众心惧服，中外大安。《诗》称武王之德，曰："上帝临汝，无贰尔心。"③又曰："无贰无虞，上帝临汝。"④汉高祖骂医曰："命乃在天，虽扁鹊何益？"乃知聪明之主，生知之性如合符矣⑤。（卷一）

【注释】

① 亟（qì）出微行：屡次隐匿身份易服出行。亟，屡次。

② 不虞之变：意料不到的变故。

③ 上帝临汝,无贰尔心:意谓上帝监视着你们,你们不要有二心。语见《诗经·大雅·大明》。

④ 无贰无虞,上帝临汝:意谓没有二心没有欺骗,上帝在上看顾你。语见《诗经·鲁颂·閟宫》。

⑤ 生知之性如合符:谓不学而知之的本性如同符信相合一样。生知,不学而知。合符,符信相合,古人以竹木或金石为符,上书文字,一分为二,各执其一,合之为证。

5. 太 祖 弹 雀

太祖尝弹雀于后园①,有群臣称有急事请见,太祖亟见之,其所奏乃常事耳。上怒,诘其故,对曰:"臣以为尚急于弹雀。"上愈怒,举柱斧柄撞其口②,堕两齿,其人徐俯拾齿置怀中。上骂曰:"汝怀齿欲讼我邪?"对曰:"臣不能讼陛下,自当有史官书之。"上悦,赐金帛慰劳之。(卷一)

【注释】

① 弹(tán)雀:以弹丸射雀。

② 柱斧:用水晶制作的小斧。朝官所用。

6. 金 匮 之 盟

昭宪太后聪明有智度①,尝与太祖参决大政,及疾笃,太祖侍药饵,不离左右。太后曰:"汝自知所以得天下乎?"太祖曰:"此皆祖考与太后之馀庆也。"太后笑曰:"不然,正由柴氏使幼儿主天下耳②。"因敕戒太祖曰:"汝万岁后,当以次传之二弟③,则并汝之子亦获安耳。"太祖顿首泣曰:"敢不如母教!"太后因召赵普于榻前,为约誓书④,普于纸尾自署名云:"臣普书。"藏之金匮⑤,命谨密宫人掌之。

及太宗即位,赵普为卢多逊所潜,出守河阳,日夕忧不测。上一旦发金匮,得书,大寤,遂遣使急召之,普惶恐,为遗书与家人别而后行。既至,复为相。(卷一)

【注释】

① 昭宪太后:赵匡胤之母杜氏。宋立国,尊为皇太后。建隆二年(961)崩,年六十,谥明宪,乾德二年(964)更谥昭宪。

② 柴氏:后周世宗柴荣。显德元年(954),周太祖郭威死,义子郭荣(本姓柴)继位,为周世

宗。显德六年世宗死，其子郭宗训年七岁继位，为周恭帝。

③ 以次传之二弟：按次序传位给二弟。二弟指赵匡胤弟赵匡义，后赐名光义。开宝九年（976）冬继位，为宋太宗，又改名炅（jiǒng）。

④ 约誓书：以誓言相约信的文书。此处指传位给二弟的保证书。

⑤ 金匮（guì）：铜制的柜。古时用来收藏文献、文物。

7. 杯酒释兵权

太祖既得天下，诛李筠、李重进①，召赵普问曰："天下自唐季以来，数十年间，帝王凡易十姓，兵革不息，苍生涂地，其故何也？吾欲息天下之兵，为国家建长久之计，其道何如？"普曰："陛下之言及此，天地人神之福也。唐季以来，战斗不息，国家不安者，其故非他，节镇太重②，君弱臣强而已矣。今所以治之，无他奇巧也，惟稍夺其权，制其钱谷，收其精兵，则天下自安矣。"语未毕，上曰："卿勿复言，吾已谕矣。"

顷之，上因晚朝，与故人石守信、王审琦等饮酒，酒酣，上屏左右谓曰："我非尔曹之力不得至此，念尔之德无有穷已。然为天子亦大艰难，殊不若为节度使之乐，吾今终夕未尝敢安枕而卧也。"守信等皆曰："何故？"上曰："是不难知之，居此位者，谁不欲为之？"守信等皆惶恐起，顿首曰："陛下何为出此言？今天命已定，谁敢复有异心？"上曰："不然。汝曹虽无心，其如汝麾下之人欲富贵者何③！一旦以黄袍加汝之身，汝虽欲不为，不可得也。"皆顿首涕泣曰："臣等愚不及此，唯陛下哀怜，指示以可生之涂④。"上曰："人生如白驹之过隙⑤，所谓好富贵者，不过欲多积金银，厚自娱乐，使子孙无贫乏耳。汝曹何不释去兵权，择便好田宅市之，为子孙立永久之业；多置歌儿舞女，日饮酒相欢，以终其天年。君臣之间，两无猜嫌，上下相安，不亦善乎！"皆再拜谢曰："陛下念臣及此，所谓生死而肉骨也。"明日，皆称疾，请解军权。上许之，皆以散官就第⑥，所以慰抚赐赉之甚厚，与结婚姻，更置易制者，使主亲军。

其后，又置转运使、通判，使主诸道钱谷，收选天下精兵以备宿卫，而诸功臣亦以善终，子孙富贵，迄今不绝。向非赵韩王谋虑深长⑦，太祖聪明果断，天下何以治平？至今班白之老不睹干戈，圣贤之见何其远哉！普为人阴刻，当其用事时，以睚眦中伤人甚多，然其子孙至今享福禄，国初大臣鲜能及者，得非安天下之

谋,其功大乎!(卷一)

【注释】

①诛李筠、李重进:建隆元年(960)四月,后周昭义节度使李筠联络北汉,于潞州起兵反宋。六月,太祖率慕容延钊、石守信诸将亲征,灭李筠于泽州。九月,后周淮南节度使李重进据扬州反,太祖率石守信诸将往讨。十一月破扬州,灭李重进。削平二李,宋在后周境内的统治得以巩固。

②节镇太重:节度使权力过重。唐末至五代十国,节度使常拥兵自重,割据一方。

③如……何:怎么应付(处置)……。

④可生之涂:生路;活路。涂,同"途"。

⑤白驹之过隙:喻时间很快流逝。语出《庄子·知北游》:"人生天地之间,若白驹之过郤,忽然而已。"

⑥以散官就第:授以散官称号而免职回家。唐、宋官称分为职事官和散官。职事官指中央和地方各级行政事务机关官员,有明确职权;散官只是一种表示身份地位的称号,无实际职权,分文武两大类,各有不同品级名号。故散官在唐朝称阶官,宋朝称为寄禄官。北宋前期,官制较为复杂和混乱,其特点就是官称与职权分离。一般官员都有"官"和"差遣"两个头衔,有的还加有"职"的头衔。"官"只用作定品秩、俸禄、章服和序迁的根据,没有实际权力,称为"正官"或"本官",又称"寄禄官",如左右仆射、六部尚书、侍郎、大夫、郎中、员外郎、卿、少卿等。"差遣"是官员实际担任的职事,朝廷根据需要进行调动、升降,故称"职事官",名称中常带有"判""知""权""直""试""管勾""提举""提点""签书""监"等字,如参知政事、知制诰、直秘阁、判祠部、知县等。有些不带字样的如安抚使等,也是职事官。"职"又称"职名",一般指三馆(昭文馆、史馆、集贤院)和秘阁中的职称,如大学士、学士、待制、直阁等,用作内外差遣所带荣衔,并非实有所掌。例:尚书工部员外郎、直龙图阁、知襄州事王洙。这是仁宗庆历间王洙的官衔,"尚书工部员外郎"是"官"(或正官、本官、寄禄官),"直龙图阁"是"职"(或职名),"知襄州事"是"差遣"(或职事官)。宋神宗元丰官制改革,才结束官称与职权分离的局面,"官"与"差遣"合一,另定"寄禄官"自"开府仪同三司"(从一品)至"承务郎"(从八品)共二十五阶(后又补"儒林郎""登仕郎""文林郎""将仕郎"四阶,至从九品止)。从此,"职事官"与"寄禄官"明确分离。

⑦赵韩王:宋开国大臣赵普。太祖为后周归德军节度使,辟普为掌书记,辅助太祖登基,乾德二年(964)始拜相。太宗朝又两度为相,淳化三年(992)春因病辞职,七月卒,年七十一。赠尚书令,封真定王,谥忠献。真宗咸平二年(999)追封韩王。赵普少时为吏,读书不多,有"半部《论语》治天下"之说。

8. 卫 融 被 俘

太祖征李筠,河东遣其宰相卫融将兵助筠①,融兵败,生获之。上面责其助乱,因谓曰:"朕今赦汝,汝能为我用乎?"对曰:"臣家四十口,皆受刘氏温衣饱食,何忍负之!陛下虽不杀臣,臣终不为陛下用,得间则走河东耳②。"上怒,命以铁桥桥其首③,曳出。融曰:"人谁不死?得死君事,臣之福也。"上曰:"忠臣也!"召之于御座前,傅以良药,赐袭衣、金带及鞍勒④,拜太府卿⑤。(卷一)

【注释】

① 河东:即北汉国。后汉河东节度使刘旻所建。参见第131页第5则注释②。

② 得间(jiàn):得有间隙可乘。

③ 铁桥(zhuā):又作"铁挝"。铁杖。古代用作兵器。

④ 袭衣、金带及鞍勒:成套衣服、饰金腰带、马鞍和笼头。

⑤ 太府卿:九寺之一太府寺长官,掌朝廷和宫中库储出纳。北宋前期为次官,长官为判太府寺事。

9. 太祖太宗授受之懿

君倚曰:太祖初晏驾,时已四鼓,孝章宋后使内侍都知王继隆召秦王德芳①,继隆以太祖传位晋王之志素定②,乃不诣德芳,而以亲事一人径趋开封府召晋王③。见医官贾德玄先坐于府门,问其故,德玄曰:"去夜二鼓,有呼我门者,曰'晋王召',出视则无人,如是者三。吾恐晋王有疾,故来。"继隆异之,乃告以故,叩门,与之俱入见王,且召之。王大惊,犹豫不敢行,曰:"吾当与家人议之。"入久不出,继隆趣之④,曰:"事久将为他人有矣。"遂与王雪中步行至宫门,呼而入。继隆使王且止其直庐⑤,曰:"王且待于此,继隆当先入言之。"德玄曰:"便应直前,何待之有?"遂与俱进。至寝殿,宋后闻继隆至,问曰:"德芳来邪?"继隆曰:"晋王至矣。"后见王,愕然,遽呼"官家⑥",曰:"吾母子之命,皆托官家。"王泣曰:"共保富贵,无忧也。"德玄后为班行⑦,性贪,故官不甚达,然太宗亦优容之。(卷一)

【注释】

① 内侍都知：内侍省宦官职衔。　秦王德芳：太祖第四子。

② 晋王：太祖弟匡义。封晋王，兼开封尹。

③ 亲事：官名。唐、宋宫中或政府机构中执办具体事务的官。此句意谓继隆以亲事官身份一人前往开封府。

④ 趣(cù)：通"促"。催促。

⑤ 直庐：皇宫中侍臣值宿之处。

⑥ 官家：旧时称天子为官家。

⑦ 班行：本指朝班行列，此处借指朝官。

10. 吕蒙正不喜记人过

　　吕蒙正相公不喜记人过①。初参知政事②，入朝堂，有朝士于帘内指之曰："是小子亦参政邪？"蒙正佯为不闻而过之。其同列怒之，令诘其官位姓名，蒙正遽止之。罢朝，同列犹不能平，悔不穷问，蒙正曰："若一知其姓名，则终身不能复忘，固不如毋知也。且不问之，何损？"时皆服其量。（卷二）

【注释】

　　① 吕蒙正：字圣功，河南（今河南洛阳市）人，一说莱州（今属山东）人。太平兴国二年（977），擢进士第一，授将作监丞，通判昇州。五年，拜左补阙、知制诰。未几，迁都官郎中，入为翰林学士，擢左谏议大夫、参知政事。端拱元年（988），李昉罢相，蒙正拜中书侍郎兼户部尚书、监修国史，并同中书门下平章事，与开国元老赵普同相位。淳化二年（991），坐妻族忭旨，罢为吏部尚书，复相李昉。四年，昉罢，蒙正复以本官入相。至道元年（995），以右仆射出判河南府兼西京留守。真宗即位，进左仆射。咸平四年（1001），以本官同平章事、昭文馆大学士。宋立国以来三入相者，唯赵普与吕蒙正。六年，授太子太师，封蔡国公，改封随，又封许。景德二年（1005）春，表请归洛。大中祥符而后，真宗朝永熙陵，封泰山，祠后土，过洛，两幸其第。上谓蒙正曰："卿诸子孰可用？"对曰："诸子皆不足用。有侄夷简，任颍州推官，宰相才也。"吕夷简由是见知于上。大中祥符四年（1011）卒，年六十八。赠中书令，谥曰文穆。

　　② 参知政事：宋掌最高行政权者为宰执，即宰相与执政的统称。宋初宰相称中书门下平章事，副相称参知政事或执政，为牵制宰相而设。

11. 侯 舍 人

太宗末，关中群盗有马四十匹，常有怨于富平人①，志必屠之，驱略农人②，使荷畚锸随之③，曰："吾克富平，必夷其城郭。"富平人恐，群诣荆姚见同州巡检侯舍人告急④。舍人素有威名，率众伏于邑北，群盗闻之，舍富平不攻而去。舍人引兵于邑西邀之⑤，令士皆傅弩⑥，戒勿妄发，曰："贼皆有甲，不可射；射其马，马无具装⑦，又劫掠所得，非素习战也，射之必将惊溃。"既而，合战，众弩俱发，贼马果惊跃散走，纵兵击之，俘斩略尽。馀党散入他州，巡检获之，自以为功，送诣州邑。盗固称："我非此巡检所获，乃侯舍人所获也。"巡检怒，自诣狱责之，曰："尔非我所获而何？"盗曰："我昔与君遇于某地，君是时何不擒我邪？我又与君遇于某地，君是时弃兵而走，何不擒我邪？我为侯舍人所破，狼狈失据，为君所得，此所谓败军之卒，举帚可扑，岂君智力所能独办邪？"巡检惭而退。（卷二）

【注释】

　　① 富平：宋永兴军路耀州属县（今陕西渭南市富平县东北）。

　　② 驱略：驱使逼迫，抢劫掠夺。

　　③ 荷畚（běn）锸（chā）：扛着农具。畚，盛土的工具。锸，挖土的工具。此处泛指锹、铲一类农具。

　　④ 荆姚：古镇名。与富平相邻，宋初隶同州蒲城县（今属陕西渭南市）。　　巡检：宋武官名。主要设置于沿边或关隘要地，或兼管数州数县，或只管一州一县，受州县调度指挥。

　　⑤ 邀：迎候；半路拦截。

　　⑥ 傅弩：安上弩弓。

　　⑦ 具装：马的铠甲。

12. 钱若水正冤狱

钱若水为同州推官①，知州性褊急，数以胸臆决事，不当。若水固争不能得，辄曰："当奉陪赎铜耳②。"已而，果为朝廷及上司所驳，州官皆以赎论。知州愧谢，已而复然。前后如此数矣。

　　有富民家小女奴逃亡,不知所之,奴父母讼于州,命录事参军鞫之③。录事尝贷钱于富民,不获,乃劾富民父子数人共杀女奴,弃尸水中,遂失其尸。或为元谋,或从而加功,罪皆应死。富民不胜榜楚④,自诬服。具上,州官审覆,无反异,皆以为得实。若水独疑之,留其狱,数日不决。录事诣若水厅事⑤,诟之曰:“若受富民钱,欲出其死罪邪?”若水笑谢曰:“今数人当死,岂可不少留熟观其狱词邪?”留之且旬日,知州屡趣之,不得,上下皆怪之。

　　若水一旦诣州,屏人言曰:“若水所以留其狱者,密使人访求女奴,今得之矣。”知州惊曰:“安在?”若水因密使人送女奴于知州所。知州乃垂帘引女奴父母问曰:“汝今见汝女,识之乎?”对曰:“安有不识也?”因从帘中推出示之,父母泣曰:“是也。”乃引富民父子,悉破械纵之。其人号泣不肯去,曰:“微使君之赐⑥,则某灭族矣!”知州曰:“推官之赐也,非我也。”其人趣诣若水厅事,若水闭门拒之,曰:“知州自求得之,我何与焉?”其人不得入,绕垣而哭,倾家赀以饭僧,为若水祈福。

　　知州以若水雪冤死者数人,欲为之奏论其功,若水固辞,曰:“若水但求狱事正,人不冤死耳,论功非其本心也。且朝廷若以此为若水功,当置录事于何地邪?”知州叹服曰:“如此尤不可及矣。”录事诣若水叩头愧谢,若水曰:“狱情难知,偶有过误,何谢也?”于是远近翕然称之⑦。未几,太宗闻之,骤加进擢,自幕职半岁中为知制诰⑧,二年中为枢密副使⑨。（卷二）

【注释】

　　① 推官:唐于节度使、观察使下置推官,掌勘问刑狱。宋沿之,设为府、州属官。

　　② 赎铜:指交纳铜钱抵销过失。犹罚款。

　　③ 录事参军:晋于王府等机关置录事参军,掌各曹文书,纠察府事。唐宋时置时废,为州低级属官,位在推官之下。

　　④ 榜(bēng)楚:拷打。榜,古代刑法之一,杖击或鞭打。

　　⑤ 厅事:官署视事问案的厅堂。也作“听事”。

　　⑥ 微:如果不是;如果没有。　使君:对府、州长官的尊称。

　　⑦ 翕(xī)然:一致貌。

　　⑧ 知制诰:掌朝廷制诰、敕敕及公文起草,翰林学士院官职。参见第134页第10则注释①。

　　⑨ 枢密副使:枢密院次官,长官为枢密使。唐以宦官充任枢密使,常干预朝政。后梁改枢密院为崇政院,由士人充任崇政使。后唐复称枢密使,实权超过宰相。宋沿其制而略有改变,以枢密使与同中书门下平章事等合称宰执,共掌军国要政。枢密院主管军事及边防。参见第135页

第 10 则注释⑦。

13. 姚坦好直谏

兖王宫翊善姚坦好直谏①。王尝作假山，所费甚广，既成，召宫属置酒共观之，众皆褒叹其美，坦独俯首不视。王强使视之，坦曰："但见血山耳，安得假山？"王惊问其故，坦曰："坦在田舍时，见州县督税，上下相驱峻急，里胥临门，捕人父子兄弟，送县鞭笞，血流满身，愁苦不聊生。此假山皆民租赋所为，非血山而何？"是时太宗亦为假山，亟命毁之。

王每有过失，坦未尝不尽言规正。宫中自王以下皆不喜，左右乃教王诈称疾不朝。太宗日使医视之，逾月不瘳，上甚忧之，召王乳母入宫，问王疾增损状，乳母曰："王本无疾，徒以翊善姚坦检束，王起居曾不得自便，王不乐，故成疾耳。"上怒曰："吾选端士为王僚属者②，固为辅佐王为善耳。今王不能用规谏，而又诈疾，欲使朕逐去正人以自便，何可得也。且王年少，未知出此，必尔辈为之谋耳。"因命捽至后园③，杖之数十。召坦慰谕之曰："卿居王宫，为群小所嫉，大为不易。卿但能如此④，毋患谗言，朕必不听。"（卷二）

【注释】

① 兖王：宋太宗第五子元杰。真宗时曾封兖王。　翊（yì）善：官名。唐太子官属有赞善大夫，宋改为翊善，置之于亲王府，掌侍从讲授。

② 端士：正直的人。

③ 捽（zuó）：揪。

④ 但能：尽管；只管。

14. 能却继迁马

太宗时，禹偁为翰林学士，尝草继迁制①，送马五十匹以备濡润②，禹偁以状不如式③，却之。及出守滁州，闽人郑褒徒步来谒，禹偁爱其儒雅，及别，为买一马。或言买马亏价者，太宗曰："彼能却继迁五十马，顾肯此亏价哉④！"禹偁之卒，谏议大夫戚纶谏曰⑤："事上不回邪⑥，居下不谄佞；见善若己有，疾恶过仇

雠。"世以为知言。（卷三）

【注释】

① 草继迁制：草拟任命李继迁（党项族首领，西夏国王元昊之祖）的命令书。

② 濡润：指润笔。写稿的酬金。

③ 状：古代书信、状疏结尾用语，如"谨上状不宣，谨状，月日，姓名，状上某官"。也借指书信。此句意谓王禹偁以继迁的信不合格式为由。

④ 顾：却；反而。

⑤ 谏议大夫：宋门下省左谏议大夫、中书省右谏议大夫之通称。元丰改制后，为两省谏官之长。其下有左右司谏、左右正言。初皆为阶官名，后为职事官。

⑥ 回邪：不正；邪僻。

15. 王 嗣 宗

王嗣宗，汾州人，太祖时举进士，与赵昌言争状元于殿前，太祖乃命二人手搏，约胜者与之。昌言发秃，嗣宗殴其幞头坠地①，趋前谢曰②："臣胜之！"上大笑，即以嗣宗为状元，昌言次之。

初为秦州司理参军③，路冲知州事，常以公事忤冲意，怒，械系之。会有献新果一合者，冲召嗣宗谓曰："汝为我对一句诗，当脱汝械。"嗣宗请诗，冲曰："嘉果更将新合合。"嗣宗应声曰："恶人须用大枷枷。"冲悦，即舍之。

太宗时，嗣宗以秘书丞知横州④，上遣武德卒之岭南⑤，诇察民间事⑥。嗣宗执而杖之，械送阙下，因奏曰："陛下不委任天下贤俊，而猥信此辈⑦，以为耳目，窃为陛下不取。"上大怒，命械送嗣宗诣京师。既至，上怒解，嘉嗣宗直节，迁太常博士⑧，通判澶州。

后知邠州事，州有狐王庙，巫祝假之以惑百姓⑨，历年甚久，举州信重。前后长吏皆先谒奠，乃敢视事。嗣宗毁其庙，熏其穴，得狐数十头，尽杀之。（卷三）

【注释】

① 幞（fú）头：古代一种头巾。

② 趋（qū）：同"趋"。

③ 司理参军：宋诸州设司理院，掌狱讼刑法，以新进士及选人充任，谓为司理参军。

④ 横州：治今广西横县。

⑤ 武德卒：武德军士卒。宋武德军驻徐州。

⑥ 诇（xiòng）察：刺探。

⑦ 猥信：犹轻信。

⑧ 太常博士：三国魏置，历代沿袭。掌撰定五礼仪注、导引皇帝行礼、监视仪物、讨论王公大臣谥法等。唐宋时地位较高。

⑨ 巫祝：古称事鬼神者为巫，祭主赞词者为祝。后连用以指掌占卜祭祀者。

16. 石中立性滑稽

中立性滑稽，尝与同列观南御园所畜狮子，主者云："县官日破肉五斤以饲之。"同列戏曰："吾侪反不及此狮子邪？"中立曰："然。吾辈官皆员外郎①，敢望园中狮子乎？"众大笑。朝士上官辟尝谏之，曰："公名位非轻，奈何谈笑如此？"中立曰："君自为上官辟②，何能知下官口？"

及为参知政事，或谓曰："公为两府③，谈谐度可止矣。"中立取除书示之曰④："敕命我'可本官参知政事，馀如故'，奈何止也？"尝坠马，左右惊扶之，中立起曰："赖尔'石'参政也⑤，向若'瓦'参政，齑粉久矣！"中立为参知政事，无他才能，时人或以郑綮方之⑥，未几，罢为资政殿学士⑦，不复用，老于家。（卷三）

【注释】

① 员外郎：尚书省各司次官。参见第124页第23则注释②。原注："借声为'园外狼'也。"

② 上官辟：辟。原注："借声为'鼻'字。"

③ 两府：宋代中书门下与枢密院对掌文、武大权，号为两府。

④ 除书：任命书。

⑤ 赖：幸亏。此句及以下意谓：幸亏你是"石"参政，假使是"瓦"参政，早就摔得粉碎了。

⑥ 郑綮：唐末进士。善为诗，语多俳谐，时人号为"郑五歇后体"。亦尝以诗托讽时政，昭宗以为有所蕴蓄，批署"可礼部侍郎同中书门下平章事"。人有报綮者，綮笑曰："诸君误矣！人皆不识字，宰相亦不及我。"俄闻制诏下，叹曰："万一然，笑杀天下人。"亲宾来贺，搔首言曰："歇后郑五作宰相，时事可知矣。"既入视事，俨然守道，无复诙谐。才三月，自以不为人所瞻望，称病乞归。拜太子少保致仕。

⑦ 资政殿学士：宋殿学士衔称。宋有观文殿大学士、学士，资政殿大学士、学士、端明殿学士

等。殿学士资望极高,无职守,无典掌,只是出入侍从,以备顾问。为高官、宠臣的荣称,不授一般官员。据吴处厚《青箱杂记》卷三:"景德中,上欲优宠王钦若,乃特置资政殿学士以处之。既而有司定议班在翰林学士下。寻又置资政殿大学士,亦以钦若为之,而班在翰林承旨之上。则资政殿学士与大学士皆自王钦若始也。"

17. 王逵报旧主

王逵者,屯田郎中李昙仆夫也①。事昙久,亲信之。既而去昙应募兵,以选入捧日军②,凡十馀年。会昙以子学妖术妄言事,父子械系御史台狱。上怒甚,治狱方急,昙平生亲友无一人敢饷问之者③,逵旦夕守台门不离,给饮食、候信问者四十馀日。昙坐贬南恩州别驾④,仍即时监防出城,诸子皆流岭外。逵追哭送之,防者遏之,逵曰:"我主人也,岂得不送之乎?"昙河朔人,不习岭南水土,其从者皆辞去,曰:"某不能从君之死乡也。"数日,昙感恚自死,旁无家人,逵使母守其尸,出为之治丧事,朝夕哭如亲父子,见者皆为流涕。殡昙于城南佛舍然后去。

呜呼!逵贱隶也,非知有古忠臣烈士之行,又非矫迹求令名以取禄仕也⑤,独能发于天性至诚,不顾罪戾,以救其故主之急,于终始无倦如此,岂不贤哉!嗟乎,彼所得于昙不过一饭一衣而已;今世之士大夫,因人之力,或致位公卿,已而故人临不测之患,屏手侧足,戾目窥之⑥,犹惧其祸之延及己也,若畏猛火,远避去之,或从而挤之以自脱,敢望其优恤振救邪!彼虽巍然衣冠类君子哉,稽其行事,则此仆夫必羞之。(卷四)

【注释】

① 屯田郎中:屯田部高级部员,专司屯田事务。宋初屯田部与虞部、水部皆归三司管辖,神宗元丰官制改革,撤销三司,复划归工部,为工部四司之一。

② 捧日军:又作"捧日营"。唐宋侍卫皇宫的军队名称。

③ 饷问:送食慰问。

④ 别驾:州佐官。宋于诸州设通判,近似别驾一职。

⑤ 矫迹:高卓的行迹。

⑥ 戾(liè)目:犹侧目。戾,通"捩"。

18. 庞籍论用文富为相

　　始平公自郓徙并①，过京师，谒上。是时，上新用文、富为相②，自以为得人，谓公曰："朕新用二相，如何？"公曰："二臣皆朝廷高选，陛下拔而用之，甚副天下之望。"上曰："诚如卿言。文彦博犹多私，至于富弼，万口同词，皆云贤相也。"始平公曰："文彦博，臣顷与之同在中书③，详知其所为，实无所私，但恶之者毁之耳。况前者被谤而出，今当愈畏慎矣。富弼顷为枢密副使，未执大政，朝士大夫未有与之为怨者，故交口誉之，冀其进用，而己有所利焉。若富弼以陛下之爵禄树私恩，则非忠臣，何足贤也；若一以公议概之④，则向之誉者将转而为谤矣。此陛下所宜深察也。且陛下既知二臣之贤而用之，则当信之坚，任之久，然后可以责成功；若以一人之言进之，未几又以一人之言疑之，臣恐太平之功未易可致也。"上曰："卿言是也。"（卷五）

【注释】

　　① 始平公：庞籍，字醇之，单州成武（今属山东菏泽市）人。参见第 165 页第 28 则注释⑤。

　　② 文、富：文彦博和富弼。文彦博，字宽夫，汾州介休（今属山西）人。仁宗庆历末（1048）参知政事，拜相，后与富弼同执政。封潞国公，判河南府，丁母忧。英宗即位，入为枢密使。神宗熙宁中，反王安石变法，引去，拜司空、河东节度使判河阳，徙大名府。元丰三年（1080），拜太尉，复判河南。久之，请老，以太师致仕，居洛阳。哲宗元祐初，高太后临朝，令平章军国重事，六日一朝，以佐司马光。居五年，复致仕。绍圣初，章惇秉政，诋毁旧党，降太子少保。绍圣四年（1097）卒，年九十二。富弼，字彦国，洛阳人。宋仁宗庆历二年（1042）官知制诰，奉使契丹，力拒割地，辩和战之利害。还，拜枢密副使。至和二年（1055），拜同中书门下平章事。英宗即位，召为枢密使，封郑国公。神宗时复入相，会王安石用事，称疾求退，归洛，加拜司空，进封韩国公。元丰六年（1083）卒，年七十九。谥文忠。

　　③ 顷：不久前。

　　④ 一以公议概之：一概凭公正之理来处置。概，修平，衡量。

19. 王旦荐寇準为相

　　王旦太尉荐寇莱公为相①。莱公数短太尉于上前，而太尉专称其长。上一日谓太尉曰："卿虽称其美，彼专谈卿恶。"太尉曰："理固当然。臣在相位久，政事阙失必多。準对陛下无所隐,益见其忠直,此臣所以重準也。"上由是益贤太尉。初,莱公在藩镇,尝因生日构山棚大宴②,又服用僭侈③,为人所奏。上怒甚,谓太尉曰:"寇準每事欲效朕,可乎?"太尉徐对曰:"準诚贤能,无如駸何④!"上意遽解,曰:"然。此止是駸耳。"遂不问。及太尉疾亟,上问以后事,唯对以宜早召寇準为相云。(卷五)

【注释】

① 王旦:字子明,大名莘县(今属山东)人。太平兴国进士。咸平四年(1001)任参知政事,澶渊之役时留守京师。景德三年(1006)接替寇準拜相,监修《两朝国史》。天禧元年(1017),因病以太尉领玉清昭应宫使罢相,荐準以继。卒赠太师、尚书令、魏国公,谥文正。 寇莱公:寇準,字平仲,华州下邽(今陕西渭南市北)人。太平兴国进士。淳化五年(994)为参知政事,景德元年(1004)自三司使、行尚书兵部侍郎,加同中书门下平章事、集贤殿大学士(末相)。时值契丹攻宋,力促真宗往澶州督战,订澶渊之盟。三年,为王钦若所谮罢相,以刑部尚书知陕州。天禧三年(1019)再起为相。四年,真宗病重,因奏太子监国事泄,又罢,封莱国公。时宦官周怀政忧惧不安,乃谋杀大臣丁谓等,请景皇后预政,奉帝为太上皇,而传位太子,复相準。被人以告丁谓,丁谓倾构,诛怀政,降準为太常卿知相州,徙安州,贬道州司马。乾兴元年(1022)再贬雷州司户参军,明年卒。殁后十馀年,赐谥忠愍。

② 构山棚大宴:搭建彩棚摆设宴席。构,构建。山棚,为庆祝节日而搭建的彩棚。

③ 服用僭侈:指衣着器用过分奢侈,逾越礼制。

④ 无如駸(ái)何:拿(他的)幼稚没有办法。駸,痴傻,幼稚。

20. 王嗣宗劾种放

种放以处士召见①,拜谏官,真宗待以殊礼,名动海内。后谒归终南山②,恃恩骄倨甚。王嗣宗时知长安,放至,通判以下群拜谒,放小俯垂手接之而已,嗣宗内不平。放召其诸侄出拜嗣宗,嗣宗坐受之。放怒,嗣宗曰:"向者通判以下拜君③,君扶之而已;此白丁耳④,嗣宗状元及第,名位不轻,胡为不得坐受其拜?"放曰:"君以手搏得状元耳⑤,何足道也!"嗣宗怒,遂上疏言:"放实空疏,才识无以逾人,专饰诈巧,盗虚名。陛下尊礼放,擢为显官,臣恐天下窃笑,益长浇伪之风⑥。且陛下召魏野,野闭门避匿,而放阴结权贵以自荐达。"因抉擿言放阴事数条⑦。上虽两不之问,而待放之意寖衰⑧。齐州进士李冠尝献嗣宗诗曰:"终南处士声名灭,邻土妖狐

窟穴空⑨。"（卷六）

【注释】

① 种(Chóng)放：字明逸(一作名逸)，自号云溪醉侯，洛阳人。不应科举，隐居终南山，讲学授徒，自称"退士"。真宗咸平五年(1002)，征召入京，授左司谏。后屡隐屡仕，官至工部侍郎。所得禄赐，广置良田，倚势强买，门人族属亦多行不法，为时论所鄙。晚年移居嵩山，犹往来终南按视田亩。大中祥符八年(1015)十一月卒，年六十。赠工部尚书，归葬终南。著有《退士传》等。

② 谒归：请假归乡。　终南山：位于长安南。秦汉以来即为游览胜地。

③ 向：不久以前；以往。

④ 白丁：指不学无术的人。

⑤ 君以手搏得状元：王嗣宗以手搏得状元事，见第 15 则。

⑥ 浇伪：指社会风气浮薄、虚伪。

⑦ 抉擿(tī)：揭发；挑剔。　阴事：不可告人的隐秘之事。

⑧ 寖衰：渐趋衰退。

⑨ 邠(Bīn)土：指邠地。今陕西彬县一带。

21. 胡　顺　之

胡顺之为浮梁县令，民臧有金者，素豪横，不肯出租，畜犬数十头，里正近其门辄噬之。绕垣密植橘柚，人不可入。每岁里正常代之输租，前县令不肯禁。顺之至官，里正白其事，顺之怒曰："汝辈嫉其富，欲使顺之与为仇耳。安有王民不肯输租者邪？第往督之①。"及期，里正白不能督；顺之使手力继之②，又白不能；又使押司录事继之，又白不能。顺之怅然曰："然则此租必使令自督邪？"乃命里正聚藁，自抵其居，以藁塞门而焚之。臧氏人皆逃逸，顺之悉令掩捕，驱至县，其家男子年十六以上尽痛杖。乃召谓曰："胡顺之无道，既焚尔宅，又杖尔父子兄弟，尔可速诣府自讼矣。"臧氏皆慑服，无敢诣府者。自是臧氏租常为一县先。府尝遣教练使诣县③，顺之闻之，曰："是固欲来烦扰我也。"乃微使人随之，阴记其入驿舍及受驿吏供给之物。既至，入谒，色甚倨，顺之延与坐，徐谓曰："教练何官邪？"曰："本州职员耳。"曰："应入驿乎？"教练使踧踖曰："道中无邸店④，暂止驿中耳。"又曰："应受驿吏供给乎？"曰："道中无刍粮⑤，故受之。"又曰："应与命官坐乎？"教练使趣下谢罪。顺之乃收械系狱，置暗室中，以粪十瓮环其侧。教练使不胜其苦，因顺之过狱，呼曰："令何不问我罪?"顺之笑谢曰："教练幸勿讶也,今方多事,未暇问也。"系十日,然后杖之二十,教练使不服,曰："我职员也,有罪当受杖于州。"顺之笑曰："教练久为职员,殊不知法,杖罪不送州邪?"卒杖之。自是府吏无敢扰县者。州虽恶之,然亦不能罪也。后为青州幕僚,发麻氏罪,破其家,皆顺之之力。真宗闻其名,召至京师,除著作佐郎、洪州金判⑥。顺之为人深刻无恩,至洪州,未几,病目,恶明,常以物帛包封乃能出,若日光所烁,则惨痛彻骨。由是去官,家于洪州,专以无赖把持长短,凭陵细民⑦,殖产至富。后以覃恩迁秘书丞⑧,又上言得失。章献太后临朝,特迁太常博士;又以覃恩迁屯田员外,卒于洪州。顺之进士及第,颇善属文。(卷六)

【注释】

① 第:只管;但。

② 手力:古代官府中担任杂役的小吏。

③ 教练使:教习士兵之官,唐置。

④ 邸店:古代兼具货栈、商店、客舍性质的处所。

⑤ 刍粮:粮草。多指供军队用的饲料和粮食。

⑥ 金判:即签判,"签书判官厅公事"的简称。宋各州幕职,协助州长官处理政务及文书案牍。

⑦ 凭陵细民:仗势欺压平民百姓。

⑧ 覃(tán)恩:广施恩泽。多指皇帝对臣民的封赏、赦免。

22. 高琼请幸北城

上在澶渊南城①,殿前都指挥使高琼固请幸河北②,曰："陛下不幸北城,北城百姓如丧考妣。"冯拯在旁呵之曰："高琼何得无礼!"琼怒曰："君以文章为二府大臣,今虏骑充斥如此,犹责琼无礼,君何不赋一诗咏退虏骑邪?"上乃幸北城,至浮桥,犹驻辇未进,琼以所执挝筑辇夫背③,曰："何不亟行! 今已至此,尚何疑焉?"上乃命进辇。既至,登北城门楼,张黄龙旗,城下将士皆呼万岁,气势百倍。会虏大将挞览中弩死,虏众遂退。他日,上命寇準召琼诣中书,戒之曰："卿本武臣,勿强学儒士作经书语也。"(卷六)

【注释】

① 澶(Chán)渊：古地名。唐武德四年(621)置澶州(治今河南濮阳市西南)。北宋改澶州为开德府。

② 殿前都指挥使：禁军统领。宋于首都设殿前司，与侍卫司分领禁军。置都指挥使、副都指挥使、都虞候各一人。　高琼：家世燕人。北宋大将。不识字而晓达军政，屡建战功。后累官至检校太尉、忠武军节度。景德三年(1006)卒。赠侍中。封烈武王。

③ 筑：击；捣。

23. 李及代曹玮知秦州

曹玮久在秦州，累章求代①。上问旦谁可代玮者，旦荐枢密直学士李及②，上即以及知秦州。众议皆谓及虽谨厚有行检，非守边之才，不足以继玮。杨亿以众言告旦，旦不答。及至秦州，将吏心亦轻之。会有屯驻禁军，白昼挈妇人银钗于市中③，吏执以闻④。及方坐观书，召之使前，略加诘问，其人服罪，及不复下吏⑤，亟命斩之，复观书如故。将吏皆惊服。不日，声誉达于京师。亿闻之，复见旦，具道其事，谓旦曰："向者相公初用及，外廷之议皆恐及不胜其任；今及材器乃如此，信乎相公知人之明也。"旦笑曰："外廷之议，何其易得也。夫以禁军戍边，白昼为盗于市，主将斩之，事之常也，乌足以为异政乎⑥？旦之用及者，其意非为此也。夫以曹玮知秦州七年，羌人詟服⑦，边境之事，玮处之已尽其宜矣。使他人往，必矜其聪明⑧，多所变置，败坏玮之成绩。旦所以用及者，但以及重厚，必能谨守玮之规摹而已矣。"亿由是益服旦之识度。（卷六）

【注释】

① 累章：连续上奏章。

② 枢密直学士：官名。后唐始置，宋沿置。与观文殿学士并掌侍从，备顾问应对。

③ 挈：拉；扯。

④ 闻：使上级听见；报告上级。

⑤ 下吏：交付司法官吏审讯。

⑥ 乌：哪；怎么。

⑦ 詟(zhé)服：畏惧服从。

⑧ 矜：夸耀。

24. 张詠逼钤辖讨贼

　　枢密直学士张詠知益州①，有巡检所领龙猛军人溃为群盗。"龙猛军"者，本皆募群盗不可制者充之，慓悍善斗，连入数州，俘掠而去。蜀人大恐。詠一日召钤辖以州牌印付之②，钤辖愕然，请其故，詠曰："今盗势如此，而钤辖晏然安坐，无讨贼心，是必欲令詠自行也。钤辖宜摄州事，詠将出讨之。"钤辖惊曰："某今行矣。"詠曰："何时？"曰："即今。"詠顾左右张酒具于城西门之上，曰："钤辖将出，吾今饯之。"钤辖不得已，勒兵出城，与饮于楼上。酒数行，钤辖曰："某愿有谒于公③。"詠曰："何也？"曰："某所求兵粮，愿皆应副之。"詠曰："诺。老夫亦有谒于钤辖。"曰："何也？"詠曰："钤辖今往，必灭贼；若无功而返，必断头于此楼之下矣。"钤辖震栗而去。既而与贼遇，果败，士众皆还走几十里。钤辖召其将校告之曰："观此翁所为，真斩我，不为异也④。"遂复进，力战，大破之，贼遂平。（卷七）

【注释】

　　① 张詠：字復之，自号乖崖，濮州鄄城（今属山东）人。太平兴国五年（980）登进士乙科，授大理评事，知鄂州崇阳县。太宗朝累官枢密直学士。知益州，时李顺之乱方平，詠恩威并用，蜀民畏而爱之。真宗即位，改御史中丞。咸平二年（999），以工部侍郎出知杭州。岁歉，民多私鬻盐而犯禁，詠悉宽其罚，人皆服其明断。五年，真宗以詠前在蜀治行优异，复命知益州，迁吏部侍郎、转运使。归朝，因疾命知昇州。大中祥符三年（1010），江左旱歉，令充昇、宣等十州安抚使，进礼部尚书。奏请诛丁谓、王钦若，章三上，出知陈州。卒，年七十。赠左仆射，谥忠定。

　　② 钤（qián）辖：宋武官名。路、州屯驻军统领。

　　③ 谒：请求。

　　④ 异：奇怪；惊奇。

25. 张齐贤不拘小节

　　张齐贤为布衣时①，倜傥有大度，孤贫落魄，常舍道上逆旅②。有群盗十馀人，饮食于逆旅之间，居人皆惶恐窜匿；齐贤径前揖之，曰："贱子贫困，欲就诸大夫求一醉饱③，可乎？"盗喜曰："秀才乃肯自屈，何不可者？顾吾辈粗疏，恐为秀才笑耳。"即延

之坐。齐贤曰："盗者，非龌龊儿所能为也④，皆世之英雄耳。仆亦慷慨士，诸君又何间焉？"乃取大碗，满酌饮之，一举而尽，如是者三。又取豚肩，以指分为数段而啖之，势若狼虎。群盗视之愕眙⑤，皆咨嗟曰："真宰相器也。不然，何能不拘小节如此也！他日宰制天下，当念吾曹皆不得已而为盗耳，愿早自结纳。"竟以金帛遗之。齐贤皆受不让，重负而返。（卷七）

【注释】

　① 张齐贤：字师亮，曹州冤句（今山东菏泽市南）人，徙居洛阳。太祖幸西都，齐贤以布衣献策马前。太平兴国二年（977），擢进士第。历官大理评事通判衡州、枢密直学士、枢密副使、参知政事。太宗淳化、真宗咸平年间两度拜相。后为西、北诸州军安抚经略使。大中祥符五年（1012），以司空致仕。七年，卒，年七十二。赠司徒，谥文定。《宋史》本传曰："齐贤姿仪丰硕，议论慷慨，有大略以致君自负。"又曰："齐贤四践两府，九居八座，以三公就第，康宁福寿，时罕其比。"

　② 常舍道上逆旅：常在道路旁的旅馆住宿。舍，住宿。逆旅，旅馆。

　③ 大夫：官爵名。此处借用表示对强盗的敬重。

　④ 龌龊儿：卑鄙、丑恶之人。

　⑤ 愕眙（yí）：惊视。

26. 辨 僧 冤 狱

　向相在西京，有僧暮过村民家求寄止①，主人不许，僧求寝于门外车箱中，许之。夜中有盗入其家，自墙上扶一妇人并囊衣而出②。僧适不寐，见之。自念不为主人所纳而强求宿，而主人亡其妇及财，明日必执我诣县矣，因夜亡去。不敢循故道，走荒草中，忽堕眢井③，则妇人已为人所杀，先在其中矣。明日，主人搜访亡僧并子妇尸④，得之井中，执以诣县，掠治⑤，僧自诬云："与子妇奸，诱与俱亡，恐为人所得，因杀之投井中，暮夜不觉失足，亦坠其中。赃在井傍亡失，不知何人所取。"狱成，诣府，府皆不以为疑，独敏中以赃不获疑之。引僧诘问数四，僧服罪，但言："某前生当负此人死，无可言者。"敏中固问之，僧乃以实对。敏中因密使吏访其贼。吏食于村店，店妪闻其自府中来，不知其吏也，问之曰："僧某者，其狱如何？"吏绐之曰："昨日已笞死于市矣。"妪叹息曰："今若获贼，则何如？"吏曰："府已误决此狱矣，虽获贼，亦不敢问也。"妪曰："然则言之无伤矣。妇人者，乃此村少年某甲所杀也^⑥。"吏曰:"其人安在?"妪指示其舍,吏就舍中掩捕,获之。案问具服,并得其赃。一府咸以为神。(卷七)

【注释】

① 寄止:寄居;寄宿。

② 橐衣:此处指布袋。

③ 瘖(yuān)井:枯竭的井。

④ 子妇:儿媳妇。

⑤ 掠治:拷打审讯。

⑥ 某甲:称人的代词。

27. 王化基为人宽厚

王化基为人宽厚^①,尝知某州,与僚佐同坐,有卒过庭下,为化基喏^②,而不及幕职,幕职怒,退召其卒笞之。化基闻之,笑曰:"我不知欲得一喏如此之重也。向或知之^③,化基无用此喏,当以与之。"人皆服其雅量。官至参知政事、礼部尚书,谥曰惠献。子举正,有父风,官亦至参知政事、礼部尚书,谥曰安简。(卷八)

【注释】

① 王化基:字永图,镇定(今河北石家庄市正定县)人。太平兴国二年(977),举进士,为大理评事、通判常州,迁太子右赞善大夫、知岚州。为宰相赵普所议,改淮南节度判官。抗疏自荐,召试知制诰,以右谏议大夫、权御史中丞。至道三年(997),拜参知政事。后出知扬州、河南府,进礼部尚书。大中祥符三年(1010)卒,年六十七。赠右仆射,谥惠献。

② 喏(rě):唱喏。一面作揖,一面出声致敬。

③ 向或:假如。

28. 遣王嵩为间

初,洛苑副使种世衡在青涧城^①,欲遣僧王嵩入赵元昊境为间,召与之饮,谓曰:"虏若得汝,考掠求实,汝不胜痛,当以实告邪?"嵩曰:"誓死不言。"世衡曰:"先试之。"乃缚嵩于庭,而掠之数百,嵩不屈,世衡曰:"汝真可也!"时元昊使其妻之兄

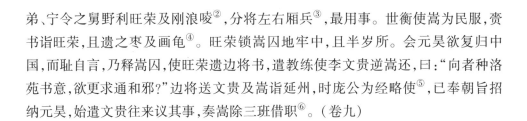

弟、宁令之舅野利旺荣及刚浪唛^②，分将左右厢兵^③，最用事。世衡使嵩为民服，赍书诣旺荣，且遗之枣及画龟^④。旺荣锁嵩囚地牢中，且半岁所。会元昊欲复归中国，而耻自言，乃释嵩囚，使旺荣遗边将书，遣教练使李文贵逆嵩还，曰："向者种洛苑书意，欲更求通和邪？"边将送文贵及嵩诣延州，时庞公为经略使^⑤，已奉朝旨招纳元昊，始遣文贵往来议其事，奏嵩除三班借职^⑥。（卷九）

【注释】

① 洛苑副使：宋武官官阶名。在西班诸司副使第四阶。宋武阶由低到高依次是三班、诸司使、横班。宋前期诸司使有东班、西班之分。东班诸司使在宋初或为武臣所带官阶，熙宁后，除皇城正使为武阶序列外，其他则并授技术官。西班诸司使构成了武臣迁转官阶序列，共五阶二十一资：其一，皇城使；其二，宫苑使、左骐骥使、右骐骥使、内藏库使、左藏库使；其三，东作坊使、西作坊使、庄宅使、六宅使、文思使；其四，内园使、洛苑使、如京使、崇仪使、西京左藏库使；其五，西京作坊使、东染院使、西染院使、礼宾使、供备库使。凡常调，一次转一阶五资，如自供备库使迁西京左藏库使。如有战功及特旨，可转七资。副职为诸司副使。徽宗时，正使改为大夫，副使改为郎。

② 宁令：即元昊长子佞令受。参见第 136 页第 13 则。

③ 厢兵：留驻诸州不加训练、只充劳役的军队。别于禁军。

④ 枣及画龟：谐音"早归"。

⑤ 庞公：庞籍，字醇之，单州成武（今属山东菏泽市）人。大中祥符进士。西夏兵兴，以龙图阁直学士知延州。召还，为枢密副使，旋拜参知政事、枢密。皇祐三年（1051）拜相。五年，罢知郓州。后以太子太保致仕。　经略使：唐于边州置经略使。宋置经略安抚使，掌一路兵民之事。

⑥ 三班借职：宋武官的最低官阶。太宗时设三班院使臣：东、西头供奉官，左、右侍禁、左右班殿直，三班奉职，三班借职。宋初，三班使臣隶宣徽院，独立置院后隶中书省。

29. 种　古

东染院使种世衡长子古^①，初抗志不仕，慕叔祖放之为人^②，既而人莫之省^③。皇祐中，诣阙自言："父世衡遣王嵩入夏房，离间其用事臣，野利旺荣兄弟皆被诛，元昊由是势衰，称臣请服。经略使庞籍掩臣父之功，自取两府。"庞公时为枢密使，奏称："嵩入房境即被囚，元昊委任旺荣如故。及元昊请服之时，先令旺荣为书遗边将。元昊妻即旺荣妹，元昊黜其妻，旺荣兄弟怨望^④。元昊既称臣，后二年，旺荣谋因宁令娶妇之夕作乱杀元昊，事觉，族诛，非因嵩离间而死。臣与范仲淹、韩琦皆豫受中书札子⑤:'候西事平,除两府。'既而,仲淹、琦先除,臣次之,非臣专以招怀之功得两府⑥。文书具在,皆可考验。"朝廷知古妄言,犹以父功,特除古天兴主簿⑦,令御史台押出城,趣使之官。其后朝廷籍其父名,擢古、诊、谔皆为将帅,官至诸司使⑧。(卷九)

【注释】

① 东染院使:宫内掌染事的官。宋太宗太平兴国年间,始分东、西染院。

② 放:种放。事见第158页第20则。

③ 省:知晓。

④ 怨望:心怀不满;怨恨。

⑤ 范仲淹:字希文,苏州吴县(今江苏苏州市)人。大中祥符进士。历仕真宗、仁宗两朝,有敢言之名。景祐二年(1035),以天章阁待制权知开封府。次年,上《百官图》议朝政,被指为朋党,贬知饶州。宝元三年(1040),西夏攻延州,与韩琦同任陕西经略副使。庆历三年(1043),任参知政事,上疏十事,因保守派反对,不能实现,罢执政,出任陕西四路宣抚使。皇祐四年(1052),赴颍州途中病卒,年六十四。赠兵部尚书,谥文正。　韩琦,字稚圭,相州安阳(今属河南)人。天圣进士。庆历三年(1043)任枢密副使,与范仲淹、富弼等同时登用。嘉祐中迭任枢密使、宰相,经英宗至神宗,执政三朝。神宗即位后,出知相州、大名等地。封魏国公。熙宁七年(1075)卒,享六十七。　豫受:预先接受。

⑥ 招怀:招抚,怀柔。

⑦ 主簿:宋县衙佐官,掌文书事务。

⑧ 诸司使:宋武官官阶名。见上则注释①。

30. 宋 氏 教 子

张密学奎、张客省亢母宋氏,白之族也①。其夫好黄白术②,宋氏伺其夫出,取其书并烧炼之具悉焚之。夫归,怒之,宋氏曰:"君有二子,不使就学,日见君烧炼而效之,他日何以兴君之门?"夫感其言而止。宋氏不爱金帛,市书至数千卷,亲教督二子使读书。客至,辄于窗间听之。客与其子论文学、政事,则为之设酒殽;或闲话、谐谑,则不设也。侨居常州,胡枢密宿为举人,有文行,宋氏以为必贵。亢少跅弛③,宋氏常藏其衣冠,不听出④,唯胡秀才召,乃给衣冠使诣之。既而二子皆登进士第,仕至显官。张密学奎少嗜酒,尝有酒失,母怒,欲笞之,遂不复饮,至终身。(卷十)

【注释】

　　① 白之族：白籍。东晋在江南建都后，过江北方人口称为侨户，户籍用白纸书写，以别于土著之用黄纸书写，称为白籍。此处表示宋氏祖先乃过江北人。

　　② 黄白术：方士烧炼丹药、点化金银的法术。

　　③ 跅（tuò）弛：放荡。

　　④ 听（tìng）：听凭；任凭。

31. 晏殊荐范仲淹

　　晏丞相殊留守南京①，仲淹遭母忧②，寓居城下。晏公请掌府学，仲淹常宿学中，训督学者，皆有法度，勤劳恭谨，以身先之。夜课诸生读书，寝食皆立时刻，往往潜至斋舍诇之③。见有先寝者，诘之，其人绐云："适疲倦，暂就枕耳。"仲淹问："未寝之时，观何书？"其人亦妄对。仲淹即取书问之，其人不能对，乃罚之。出题使诸生作赋，必先自为之，欲知其难易，及所当用意，亦使学者准以为法。由是四方从学者辐凑④。其后宋人以文学有声名于场屋朝廷者⑤，多其所教也。服除⑥，至京师，上宰相书，言朝政得失及民间利病，凡万馀言，王曾见而伟之。时晏殊亦在京师，荐一人为馆职，曾谓殊曰："公知范仲淹，舍不荐，而荐斯人乎？已为公置不行，宜更荐仲淹也。"殊从之，遂除馆职。顷之，冬至立仗⑦，礼官定议欲媚章献太后⑧，请天子帅百官献寿于庭，仲淹奏以为不可。晏殊大惧，召仲淹，怒责之，以为狂。仲淹正色抗言曰："仲淹受明公误知，常惧不称，为知己羞，不意今日更以正论得罪于门下也。"殊惭无以应。（卷十）

【注释】

　　① 南京：宋南京即应天府（今河南商丘市南）。

　　② 母忧：母亲的丧事。

　　③ 诇（xiòng）：刺探。

　　④ 辐凑：亦作"辐辏"。集中；聚集。

　　⑤ 场屋：举行科举考试的场所。代指科举。

　　⑥ 服除：脱去丧服。指服丧期满。

　　⑦ 立仗：设立仪仗。

　　⑧ 章献太后：即章献明肃太后。仁宗即位，曾垂帘听政。参见第130页第2则注释③。

32. 杜衍佣书自资

杜祁公衍，越州人，父早卒，遗腹生公，其祖爱之。幼时，祖父脱帽，使公执之，会山水暴至，家人散走，其姑投一竿与之，使挟以自泛。公一手挟竿，一手执帽，漂流久之，救得免，而帽竟不濡。

前母有二子，不孝悌，其母改适河阳钱氏①。祖父卒，公年十五六，其二兄以为母匿私财以适人，就公索之，不得，引剑斫之，伤脑。走投其姑，姑匿之重橑上②，出血数升，仅而得免。乃诣河阳，归其母。继父不之容，往来孟、洛间③，贫甚，佣书以自资④。尝至济源，富民相里氏奇之，妻以女，由是资用稍给。举进士，殿试第四。及贵，其长兄犹存，待遇甚有恩礼。二兄及钱氏、姑氏子孙，受公荫补官者数人，仍皆为之婚嫁。（卷十）

【注释】

① 改适：改嫁。

② 重橑(chóng lǎo)：大屋复小屋，上下施橑，间可容物。

③ 孟、洛：孟州与洛阳，两地隔黄河相对。

④ 佣书：受雇抄写书札。

33. 李及不阿权贵

章献太后临朝，内侍省都知江德元权倾天下，其弟德明奉使过杭州，时李及知杭州，待之一如常时中人奉使者，无所加益。僚佐皆曰："江使者之兄居中用事，当今无比，荣枯大臣如反掌耳，而使者精锐①，复不在人下，明公待之，礼无加者。意者②，明公虽不求福，独不畏其为祸乎？"及曰："及待江使者不敢慢，亦不敢过，如是足矣，又何加焉？"既而德明谓及僚佐曰："李公高年，何不求一小郡以自处，而久居馀杭繁剧之地③，岂能办邪④？"僚佐走告及曰："果然，江使者之言甚可惧也。"及笑曰："及老矣，诚得小郡以自逸，庸何伤⑤？"待之如前，一无所加，既而德明亦不能伤也。时人服其操守。（卷十）

【注释】

① 精锐:此处是精明而锐气逼人的意思。

② 意者:想来或许是。

③ 繁剧:事务繁重。

④ 办:治理。

⑤ 庸何伤:有什么损害。庸何,什么。

34. 王罕守广州

侬智高犯广州①,罕为转运使②,出巡至梅州,闻之而还。仲简使人间道以蜡丸告急③,且召罕,罕从者才数十人,问曰:"围城何由得入?"曰:"城东有贼所不到处,可以夜缒而入。"罕曰:"不可。"进至惠州,广民拥马求救,曰:"贼围城,十县民皆反,相杀掠,死伤蔽野。"罕曰:"吾闻之先父曰:'凡有大事,必先询识者,而后行之;无人,则询老者也。'"乃召耆老问之,对曰:"某家客户十馀人,今皆亡为贼矣。请各集以卫其家。"罕曰:"贼者多于庄客,何以御之?"乃召每村三大户,与之帖,使人募壮丁二百;又帖每县尉募弓手二千人以自卫。捕得暴掠者十馀人,皆腰斩之。又牒知州、知县、县令皆得擅斩人。一夕,乡村肃然。罕为募民骁勇者以自随,得二千人,船百馀艘,制旌旗钲鼓,长驱而下,趣广州。蛮兵数千人来逆战,击却之。蛮皆敛兵聚于城西,乃开南门,作乐而入。罕不视家,登城,子死于贼人之手而不哭。树鹿角于南门之西以拒蛮④,自是南门不复闭矣,凡粮用皆自南门而入。东筦主簿黄固取抛村,知新州侍其渊在广州,罕以其忠勇与之共守。蛮众数万,皆所掠二广之民也,使之昼夜攻城,为火车,顺风以焚西门。时六月,城上人不能立;军校请罕下城少休,罕欲从之,渊奋剑责军校曰⑤:"汝曹竭力拒敌,则犹可以生;若欲溃去,纵不为贼所杀,朝廷亦当族汝。全部亦欲何之⑥?"罕乃止,士气亦自倍,蛮军不能克而退。提刑鲍轲率其孥欲过岭北⑦,至雄州,萧勃留之,乃日递一奏。又召罕至雄州计事,罕不来,又奏之。谏官李兑奏罕只在广州端坐,及奏罕退走。围解,罕降一官,信州监税,轲受赏,罕不自言。黄固当围城时最输力,已而磨勘若有不足者⑧,亦得罪,渊功亦不录。(卷十一)

【注释】

① 侬智高:宋羁縻广源州(治今越南高平省广源)壮族首领。宋仁宗庆历元年(1041)建立

"大历国"政权。皇祐元年(1049)徙安德州(今广西靖西县境),称"南天国",年号景瑞。皇祐四年四月起兵反宋,据邕州(治今广西南宁市),称大南国,自称"仁惠皇帝",改年号为启历。又自邕州沿江而下,攻破横、贵、浔诸州,围广州。后北上欲攻荆湖,受挫返邕州。皇祐五年被宋将狄青击败于昆仑关归仁铺,退走大理,至和二年(1055)为大理国王所杀。

②　转运使:宋府州以上、一级行政区路的长官。参见第136页第12则注释①。

③　间道:从小路。　蜡丸:用蜡丸封存密件。

④　鹿角:古代军营防御物。用带枝的树木削尖埋在营地周围,防止敌人进攻。因形似鹿角,故名。

⑤　奋剑:举剑。

⑥　全部:整个部属。

⑦　提刑:提点刑狱公事的简称。宋初设于各路,掌所属各州司法、刑狱和监察,兼管农桑。

⑧　磨勘:唐宋官员考绩升迁制度。唐时文武官吏由州府和百司官长考核,分九等注入考状,期满根据考绩决定升降,并经吏部和各道观察使复验,称"磨勘"。宋因之,由审官院主持此事。

35. 王　　吉

吉尝从都监王凯及中贵人将兵数千人①,猝遇虏数万骑。中贵人惶恐,以手帛自经,吉曰:"官何患不得死? 何不且令王吉与虏战? 若吉不胜,死未晚也。"因使其左右数人守中贵人,曰:"贵人有不虞,当尽斩若属。"因将所部先登,射杀虏大将,虏众大奔,众军乘之,虏坠崖死者万馀人。奏上,凯自侍禁除礼宾使、本路钤辖②,吉自奉职除礼宾副使③。

吉尝与夏虏战,其子文宣年十八,从行。战罢,不见文宣,其麾下请入虏中求之,吉止之曰:"此儿为王吉之子,而为虏所获,尚何以求为?"顷之,文宣挈二首以至,吉乃喜曰:"如此,真我子也!"吉每与虏战,所发不过一矢,即舍弓肉袒而入,手杀数人,然后返,曰:"及其张弓挟矢之时,直往抱之,使彼仓卒无以拒我,则成擒矣。吾前后数十战,未尝发两矢也。"时又有张节,与吉齐名,皆不至显官而卒。(卷十二)

【注释】

①　都监:宋地方军事指挥,有都总管(副总管)、都钤辖(副钤辖)、都监(副都监)三级,或守臣兼充,或武臣充副职,掌本路禁军的屯戍、训练和边防事务。　中贵人:帝王所宠幸的近臣。

②　侍禁:宫禁中的侍奉官。由三班院统辖。　礼宾使:司掌礼宾的官。

③ 奉职：即三班奉职。三班借职、三班奉职、左右班殿直、左右侍禁、东西供奉，称"小使臣"；内殿崇班、内殿承制、阁门祗候，称"大使臣"。大小使臣皆由三班院统辖，属低级武阶。

36. 赵师道曹觐

皇祐中，侬智高自邕州乘流东下，时承平岁久，缘江诸州城栅隳弊①，又无兵甲，长吏以下皆望风逃溃。赞善大夫、知康州赵师道谓僚属曰②："贼锋甚盛，吾州众寡不敌，必不能拒贼。然吾与兵马监押为国家守城③，贼至死之，职也。诸君先贼未至，宜与家属避之山中。"师道亦置其家属山中，师道妻方产，弃子于草间而去。师道在城上，妻遣奴与师道相闻，师道怒曰："吾已与汝为死诀，尚寄声何为！"引弓射奴，杀之。时贼已在近，师道与监押闭门守城，贼攻陷之，师道坐正厅事④，射杀贼数人，然后死。贼以城人拒己，悉焚其官府民舍，残灭之。进至于封州，太子中舍、知封州曹觐微服怀州印匿于民间⑤，贼搜得之，延坐与食，谓曰："尔能事我，我以尔为龙图阁学士⑥。"觐骂曰："死蛮！汝安知龙图阁学士为何物，乃欲污我？"贼怒，斩之。及事平，朝廷赠觐谏议大夫⑦，师道太常少卿⑧，妻子皆受官邑⑨，赐赉甚厚。弃城者皆除名编管⑩。（卷十三）

【注释】

① 隳（huī）弊：毁坏；破败。

② 赞善大夫：唐始置，在太子宫中掌侍从、讲授。分左、右，为正五品下。宋初为文臣迁转官阶，无职事。神宗元丰改制后，易为通直郎。

③ 兵马监押：五代、宋掌诸州兵马的武官。

④ 坐正厅事：端坐在官署办公的厅堂上。厅事，官署视事问案的厅堂。

⑤ 太子中舍：太子属官。元丰改制之前，有出身的为太子中允，无出身的为太子中舍，改制后皆称通直郎。

⑥ 龙图阁学士：宋文学侍从官。有龙图阁、天章阁等阁学士。凡朝官外任，皆带此头衔，称作"职"或"职名"。

⑦ 谏议大夫：宋置谏院，以左右谏议大夫为长官。此为追赠之官职。

⑧ 太常少卿：太常寺副官。此为追赠之官职。

⑨ 官邑：帝王赐给臣下的领地或封邑。

⑩ 编管：宋官吏获罪，谪远方州郡，编入该地户籍，并由地方官吏加以管束，谓之"编管"。

37. 侍其渊谕叛卒

依智高围广州,转运使王罕婴城拒守①,都监侍其渊昼夜未尝眠。久之,将士疲极。有裨将诱士卒下城,欲与之开门降贼,渊适遇之,谕士卒曰:"汝曹降贼,必驱汝为奴仆,负担归其巢穴,朝廷又诛汝曹父母妻子;不若并力完城,岂唯保汝家②,亦将有功受赏矣。"士卒乃复还,登城。罕夜寝于城上,渊忽来,徐撼而觉之,曰:"公勿惊,公随身有弓弩手否?"罕曰:"有。"乃与罕帅弩手二十馀人,衔枚至一处③,俯见贼已逾壕,蚁附登城,将及堞矣④。城上人皆不觉,渊指示弩手使射之,贼乃走出壕外。及贼退,渊终不言裨将谋叛之事。熙宁中致仕,介甫知其为人,特除一子官,给全俸。渊年八十馀,气志安壮。范尧夫以为阴德之报云。(卷十三)

【注释】

① 婴城:环城;绕城。

② 岂唯:何止。

③ 衔枚:古代军队秘密行动时,让士兵口中横衔一竹片或木片,防止出声说话被敌人发觉。

④ 堞(dié):城墙上凹凸形的矮墙。

38. 桑湜迁官不受

熙宁中,王韶开熙河①,诸将皆以功迁官,皇城使、知原州桑湜独辞不受②,曰:"羌虏畏国威灵,不战而降,臣何功而迁官?"执政曰:"众人皆受,独君不受,何也?"对曰:"众人皆受,必有功也;湜自知无功,故不受。"竟辞之。时人重其知耻。(卷十四)

【注释】

① 王韶开熙河:王韶,字子纯,江州德安(今属江西)人,嘉祐进士。北宋名将。熙宁元年(1068)上《平戎策》,言取西夏必先复河、湟,神宗信用,任以西事。用兵有机略,招降羌人部落,置熙州(治今甘肃临洮),又取河(治今甘肃临夏东)、洮(治今甘肃临潭)、湟(治今青海乐都)等五州,设熙河路,形成对西夏包围之势。以功迁观文殿学士、礼部侍郎,召为枢密副使。

②皇城使：宋中级武阶，属诸司使。参见第165页第28则注释①。

39. 不敢以私害公

　　至和中，范景仁为谏官①，赵阅道为御史②，以论陈恭公事有隙③。熙宁中，介甫执政，恨景仁，数讦之于上，且曰："陛下问赵抃，即知其为人。"他日，上以问阅道，对曰："忠臣。"上曰："卿何以知其忠？"对曰："嘉祐初，仁宗违豫④，镇首请立皇嗣以安社稷，岂非忠乎？"既退，介甫谓阅道曰："公不与景仁有隙乎？"阅道曰："不敢以私害公。"（卷十四）

【注释】

　　①范景仁：名镇，字景仁，华阳（今四川成都市附近）人。仁宗时知谏院，尝请立太子，面陈恳切，至泣下。后为翰林学士，论新政，与王安石不和，致仕。

　　②赵阅道：名抃，字阅道，号知非子，衢州（今属浙江）人。官龙图阁学士、资政殿大学士，以太子少保致仕。元丰七年（1084）卒，年七十七。赠太子少师，谥曰清献。

　　③陈恭公：陈执中，字昭誉，洪州南昌（今属江西）人。真宗时以父荫为秘书省正字。累迁卫尉寺丞，知梧州。因进《演要》三篇言建储，擢右正言。仁宗宝元元年（1038），同知枢密院事。庆历元年（1041），出知青州，改永兴军。四年，召拜参知政事。五年，拜同中书门下平章事、集贤殿大学士兼枢密使。皇祐元年（1049），出知陈州。五年，以吏部尚书复拜同平章事、昭文馆大学士。至和三年（1056），充镇海军节度使同平章事、判亳州。逾年辞节，拜司徒、岐国公致仕。卒，赠太师兼侍中，谥恭。

　　④违豫：帝王生病的讳称。

40. 李南公断狱督税

　　李南公知长沙县，有斗者，甲强乙弱，各有青赤，南公召使前，自以指捏之，曰："乙真甲伪也。"诘之，果服。盖南方有欂柳，以叶涂肤，则青赤如殴伤者；剥其皮，横置肤上，以火熨之，则如掊伤者①，水洗不落。南公曰："殴伤者血聚而内硬，伪者不然，故知之。"有一村多豪户，税不可督，所差户长辄逃去。南公曰："然则此村无用户长，知县自督之。"书其村名，帖之于柱。豪右皆惧，是岁初限未满，此村税最先集。又诸村多诡名②，税存户亡，每岁户长代纳，亦不可差。南公悉召其村豪右，谓之曰:"此田不过汝曹所典买耳,与汝期一月,为我推究,不则汝曹均分输之。"及期,尽得冒佃之人③,使各承其税。河北提点刑狱有班行犯罪④,下狱按之,不服,闭口不食百馀日,狱吏不敢考讯,甚患之。南公曰:"吾立能使之食。"引出,问曰:"吾欲以一物塞君鼻,君能终不食乎?"其人惧,即食,且服罪。人问其故,南公曰:"彼必善服气者⑤,以物塞鼻则气结,故惧。"(卷十四)

【注释】

① 掊(pǒu):击。

② 诡名:假名;化名。

③ 冒佃:冒名租种土地。

④ 班行(háng):朝官。

⑤ 服气:此处指道家吐纳养生之术。

41. 王罕知潭州

王罕知潭州,州素号多事,知州多以威严取办,罕独以仁恕为之,州事亦治。有老妪病狂,数邀知州诉事,言无伦理,知州却之则悖詈①。先后知州以其狂,但命徼者屏逐之②。罕至,妪复出,左右欲逐之,罕命引归厅事,召使前,徐问。妪虽言杂乱无次,亦有可晓者:乃本为人嫡妻,无子,其妾有子,夫死为妾所逐,家赀为妾尽据之。妪屡诉于官,不得直③,因愤恚发狂。罕为直其事,尽以家赀还之,吏民服其能察冤。(卷十四)

【注释】

① 悖詈(lì):乱骂;怒骂。

② 徼(jiào)者:巡查者。

③ 直:伸雪;平反。

42. 岐 王 夫 人

岐王夫人①,冯侍中拯之曾孙也,失爱于王,屏居后阁者数年。元丰二年春,岐

王宫遗火，寻扑灭。夫人闻有火，遣二婢往视之。王见之，诘其所以来，二婢曰："夫人令视大王耳。"王乳母素憎夫人，与王二嬖人共谮之[2]，曰："火殆夫人所为也。"王怒，命内知客鞫其事[3]，二婢不胜拷掠，自诬云："夫人使之纵火。"王杖二婢，且泣诉于太后曰："新妇所为如是，臣不可与同处。"太后怒，谓上："必斩之！"上素知其不睦，必为左右所陷，徐对曰："彼公卿家子，岂可遽尔[4]？俟按验得实，然后议之。"乃召二婢使宫官郑穆同鞫于皇城司。数日，狱具，无实，又命宫官冯诰录问。上乃以具狱白太后，因召夫人入禁中，夫人大惧，欲自杀，上遣中使慰谕曰："汝无罪，勿恐。"且命径诣太皇太后宫，太皇太后亦慰存之。太后与上继至，诘以火事，夫人泣拜谢罪，乃曰："纵火则无之；然妾小家女，福薄，诚不足以当岐王伉俪，幸赦其死，乞削发出外为尼。"太后曰："闻汝诅詈岐王，有诸？"对曰："妾乘忿[5]，或有之。"上乃罪乳母及二嬖人，命中使送夫人于瑶华宫，不披戴，旧俸月钱五十缗[6]，更增倍之，厚加资给，曰："俟王意解，当复迎之。"（卷十四）

【注释】

① 岐王：宋神宗二弟赵颢。

② 嬖（bì）人：身份卑下而受宠爱的人。一般指姬妾、侍臣、左右等。

③ 内知客：王公豪门的管家。

④ 遽：匆忙；仓促。

⑤ 乘忿：趁一时愤恨。

⑥ 缗（mín）：穿铜钱的绳子。此处用作量词，表示一串钱，每串一千文。

43. 富弼为人温良宽厚

　　富公为人温良宽厚，泛与人语，若无所异同者；及其临大节[1]，正色慷慨，莫之能屈。智识深远，过人远甚，而事无巨细，皆反复熟虑，必万全无失然后行之。宰相，自唐以来谓之礼绝百僚，见者无长幼皆拜，宰相平立，少垂手扶之；送客，未尝下阶；客坐稍久，则吏从傍唱"相公尊重"，客蹴踏起退[2]。及公为相，虽微官及布衣谒见，皆与之抗礼[3]，引坐，语从容，送之及门，视其上马，乃还。自是群公稍稍效之，自公始也。自致仕归西都，十馀年，常深居不出。晚年，宾客请见者亦多谢以疾。所亲问其故，公曰："凡待人，无贵贱贤愚，礼貌当如一。吾累世居洛，亲旧盖以千百数,若有见有不见,是非均一之道;若人人见之,吾衰疾,不能堪也。"士大夫亦知其心,无怨也。尝欲之老子祠,乘小轿过天津桥,会府中徙市于桥侧,市人喜公之出,随而观之,至于安门,市为之空,其得民心也如此。及违世④,士大夫无远近、识与不识,相见则以言,不相见则以书,更相吊唁,往往垂泣,其得士大夫心也又如此。呜呼!苟非事君尽忠,爱民尽仁,推恻怛至诚之心⑤,充于内而见于外,能如是乎?(卷十五)

【注释】

① 及其临大节:庆历二年(1042),富弼曾出使契丹,拒绝其割地要求。大节,指关系国家生死存亡的大事。

② 踧踖(cù jí):恭敬而不安的样子。

③ 抗礼:行对等之礼;以平等的礼节相待。

④ 违世:去世。

⑤ 恻怛(cè dá):同情,怜悯。

44. 李戒建言募人充役

熙宁初,余罢中丞①,复归翰林,有成都进士李戒投书见访,云:"戒少学圣人之道,自谓不在颜回、孟轲之后。"其词孟浪,高自称誉,大率如此②。又献《役法大要》,以谓:"民苦重役,不苦重税。但闻有因役破产者,不闻因税破产也。请增天下田税钱谷各十分之一,募人充役。仍命役重轻为三等,上等月给钱千五百、谷二斛,中下等以是为差。计雇役犹有羡馀③,可助经费。明公倘为言之于朝,幸而施行,公私不日皆富实矣。"余试举一事难之曰:"衙前为何等④?"戒曰:"上等。"余曰:"今夫衙前掌官物,败失者或破万金之产,彼肯顾千五百钱、两斛之谷,来应募邪?"戒不能对。余因谢遣之,曰:"仆已去言职⑤,君宜诣当官者献之。"居无何⑥,复来投书,曰:"三皇不圣,五帝不圣,自生民以来,唯孔子为圣人耳。孔子没,孟轲以降盖不足言,今日复有明公,可继孔子者也。"余骇惧,遽还其书,曰:"足下何得为此语?"固请留书,余曰:"若留君书,是当而有之也,死必不敢。"又欲授余左右,余叱左右使勿接,乃退。余以其狂妄,常语于同列,以资戏笑。时韩子华知成都,戒亦尝以此策献之,子华大以为然。及入为三司使,欲奏行之,余与同列共笑且难之,子华

意沮,乃止。及介甫为相,同制置三司条例司⑦,为介甫言之,介甫亦以为善,雇役之议自此起。时李戒已得心疾,罢举归成都矣⑧。（卷十五）

【注释】

① 中丞:即御史中丞,宋御史台实际长官。熙宁元年(1068),神宗即位,欲行新法,罢免了司马光等旧党。

② 大率:大抵;大致。

③ 羡馀:盈馀;剩馀。

④ 衙前:宋代职役之一。职掌官物押运和供应,负赔偿失误和短缺等责任,承役者往往赔累破产,是宋负担最重的差役。熙宁三年行免役法,衙前改为雇役。

⑤ 言职:言官职务。御史官职掌纠察,大事廷辩,小事奏弹,故称言职。

⑥ 居无何:过了不久。

⑦ 制置三司条例司:宋官署名。熙宁二年(1069)置,掌筹划经济与变法。由参知政事王安石、知枢密院事陈升之主持。次年,并归中书省。

⑧ 罢举:放弃举业。

45. 介甫以韩公为轻己

初,韩魏公知扬州①,介甫以新进士签书判官事②,韩公虽重其文学,而不以吏事许之。介甫数引古义争公事,其言迂阔,韩公多不从。介甫秩满去。会有上韩公书者,多用古字,韩公笑而谓僚属曰:"惜乎王廷评不在此③,其人颇识难字。"介甫闻之,以韩公为轻己,由是怨之。及介甫知制诰,言事复多为韩公所沮④。会遭母丧,服除,时韩公犹当国,介甫遂留金陵,不朝参。曾鲁公知介甫怨忌韩公,乃力荐介甫于上,强起之,其意欲以排韩公耳。（卷十六）

【注释】

① 韩魏公:韩琦。参见第166页第29则注释⑤。

② 签书判官事:州佐官。"签书判官厅公事"的简称。

③ 廷评:又称"廷平""廷尉平""廷尉评"。官名。汉时为廷尉属官,隋唐时属大理寺,掌平决诏狱事。

④ 沮:阻止。

46. 君 臣 无 隐

上以外事问介甫,介甫曰:"陛下从谁得之?"上曰:"卿何必问所从来?"介甫曰:"陛下与他人为密,而独隐于臣,岂君臣推心之道乎①?"上曰:"得之李评。"介甫由是恶评,竟挤而逐之。他日,介甫复以密事质于上,上问于谁得之,介甫不肯对,上曰:"朕无隐于卿,卿独有隐于朕乎?"介甫不得已,曰:"朱明之为臣言之。"上由是恶明之。明之,介甫妹夫也。及介甫出镇金陵,吉甫欲引介甫亲昵置之左右,荐明之为侍讲②,上不许,曰:"安石更有妹夫为谁?"吉甫以直讲沈季长对③,上即召季长为侍讲。吉甫又引弟升卿为侍讲。升卿素无学术,每进讲,多舍经而谈财谷利害、营缮等事④。上时问以经义,升卿不能对,辄目季长从旁代对。上问难甚苦,季长辞屡屈,上问从谁受此义,对曰:"受之王安石。"上笑曰:"然则且尔⑤。"季长虽党附介甫,而常非王雱、王安礼及吉甫所为,以谓必累介甫。雱等深恶之,故亦不甚得进用也。(卷十六)

【注释】

① 推心:以诚相待。

② 侍讲:官名。唐始设集贤院侍讲学士、翰林侍讲学士,掌讲经论文,备君主顾问。宋沿置,以他官之有文学者兼充。另据吴处厚《青箱杂记》卷三:"前世有翰林学士,本朝咸平中,复置翰林侍读学士,以杨徽之、夏侯峤、吕文仲为之;又置翰林侍讲学士,以邢昺为之。则翰林侍读与侍讲自杨徽之、邢昺等始也。"

③ 直讲:国子监辅助博士讲授经学之官。

④ 营缮:修建。

⑤ 然则且尔:犹言"那么就只能如此了"。且尔,常见于唐宋人文章,表"如此"义。如唐王维《裴仆射济州遗爱碑》:"洪水滔天,固帝尧之时且尔。"(《王右丞集笺注》卷二十一)有时也用作"尚且如此",如宋袁燮《虞书·尧典》:"士大夫且尔,况侧微之人乎。"(《絜斋家塾书钞》卷一)

47. 王安国常非其兄所为

王安国字平甫,介甫之弟也,常非其兄所为。为西京国子监教授,溺于声色。介甫在相位,以书戒之曰:"宜放郑声①。"安国复书曰:"安国亦愿兄远佞人也。"官

满,至京师,上以介甫故,召上殿,时人以为必除侍讲。上问以其兄秉政物论如何②,对曰:"但恨聚敛太急、知人不明耳。"上默然不悦,由是别无恩命。久之,乃得馆职。安国尝力谏其兄,以天下恟恟③,不乐新法,皆归咎于公,恐为家祸。介甫不听,安国哭于影堂④,曰:"吾家灭门矣!"又尝责曾布以误惑丞相⑤,更变法令,布曰:"足下,人之子弟,朝廷变法,何预足下事?"安国勃然怒曰:"丞相,吾兄也;丞相之父,即吾父也;丞相由汝之故,杀身破家,僇及先人⑥,发掘丘垄⑦,岂得不预我事邪?"(卷十六)

【注释】

① 放郑声:禁绝郑国之音。此处指禁淫逸。语见《论语·卫灵公》:"放郑声,远佞人。郑声淫,佞人殆。"佞人,善于花言巧语、阿谀奉承的人。

② 物论:众人的议论;舆论。

③ 恟恟:喧扰的样子。

④ 影堂:供奉祖先遗像的家庙。

⑤ 曾布:字子宣,建昌军南丰(今属江西)人。曾巩之弟。嘉祐二年(1057),与兄等同登进士第。为王安石所任用,参与制订多部新法,进翰林学士,兼三司使。绍圣初,哲宗亲政,任同知枢密院事。元符末(1100),徽宗即位,拜相。因主张调和新旧两派,遭蔡京排挤,崇宁元年(1102),罢为观文殿大学士出知润州(治今江苏镇江市)。大观元年(1107)卒于贬所,年七十二。《宋史》入《奸臣传一》。

⑥ 僇(lù):侮辱。

⑦ 丘垄:坟墓。

48. 王质饯别范仲淹

初,范文正公贬饶州,朝廷方治朋党,士大夫无敢往别。王待制质独扶病饯于国门①,大臣责之曰:"君长者,何自陷朋党?"王曰:"范公天下贤者,顾质何敢望之②!若得为某党人,公之赐质厚矣。"闻者为之缩颈。(辑佚)

【注释】

① 待制:官名。唐置。以京官五品以上者值宿中书、门下两省,以备访问。宋因之,于殿阁设待制之官,典守文物,位在学士、直学士之下。

② 顾:而;但。

49. 罢宦官监军

　　景祐末,西鄙用兵,大将刘平死之①。议者以朝廷委宦者监军,主帅节制有不得专者,故平失利。诏诛监军黄德和。或请罢诸帅监军,仁宗以问宰臣吕文靖公②,公曰:"不必罢,但择谨厚者为之。"仁宗委公择之,对曰:"臣待罪宰相③,不当与中贵私交,何由知其贤否?愿诏都知、押班保举④,有不称职者,与同罪。"仁宗从之。翌日,都知叩头乞罢诸监军宦官,士大夫嘉公之有谋。(辑佚)

【注释】

　　① 刘平:祥符(今河南开封)人。北宋大将。真宗朝官至监察御史。仁宗即位,迁尚衣库使、环庆路钤辖兼知邠州。宝元二年(1030),任鄜延、环庆路安抚副使。康定元年(1040 年)正月,西夏元昊进攻延州,刘平与石元孙奉命增援,在三川口(今陕西延安市西)遭夏军伏击,刘、石被俘。战后,鄜延都监黄德和反诬刘平降敌,平亲属皆捕系狱。后经文彦博、庞籍等查明真相,称"德和退怯当诛,刘平力战而没,宜加恤其子孙",斩黄德和。此时朝廷以为刘平已死,追赠太尉兼侍中,谥壮愍,"子孙及诸弟皆优迁"。后西夏放还石元孙,知刘平未死。平后卒于夏都兴州(今宁夏银川市)。

　　② 吕文靖:吕夷简,字坦夫。先世莱州(今属山东)人,祖龟祥知寿州(治今安徽淮南市凤台县),子孙遂为寿州人。真宗咸平进士,官至龙图阁直学士,再迁刑部郎中,权知开封府,为真宗近臣。仁宗即位,拜同中书门下平章事、集贤殿大学士。《宋史》本传曰:"仁宗初立,太后临朝十馀年,天下晏然,夷简之力为多。"庆历三年(1043)春,夷简病重,允以太尉致仕。未久,病故。赠太师、中书令,谥文靖。夷简执政,时论不一。用兵西夏,和议辽邦,经略边防有功,然让步过多,岁输银帛甚巨,加重朝廷负担。此外,专权不容,排斥异己如孔道辅、范仲淹等,亦为言者所诋。

　　③ 待罪:官吏任职的谦称,意即不胜其职而将获罪。

　　④ 都知、押班:宋内侍省宦官职衔。有都都知、都知、副都知、押班、内东头供奉官、内西头供奉官、内侍殿头、内侍高品、内侍高班、内侍黄门等。

东斋记事

[宋] 范 镇

《东斋记事》五卷，补遗一卷，宋范镇撰。镇字景仁，成都华阳（今四川成都市）人。仁宗宝元元年（1038）进士，任知谏院、翰林学士兼侍读等职，累封蜀郡公。历仁宗、英宗、神宗、哲宗四朝。有文名，与修《唐书》，于乐尤注意。《宋史》本传曰：「镇平生与司马光相得甚欢，议论如出一口，且约生则互为传，死则作铭。」哲宗元祐三年（1088）卒，年八十一。赠金紫光禄大夫，谥忠文。

《东斋记事》大约作于神宗元丰（1078—1085）中。《自序》云：「予既谢事，日于所居之东斋燕坐多暇，追忆馆阁中及在侍从时交游语言，与夫里俗传说，因纂集之，目为《东斋记事》。」所记北宋典章故事，以蜀地人士与其风物为最详，颇受南宋以来史家所重。

选文标题为编者所拟。

1. 宣 祖 避 雪

刘尚书涣尝言：宣祖初自河朔南来①，至杜家庄院，雪甚，避于门下，久之，看庄院人私窃饭之。数日，见其状貌奇伟兼勤谨，乃白主人，主人出见，而亦爱之，遂留于庄院。累月，家人商议，欲以为四娘子舍居之婿②。四娘子即昭宪皇太后也③，其后生两天子，为天下之母。定宗庙大计，其兆盖发于避雪之时。圣人之生，必有其符，信哉！（卷一）

【注释】

① 宣祖：指赵弘殷，宋太祖赵匡胤之父。涿州（今属河北）人。后周武将，累官检校司徒、天水县男，典禁军。后周显德三年（956）殁。赵匡胤称帝，追封为宣祖。

② 舍居之婿：宋代称男子就婚于女家为"舍居婿"。即"入赘"。

③ 昭宪皇太后：赵匡胤之母杜氏。治家严毅有礼法，年六十卒。遗命太祖百岁后当传位其弟匡义（即宋太宗赵炅）。参见第146页第6则。

2. 赏花钓鱼会

赏花钓鱼会赋诗①，往往有宿构者。天圣中②，永兴军进"山水石"③，适置会，命赋"山水石"，其间多荒恶者，盖出其不意耳。中坐优人入戏，各执笔若吟咏状。其一人忽仆于界石上，众扶掖起之，既起，曰："数日来作一首赏花钓鱼诗，准备应制，却被这石头擦倒。"左右皆大笑。翌日，降出其诗，令中书铨定。秘阁校理韩羲最为鄙恶④，落职，与外任。初，永兴造砖塔，姜遵知府多采石以代砖甓及烧灰⑤，管内碑碣为之一空。得是石不敢毁，来献。其石盖楬状也，书"山水"二字，镵之字可数尺⑥，笔势雄健。施枕簟其上，水流其间，潺潺有声。盖开元中所作也⑦，今在清晖殿。（卷一）

【注释】

① 赏花钓鱼会：北宋宫廷每年暮春举行的大型宴会。初始规模不大，也不定期，至宋太宗雍熙二年（985）才成为朝廷定例。《宋史·礼志·嘉礼四》："雍熙二年四月二日，诏辅臣、翰林、枢

密直学士、尚书省四品、两省五品以上、三馆学士宴于后苑,赏花钓鱼,张乐赐饮,命群臣赋诗、习射。赏花曲宴自此始。"

② 天圣:宋仁宗年号(1023—1032)。

③ 永兴军:北宋路级行政区划之一。永兴军路辖今陕西中北部、河南西部和山西南部一带,设京兆、河中、延安、庆阳四府,解、陕、商、同、醴、华、耀、邠、坊、银、环、鄜、宁、虢、丹十五州,清平、保安、绥德、庆成、定边五军。永兴军节度驻京兆府(治今陕西西安市)。

④ 秘阁校理:馆职。宋太宗端拱元年(988),在崇文院中堂建阁,称秘阁,收藏三馆(史馆、昭文馆、集贤院)书籍真本及宫廷古画墨迹等。设直秘阁、秘阁校理等职。元丰改制,并归秘书省。按赏花钓鱼宴旧制,三馆唯直馆预坐,校理以下赋诗而退。宋孔平仲《谈苑》卷四:"太宗时,李宗谔为校理,作诗云:'戴了宫花赋了诗,不容重见赭黄衣。无憀却出宫门去,还似当年下第时。'上即令赴宴。自是校理而下皆与会也。"

⑤ 砖甓(pì):砖。 烧灰:建筑用的石灰。

⑥ 镵(chán):雕刻。

⑦ 开元:唐玄宗年号(713—741)。

3. 许希不忘本

景祐元年,仁皇感疾,屡更翰林医不愈。李大长公主言许希者善针,遂召使针,三进针而愈,擢希尚药奉御①,赐予甚厚。希谢恩舞蹈讫②,又西向而拜。上遣人问之,对:"谢其师扁鹊。"乃诏修扁鹊庙。是时,山东颜太初作诗美其不忘本,而刺讥士大夫都贵位③、享厚禄,而不知尊孔子。(卷一)

【注释】

① 尚药奉御:官名。隋殿内省设尚食、尚药、尚衣、尚舍、尚乘、尚辇等六局,每局各置奉御二人总领之,执掌帝王生活事务。唐殿中省六局同。宋殿中省六局为尚食、尚药、尚醖、尚衣、尚舍、尚辇,各有典御二人、奉御六人或四人、监门二人或一人。殿中省长官称监,佐官少监、监丞各一人。参见第75页第1则注释①。

② 舞蹈:臣下朝见君上时的礼节。

③ 都(dū):居;处于。

4. 欧阳修率然一言

故事,武臣不持丧①。韩玉汝奏请持丧,下两制、台谏官议,唐子方介为谏官,其属皆不欲令持丧。是时，会议于玉堂后廊②，子方曰：“今日不可高论也。”欧阳永叔勃然曰：“父母死而令持服，安得为高！”孙梦得抃坐予旁，不觉叹曰：“俊人也！率然一言，亦中于礼。”两制与台谏官，竟为两议以上。遂诏阁门祗候、内殿崇班已上持服③，供奉官以下不持④。是则官高者得为父母服，官卑者则不为服，无官者将何以处之乎。（卷二）

【注释】

① 持丧：同“持服”，守孝；服丧。

② 玉堂：宋以后称翰林院为玉堂。

③ 阁门祗候、内殿崇班：宋低阶武官名。又称“大使臣”。参见第 171 页第 35 则注释③。

④ 供奉官：宋低阶武官东、西头供奉官。属“小使臣”。

5. 王旦奇吕夷简

王文正公之为相也①，王沂公为知制诰②，吕许公为太常博士、知滨州③。沂公尝见文正公，问：“君识太常博士吕夷简否？”沂公曰：“不识也。”他日复见，复问之，沂公曰：“见朝士多称其才者。”凡三见三问，乃曰：“此人异日当与公同秉国政。”是时，沂公既有名当世，颇以器业自许④，中不能平，因曰：“公识之耶？”曰：“不识也。”“然则何以知之？”曰：“吾见其奏请尔。”沂公犹不信，强应曰：“诺。”其后，丁晋公既败⑤，沂公先在中书，而许公自知开封府除参知政事，二人卒同秉政。沂公乃为许公言之，问其当时奏请，乃不税农器等事也。（卷三）

【注释】

① 王文正公：王旦，字子明。卒赠太师、魏国公，谥文正。参见第 158 页第 19 则注释①。

② 王沂公：王曾，字孝先，青州益都（今山东青州市）人。真宗朝官至知制诰兼史馆修撰。仁宗景祐元年（1034）为枢密使。二年，拜右仆射兼门下侍郎、平章事，集贤殿大学士，封沂国公。后因不容吕夷简专断，同罢相，以左仆射、资政殿大学士判郓州，卒于官。赠侍中，谥文正。

③ 吕许公：吕夷简，字坦夫。参见第 180 页第 49 则注释②。仁宗天圣七年（1029）拜相，景祐二年（1035），为右仆射，封申国公。四年，与王曾同罢，出判许州，徙天雄军。康定元年（1040）五月，复召入相。明年，改封许国公，兼枢密使。《宋史》本传：“始，王旦奇夷简，谓王曾曰：‘君其善交之。’卒与曾并相。”

④ 器业:指才能学识。

⑤ 丁晋公:丁谓,字谓之,后更字公言,苏州长洲(今江苏苏州市)人。真宗朝历官参知政事、枢密使、同中书门下平章事。曾罗织罪名排挤寇準。乾兴元年(1022),封晋国公。仁宗即位,刘太后听政,丁谓勾结宦官雷允恭里外弄权,把持朝政。后因雷允恭擅移真宗陵穴事发罢相,贬崖州司户参军,籍其家,诸子及下属皆降黜。又徙雷州、道州、光州,流落贬窜十五年后卒。

6. 王景彝不察大过

王景彝与予同在《唐书》局①,十馀年如一日,春、夏、秋、冬各有衣服,岁岁未尝更,而常若新置。至绵衣,则皆有分两帖子缀于其上,视其轻重厚薄,而以时换易。有仆曰王用,呼即在前,冬月往往立睡于幄后,其不敢懈如此。一日,送食于其家,官中器具用悉典解使之②,督索旬日而后得③,景彝卒不知。是则效小谨者④,不可不察其大过。严之蔽,惟小谨之悦,至于大过,则不闻。可不监哉!(卷三)

【注释】

① 《唐书》局:北宋修撰《新唐书》的机构。庆历四年(1044),仁宗下诏开局修《唐书》,欧阳修、宋祁、范镇等参与其事。嘉祐五年(1060)成书。为区别于五代刘昫《唐书》,遂分新、旧。

② 典解:将物品抵押换钱,然后兑散成小额使用。

③ 督索:催讨。

④ 小谨:谨慎于小事、小节。

7. 王随不忘一饭之恩

王章惠公随①,举进士时甚贫,游于翼城②,逋人饭③,执而入县。石务均之父为县吏,为偿钱,又饭之,馆之于其家,而其母尤所加礼。一日,务均醉殴之,王遂去。明年登第,久之,为河东转运使,务均恐惧逃窜。然随岂有害之之意乎。至是事败,文潞公为县,捕之急,往投随,随已为御史中丞矣。未几,封一铤银至县,葬务均之母,事少解。至随为参知政事,奏务均教练使④,务均亦改行自修⑤。王公长厚,而不忘一饭之恩也如此。(卷三)

【注释】

①　王随：字子正，河南人。登进士甲科。真宗时历官京西转运副使，迁淮南转运使，徙河东转运使。仁宗时，入为御史中丞。明道（1032—1033）中，拜门下侍郎、同中书门下平章事。卒赠中书令，谥章惠，后改文惠。《宋史·王随传》："随外若方严，而治失于宽，晚更卞急，辄嫚骂人。性喜佛。慕裴休之为人，然风迹弗逮也。"曾删次《景德传灯录》三十卷为《传灯玉英集》十五卷行世。

②　翼城：县名。宋属河北东路绛州（今属山西临汾市）。

③　逋（bū）：拖欠。此句指拖欠别人的饭钱。

④　教练使：教习士兵之官，唐置。

⑤　改行自修：指改变行为，修养自己的德性。

8. 薛长孺挺身叩营

薛长孺为汉州通判①，戍卒闭营门，放火杀人，谋杀知州、兵马监押②。有来告者，知州、监押皆不敢出。长孺挺身叩营，谕之曰："汝辈皆有父母妻子，何作此事。元不预谋者，各作一边。"于是不敢动，惟首谋者八人突门而出，散于诸县村野，捕获。是时，非长孺则一城之人尽遭涂炭矣。钤辖司不敢以闻③，遂不及赏。长孺乃简肃公之侄④，质厚人也，临事乃敢决如此。（卷四）

【注释】

①　汉州：宋属成都府路，治雒县（今四川广汉市）。

②　兵马监押：五代、宋掌诸州兵马的武官。

③　钤辖司：宋路、州屯驻军统领机构。

④　简肃公：薛奎，字宿艺，绛州正平（今山西运城市新绛县）人。北宋名臣。历仕真宗、仁宗两朝，累官至龙图阁学士，权三司使，参知政事。景祐元年（1034）卒，年六十八。赠兵部尚书，谥简肃。婿欧阳修撰墓志铭。《宋史》本传："奎性刚不苟合，遇事敢言。"

9. 置习不可不慎

黄筌、黄居寀，蜀之名画手也，尤善为翎毛。其家多养鹰鹘①，观其神俊以模写之，故得其妙。其后，子孙有弃其画业，而事田猎飞放者，既多养鹰鹘，则买鼠或捕鼠以饲之。又其后世有捕鼠为业者。其所置习不可不慎②。人家置博弈之具者，子孙无不为博弈。藏书者，子孙无不读书。置习岂可以不慎哉！予尝为梅圣俞言，圣俞作诗以记其事。（卷四）

【注释】

　　① 鹰鹘(hú)：鹰和隼。猛禽，驯养后可助田猎。

　　② 置习：设置传习的技业。

10. 雕亦躁进之类

　　宋君垂尝言："嘉陵江上见二雕，掷卵相上下以接之。盖习其飞也，其胎教之意乎？"白子仪言亦然。又言："翅羽未成，则跃出巢穴，往往坠崖下死。盖其天性俊勇。"予应之曰："是亦躁进之类也①。"（卷五）

【注释】

　　① 躁进：冒进；急于进取。此则亦见唐冯贽《云仙杂记》卷十《二鹘掷卵》，曰："嘉陵江上见二鹘，掷卵相上下以接之。盖习其飞也，其胎教之意乎？又翅羽未成，则跃出巢穴，往往堕崖而死。其天性俊勇，是亦躁进之类。"

11. 孝　猿

　　白子仪为予言："吉州有捕猿者①，杀其母，皮之②，并其子卖于龙泉萧氏。其子号呼，数日不食，萧百端求其所嗜饲之，乃食。又待旬月，示以母皮，跳踯大呼，又不食数日而毙。其天性也如此，况于人乎！萧尝举进士，失其名，为作《孝猿传》。"（卷五）

【注释】

　　① 吉州：宋属江南西路，治庐陵（今江西吉安市）。

　　② 皮：剥皮。

12. 不 足 则 夸

　　欧阳永叔每夸政事，不夸文章。蔡君谟不夸书①，吕济叔不夸棋②，何公南不夸饮酒③，司马君实不夸清节④，大抵不足则夸也。（补遗）

【注释】

　　① 蔡君谟：蔡襄，字君谟，兴化军仙游（今属福建莆田市）人。北宋书法家。书与苏轼、黄庭坚、米芾并称"宋四家"。

　　② 吕济叔：吕溱，字济叔，扬州（今属江苏）人。进士第一。累官集贤院学士，加龙图阁直学士、知开封府，改枢密直学士。工棋。

　　③ 何公南：何中立，字公南，许州长社（今河南许昌市）人。进士及第。官至枢密直学士。嗜酒。

　　④ 司马君实：司马光，字君实，号迂叟，陕州夏县（今属山西运城市）涑水乡人，世称涑水先生。宝元进士。仁宗末任天章阁待制兼侍讲知谏院。英宗朝进龙图阁直学士，判吏部流内铨。治平三年（1066）进《通志》八卷，英宗命设局续修。神宗时赐名《资治通鉴》。因反王安石新法，熙宁三年（1070）出知永兴军，次年退居洛阳，续编《通鉴》，至元丰七年（1084）成书。八年，哲宗即位，高太后听政，召入。元祐元年（1086），拜尚书左仆射、兼门下侍郎，废除新法，罢黜新党。为相仅八月卒，年六十八。赠太师、温国公，谥文正。

东轩笔录

[宋] 魏 泰

《东轩笔录》十五卷，宋魏泰撰。泰字道辅，晚号临汉隐居，襄阳（今属湖北）人。生卒年不详，大约生活于宋神宗至徽宗时期。少时恃才豪纵，因殴打主考官而科场失意。后一直隐居，与王安石兄弟、黄庭坚、王雱、徐禧、章惇等交游。

《东轩笔录》记宋太祖至神宗六朝旧事，以仁宗、神宗两朝居多。其中，尤以记王安石变法事为详，颇具史料价值。《五朝名臣言行录》《三朝名臣言行录》等书对此多有征引。

选文标题为编者所拟。

1. 张齐贤以布衣献策

太祖幸西都,肆赦①。张文定公齐贤时以布衣献策,太祖召至便座,令面陈其事。文定以手画地,条陈十策:一下并汾②,二富民,三封建,四敦孝,五举贤,六大学,七籍田,八选良吏,九惩奸,十恤刑③。内四说称旨,文定坚执其六说皆善,太祖怒,令武士拽出。及车驾还京,语太宗曰:"我幸西都,惟得一张齐贤耳。我不欲爵之以官④,异日,汝可收之,使辅汝为相也。"至太宗初即位,放进士榜,决欲置于高等,而有司偶失抡选⑤,置第三甲之末,太宗不悦。及注官⑥,有旨一榜尽与京官通判。文定释褐将作监丞、通判衡州⑦,不十年,累擢遂为相。(卷一)

【注释】

① 肆赦:缓刑;赦免。指大赦犯人。

② 并汾:并州、汾州之地,时属北汉国。太平兴国四年(979),宋太宗亲征,破太原,灭北汉国。后置河东路,辖太原(治今属山西)、隆德(治今山西长治)、平阳(治今山西临汾)三府,绛(治今山西新绛)、汾(治今山西汾阳)等十四州,威胜(治今山西沁县)、保德(治今属山西)等八军。参见第131页第5则注释②。

③ 恤刑:慎用刑法。

④ 爵:授爵或授官。

⑤ 抡选:选拔;挑选。

⑥ 注官:审查官吏的资历和劳绩,授予官职或确定升降级别。

⑦ 释褐:脱去平民衣服。喻始任官职。

2. 曹 翰 质 衣

曹翰以罪谪为汝州副使①,凡数年。一日,有内侍使京西②,朝辞日,太宗密谕之曰:"卿至汝州,当一访曹翰,观其良苦,然慎勿泄我意也。"内侍如旨,往见翰,因吊其迁谪之久。翰泣曰:"罪犯深重,感圣恩不杀,死无以报,敢诉苦耶? 但以口众食多,贫不能度日,幸内侍哀怜,欲以故衣质十千以继饘粥③,可乎?"内侍曰:"太尉有所须,敢不应命,何烦质也。"翰固不可,于是封裹一复以授④,内侍收复,以十千答之。暨回奏翰语及言质衣事,太宗命取其复,开视之,乃一大幅画幛,题曰"下江

南图"。太宗恻然念其功,即日有旨召赴阙,稍复金吾将军⑤,盖江南之役⑥,翰为先锋也。(卷一)

【注释】

① 曹翰:大名(今属河北邯郸市)人。后周官至枢密承旨、宣徽使,改德州刺史。入宋,为济州刺史,兼西南诸州转运使,从征西蜀。开宝二年(969),从征太原,为行营都豪寨使。七年,征伐江南,为行营先锋使,以功迁桂州观察使判颍州。太平兴国四年(979),从征太原,为攻城南面都部署,寻命为幽州行营都部署。又诏督开南河,从雄州到莫州,以通漕运,事讫,归颍。翰在镇,横征暴敛,政因以弛。会汝阴令诣阙,告翰私卖兵器,所为多违法,诏御史鞫讯,狱具当斩,太宗宽宥其罪,只削官爵,流放禁锢于登州。雍熙二年(985),起为右千牛卫大将军、分司西京。四年,召入为左千牛卫大将军。淳化三年(992)卒,年六十九。赠太尉,追谥武毅。 汝州副使:指陆海军节度使副职。宋汝州属京西北路,置陆海军节度。此则言曹翰谪汝州副使,与史未合。

② 京西:宋京西北路,辖河南(治今河南洛阳东)、颍昌(治今河南许昌)、淮宁(治今河南淮阳)、顺昌(治今安徽阜阳)四府,郑(治今河南郑州)、滑(治今河南滑县)、孟(治今河南孟州南)、蔡(治今河南汝南)、汝(治今河南汝州)五州,信阳(治今河南信阳)一军。

③ 飰:同"饭"。

④ 复:夹衣。

⑤ 金吾将军:唐宋官名。掌宫中和京城昼夜巡警之事。

⑥ 江南之役:指开宝七年(974)九月,宋伐南唐之战。开宝八年十一月末,宋兵攻入金陵,后主李煜降,南唐灭。

3. 李 沆 识 人

寇莱公始与丁晋公善,尝以丁之才荐于李文靖公沆屡矣①,而终未用。一日,莱公语文靖曰:"比屡言丁谓之才②,而相公终不用,岂其才不足用耶?抑鄙言不足听耶?"文靖曰:"如斯人者,才则才矣,顾其为人,可使之在人上乎?"莱公曰:"如谓者,相公终能抑之使在人下乎?"文靖笑曰:"他日后悔,当思吾言也。"晚年,与寇权宠相轧,交至倾夺③,竟有海康之祸④,始服文靖之识。(卷二)

【注释】

① 李文靖公沆:李沆,字太初,洺州肥乡(今属河北)人。少好学,器度宏远。太平兴国五年

(980)，举进士甲科，为将作监丞，通判潭州，命直史馆。雍熙三年(986)，除右补阙、知制诰。四年，迁职方员外郎，入翰林学士。淳化三年(992)，拜给事中、参知政事。后出知河南府。真宗升储，迁礼部侍郎兼太子宾客。咸平初，自户部侍郎、参知政事拜平章事，监修国史，改中书侍郎。又累加门下侍郎、尚书右仆射。景德元年(1004)七月薨，年五十八。赠太尉、尚书令，谥文靖。

② 比：近来。

③ 交至：交互；互相。

④ 海康之祸：寇準晚年再起拜相，真宗天禧四年(1020)为丁谓排挤，去位，封莱国公，后贬至海康(今广东雷州市)，卒于贬所。

4. 王化基知鞠詠

鞠詠为进士，以文受知于王公化基。及王公知杭州，詠擢第，释褐为大理评事①，知杭州仁和县。将之官，先以书及所作诗寄王公，以谢平昔奖进②，今复为吏，得以文字相乐之意。王公不答，及至任，略不加礼③，课其职事甚急④。鞠大失望，于是不复冀其相知，而专修吏干矣⑤。其后王公入为参知政事，首以詠荐。人或问其故，答曰："鞠詠之才，不患不达，所忧者气峻而骄，我故抑之，以成其德耳。"鞠闻之，始以王公为真相知也。(卷二)

【注释】

① 大理评事：中央司法部门大理寺职官，掌平决诏狱事。宋前期保留了九寺名位，然除太常、大理两寺有些职权外，其他已成闲官。

② 平昔：往昔；往常。

③ 略不加礼：轻视而不以礼相待。

④ 课：督促；考核。

⑤ 吏干：为政的才干。

5. 张齐贤辞奴

张文定公齐贤以右拾遗为江南转运使，一日家宴，一奴窃银器数事于怀中，文定自帘下熟视不问。尔后文定三为宰相，门下厮役往往皆得班行①，而此奴竟不沾禄②。奴乘间再拜而告曰："某事相公最久，凡后于某者皆得官矣，相公独遗某何也?"因泣下不止。文定悯然语曰:"我欲不言,尔乃怨我。尔忆江南宴日,盗吾银器数事乎? 我怀之三十年,不以告人,虽尔亦不知也。吾备位宰相,进退百官,志在激浊扬清③,安敢以盗贼荐耶? 念汝事我久,今予汝钱三百千,汝其去吾门下,自择所安,盖吾既发汝平昔之事,汝宜有愧于吾,而不可复留也。"奴震骇泣拜而去。(卷二)

【注释】

① 班行(háng):本指朝官的位次。此处代指朝官。

② 沾禄:享受官吏薪俸。指做官。

③ 激浊扬清:本指冲去污水,浮起清水。后用以喻斥恶奖善。语出《尸子·君治》:"扬清激浊,荡去滓秽,义也。"

6. 钱惟演访隐者

钱文僖公惟演生贵家①,而文雅乐善出天性。晚年以使相留守西京②,时通判谢绛、掌书记尹洙、留府推官欧阳修,皆一时文士,游宴吟咏,未尝不同。洛下多水竹奇花,凡园囿之胜,无不到者。有郭延卿者,居水南,少与张文定公、吕文穆公游③,累举不第,以文行称于乡闾④。张、吕相继作相,更荐之,得职官,然延卿亦未尝出仕,葺幽亭,艺花卉⑤,足迹不及城市,至是年八十余矣。一日,文僖率僚属往游,去其居一里外,即屏骑从,腰舆张盖而访之⑥,不告以名氏。洛下士族多,过客众,延卿未始出,盖莫知其何人也。但欣然相接,道服对谈而已⑦。数公疏爽闿明⑧,天下之选,延卿笑曰:"陋居罕有过从,而平日所接之人,亦无若数君者。老夫甚惬,愿少留,对花小酌也。"于是以陶樽果蔌而进⑨,文僖爱其野逸,为引满不辞⑩。既而吏报申牌⑪,府史牙兵列庭中⑫,延卿徐曰:"公等何官而从吏之多也?"尹洙指而告曰:"留守相公也。"延卿笑曰:"不图相国肯顾野人。"遂相与大笑。又曰:"尚能饮否?"文僖欣然从之,又数杯。延卿之礼数杯盘,无少加于前,而谈笑自若。日入辞去,延卿送之门,顾曰:"老病不能造谢,希勿讶也。"文僖登车,茫然自失。翌日,语僚属曰:"此真隐者也,彼视富贵为何等物耶?"叹息累日不止。(卷三)

【注释】

① 钱文僖公惟演:字希圣,谥文僖。参见第 135 页第 11 则注释①。

② 以使相留守西京：唐中期称加同中书门下平章事官衔的节度使为使相。宋初因之，以亲王、留守、节度使加侍中、中书令、同平章事者皆谓之使相，实际上不主政事。留守，指古时皇帝出巡或亲征，命大臣督守京城，谓"京城留守"。陪京、行都也设留守，以地方官兼任。宋西京即洛阳。

③ 张文定公、吕文穆公：即张齐贤、吕蒙正。参见第 162 页第 25 则、第 150 页第 10 则注释①。

④ 文行：文章、德行。

⑤ 艺：种植。

⑥ 腰舆张盖：乘坐便舆撑着伞。腰舆，手推的便舆。张盖，打开伞。

⑦ 道服：居家所穿道袍。

⑧ 疏爽闿明：豁达豪爽，乐观开朗。

⑨ 陶樽果蔌（sù）：陶制酒器和水果蔬菜。

⑩ 引满：持壶斟满酒杯。

⑪ 申牌：指下午三时至五时。古代于衙门和驿站前设台报时，按十二时辰推移换牌，故称某时为某牌。

⑫ 府史牙兵：管理财货文书的小吏和卫兵、亲兵。

7. 真宗误迁敏中婿

皇甫泌，向敏中之婿也①，少年纵逸，多外宠，往往涉夜不归。敏中正秉政，每优容之②，而其女抱病甚笃，敏中妻深以为忧，且有恚怒之词③。敏中不得已，具札子乞与泌离婚。一日奏事毕，方欲开陈，真宗圣体似不和，遽离宸座④。敏中迎前奏曰："臣有女婿皇甫泌。"语方至此，真宗连应曰："甚好，甚好，会得⑤。"已还内矣。敏中词不及毕，下殿不觉扰泪⑥，盖莫知圣意如何。已而，传诏中书，皇甫泌特转两官⑦，敏中茫然自失，欲翌日奏论，是夕，女死，竟不能辨直其事也。（卷三）

【注释】

① 向敏中：字常之，开封人。太平兴国五年（980）进士。太宗赏其才，欲大任，累官右谏议大夫、同知枢密院事。真宗即位，拜兵部侍郎、参知政事。咸平四年（1001），以本官同平章事，充集贤殿大学士。后坐事罢为户部侍郎，出知永兴军。大中祥符五年（1012），复拜同平章事，充集贤殿大学士，加中书侍郎。天禧元年（1017），进右仆射兼门下侍郎、监修国史。三年，进左仆射、昭文馆大学士，奉表求解，不许。明年三月卒，年七十二。赠太尉、中书令，谥文简。

② 优容:宽待;宽容。

③ 恚(huì)怒:生气;愤怒。

④ 宸座:帝王的座位。

⑤ 会得:犹言理会了,懂得了。

⑥ 抆(wěn):擦;抹。

⑦ 转两官:指升迁两级官位。

8. 范仲淹收还炼金方

范文正公仲淹少贫悴①,依睢阳朱氏家②,常与一术者游。会术者病笃,使人呼文正而告曰:"吾善炼水银为白金,吾儿幼,不足以付,今以付子。"即以其方与所成白金一斤封志③,内文正怀中④。文正方辞避,而术者气已绝。后十馀年,文正为谏官,术者之子长,呼而告之曰:"而父有神术,昔之死也,以汝尚幼,故俾我收之。今汝成立,当以还汝。"出其方并白金授之,封识宛然。(卷三)

【注释】

① 贫悴:贫穷困苦。

② 依睢阳朱氏家:据《宋史·范仲淹传》,仲淹二岁而孤,母更适长山(今山东邹平市东)朱氏,从其姓。非睢阳(今属河南)朱氏。

③ 封志:封缄并加标记。

④ 内:"纳"的古字。使进入;放入。

9. 欧阳修文章为人所盗

欧阳文忠公修自言,初移滑州,到任,会宋子京曰:"有某大官,颇爱子文,俾我求之。"文忠遂授以近著十篇。又月馀,子京告曰:"某大官得子文读而不甚爱,曰:'何为文格之退也①?'"文忠笑而不答。既而文忠为知制诰,人或传有某大官极称一丘良孙之文章,文忠使人访之,乃前日所投十篇,良孙盗为己文以贽②,而称美之者,即昔日子京所示之某大官也。文忠不欲斥其名③,但大笑而已。未几,文忠出为河北都转运使,见邸报④,丘良孙以献文字,召试拜官,心颇疑之,及得所献,乃令狐挺平日所著之《兵论》也,文忠益叹骇。异时为侍从,因为仁宗道其事,仁宗骇

怒，欲夺良孙官。文忠曰："此乃朝廷已行之命，但当日失于审详，若追夺之，则所失又多也。"仁宗以为然，但发笑者久之。（卷四）

【注释】

① 文格：文章格调。

② 贽：古代初次拜见尊长时所送的礼物。

③ 斥：指明。此处有揭穿的意思。

④ 邸报：古代报纸的通称。参见第60页第7则注释⑥。

10. 阍 吏 执 梃

御史有阍吏①，隶台中四十馀年，事二十馀中丞矣，颇能道其事，尤善评其优劣。每声诺之时②，以所执之梃③，视中丞之贤否，中丞贤则横其梃，中丞不贤则直其梃。此语喧于缙绅，凡为中丞者，唯恐其梃之直也。范讽为中丞，闻望甚峻④，阍吏每声诺，必横其梃。一日，范视事，次日，阍吏报事，范视之，其梃直矣。范大惊，立召问曰："尔梃忽直，岂睹我之失耶？"吏初讳之，苦问，乃言曰："昨日见中丞召客，亲谕庖人以造食，中丞指挥者数四⑤。庖人去，又呼之，复丁宁教诫者，又数四。大凡役人者，授以法而睹其成，苟不如法，有常刑矣⑥，何事喋喋之繁？若使中丞宰天下之事，不止一庖人之任，皆欲如此喋喋，不亦劳而可厌乎？某心鄙之，不知其梃之直也。"范大笑，惭谢，明日视之，梃复横矣。（卷四）

【注释】

① 阍（hūn）吏：守门的小吏。

② 声诺：出声应答。

③ 梃：棍棒。吏卒执勤时所持器具。

④ 闻望：声望；名望。

⑤ 指挥：安排；布置。

⑥ 常刑：一定的刑法。

11. 欧 阳 修 致 仕

欧阳修致仕①，居颍，蔡承禧经由颍上，谒于私第，从容言曰："公德望隆重，朝廷所倚,未及引年而遽此高退②,岂天下所望也?"欧阳公曰:"吾与世多忤,晚年不幸为小人诬蔑,止有进退之节③,不可复令有言而俟逐也④,今日乞身已为晚矣⑤。"小人盖指蒋之奇也⑥。欧阳公在颍,惟衣道服,称六一居士,又为传以自序。(卷四)

【注释】

　　① 欧阳修致仕:神宗熙宁四年(1071),欧阳修以观文殿学士、太子少师致仕,居于颍州(治今安徽阜阳市)。五年闰七月,卒于颍州西湖之滨。赠太子太师,谥文忠。

　　② 引年:古礼,对年老而贤者加以尊养。后用以称年老辞官。此句意谓未到年老就此隐退。

　　③ 进退之节:谓进取退让适宜合度。

　　④ 俟逐:等待放逐。

　　⑤ 乞身:古以做官为委身事君,故称请求辞职为乞身。

　　⑥ 蒋之奇:字颖叔,常州宜兴(今属江苏)人。嘉祐二年(1057)进士,官太常博士。初与欧阳修相善,修荐为御史。神宗立,以浮言劾修,坐失实而贬监道州酒税。后神宗行新法,复起用。徽宗时累官至翰林学士,知枢密院事。据《宋史·欧阳修传》:"修妇弟薛宗孺有憾于修,造帷薄(家门淫乱)不根之谤摧辱之,展转达于中丞彭思永,思永以告之奇,之奇即上章劾修。"

12. 王安国性亮直

　　王安国性亮直,嫉恶太甚。王荆公初为参知政事,闲日因阅读晏元献公小词而笑曰①:"为宰相而作小词,可乎?"平甫曰:"彼亦偶然自喜而为尔,顾其事业岂止如是耶!"时吕惠卿为馆职②,亦在坐,遽曰:"为政必先放郑声,况自为之乎!"平甫正色曰:"放郑声,不若远佞人也③。"吕大以为议己,自是尤与平甫相失也。(卷五)

【注释】

　　① 晏元献公:晏殊,字同叔,抚州临川(今属江西)人。仁宗庆历(1041—1048)中官至集贤殿大学士、同中书门下平章事兼枢密使。谥元献。词擅小令,语言婉丽。

　　② 吕惠卿:字吉甫,泉州晋江(今福建泉州市)人。嘉祐进士。神宗熙宁年间,助王安石推行新法。安石罢相,惠卿任参知政事,继续实施新法。安石再相,两人交恶。出知陈州等地。哲宗即位,劾贬建州。绍圣间知延安府,修米脂等寨抵御西夏。徽宗时又两度遭贬。政和元年(1111)卒,年七十九。赠开府仪同三司。入《宋史·奸臣传一》。

　　③ 放郑声句:此语又见于安国答安石书,载司马光《涑水记闻》卷十六,事不同。参见第178

页第 47 则。

13. 靸 鞋 之 礼

翰林故事,学士每白事于中书,皆公服靸鞋坐玉堂①,使院吏入白,学士至,丞相出迎,然此礼不行久矣。章惇为知制诰直学士院②,力欲行之。会一日,两制俱白事于中书③,其中学士皆鞹足秉笏④,而惇独散手靸鞋。翰林故事,十废七八,忽行此礼,大喧物议⑤,而中丞邓绾尤肆诋毁。既而罢惇直院,而靸鞋之礼,后亦无肯行之者。(卷五)

【注释】

①公服靸(sǎ)鞋坐玉堂:身着官服,脚穿拖鞋,坐于翰林院堂上。靸鞋,拖鞋;无后帮之鞋。玉堂,宋称翰林院为玉堂。

②章惇:字子厚,建州浦城(今属福建)人。举进士。熙宁初,王安石秉政,悦其才,用为编修三司条例官。旋又命为湖南北察防使,以戡乱有功,擢知制诰、直学院士判军器监,命为三司使。元丰三年(1080),拜参知政事。哲宗即位,知枢密院事。与司马光、吕公著等力争新法不可废罢,黜知汝州。绍圣元年(1094),哲宗亲政,起惇为尚书左仆射兼门下侍郎,力排元祐党人,恢复新法。徽宗立,迁惇特进,封申国公。然以尝反对议立徽宗,贬逐于外,至崇宁四年(1105)卒。入《宋史·奸臣传一》。

③两制:内制、外制。指翰林学士和中书舍人。

④鞹(kuò)足秉笏(hù):穿皮靴,执笏板。鞹,去毛的兽皮。笏,大臣朝会时所持手板,用玉、象牙或竹制成,以记事。

⑤大喧物议:犹言"舆论哗然"。

14. 邓 绾 阿 党

熙宁八年,王荆公再秉政①,既逐吕惠卿,而门下之人复为谀媚以自安。而荆公上告求去尤切,有练亨甫者谓中丞邓绾曰:"公何不言于上,以殊礼待宰相,则庶几可留也。所谓殊礼者,以丞相之子雱为枢密使,诸弟皆为两制,婿侄皆馆职,京师赐第宅田邸,则为礼备矣。"绾一一如所戒而言,上察知其阿党②,亦颔之而已。一日,荆公复于上前求去,上曰:"卿勉为朕留,朕当一一如卿所欲,但未有一稳便第宅耳③。"荆公骇曰："臣有何欲,而何为赐第?"上笑而不答。翌日,荆公悬请其由,上出绾所上章,荆公即乞推劾④。先是,绾欲用其党方扬为台官⑤,惧不厌人望,乃并彭汝砺而荐之,其实意在扬也。无何⑥,上黜彭汝砺,绾遽表言："臣素不知汝砺之为人,昨所举卤莽,乞不行前状。"即此二事,上察见其奸,遂落绾中丞,以本官知虢州。亨甫夺校书,为漳州推官。绾《制》曰⑦："操心颇僻,赋性奸回⑧。论士荐人,不循分守。"又曰："朕之待汝者,义形于色;汝之事朕者,志在于邪。"盖谓是也。(卷六)

【注释】

① 王荆公再秉政:熙宁二年(1069),神宗任王安石为参知政事,次年为宰相,实施新法。七年,新政推行遇阻,王安石罢相。吕惠卿任参知政事,继续推行新法。八年,王安石再相,王、吕交恶,吕贬陈州等地。九年,王安石再罢相,退居江宁(今江苏南京),封荆国公。

② 阿(ē)党:逢迎上意,徇私枉法;比附于下,结党营私。

③ 稳便:恰当;方便。此处是合适的意思。

④ 推劾:审问。

⑤ 台官:唐宋御史台长官的统称。

⑥ 无何:不久;不多时。

⑦ 制:此处指帝王任免官员的命令。

⑧ 赋性奸回:品性奸恶邪僻。

15. 苗振倒绷孩儿

苗振以第四人及第,既而召试馆职。一日,谒晏丞相,晏语之曰："君久从吏事,必疏笔砚,今将就试,宜稍温习也。"振率然答曰："岂有三十年为老娘,而倒绷孩儿者乎①?"晏公俯而哂之。既而试《泽宫选士赋》②,韵押有王字,振押之曰："率土之滨莫非王③。"由是不中选。晏公闻而笑曰："苗君竟倒绷孩儿矣。"(卷七)

【注释】

① 倒绷孩儿:接生婆把婴孩包扎倒了。比喻多年老手,对平素熟习之事一时失误。

② 泽宫:古代习射选士之处。

③ 率土之滨莫非王:原为"率土之滨,莫非王臣",语见《诗经·小雅·北山》。意谓境域之

内,没有不是君王的臣民。文中苗振漏一"臣"字,意义大变。

16. 麟 州 沙 泉

　　麟州据河外①,扼西夏之冲②,但城中无井,惟有一沙泉,在城外,其地善崩,俗谓之抽沙,每欲包展入壁③,而土陷不可城。庆历中,有戎人白元昊云:"麟州无井,若围之,半月即兵民渴死矣。"元昊即以兵围之,数日不解,城中大窘,有军士献策曰:"彼围不解,必以无水穷我。今愿取沟泥,使人乘高以泥草积④,使贼见之,亦伐谋之一端也⑤。"州将从之。元昊望见,遽诘献策戎人曰:"尔言无井,今乃有泥以护草积何也?"即斩戎人而解去。此时虽幸脱,然终以无水为忧。熙宁中,吕公弼帅河东,令勾当公事邓子乔往相其地⑥,子乔曰:"古有拔轴法⑦,谓掘去抽沙,而实以炭末,堇土即其上⑧,可以筑城,城亦不复崩矣。愿用是法,包展沙泉,使在城内,则此州可守也。"吕从之,于是人兴板筑⑨,而包沙泉入城,至今城坚不陷,而新秦可守矣⑩。(卷八)

【注释】

　　① 河外:指黄河中游以西地区,今陕西、内蒙与山西邻接处。

　　② 冲:要冲;要道。

　　③ 包展入壁:扩展而围入城墙内。壁,军营的围墙。

　　④ 乘高以泥草积:登高糊泥于草堆上。用于保护干草。

　　⑤ 伐谋:破坏敌方施展的谋略。

　　⑥ 勾当(gòu dàng)公事:职衔名。宋时以称各路属官。南宋因避高宗赵构名讳,改称"干办公事"或"干当"。

　　⑦ 拔轴法:古代建筑打地基的一种方法。

　　⑧ 堇(jìn):(用泥土)填塞。

　　⑨ 板筑:筑墙用具。板,夹板。筑,杵。筑墙时,以两板相夹,填土于其中,用杵捣实。此处泛指筑城或筑墙。

　　⑩ 新秦:麟州治所(今陕西神木县北)。

17. 刘 彝 善 政

　　刘彝所至多善政①,其知虔州也,会江西饥歉②,民多弃子于道上,彝揭榜通衢③,

召人收养,日给广惠仓米二升④,每月一次,抱至官中看视。又推行于县镇,细民利二升之给⑤,皆为子养⑥,故一境凡弃子无夭阏者⑦。一日,谒曾鲁公公亮⑧,鲁公曰:"久知都官治状⑨,屡欲进擢,然议论有所不合,姑少迟之,吾终不忘也。"彝曰:"士之淹速诎伸⑩,亦皆有命。今姓名已蒙记怀,而尚屈于不合之论,亦某之命也。"鲁公叹曰:"比来士大夫见执政⑪,未始不有求,求而不得,即多归怨,而君乃引命自安。吾待罪政府行十年⑫,未见如君之言。"(卷九)

【注释】

① 刘彝:字执中,福州人。进士及第。熙宁初为制置三司条例官属,以言新法非便,罢。善治水,除都水丞。后为两浙转运判官、知处州,加直史馆、知桂州。交趾陷钦、廉、邕三州,坐贬。元祐初复以都水丞召还,卒于道,年七十。

② 饥歉:庄稼歉收;缺粮。

③ 揭榜通衢:在交通要道上张贴告示。通衢,四通八达的道路。

④ 广惠仓:救济粮仓名。宋仁宗嘉祐二年(1057)置。由各路官府拨出一部分没收充公的田地,募民承佃,以所收租另仓贮存,作为社会救济之用。

⑤ 细民利二升之给:平民百姓贪爱二升米的供给。细民,平民。利,贪爱,喜好。

⑥ 子养:养育。

⑦ 夭阏(è):夭亡;夭折。

⑧ 曾公亮:字明仲,泉州晋江(今福建泉州市)人。举进士甲科。治州县有政绩。嘉祐六年(1061)拜吏部侍郎、同中书门下平章事、集贤殿大学士,与韩琦共事,以熟悉法令典章著称。晚年荐举王安石,同辅政。熙宁二年(1069),进昭文馆大学士,累封鲁国公,以老避位,加太保致仕。元丰元年(1078)卒,年八十。赠太师、中书令,谥宣靖。

⑨ 都官:唐宋时称尚书省刑部都官司郎中、员外郎为都官。宋前期无职事,为文臣迁转寄禄官阶。

⑩ 淹速诎伸:迟速曲直。此处指仕途上的进退浮沉。

⑪ 比来:从前;原来。

⑫ 待罪:官员任职的谦称,意谓不胜其职而将获罪。

18. 长者吕居简

庆历中,吕许公夷简罢政事,以司徒归第,拜晏元献公殊、章郇公得象为相,又以谏官欧阳修、余靖上疏，罢夏竦枢密使，其他升拜不一。是时，石介为国子监直讲，献《庆历圣德颂》，褒贬甚峻，而于夏竦尤极诋斥，至目之为不肖，及有"手锄奸枿"之句①。颂出，泰山孙复谓介曰："子之祸自此始矣。"未几，党议起，介在指名②，遂罢监事，通判濮州，归徂徕山而病卒③。会山东举子孔直温谋反，或言直温尝从介学，于是夏英公言于仁宗曰："介实不死，北走胡矣。"寻有旨编管介妻子于江淮④，又出中使与京东部刺史发介棺以验虚实。是时，吕居简为京东转运使⑤，谓中使曰："若发棺空，而介果北走，则虽孥戮不足以为酷⑥。万一介尸在，未尝叛去，即是朝廷无故剖人冢墓，何以示后世耶？"中使曰："诚如金部言⑦，然则若之何以应中旨？"居简曰："介之死，必有棺敛之人，又内外亲族及会葬门生无虑数百，至于举柩窆棺⑧，必用凶肆之人⑨，今皆檄召至此，劾问之，苟无异说，即皆令具军令状，以保任之，亦足以应诏也。"中使大以为然，遂自介亲属及门人姜潜已下并凶肆棺敛舁柩之人合数百状⑩，皆结罪保证⑪，中使持以入奏，仁宗亦悟竦之谮，寻有旨放介妻子还乡，而世以居简为长者。（卷九）

【注释】

① 奸枿(niè)：又作"奸蘖""奸孽"。喻奸邪不正之人。枿，树木砍伐后萌生的新芽或分枝。

② 指名：指出姓名。

③ 徂徕山：在今山东泰安市南。石介乃兖州奉符(今山东泰安市)人。

④ 编管介妻子于江淮：把石介妻与子流放到江淮，编入该地户籍，加以管束。参见第171页第36则注释⑩。

⑤ 吕居简：宋许国公、赠中书令吕蒙正之子。进士及第。仕仁宗、英宗、神宗三朝，累官龙图阁直学士、尚书兵部侍郎，封开国公。熙宁三年(1070)十二月卒。

⑥ 孥戮(nú lù)：诛及子孙。

⑦ 金部：官名。属户部，掌库藏、金宝、货物、权衡、度量等事。

⑧ 举柩窆(biǎn)棺：指抬棺下葬。

⑨ 凶肆：出售丧葬用物的店铺。

⑩ 舁(yú)：共同抬东西。

⑪ 结罪保证：签押表明负责或承认了结的字据。如"所言如虚，甘罪不辞，执结是实"。

19. 曾布应对斥词

曾布以翰林学士权三司使，坐言市易事落职①，知饶州。舍人许将当制，颇多斥词,制下,将往见曾而告:"始得词头②,深欲缴纳③,又思之,衅隙如此④,不过同贬耳,于公无所益也,遂黾勉为之⑤。然其中语言颇经改易,公他日当自知也。"曾曰:"君不闻宋子京之事乎?昔晏元献公当国,子京为翰林学士,晏爱宋之才,雅欲旦夕相见⑥,遂税一第于旁近⑦,延居之,其亲密如此。遇中秋,晏公启宴,召宋,出妓,饮酒赋诗,达旦方罢。翌日罢相,宋当草词,颇极诋斥,至有'广营产以殖私,多役兵而规利⑧'之语。方子京挥毫之际,昨夕馀酲尚在⑨,左右观者亦骇叹。盖此事由来久矣,何足校耶!"许亦怃然而去⑩。(卷十)

【注释】

① 坐言市易事落职:神宗熙宁七年(1074),曾布因驳吕嘉问以市易法搜括,忤王安石、吕惠卿,黜知饶州(治今江西上饶市鄱阳县)。市易法,王安石新法之一。熙宁五年(1072),王安石于汴京设都市易司,边境和重要城市设市易司(务),任务有:用官钱平价收购市场滞销货物,待市场缺货时卖出;借贷官钱或赊售货物给商贩,收取一定的利息;采购官府所需物资等。元丰八年(1085)后陆续废除。

② 词头:朝廷命词臣撰拟诏敕时的摘由或提要。

③ 缴纳:交付;交纳。此句意谓很想交付上去,不撰拟这个命令。

④ 衅(xìn)隙:裂痕;隔阂。

⑤ 黾(mǐn)勉:勉强。

⑥ 雅:甚;颇。

⑦ 税:租赁;租借。

⑧ 规利:谋求利益。

⑨ 馀酲(chéng):宿醉。

⑩ 怃然:茫然自失貌。

20. 陆东人面上起草

有朝士陆东,通判苏州而权州事,因断流罪①,命黥其面②,曰:"特刺配某州牢城③。"黥毕,幕中相与白曰:"凡言特者,罪不至是,而出于朝廷一时之旨。今此人应配矣,又特者,非有司所得行。"东大恐,即改"特刺"字,为"准条"字④,再黥之,颇为人所笑。后有荐东之才于两府者,石参政闻之,曰:"吾知其人矣,得非权苏州日,于人面上起草者乎?"(卷十)

【注释】

① 流罪：谓处以流放的刑罚。

② 黥(qíng)：在面额上刺字并涂以墨，用作刑罚。

③ 牢城：宋时囚禁流配罪犯之所。

④ 准条：依照法令条文。

21. 刘攽误中人讳

刘攽、刘恕同在馆下①，攽一日问恕曰："前日闻君猛雨中往州西，何耶？"恕曰："我访丁君，闲冷无人过从，我故冒雨往见也。"攽曰："丁方判刑部②，子得非有所请求耶③？"恕勃然大怒，至于诟骂。攽曰："我偶与子戏耳，何忿之深也。"然终不解，同列亦惘然莫测。异时，方知是日恕实有请求于丁，攽初不知，误中其讳耳④。（卷十一）

【注释】

① 刘攽、刘恕：攽，字贡父，号公非，临江新喻（今江西新余市）人。庆历进士。为州县官二十年，迁国子监直讲。因反王安石新法，出为地方官。官至中书舍人。助司马光修《资治通鉴》，专任汉代部分。恕，字道原（一作"道源"），筠州（治今江西宜春市高安市）人。官至秘书丞。恕笃好史学，据《宋史》本传："司马光编次《资治通鉴》，英宗命自择馆阁英才共修之。光对曰：'馆阁文学之士诚多，至于专精史学，臣得而知者，唯刘恕耳。'"

② 判：署理；兼摄。唐宋官制，由高官兼任低职位官称判。

③ 得非：莫非；莫不是。

④ 讳：指需避忌的事情。

22. 锺离君嫁前令之女

余为儿童时，尝闻祖母集庆郡太守陈夫人言：江南有国日①，有县令锺离君，与邻县令许君结姻。锺离女将出适②，买一婢以从嫁。一日，其婢执箕帚治地，至堂前，熟视地之宨处③，恻然泣下。锺离君适见，怪问之，婢泣曰："幼时我父于此穴地为球窝④，道我戏剧⑤，岁久矣，而宨处未改也。"锺离君惊曰："而父何人？"婢曰："我父乃两考前县令也⑥，身死家破，我遂流落民间，而更卖为婢。"锺离君遽呼牙侩问之⑦,复质于老吏,得其实。是时,许令子纳采有日⑧,锺离君遽以书抵许令而止其子,且曰:"吾买婢得前令之女,吾特怜而悲之。义不可久辱,当辍吾女之奁篚⑨,先求婿以嫁前令之女也。更俟一年,别为女营办嫁资,以归君子,可乎?"许君答书曰:"蘧伯玉耻独为君子⑩,君何自专仁义?愿以前令之女配吾子,然后君别求良婿,以嫁君女。"于是前令之女卒归许氏。祖母语毕,叹曰:"此等事,前辈之所常行,今则不复见矣。"余时尚幼,恨不记二令之名,姑书其事,亦足以激天下之义也。(卷十二)

【注释】

① 江南有国日:指南唐国未灭时。

② 出适:出嫁。

③ 窊(wā):同"洼",凹陷。

④ 球窝:球洞。用于击球入洞的游戏。

⑤ 道(dǎo)我戏剧:训导我游戏。

⑥ 考:古代官吏任期内成绩考核,以决定黜陟。一考或数考为一任。此处的两考指两任。

⑦ 牙侩:即牙人。买卖中间人。

⑧ 纳采:男方向女方送求婚礼物。

⑨ 奁篚(lián fěi):嫁妆。

⑩ 蘧(Qú)伯玉:名瑗,字伯玉,春秋卫大夫。年五十而知四十九年非,后因以"蘧瑗知非"为不断迁善改过之典。孔子过卫,曾寄居其家。

23. 荆公拜相书诗于窗

熙宁庚戌冬①,荆公自参知政事拜同中书门下平章事、史馆大学士。是日,百官造门奔贺者无虑数百人②,荆公以未谢恩,皆不见之,独与余坐西庑之小阁。荆公语次③,忽颦蹙久之④,取笔书窗曰:"霜筠雪竹钟山寺,投老归与寄此生⑤。"放笔揖余而入。后三年,公罢相知金陵。明年,复拜昭文馆大学士。又明年,再出判金陵,遂纳节辞平章事⑥,又乞宫观⑦,久之,得会灵观使⑧,遂筑第于南门外。元丰癸亥春,余谒公于第,公遽邀余同游钟山,憩法云寺,偶坐于僧房,余因为公道平昔之事及诵书窗之诗,公怃然曰:"有是乎!"微笑而已。(卷十二)

【注释】

① 熙宁庚戌：宋神宗熙宁三年（1070）。

② 无虑：大约；总共。

③ 语次：交谈之间。

④ 颦蹙(pín cù)：皱眉。

⑤ 投老：告老。指年老辞职。

⑥ 纳节：交还朝廷所赐的旌节。借指辞官。

⑦ 宫观：官名。宋宫观本为崇奉道教而设，真宗大中祥符五年（1012）建玉清昭应宫，始设宫观使，以前任宰相或现任宰相充任，后用来安置闲散官员，无实职。

⑧ 会灵观使：宋制，大臣罢职，令管理道教宫观，以示优礼，无职事，但借名食俸，谓之"祠禄"。宋会灵观，真宗时与玉清昭应宫同建，七年乃成。参见第 136 页第 12 则注释②。

24. 四 人 谈 诗

沈括存中、吕惠卿吉甫、王存正仲、李常公择，治平中，同在馆下谈诗，存中曰："韩退之诗，乃押韵之文耳，虽健美富赡，而终不近古。"吉甫曰："诗正当如是，我谓诗人以来，未有如退之也。"正仲是存中，公择是吉甫，四人者交相诘难，久而不决，公择忽正色而谓正仲曰："君子群而不党①，君何党存中也？"正仲勃然曰："我所见如是耳，顾岂党耶②？以我偶同存中，遂谓之党，然则君非吉甫之党乎？"一坐皆大笑。余每评诗亦多与存中合。顷年尝与王荆公评诗，余谓凡为诗，当使挹之而源不穷③，咀之而味愈长，至如欧阳永叔之诗，才力敏迈，句亦健美，但恨其少馀味耳。荆公曰："不然，如'行人仰头飞鸟惊'之句，亦可谓有味矣。"然余至今思之，不见此句之佳，亦竟莫原荆公之意④，信乎所言之殊，不可强同也。（卷十二）

【注释】

① 群而不党：和以处众而不阿私。语见《论语·卫灵公》："君子矜而不争，群而不党。"

② 顾：却。

③ 挹：舀。

④ 原：推究；研究。

25. 刘沆欲荐刁约

刘沆为集贤相①,欲以刁约为三司判官,与首台陈恭公议不合②,刘再三言之,恭公始允。一日,刘作奏札子,怀之,与恭公上殿,未及有言,而仁宗曰:"益州重地,谁可守者?"二相未对,仁宗曰:"知定州宋祁,其人也③。"陈恭公曰:"益俗奢侈,宋喜游宴,恐非所宜。"仁宗曰:"至如刁约荒饮无度,犹在馆,宋祁有何不可知益州也?"刘公惘然惊惧,于是宋知成都,而不敢以约荐焉。(卷十三)

【注释】

① 刘沆:字冲之,吉州永新(今属江西吉安市)人。天圣八年(1030)进士第二人。仁宗时,官至参知政事、同中书门下平章事。在相位七年,以"长于吏事"称。嘉祐元年(1056),为御史中丞张昪所论,罢知应天府,又徙知陈州。 集贤相:指末相。宋前期以同中书门下平章事、昭文馆大学士为首相,简称"昭文相";以同中书门下平章事、监修国史为亚相,简称"史馆相";以同中书门下平章事、集贤殿大学士为末相,简称"集贤相"。

② 首台:首相。

③ 其:那;那个。此句意谓就是那个人。

26. 范仲淹劝学

范文正公在睢阳掌学①,有孙秀才者索游上谒②,文正赠钱一千。明年,孙生复道睢阳谒文正,又赠一千,因问:"何为汲汲于道路③?"孙秀才戚然动色曰:"老母无以养,若日得百钱,则甘旨足矣④。"文正曰:"吾观子辞气⑤,非乞客也,二年仆仆⑥,所得几何,而废学多矣。吾今补子为学职,月可得三千以供养,子能安于为学乎?"孙生再拜大喜。于是授以《春秋》,而孙生笃学不舍昼夜,行复修谨⑦,文正甚爱之。明年,文正去睢阳,孙亦辞归。后十年,闻泰山下有孙明复先生以《春秋》教授学者,道德高迈,朝廷召至太学,乃昔日索游孙秀才也。文正叹曰:"贫之为累亦大矣,倘因循索米至老,则虽人才如孙明复者,犹将汨没而不见也⑧。"(卷十四)

【注释】

① 睢阳(今河南商丘市南):宋改南京,应天府治所。 掌学:掌管学校。此处是掌管府学。

② 索游上谒：奔走索讨于尊长之门。上谒，通名进见尊长。

③ 汲汲：心情急切貌。

④ 甘旨：养亲的食物。

⑤ 辞气：语气；口气。

⑥ 仆仆：奔走劳顿貌。

⑦ 行复修谨：行事又谨慎守礼。

⑧ 汩没（gǔ mò）：埋没。

27. 宋祁半臂忍寒

宋子京博学能文章，天资蕴藉①，好游宴，以矜持自喜②。晚年知成都府，带《唐书》于本任刊修③，每宴罢，盥漱毕，开寝门，垂帘，燃二椽烛④，媵婢夹侍⑤，和墨伸纸，远近观者，皆知尚书修《唐书》矣，望之如神仙焉。多内宠，后庭曳罗绮者甚众⑥，尝宴于锦江，偶微寒，命取半臂⑦，诸婢各送一枚，凡十馀枚皆至。子京视之茫然，恐有厚薄之嫌，竟不敢服，忍冷而归。（卷十五）

【注释】

① 蕴藉（jiè）：宽厚而有涵养。

② 矜持自喜：保持庄重而自我欣赏。

③ 刊修：修正。宋祁与欧阳修等合修《新唐书》，撰写列传部分。书成，进工部尚书，拜翰林学士承旨。

④ 椽烛：如椽之烛。指大烛。

⑤ 媵（yìng）婢：随嫁的婢妾。

⑥ 曳罗绮者：指衣着华贵的女子。罗绮，借指丝绸衣裳。

⑦ 半臂：短袖或无袖上衣。成语“半臂忍寒”即出典于本则故事，比喻面对各方优惠而左右为难，只好忍痛放弃。

28. 欧晏相轻

欧阳文忠素与晏公无它①，但自即席赋雪诗后②，稍稍相失。晏一日指韩愈画像语坐客曰：“此貌大类欧阳修，安知修非愈之后也。吾重修文章，不重它为人。”

欧阳亦每谓人曰："晏公小词最佳,诗次之,文又次于诗,其为人又次于文也。"岂文人相轻而然耶？（佚文）

【注释】

① 无它：亦作"无他"。没有别的。

② 即席赋雪诗：据《苕溪渔隐丛话》卷二十六引《隐居诗话》："晏元献殊作枢密使,一日,雪中退朝,客次有二客,乃欧阳学士修、陆学士经,元献喜曰：'雪中诗人见过,不可不饮也。'因置酒共赏,即席赋诗。是时西师未解,欧阳修句有'主人与国共休戚,不惟喜乐将丰登。须怜铁甲冷彻骨,四十馀万屯边兵。'元献怏然不悦,尝语人曰：'裴度也曾燕客,韩愈也会做文章,但言园林穷胜事,钟鼓乐清时,却不曾恁地作闹。'"又,《侯鲭录》卷四："晏元献公作相,因雪设客,如欧阳文忠公辈在坐。时西方用兵,欧公有诗曰：'可怜铁甲冷彻骨,四十馀万屯边兵。'次日,蔡襄遂言其事,晏坐此罢相。公曰：'唐裴度作相,亦曾邀文士饮,如退之但作诗曰："园林穷胜事,钟鼓乐清时。"几曾如此合闹。'"

玉壶清话

[宋]文莹

《玉壶清话》十卷，宋释文莹撰。文莹字道温，钱塘（今浙江杭州市）人。约生活于真宗至神宗朝期间。尝居西湖之菩提寺，后又隐于荆州（今属湖北）之金銮寺。颇负诗名，喜藏书，交游尽馆殿名士。

《玉壶清话》撰于神宗元丰元年（1078），主要记载五代末、北宋初传闻轶事。作者身为释家，又不与仕宦，所记未免偶疏考证。然是书亦有可观之处，其序云："倾十纪之文字，聚众学之醇郁。君臣行事之迹，礼乐宪章之范，鸿勋盛美，列圣大业，关累世之隆替，截四海之见闻。惜其散在众帙，世不能尽见，因取其未闻而有劝者，聚为一家之书。"故大致则多能取信。书名又作《玉壶野史》。玉壶，作者自云"隐居之潭也"，当在荆州金銮寺左近。另撰有《湘山野录》三卷及《续录》一卷。

选文标题为编者所拟。

1. 太宗托欹器以规苏易简

　　苏翰林易简一日直禁林①，得江南徐邈所造欹器②，遂以水试于玉堂③。一小珰传宣于公④，见之，不识其名，因密奏。既晓，太宗召对，问曰："卿所玩者，得非欹器乎？"公奏曰："然。"亟取进之于便坐⑤，上亲试之以水，或增损一丝许，器则随欹，合其中，则凝然不摇。上叹曰："真圣人切诚之器也。"公奏曰："愿陛下执大宝神器⑥，持盈守成⑦，皆如此器，则王者之业可与天地同矣。"上徐笑谓公曰："若腹之容酒，得此器之节，安有沈湎之过耶？"盖公尝嗜饮过中，故托此以规之。易简泣谢惭佩，上亲撰《欹器铭》及草书《诫酒诗》以赐焉。（卷一）

【注释】

　　① 苏易简：字太简，梓州铜山（治今四川中江县广福镇）人。太平兴国五年（980），举进士，擢冠甲科。解褐为将作监丞，通判昇州，迁左赞善大夫。八年，以右拾遗知制诰。雍熙三年（986），充翰林学士。淳化二年（991），迁中书舍人，充承旨。俄知审刑院，掌吏部选。四年，迁给事中、参知政事。至道元年（995），以礼部侍郎出知邓州，移陈州。二年卒，年三十九。赠礼部尚书。　直禁林：入值翰林院。

　　② 徐邈：南唐大臣。封桂阳郡公。　欹（qī）器：古代一种倾斜易覆的盛水器。水空则倾，中则正，满则覆。人君可置于座右以为戒。《韩诗外传》卷三："孔子观于周庙，有欹器焉。孔子问于守庙者曰：'此谓何器也？'对曰：'此盖为宥座之器。'"

　　③ 玉堂：指翰林院。《宋史·苏易简传》："帝尝以轻绡飞白大书'玉堂之署'四字，令易简榜于厅额。"

　　④ 小珰（dāng）：小宦官。汉代宦官帽饰有黄金珰，后用以代指宦官。

　　⑤ 便坐：别室，厢房。

　　⑥ 大宝：帝位。《周易·系辞下》："圣人之大宝曰位。"

　　⑦ 持盈守成：保持已成的盛业。《宋史·苏易简传》："他日，易简直禁中，以水试欹器。上密闻之，因晚朝，问曰：'卿所玩得非欹器耶？'易简曰：'然，江南徐邈所作也。'命取试之。易简奏曰：'臣闻日中则昃，月满则亏，器盈则覆，物盛则衰。愿陛下持盈守成，慎终如始，以固丕基，则天下幸甚。'"

2. 太宗建秘阁

　　兴国中，太宗建秘阁，选三馆书以置焉①，命参政李至专掌。一日，李昉、宋琪、徐铉三学士叩新阁求书以观,至性畏慎,拒曰:“扃钥诚某所掌^②,签函巾幂^③,严秘难启,奈诸君非所职,窃窥不便。”三人者笑谓至曰:“请无虑,主上文明,吾辈苟以观书得罪,不犹愈他咎乎^④!”因强拉秘钥启窥。至密遣阁吏闻奏。上知之,亟走就阁赐饮,仍令尽出图籍古画,赐昉等纵观。昉上言:“请升秘阁于三馆之次。”从之。仍以飞白阁额赐之^⑤,及赐草书《千字文》。至请勒石,上曰:“《千字文》本无稽^⑥,梁武帝得锺繇破碑^⑦,爱其书,命周兴嗣次韵而成之,文理无足取。夫孝为百行之本,卿果欲勒石,朕不惜为卿写《孝经》本刻于阁壸^⑧,以敦教化也。”(卷一)

【注释】

① 三馆:指昭文馆、史馆、集贤院。

② 扃钥:门户锁钥。

③ 签函:书卷的签牌与封套。泛指书籍。 巾幂:覆盖、裹扎器物的巾。

④ 不犹愈他咎:意谓不可能超过其他过错。

⑤ 飞白:亦作“飞白书”。一种特殊的书法。笔画中丝丝露白,像枯笔所写。多见于汉魏宫阙题字。《尚书故实》:“飞白书始于蔡邕,在鸿门见匠人施垩帚,遂创意焉。”

⑥ 无稽:无从考究;没有根据。《千字文》编辑经过,《梁书》和唐人著作均见载。《梁书·周兴嗣传》:“次韵王羲之书千字,并使兴嗣为文。”记述甚略。而唐李绰《尚书故实》所言颇详,曰:“千字文,梁周兴嗣编次。而有王右军书者,人皆不晓其始。乃梁武教诸王书,令殷铁石于大王书中拓一千字不重者,每字片纸,杂碎无序。武帝召兴嗣谓曰:‘卿有才思,为我韵之。’兴嗣一夕编缀进上,鬓发皆白,而赏赐甚厚。”

⑦ 锺繇:字元常,颍川长社(今河南长葛市东北)人。三国魏大臣。工书,尤精于隶、楷。与晋王羲之并称“钟王”。《千字文》编次,从王羲之书中拓一千字说法较早,而从钟繇碑中拓字一说,始于此。

⑧ 阁壸(kǔn):又作“壸阁”。 闺阁:闺房。

3. 曹 彬 事 迹

曹武惠彬始生^①,周晬日^②,父母以百玩之具罗于席,观其所取。武惠左手捉干戈,右手取俎豆^③。斯须取一印,馀无所视。后果为枢密、使相^④,卒赠济阳王,配享帝食。公虽兼将相之领,不以爵禄自大。造门者,皆降庑而揖^⑤。不名呼下吏,吏之禀白者,虽剧暑,不冠不与见。伐江南、西蜀二国,诸将皆稇载而归^⑥,惟公但图

史衮簟而已。为藩帅，中途遇朝绅⑦，必引车为避。过市，戢其传呼⑧，戒导吏去马不得越十轮⑨，恐壅遏市井。性仁恕，清慎无挠⑩，强记，善谈论。清白如寒儒，宅帑无十日之畜，至坐武帐，止衣弋绨䌷袍、素胡床而已⑪。征幽州，偶失律于涿鹿⑫，素服待罪。赵参政昌言请案诛。朝廷察之，止责右骁卫上将军，未几遂起。赵参政自延安还，因事被劾于尚书省，久不许见。时公已复密使⑬，三抗疏，力雪之，方许朝谒。士论叹伏。子璨，天禧三年授使相，拜制未久而卒⑭。（卷一）

【注释】

① 曹武惠彬：曹彬，字国华，真定灵寿（今属河北）人。后周皇戚，曾官河中都监、晋州兵马都监。入宋，改左神武将军，兼枢密承旨。征讨四方，屡建战功。乾德二年（964）冬，以都监伐后蜀，诸将多取子女玉帛，彬橐中唯图书、衣衾而已。开宝七年（974）九月，奉诏以昇州西南面行营都部署统军十万伐南唐，明年十一月克金陵，李煜降。未几，拜枢密使、检校太尉、忠武军节度使。卒谥武惠。赠中书令，追封济阳郡王。

② 周晬（zuì）：小儿周岁。

③ 俎豆：古代祭祀、宴飨时盛食物所用两种礼器。亦泛指各种礼器。

④ 使相：宋以亲王、留守、节度使加侍中、中书令、同平章事者，皆谓之使相。参见第197页第6则注释②。

⑤ 降庑而揖：下堂到廊屋外恭迎。

⑥ 稛（kǔn）载：又作"梱载"。以绳束财物，载置车上。亦指满载、重载。

⑦ 朝绅：本指束朝服的大带。此处借指朝廷大臣或曾任朝官退居乡间的绅士。

⑧ 戢：收敛；约束。

⑨ 导吏：担任前导的小吏。　十轮：十辆车。

⑩ 清慎无挠：清廉谨慎、不曲不折。

⑪ 弋绨（tì）䌷（zhù）袍：弋绨，黑色粗厚的丝织品。䌷袍，苎麻布袍。

⑫ 失律于涿鹿：在涿州军行无纪律。指雍熙三年（986），曹彬将幽州行营前军马步水陆之师，与潘美等北伐，分路进讨契丹。几月间，破涿州，连下州县。及彬次涿州，旬日食尽，因退师雄州以援馈饷。太宗亟遣使止彬勿前，命引军与米信军会合。时彬部下诸将，闻别路宋军累建功，本路握重兵不能有所攻取，谋议蜂起。彬不得已，乃复裹粮再往攻涿州。契丹大众当前，时方炎暑，军士乏困，粮且尽，溃败。彬等具伏违诏失律之罪，责授右骁卫上将军。参见《宋史·曹彬传》。

⑬ 密使：枢密使。《宋史·曹彬传》："真宗即位，复检校太师、同平章事。数月，召拜枢密使。"

⑭ 拜制：指接受任命。

4. 黄夷简使于朝

黄夷简闲雅有诗名,在钱忠懿王俶幕中陪尊俎二十年①。开宝初,太祖赐俶开吴镇越崇文耀武功臣②,遣夷简谢于朝。将归,上谓夷简曰:"归语元帅③,朕已于薰风门外建离宫④,规模华壮,不减江浙,兼赐名'礼贤宅',以待李煜与元帅,先朝者即赐之。今煜崛彊不朝⑤,吾将讨之,元帅助我乎? 无为他谋所惑,果然,则将以精兵坚甲奉赐。向克常州⑥,元帅有大功。俟江南平,可暂来相见否? 无他,但一慰延想尔,固不久留。朕执圭币三见于天矣⑦,岂敢自诬? 即当遣还也。"夷简受天语,俯首而归,私自筹曰:"兹事大难,王或果以去就之计见决于我,胡以为对?"殆归⑧,见俶,因不匿,尽以天训授之,遂称疾于安溪别墅⑨,保身潜遁。夷简《山居》诗有"宿雨一番蔬甲嫩,春山几焙茗旗香"之句,雅喜治释⑩。咸平中,归朝为光禄少卿⑪,后以寿终焉。(卷一)

【注释】

① 钱忠懿王俶:钱俶,吴越国第五代主。钱镠之孙。初名弘俶,字文德。降宋后,因犯太祖父偏讳,改名俶。宋平南唐,曾出兵策应。后仍为吴越国王。累受宋封为邓王。端拱元年(988)八月卒,追封秦国王,谥忠懿。吴越,五代时十国之一。后梁开平元年(907),钱镠封吴越国王,建都杭州。宋太宗太平兴国三年(978),钱俶献所据两浙十三州之地降宋。历五主,共七十二年。 尊俎:盛酒肉器皿。尊,盛酒器;俎,置肉之几。代称宴席。"陪尊俎",意即入为幕僚。

② 太祖赐俶句:开宝五年(972),宋太祖改赐钱俶"开吴镇越崇文耀武宣德守道功臣"。此前,乾德元年(963),钱俶来贡,赐"承家保国宣德守道忠正恭顺功臣"。

③ 元帅:指钱俶。建隆元年(960),宋太祖授俶"天下兵马大元帅"。

④ 薰风门:即宋东京里城南面朱雀门。《读史方舆纪要》卷四十七:"(里城)南面三门,中曰朱雀,本名尉氏门。朱温袭李克用于上源驿,克用脱围登尉氏门,缒城得出。梁开平元年,改为高明门。晋天福三年,改为薰风门。宋曰朱雀门。"

⑤ 崛彊(jué jiàng):亦作"倔强"。强硬直傲、不屈服。

⑥ 向克常州:指钱俶策应宋伐南唐。然此事在开宝八年,非太祖召对黄夷简之时,更非召对之前。据《宋史·吴越钱氏世家三》,开宝七年冬,诏以俶为昇州东面招抚制置使,讨伐江南;八年,俶率兵拔常州,加守太师;又遣大将沈承礼等率兵水陆随王师平润州,进讨金陵。此则所述与

《宋史》不符，将前后二事合为一事。

⑦ 圭币：古代祭祀时用的圭玉和束帛。此句意谓我已多次非常庄重地向天起誓了。

⑧ 殆：乃。一说，疑为"迨"之误。

⑨ 安溪：镇名。宋属杭州馀杭县（治今浙江杭州市余杭区余杭镇）。

⑩ 雅喜治释：颇喜惩处得免。雅，颇，甚。治，惩处。

⑪ 光禄少卿：光禄寺次官。光禄，九寺之一，掌朝会、祭祀等典仪与酒醴、膳羞之政。参见第3页第1则注释②。

5. 辛仲甫才勇有文

太祖问赵韩王："儒臣中有武勇兼济者何人？"赵以辛仲甫为对①，曰："仲甫才勇有文，顷从事于郭崇②，教其射法，后崇反师之。赡辨宏博③，纵横可用。"遂召见。时太祖方以武臣戡定寰宇，更不暇他试，便令武库以乌漆新劲弓令射④。仲甫轻挽即圆，破的而中。又取坚铠令擐之⑤，若被单衣。太祖大称爱。仲甫奏曰："臣不幸本学先王之道，愿致陛下于尧、舜之上，臣虽遇昌时，陛下止以武夫之艺试臣，一弧一矢，其谁不能？"上慰之曰："果有奇节，用卿非晚。"后敻历险易⑥，雍熙三年参大政。公尝为起居舍人，使契丹，虏主曰："中朝党进者⑦，真骁将也。如进辈有几？"虏所以固矜者⑧，谓进本虏族，中国无之。公亟对："若进辈鹰犬驽材尔，行伍中若进者不可胜数。"虏主少沮，意欲执之，辛曰："两国以诚讲好，今渝约见留⑨，臣有死而已。尝笑李陵辈苟生甘耻于羊酪之域⑩，无足取也。"契丹因厚修遣礼送之，度其志必不可夺也。（卷一）

【注释】

① 辛仲甫：字之翰，汾州孝义（今属山西）人。后周武将郭崇部属，掌书记。入宋，又随崇为平卢军节度判官。乾德五年（967），入拜右补阙，出知光州，又移知彭州。因赵普荐，徙益州兵马都监。太平兴国初，迁起居舍人，奉使契丹。使还，以刑部郎中知成都府。雍熙二年（985），拜给事中、参知政事。淳化二年（991），以足疾罢为工部尚书，出知陈州。以太子少保致仕。咸平三年（1000）卒，年七十四。赠太子太保。

② 郭崇：应州金城（今山西应县）人。父祖俱代北酋长，弱冠即以勇力应募为卒。后唐时为应州骑军都校。后晋高祖割云、应之地入契丹，崇耻事之，奋身南归。会后汉高祖起义，以崇为前锋，入汴，改护圣左第六军都校、领郢州刺史，改领富州。又从后周太祖征伐，平国难。周祖立，领

定武军节度,又为京城都巡检使。未几,加同平章事,出镇澶州。宋初,加兼中书令,复为平卢军节度。乾德三年(965)卒,年五十八。赠太师。

③ 赡辩宏博:口才雄辩有力,识量宏伟博大。

④ 武库:掌管兵器的官署。亦指储藏兵器的仓库。

⑤ 擐(huàn):穿。

⑥ 歙历险易:谓仕途起伏。歙历,仕宦经历。歙,同“扬”。

⑦ 党进:朔州马邑(今山西朔州东北)人。幼为后晋重臣杜重威侍从。重威败,进以膂力隶军伍。后周时补散指挥使,累迁铁骑都虞候。宋初,转本军都校、领钦州刺史。乾德五年,领彰信军节度兼侍卫步军都指挥使。开宝年间,征太原,改侍卫马军都指挥使、领镇安军节度。太平兴国二年(977),出为忠武军节度。在镇岁馀,一日自外归,有大蛇卧榻上寝衣中,进怒,烹食之,遇疾卒,年五十一。赠侍中。

⑧ 固矜:执意夸耀。

⑨ 渝约:违约;失约。

⑩ 李陵:字少卿,西汉陇西成纪(今甘肃平凉市静宁县西南)人。李广之孙。善骑射。汉武帝时为骑都尉,率五千人出击匈奴,被单于大军围困,力战,以矢尽援绝而降。居匈奴二十馀年,病卒。 羊酪之域:此处指匈奴。游牧民族以乳酪、肉类为主食,故称。

6. 朱 昂

开宝塔成①,欲撰记,太宗谓近臣曰:“儒人多薄佛典,向西域僧法遇自摩竭陁国来②,表述本国有金刚坐,乃释迦成道时所踞之坐,求立碑坐侧。朕令苏易简撰文赐之,中有鄙佛为夷人之语,朕甚不喜,词臣中独不见朱昂有讥佛之迹③。”因诏公撰之。文既成,敦崇严重④,太宗深加叹奖。公举进士之时,赵韩王深所器重,谓人曰:“朱有君子之风,寿德远到⑤。”时宗人朱遵度有学名⑥,谓之“朱万卷”,目公为“小万卷”。歙历清贵三十年,晚以工部侍郎恳求归江陵。逾年方允。止令谢于殿门外,复诏赐坐。时方剧暑,恩旨宠留,诏秋凉进程。时吴淑赠行诗,有“浴殿夜凉初阁笔,渚宫秋晚得悬车”之句⑦,尤为中的。锡宴玉津园⑧,中人传诏,令各赋诗为送。若李承旨维有“清朝纳禄犹强健,白首还家正太平”,及陈文惠公尧佐“部吏百函通爵里,送兵千骑过荆门”之句。凡四十八篇,皆警绝一时,朝论荣之。弟协亦同时隐,皆享眉寿⑨,家林相接⑩,谓之渚宫二疏⑪。荆帅陈康肃尧咨表其居为东、西致仕坊⑫。八十二薨,门人请谥正裕先生。(卷二)

【注释】

① 开宝塔：位于东京内城东北角宋皇家寺院开宝寺内。太平兴国七年(982)，命浙匠喻皓设计，建木塔于寺中福胜院，供奉佛舍利(见后第10则《郭忠恕纵酒无检》)。端拱二年(989)，塔成。后遭雷击焚毁。皇祐元年(1049)，又按木塔式样，改用铁色琉璃瓦，在福胜院东面上方院内夷山上重建主塔一座，名为灵感塔。因塔身琉璃砖瓦的颜色浑如铁铸，所以俗称"铁塔"。今存。

② 摩竭陀国：即天竺。《宋史·外国传六》："天竺国，旧名身毒，亦曰摩迦陀，复曰婆罗门。"

③ 朱昂：字举之，其先京兆人，家寓潭州(治今湖南长沙市)。少与熊若谷、郑洵美同学。后周时尝为扬子县令。宋初为衡州录事参军。太宗朝拜太子洗马，历知州郡，官至直秘阁。真宗即位，入翰林学士。逾年，乃拜工部侍郎致仕。真宗许归江陵，命其子知公安县，以便侍养。又遣中使赐宴于玉津园，两制三馆皆预，诏赋诗践行，缙绅荣之。昂前后所得奉赐，以三之一购奇书，闲居以讽诵为乐，自称退叟。景德四年(1007)卒，年八十三。

④ 敦崇严重：浑厚清峻、严肃稳重。

⑤ 寿德远到：指年寿和德望皆能远至。

⑥ 朱遵度：青州(今属山东)人，后迁居金陵(今江苏南京市)。南唐学者。笃好藏书，收书数千卷，人称"朱万卷"。

⑦ 渚宫：春秋楚国的宫名。故址在江陵(今湖北荆州市荆州区)。此处代指江陵。

⑧ 玉津园：位于东京南郊，外城南薰门外东侧。

⑨ 眉寿：长寿。《诗经·豳风·七月》："为此春酒，以介眉寿。"毛传："眉寿，豪眉也。"孔颖达疏："人年老者，必有豪毛秀出者，故知眉谓豪眉也。"

⑩ 家林：自家园林。此处指朱昂、朱协兄弟比邻而居。

⑪ 渚宫二疏：把朱氏兄弟当作江陵的"二疏"。二疏，指西汉疏广、疏受。广字仲翁，东海兰陵(今山东临沂市苍山县西南)人。少好学，治《春秋》，征为博士。宣帝地节三年(前67)，任太子太傅，其侄受任少傅。在任五年，皆称病还乡。后世合称为"二疏"，并作为"功遂身退"之典。

⑫ 荆帅陈康肃尧咨：陈尧咨，谥康肃。参见第134页第9则注释①。景德三年(1006)，尧咨为进士试考官，三司使刘师道属弟几道于试卷中标识，坐贬单州团练副使，复知光州，寻复知荆南。荆南，又称南平，五代十国之一。高季兴所建。辖荆(治今湖北荆州市荆州区)、归(治今湖北秭归县归州镇)、峡(治今湖北宜昌市)三州，都江陵。至第五主高继冲，于建隆四年(963)纳地降宋。元丰时，其地入荆湖北路，荆州升江陵府。

7. 边 镐 三 谓

江南边镐初生①，其父忽梦谢灵运持刺来谒②，自称前永嘉守，修髯秀彩，骨清神竦,所被衣巾,轻若烟雾,曰:"欲托君为父子。顷寄浙西飞来峰翻译《金刚经》③,然其经流分④,中有未合佛旨处,愿寄君家刊正。无他祝,慎勿以荤膻啖我,及七岁放我出家为真僧,以毕前经。"梦讫,镐生。眉貌高古,类梦中者,父爱之。小字康乐。成童,聪敏,攻文字尽若夙诵。坚求出家,其亲不肯,以荤迫之,初不能食,后亦稍稍。及冠,翘秀娈姻者众⑤,双亲强而娶焉。后嗣主爱其博雅⑥,累用之,然而柔懦寡断,惟好释氏。初从军平建州⑦,凡所克捷,惟务全活,建人德之,号为"边罗汉"。及克湘潭⑧,镐为统军,诸将欲纵掠,独镐不允,军入其城,巷不改市,潭人益喜之,谓之"边菩萨"。及帅于潭,政出多门,绝无威断,惟事僧佛,楚人失望,谓之"边和尚"。(卷二)

【注释】

① 边镐:小字康乐,江宁(今江苏南京市江宁区)人。南唐将领。保大元年(943),南汉循州张遇贤作乱,入南唐境。镐征讨有功,迁洪州营屯诸军都虞候。二年,诏镐为行营招讨伐建州,闽主王延政降,闽平。诸将皆争功,镐独无一言。七年,又平楚马氏。以镐为湖南安抚使,帅师入潭州,迁马氏之族及文武将吏于金陵,遂拜潭州节度使。镐为人宽厚,御下纲纪颓弛,不之问。楚之降卒叛,镐溃败,尽丧楚地。坐削官,流饶州。十四年,后周师大入,起镐为大将,战败被执,周世宗命为右千牛卫上将军。南唐割淮南地请盟,世宗乃归镐。卒于金陵。

② 谢灵运:陈郡阳夏(今河南太康)人,后移籍会稽(治今浙江绍兴市)。东晋名将谢玄之孙,袭封康乐公,故称谢康乐。南朝宋时,曾任永嘉太守、侍中、临川内史等。以诗文名世,好游娱宴集,逍遥放纵,常为人所纠。元嘉十年(433),以谋逆罪充军广州,寻诏于广州行弃市刑,年四十九。

③ 浙西飞来峰:位于杭州西湖西,灵隐寺东南。《咸淳临安志》卷二十三"飞来峰"引晏殊《舆地志》云:"晋咸和元年,西天竺僧慧理登兹山,叹曰:'此是中天竺国灵鹫山之小岭,不知何年飞来。佛在世日多为仙灵所隐,今此亦复尔邪?'因挂锡造灵隐寺,号其峰曰飞来。"今峰崖尚存五代至宋元时期石刻造像三百馀尊。　金刚经:佛经。全称《金刚般若波罗蜜经》。一卷。通行后秦鸠摩罗什译本。以金刚喻智慧,可断烦恼;而智慧在于不著事相(无相),即情无所寄(无住)。禅宗南宗即以此经为重要典据。

④ 流分:谓流散错落。

⑤ 翘秀娈姻:意谓杰出人物愿与之结交。翘秀,出类拔萃。娈姻,缔结美好姻缘。

⑥ 嗣主:南唐中主李璟。本名景通,改名瑶,后名璟,字伯玉,徐州(今属江苏)人。南唐烈祖李昇长子,二十八岁继位。后周南征,割江北地奉表称臣,为避周讳,又改名景。在位十九年,庙号元宗。工词,后人将他及其子煜(后主)的作品合刻为《南唐二主词》。

　　⑦ 平建州：指南唐灭闽。闽，五代十国之一。唐景福二年（893），王潮任福建观察使、威武军节度使。后梁开平三年（909），其弟王审知被梁太祖封为闽王。后唐长兴四年（933），审知子延钧称帝，建都长乐（今福建福州市），国号闽。闽永隆五年（943），延钧弟延政又在建州称帝，国号殷。天德三年（945），复国号闽，是年灭。历六主，共三十七年。

　　⑧ 克湘潭：指南唐灭楚。楚，五代十国之一。唐乾宁三年（896），马殷代武安军节度使，据潭州（治今湖南长沙市），略取邵、衡、永、道、郴、朗、澧、岳等州。后梁开平元年（907），受梁太祖封为楚王，建都长沙。后唐天成二年（927），立国承制。南唐保大九年（951），楚内乱，为南唐所灭。历六主，共四十五年。

8. 太宗嘉叹刘温叟父子

　　太宗居晋邸①，问宾僚：“今朝父子一德者何人？”有以刘温叟父子为对者②。温叟父岳，退居河阴③，温叟方七岁，尝谓客曰：“吾老矣，他无所觊，但得世难稍息，与此儿偕为温洛之叟④，耕钓烟月，为太平之渔樵，平生足矣。”后记父语，父因名焉。岳，后唐为学士；温叟，晋少帝时又为学士，人尽荣之。受命之日，抱敕立堂下，其母未与之见。隔帘闻鱼钥声⑤，俄而开箧，二青衣举一箱至庭，则紫袍、兼衣也⑥，母始卷帘见之，曰：“此则汝父在禁林内库所赐者。”温叟跪泣捧受，开影寝列袍⑦，以文告其先，方拜母庆⑧。以父名岳，终身不听乐，大朝会有乐，亦以事辞之，客有犯其讳，则恸哭急起，与客遂绝。太宗闻之，嘉叹益久。温叟时为中丞，家贫，太宗致五百缗以赠之，拜既讫，以一柜贮于御史府西楹，令来使缄镵而去⑨。至明年端午，以纨扇、角黍赠之⑩，视其封宛然。所亲讽之曰：“晋邸赠缗，恤公之贫，盍开扃以济其乏？”温叟曰：“晋王身为京兆尹，兄为天子，吾为御史长，拒之则鲜敬，受之则何以激流品乎⑪？”后太宗闻之，益加叹重。（卷二）

【注释】

　　① 晋邸：晋王府邸。宋太祖即位，以其弟匡义（后赐名光义，即位后改名炅）为殿前都虞候、大内都部署、同平章事、行开封尹兼中书令，封晋王。

　　② 刘温叟：字永龄，河南洛阳人。父岳，后唐太常卿。温叟七岁能属文，善楷隶。以荫补国子四门助教，河南文学。后晋时拜刑部郎中，赐金紫，改都官郎中，充翰林学士。后周时官至工部侍郎，兼判国子祭酒事。宋初，拜御史中丞。开宝四年（971）卒，年六十三。

　　③ 河阴：县名。唐开元二十二年（734），为便利东南漕运，在古汴河口筑河阴仓，并置县（治

今河南荥阳市北)。

④ 温洛:指洛阳。《周易乾凿度》卷下:"帝德之应,洛水先温。"谓王者如有盛德,则洛水先温。

⑤ 鱼钥:鱼形锁。

⑥ 紫袍:紫袍为高官朝服。　兼衣:厚衣。

⑦ 影寝:供奉祖先遗像之所。犹家庙。

⑧ 母庆:母亲的赏赐。

⑨ 缄镭(jué):谓以锁固封。镭,箱子上安锁的环。亦借指锁。

⑩ 纨扇:细绢制成的团扇。　角黍:即粽子。以箬叶或芦苇叶裹米蒸煮使熟。状如三角,古用黏黍,故称。

⑪ 激流品:意谓制约各级官吏。流品,指官阶品类或等级。

9. 宋夺戎地所产巨材

秦亭之西北夕阳镇①,产巨材,森郁绵亘,不知其极,止利于戎②。建隆初,国朝方议营造,尚书高防知秦州③,辟地数百里,筑堡扼其要,募兵千馀人,为采造务④。与戎约曰:"渭之北,戎有之;渭之南,秦有之。"果获材数万本,为桴蔽渭而下⑤。后番部率帐族绝渭夺筏杀兵⑥,防出师与战,剪戮其众,生擒数十人,絷俘于狱以闻。太祖悯之,曰:"夺其地之所产,得无争乎? 仍速边州之扰⑦,不若罢之。"下诏厚抚其酋,所絷之戎,各以袍带优赐之,遣还其部,诸戎泣谢。后上表,愿献美材五十万于朝。(卷二)

【注释】

① 秦亭:古邑名。秦最早的都邑。秦,嬴姓,相传为伯益后代。非子做部落首领,居于西犬丘(今甘肃天水市西南),善养马,被周孝王封于秦(今甘肃天水市张家川东),作为附庸。此处代指秦州(宋治今甘肃天水市)。

② 戎:古族名。旧时,中原人对西北各族泛称"戎"和"西戎"。春秋时,秦地所居为"犬戎"。宋时,称夏人,即后来"西夏"。

③ 高防:字修己,并州寿阳(今属山西)人。性沉厚,守礼法,累世将家。后周时官至户部侍郎。宋初,拜尚书左丞。建隆二年(961),出知秦州。归为枢密直学士,复出知凤翔。乾德元年(963)卒,年五十九。

④ 采造务：专事木材采伐、运输的机构。

⑤ 为桴句：意谓将木材编成筏子沿渭水下运。

⑥ 帐族：西北部少数民族部属。

⑦ 仍逮：频繁招致。

10. 郭忠恕纵酒无检

郭忠恕画殿阁重复之状①，梓人较之②，毫厘无差。太宗闻其名，诏授监丞③。将建开宝寺塔，浙匠喻皓料一十三层，郭以所造小样末底一级折而计之，至上层馀一尸五寸④，杀收不得⑤，谓皓曰："宜审之。"皓因数夕不寐，以尺较之，果如其言。黎明，叩其门，长跪以谢。尤工篆籀诗笔⑥，惟纵酒无检⑦，多突忤于善人。聂崇义建隆初拜学官⑧，河、洛之师儒也，赵韩王尝拜之。郭使酒咏其姓，玩之曰："近贵全为聩，攀龙即是聋，虽然三个耳⑨，其奈不成聪。"崇义应声，反以"忠恕"二字解其嘲曰："勿笑有三耳，全胜畜二心⑩。"忠恕大惭，终亦以此败检，坐谤时政，擅货官物，流登州。中途卒，藁葬于官道之旁⑪。他日亲友与敛葬，发土视之，轻若蝉蜕，殆非区中之物也⑫。李留台建中以书学名家⑬，手写忠恕《汗简集》以进，皆科斗文字⑭。太宗深悼惜之，诏付秘阁。（卷二）

【注释】

① 郭忠恕：字恕先，河南洛阳人。七岁能诵书属文，举童子及第。后周广顺中，召为宗正丞兼国子书学博士，改周易博士。入宋，因被酒遭贬，流落不复求仕。太宗即位，授国子监主簿。益纵酒肆言，鬻卖官物，诏减死决杖流登州。太平兴国二年(977)，行至齐州临邑卒。工画山水，兼精篆、隶。有《汗简》《佩觿》等书。

② 梓人：古代专造乐器悬架、饮器、箭靶的木工。后泛指木工、建筑工匠。

③ 监丞：即国子监丞。宋官学国子监属官，兼领钱谷出纳之事。《宋史》本传为"国子监主簿"。

④ 一尸：一尺。尸，疑为"尺"之误。

⑤ 杀收：收束。

⑥ 篆籀(zhòu)诗笔：篆文和籀文、诗歌和散文。

⑦ 无检：犹不检点。谓行为无约束，不守礼法。

⑧ 聂崇义：河南洛阳人。善礼学，通经旨。后汉累官至国子礼记博士，曾校定《公羊春秋》，

刊板于国学。后周累迁国子司业兼太常博士，命检讨摹画郊庙祭器以闻。宋建隆三年（962），考正《三礼图表》上之，太祖览而嘉之，图遂行于世。未几，卒。有《三礼图集注》。

⑨ 三个耳：指聂姓。聂，繁体作"聶"。

⑩ 二心：不忠、不专谓"二心"。此处讽郭忠恕之名。

⑪ 薨葬：亦作"薧葬"。草草埋葬。

⑫ 区中：人世间。

⑬ 李留台建中：李建中，字得中，其先京兆（今陕西西安市）人，祖辟地入蜀。幼好学，年十四会蜀平，侍母居洛阳聚学。太平兴国八年（983），登进士甲科。历任太常博士、直集贤院，迁金部员外郎、西京留司御史台等职。性简静，好吟咏，善书札行笔，尤工多构新体。其草、隶、篆、籀、八分皆妙，人多摹习。大中祥符六年（1013）卒，年六十九。

⑭ 科蚪文字：又作"科斗文字"。古代字体之一。因其笔画头圆大尾细长，状似蝌蚪而得名。

11. 太宗灯夕以安舆召李昉

至道元年灯夕①，太宗御楼，时李文正昉以司空致仕于家②，上亟以安舆就其宅召至③，赐坐于御榻之侧，敷对明爽④，精力康劲。上亲酌御尊饮之，选殽核之精者赐焉⑤，谓近侍曰："昉可谓善人君子也，事朕两入中书⑥，未尝有伤人害物之事，宜其今日所享也。"又从容语及平日藩邸唱和之事。公遽离席，历历口诵御诗几七十馀篇，一句不讹。上谓曰："何记之精耶？"公奏曰："臣不敢妄对，臣自得谢无事，每晨起盥栉⑦，坐于道室，焚香诵诗，每一诗日诵一遍，间或却诵道佛书。"上喜曰："朕亦以卿诗别笥贮之，每爱卿翰墨楷秀，老来笔力在否？"公对曰："臣素不善书，皆独犬宗讷所写尔⑧。"上即令以六品正官与之，遂除国子监丞。（卷三）

【注释】

① 灯夕：旧俗于农历正月十五日元宵节夜张灯游乐，故称其夕为"灯夕"。

② 李文正昉：李昉，字明远，深州饶阳（今属河北）人。后汉乾祐年（948—950）进士，官至右拾遗、集贤殿修撰。后周时为屯田郎中、翰林学士。宋初为中书舍人。建隆四年（963），出为彰武军行军司马，居延州为生业以老。开宝二年（969），召还，复拜中书舍人，至翰林学士。太宗即位，加户部侍郎，修《太祖实录》。太平兴国八年（983），擢参知政事，拜平章事，加监修国史。雍熙元年（984）加中书侍郎。淳化五年（994），以特进司空致仕。至道二年（996）卒，年七十二。赠司徒，谥文正。

③ 安舆：可坐乘之车。古车立乘，此为坐乘，故称安车。供高级官员及贵妇人乘用。高官告老还乡或征召重望之人，往往赐乘安车。安车多用一马，礼尊者则用四马。

④ 敷对明爽：奏对明白爽利。

⑤ 殽核：菜肴和果品。殽，通"肴"，泛指菜肴。

⑥ 两入中书：谓两次拜相。太平兴国八年（983），李昉自工部尚书、参知政事并守本官加同中书门下平章事。端拱元年（988），以尚书右仆射免。淳化二年（991），自守尚书右仆射兼中书侍郎、同平章事、监修国史。四年，以本官免。

⑦ 盥栉：谓梳洗整容。

⑧ 豚（tún）犬：旧时谦称自己的儿子。昉有四子：宗讷、宗海、宗谔、宗谅。

12. 陈丞昭谙水利

太祖欲开惠民、五丈二河①，以便运载。吏督治有陈丞昭者②，江南人，谙水利，使董其役。丞昭先以缃都量河势长短③，计其广深，次量锸之阔狭，以锸累尺，以尺累丈，定一夫自早达暮合运若干锸，计凿若干土，总其都数④，合用若干夫，以目奏上。太祖叹曰："不如所料，当斩于河。"至讫役，止衍九夫⑤，上嘉之。又令督诸军子弟浚池于朱明门外⑥，以习水战。后以防御使从征太原，晋人婴城坚拒⑦，遂议攻讨。以革内壮士，蒙之为洞而入，虽力攻不陷，师已老⑧。上深悯之，且将亲幸其洞，携药剂果饵慰抚士卒。时李汉琼为攻城总管⑨，挽御衣以谏，曰："孤垒之危，何啻累卵！矢石如雨，陛下宜以社稷自重。"遂罢其幸，止行颁赉而已⑩。既不克，又欲增兵，丞昭奏曰："陛下有不语兵千馀万在左右，胡不用之？"上不悟，丞昭以马策指汾，太祖遂晓，大笑曰："从何取土？"丞昭云："纫布囊括其口，投上流以塞之，不设板筑，可成巨防⑪。"用其策，投土将半，水起一寻，城中危慁。会大暑，复晋人间道求契丹援兵迨至，遂议班师。（卷三）

【注释】

① 惠民、五丈二河：贯穿东京城的两条河流。惠民河，原名蔡渠或蔡河，自外城广利门入，贯城南而出普济门。五丈河，原名五丈渠，自外城东北水门入，通宫城晨晖门。据《九朝编年备要》卷一："（建隆二年正月）浚蔡渠，通淮右之漕也，命右领军陈承昭督其役。""（二月）浚五丈渠，通东北之漕也，亦命陈承昭督之，夹汴河造斗门。上曰：'河渠之役非获已，烦民奉己之事，朕不为也。'后改蔡渠为惠民河，五丈渠为广济河。"

② 陈丞昭:《宋史》本传作"陈承昭"。江表人。始为南唐保义军节度,后周征淮南,为周将赵匡胤所擒,献于世宗,世宗释之,授右领军卫上将军。宋初入朝,命督治惠民、五丈二河。后随太祖征太原,迁右龙武军统军。开宝二年(969)卒,年七十四。赠太子太师。

③ 绠(gēng):亦作"縆",粗绳。　都量:总计。

④ 都数:总数。

⑤ 衍:多馀。

⑥ 朱明门:东京外城南五门之一,最东曰朱明门。宋改宣化门。西与普济门(惠民河出口)邻。

⑦ 晋人:即北汉。宋太祖平定南方后,开宝二年(969)正月,亲征太原,败辽援兵,引汾水灌太原,北汉坚守。闰五月,辽又派兵增援,宋班师。　婴城:环城而守。

⑧ 师已老:谓军队已疲乏。老,疲惫,困乏。

⑨ 李汉琼:河南洛阳人。始为后周武将。入宋,命征江南,以功领振武军节度。后随太宗征太原,太原平,改镇州兵马钤辖。太平兴国六年(981)卒,年五十五。赠中书令。此则记汉琼谏太祖事,《宋史》本传为谏太宗,曰:"太平兴国二年,出为彰德军节度。四年,太宗亲征太原,改攻城都部署。汉琼与牛思进主攻城南偏,汉琼先登,矢集其脑,并中指,伤甚犹力疾战。上召至幄,赐良药以慰劳之。先是,攻城者以牛革冒木上,士卒蒙之而进,谓之洞子。上欲幸其中,以劳士卒,汉琼极谏,以为矢石之下,非万乘之尊所宜轻往,上乃止。"

⑩ 颁赍:同"颁赐"。指帝王将财物分赏给臣下。

⑪ 巨防:大堤。

13. 柳开剑逐胡旦

柳仲塗开知润州①,胡旦秘监为淮漕②,二人者,俱喜以名骛于时。旦造《汉春秋编年》,立五始先经、后经,发明凡例之类,切侔圣作③。书甫毕,邀开于金山观之④,颇以述作自矜。开从其招而赴焉。方拂案开编,未暇展阅,开拔剑叱之曰:"小子乱常,名教之罪人也⑤。生民以来,未有如夫子者,至若丘明而下⑥,公、穀、邹、郏数子⑦,止取传述而已。尔何辈,辄敢窃圣经之名冠于编首?今日聊赠一剑,以为后世狂斐之戒⑧!"语讫,勇逐之。旦阔步摄衣,急投旧舰,锋几及身,赖舟人拥入,参差不免⑨,犹斫数剑于舷,聊以快愤。后朝廷授开崇仪使⑩,知宁边军⑪,声压沙漠。其子涉,及第于咸平三年陈尧咨榜。唱名日⑫,真宗召至轩陛,亲谓涉曰:"夜来报至,汝父已卒,今赐汝及第。"给钱三万,俾戴星而奔,给护旅榇⑬,特加轸悼。(卷三)

【注释】

① 柳仲涂开：柳开，字仲涂，自号东郊野夫，又号补亡先生，大名（今属河北邯郸市）人。少以文章名世。慕韩愈、柳宗元为文，因名肩愈，字绍先。既而改名字，以为能开圣道之涂。开宝六年（973）举进士。历知常州、润州、贝州等职，累官殿中侍御史。咸平四年（1001）卒，年五十四。录其子涉为三班奉职。有《河东先生集》十五卷。

② 胡旦：字周父，滨州渤海（今山东滨州市）人。少有隽才，博学能文辞。太平兴国三年（978），举进士第一。后迁左拾遗、直史馆。数上书言时政利病，出为淮南东路转运副使、知海州。咸平初，官至直集贤院、知制诰、史馆修撰。旋遭贬。晚年失明，以秘书省少监致仕，居襄州。再迁秘书监。卒，年八十。旦喜读书，既丧明，犹令人诵经史，隐几听之不少辍。著《汉春秋》《五代史略》等三百馀卷。

③ 切伴圣作：意谓盗用孔子《春秋》之意。切伴，犹窃取。

④ 金山：在润州（治今江苏镇江市）西北长江中。上有金山寺。清末江沙淤积，始与南岸相连。

⑤ 名教：指儒家的政治观念和道德规范。其内容主要是"三纲""五常"。

⑥ 丘明：即左丘明。春秋时史学家。一说复姓左丘，名明；一说姓左，名丘明。双目失明，曾任鲁太史，或为讲诵历史及传说的史官。与孔子同时，或谓在其前。相传著有《春秋左氏传》。

⑦ 公、穀、邹、郏数子：指公羊高、穀梁赤、邹氏、郏氏等人。公羊高，战国时齐人，旧题著《春秋公羊传》；穀梁赤，战国时鲁国人，旧题著《春秋穀梁传》；邹氏、郏氏，旧题著《春秋邹氏传》和《春秋郏氏传》。据《经典释文》卷一《序录·注解传述人》："及末世口说流行，故有公羊、穀梁、邹氏、夹氏之传。邹氏无师，夹氏有录无书，故不显于世。"

⑧ 狂斐：此处指狂妄无知者率而操觚或肆言无忌。《论语·公冶长》："子在陈，曰：'归与！归与！吾党之小子狂简，斐然成章，不知所以裁之。'"朱熹《论语集注》："狂简，志大而略于事也。斐，文貌。成章，言其文理成就，有可观者。"谓志意高远、文采斐然之狂士。

⑨ 参差（cēn cī）：差不多；几乎。

⑩ 崇仪使：武阶名。属西班诸司正使第四阶。参见第165页第28则注释①。

⑪ 宁边军：后改永宁军。治博野（今河北保定市蠡县）。

⑫ 唱名：又称"胪唱""胪传"。宋科举殿试后，皇帝传呼召见登第进士。

⑬ 旅榇（chèn）：客死者的灵柩。

14. 胡旦借同年钱物

胡大监旦知明州①，道出维扬②。时同年董给事俨知扬州③，遇之特欢，截篙投橹以留之。一日，延入后馆，出姬侍，列殽馔，其宴豆皆上方贵器④，饮酣，胡谓董曰："吾辈出于诸生，所享若此，粗亦忝矣⑤。弊舟亦有衰鬟二三，容止玩饰，不侔同年之家⑥。人生会合难得，或不弃，来日能枉驾弊舟数杯可乎？"董感其意，大喜。徐又曰："三品珍器，贫家平生未识，可略假舟中，聊以夸示荆钗得否⑦？"董笑曰："状元兄见外之甚也。"亟命涤濯，以巨夌尽贮之，对面封讫，令送舟中。明日五鼓，张帆乘风，瞥然不告而行⑧。不旬至杭州，薛大谏映亦榜下生也⑨，首问胡曰："过维扬，见董同年否？"胡曰："见。"又曰："董望之材器英迈，奇男子也，然止是性贪。"一日尊前，胡谓薛曰："聊假二千缗，创立鉴湖别墅，鄞麾才罢⑩，便当谢病，一扁舟钓于越溪，岂能随蜗蝇竞吻角乎⑪？"薛公不得已，赠白金三百星，聊为钓溪一醉。且颐颔领之⑫，不为少谢。后知制诰，王继恩平蜀有功⑬，恃勋徼宠，潜溢怨讟⑭，将加恩，以银数千两赂旦，托为哀诏⑮，事败，旦削籍为典午⑯，窜浔州安置焉。（卷三）

【注释】

① 大监：除国子监祭酒、都水监使者外，其他诸监监均可称大监。胡旦官至秘书省监。　明州：宋属两浙路，州治鄞县（今浙江宁波市）。

② 维扬：扬州之古称。

③ 董俨：字望之，河南洛阳（今属河南）人。太平兴国三年（978）进士。太宗朝，授左拾遗、直史馆，又充淮南西路转运副使。后为三司度支副使，历知泰州、泉州。又召为京东转运使，拜右谏议大夫，充右计使。使罢，出知扬州。真宗景德中，因谋私坐责，授山南东道节度行军司马，不署州事。大中祥符初，起知郢州。卒，年五十四。俨有材干，但不学无操行，所至厚纳货略，又倾狡图位，士大夫丑之。

④ 宴豆：宴席上盛食物的器具。　上方贵器：泛指宫廷中的器物。上方，同"尚方"，皇宫中主管膳食、方药的官署。

⑤ 粗亦忝矣：意谓略微感到羞愧啊。

⑥ 不侔：不等同。

⑦ 荆钗：荆枝制作的髻钗。古代贫家妇女常用之，因借指贫家妇女。亦用作对人称己妻的谦词。

⑧ 瞥然：忽然；迅速地。

⑨ 薛映：字景阳，家于蜀。太平兴国进士。授大理评事，历任州县官。太宗召对，为江南转运使、江淮、两浙茶盐制置副使、京东转运使，积迁尚书礼部郎中，擢知制诰，后以右谏议大夫知杭州。真宗时，入知通进、银台司兼门下封驳事，出知河南府，迁尚书工部侍郎、集贤院学士、判尚书

都省。仁宗即位，迁礼部，再为集贤院学士判院事，知曹州，分司南京。卒，赠右仆射。谥文恭。大谏：门下省左谏议大夫、中书省右谏议大夫的通称。

⑩ 鄞麾才罢：意谓明州（治鄞县）职任届满。麾，古代指挥军队作战的旗帜，此处借指职任（知州之任）。罢，完毕，免除。

⑪ 蜗蝇竞吻角：比喻为微不足道的虚名小利而争斗。

⑫ 顑颔（hàn hàn）：食不饱而面黄枯槁貌。

⑬ 王继恩：陕州陕（今属河南）人。后周宫中宦官。初养于张氏，名德均。开宝中，宋太祖召见，允其求复本宗，并赐名继恩。九年（976），太祖崩，助太宗登基，充永昌陵使。太平兴国三年（978），迁宫苑使。久之，领河州刺史，掌军器弓枪库。后为天雄军驻泊都监，又领易州团练使，镇定、高阳关两路排阵钤辖。淳化四年（993），王小波、李顺乱蜀，继恩命为剑南两川招安使，率兵讨伐。蜀平，授宣政使，并领顺州路防御使。至道三年（997），太宗崩，命按行山陵加领桂州观察使。真宗初，继恩益豪横，颇欺罔，与参知政事李昌龄、知制诰胡旦等往来请托。真宗恶其朋结，黜为右监门卫将军，均州安置。咸平二年（999），卒于贬所。

⑭ 潜溢怨讟（dú）：暗中涌动怨恨和不满。

⑮ 裒（bāo）诏：褒奖令。裒，同"褒"。《宋史·胡旦传》："（旦）素善中官王继恩，为继恩草制辞过美。继恩败，真宗闻而恶之，贬安远军行军司马，又削籍流浔州。"

⑯ 典午：州司马之别称。典午，即"司马"隐语。三国魏末年，司马氏掌权，篡魏之心，路人皆知，语及司马氏，以"典午"代之。"典"代"司"，"午"代"马"。后世因之。

15. 孟昶降宋

王师伐蜀[①]，孟昶出兵拒之。其势既蹙，始肯赍表诣王全斌请降。即奉其母逮官属沿峡江而下，至江陵，上遣使厚劳之，别赐茶药慰其母。手诏止曰："国母李氏有贤识，昶在国或纵侈过度，往往诟挞于庭[②]。"有司候昶至阙，令衔璧俘献于太庙[③]，一切罢之。车驾亲劳于近郊，止令素服待罪于两观之下[④]，御崇元殿备礼见之。预诏有司，直右掖门东葺大第五百楹[⑤]，什用器皿悉赐焉。封昶为中书令、秦国公，给巨镇节俸[⑥]。拜命六日而卒，年四十七。发哀，奠赠视三公之秩[⑦]。初，其母才至阙，上以禁辇肩至宫廷[⑧]，嫔御扶掖，亲酌酒饮之，曰："母但宽中，勿念乡土，异日必送母归蜀。"母奏曰："妾家本太原，若许送妾还并门[⑨]，死亦心足。"时晋垒未平，太祖闻吉谶，大喜曰："俟平刘钧[⑩]，立送母归，必如所愿。"因厚赐之。后昶卒，母亦不哭，以酒酹地曰："尔贪生失理，不能纳疆于真主，又不能死社稷，实谁咎乎？

吾以汝在,所以忍死至今,汝既死,吾安藉其生耶?"遂不食,数日而卒。(卷四)

【注释】

① 王师伐蜀:乾德二年(964)十一月,宋军六万,分两路伐后蜀。一路以忠武军节度使王全斌为西川行营凤州路都部署、王仁瞻为都监,自凤州(治今陕西凤县凤州镇)出兵;一路以宁江军节度使刘光义为归州路副都部署、曹彬为都监,自归州(治今湖北秭归县归州镇)出兵。三年正月,王全斌军攻占魏城(今四川绵阳市游仙区魏城镇),孟昶请降。宋军入成都,两路会师。后蜀灭。

② 诟挞于庭:指当堂责罚打骂。

③ 衔璧:喻国君投降。《左传·僖公六年》:"许男面缚衔璧,大夫衰绖,士舆榇。"杜预注:"缚手于后,唯见其面,以璧为贽,手缚故衔之。"

④ 两观(guàn):皇宫门前两边的望楼。

⑤ 直右掖门句:意谓正对右掖门修葺有五百间的大宅第。掖门,皇宫正门两旁的边门。楹,量词,房屋一列或一间。

⑥ 巨镇节俸:指重镇节度使俸禄。

⑦ 莫赠句:意谓按三公品级规格治丧。莫赠,祭奠礼品与赐赠爵位、称号。三公,太尉、司徒、司空,正一品,唐、宋有设,位于三师(太师、太傅、太保)之下。

⑧ 禁舉(yú):御轿。舆,同"舆"。

⑨ 并(bīng)门:指并州(治今山西太原市)。后改太原府。

⑩ 刘钧:北汉二代主。原名刘承钧,刘旻次子。乾祐(用后汉年号)七年(954)继位,北汉天会十二年(968)死。养子继恩立,九月继恩被杀,其弟继元立,为北汉末代主。

16. 孙何性刚鲠

孙汉公何擢甲科①,与丁相并誉于场屋,时号"孙丁"。为右司谏②,以弹奏竦望③,疏议刚鲠。知制诰,掌三班④。素近视,每上殿进札子,多宿诵精熟,以合奏牍⑤。忽一日,飘牍委地四散,俯拾零乱倒错,合奏不同,上颇讶之。俄而仓皇失措,坠笏于地。有司以失仪请劾,上释而不问。因感恙,抱病乞分务西雒⑥。不允,遣太医诊视,令加针灸。公性禀素刚,对太医曰:"禀父母完肤,自失护养,致生疾疹,反以针艾破之?况生死有数,苟攻之不愈,吾岂甘为强死鬼耶?"遂不起。(卷四)

【注释】

① 孙汉公何:孙何,字汉公,蔡州汝阳(今河南汝南市)人。十岁识音韵,十五能属文,笃学嗜古,为文必本经义。与丁谓齐名友善,号为"孙丁"。尝作《两晋名臣赞》《宋诗二十篇》《春秋意》《尊儒教仪》,闻于时。淳化三年(992),举进士甲科。解褐将作监丞,通判陈州。累迁两浙转运使。景德初,判太常礼院,命知制诰,掌三班院。是冬卒,年四十四。有文集四十卷。

② 右司谏:端拱元年(988),改左、右补阙为左、右司谏。初置为职事官,后为阶官。元丰新制复为职事官。正七品。掌规谏朝政阙失,并兼纠弹。

③ 竦望:树立威望。

④ 三班:雍熙四年(987),太宗于内客省使厅事设三班院,掌低品武臣(自供奉官至三班借职)铨选、差遣,考校三班使臣政绩殿最。参见第165页第28则注释⑥。掌三班院者,正式官称为"勾当三班院公事"。文臣由两制以上升朝官差充,武臣由诸司使以上差充。

⑤ 奏牍:书写奏章的简牍。

⑥ 西雒:又作"西洛"。宋西京洛阳。

17. 谢泌避黜落举人

谢史馆泌①,解国学举人②,黜落甚众。群言沸摇,怀甓以伺其出③。公知,潜由他途投史馆避宿数日。太宗闻之,笑谓左右曰:"泌职在考校,岂敢滥收? 小人不自揣分④,反怨主司,然固须避防。"又问曰:"何官职骖导雄伟⑤,都人敛避?"左右奏曰:"惟台省知杂⑥,呵拥难近。"遂授知杂,以避掷甓之患。公深慕虚元⑦,朴素恬简。病革,盥沐,衣羽衣,焚香端坐而逝,首不少欹。(卷四)

【注释】

① 谢史馆泌:谢泌,字宗源,歙州歙(今安徽黄山市歙县)人。少好学,有志操。太平兴国五年(980)进士,解褐大理评事,知清川、彰明等县,迁著作佐郎。端拱初,任殿中丞。著文十篇,《古今类要》三十卷,召试中书,入直史馆。上疏请开言路,又奏依唐制分图书为经、史、子、集四库,由史馆分典四部。后历知州郡,官至太常少卿、右谏议大夫、判吏部铨。大中祥符五年(1012)卒,年六十三。

② 解(jiè)国学举人:主持国子监发解试。宋科举三级考试之初级。有诸州府发解试与国子监、开封府发解试。发解试于秋季举行,合格者称"发解进士"或"发解举人"。明年春季,赴礼部试。

③ 甓(pì):砖。

④ 揣分(fèn):估量才分。

⑤ 驺(zōu)导:古代贵官出行,在前引马开道的骑卒。

⑥ 台省知杂:即侍御史兼知杂事。宋前期御史台副长官,专掌御史台事务;遇御史中丞阙,则代以判台。导从严密,都人畏避。常以郎中、员外郎资格人充任。不及五品,着五品服。

⑦ 虚元:指道家思想。

18. 张詠性刚多躁

张乖崖性刚多躁,蜀中盛暑食馄饨,项巾之带屡垂于碗①,手约之,颇烦急,取巾投器中曰:"但请吃。"因舍匕而起②。少年慷慨,学击剑,喜立奇节,谓友人曰:"张詠赖生明时,读典坟以自律③,不尔则为何等人耶④?"李顺之乱⑤,益州大将王继恩、上官正辈顿师逗留不进。公激使行,盛陈供帐⑥,郊辞以饯之。酒酣,举爵谓军校曰:"尔曹蒙国厚恩,无以塞责,此行勉力平荡寇垒。"以手指其地曰:"若师老日旷,即尔辈死所也。"徐谓继恩曰:"朝廷始若许仆参后骑⑦,岂至今日?醢贼以啖师久矣⑧!"自是士气毕振,获捷而还。(卷四)

【注释】

① 项巾:围巾。

② 匕:古代取食用具。曲柄浅斗,类似今之汤匙。

③ 典坟:即三坟五典,传说中的古书。后泛指古代各种典籍。

④ 不尔:不然;不如此。

⑤ 李顺之乱:宋太宗时,实行"榷茶"法,设榷货务,独擅茶叶买卖权。大批"采茶货卖,以充衣食"的茶农因而失业。淳化四年(993)二月,青州王小波聚百馀茶农起事,攻州掠县,转战蜀中,影从响应者渐多。十二月,王小波战死,其妻弟李顺领之。五年正月,攻占成都,李顺称"大蜀王",改年号"应运"。朝廷以宦官王继恩为剑南两川招安使,率兵讨伐。五月,宋军攻入成都,李顺下落不明。

⑥ 供帐:陈设供宴会所用帷帐、饮食、器具等物。亦指宴会。

⑦ 后骑:后面随从的骑兵。即后军。此句意谓朝廷当初若是让我参与后军督阵。

⑧ 醢(hǎi)贼以啖师:把贼寇剁成肉酱给军队吃。意即消灭敌人。醢,古代酷刑,把人剁成肉酱。

19. 田锡得鲠直之体

太宗尝谓侍臣曰："朕欲以皇王之道御图①，愧无稽古深学。旧有《御览》②，但记分门事类，繁碎难检。令谏臣以治乱兴亡急要写置一屏，欲常在目。"时知杂田锡奏曰："皇王之道，微妙旷阔，今且取军国要机二事以行之。师平太原③，逮兹二载，未赏军功，愿因郊籍④，议功酬之；乞罢交州之兵⑤，免驱生灵为瘴岭之鬼。此二者，虽不系皇王之治，陛下宜念之。"上嘉纳，曰："锡真得鲠直之体，而此尤难为答。"赵普当国，锡谒于中书，白曰："公以元勋当国，宜事损敛。有司群臣书奏，尽必先经中书，非尊王之体也。谏官章疏，令阁门填状⑥，大弱台谏之风，尤为不可。"普引咎正容厚谢，皆罢之。锡将卒，自草遗表，犹劝上以慈俭纳谏为意，绝无私请。上厚恤之。（卷四）

【注释】

① 御图：画图。御，对帝王所作所为及所用物的敬称。

② 御览：供皇帝阅读的类书。前朝《御览》，有北齐武成帝时招引文士编撰的《玄洲苑御览》（后改《圣寿堂御览》，敕付史阁又改为《修文殿御览》）。宋太平兴国初，太宗诏翰林学士李昉主持编撰《太平御览》。

③ 师平太原：指太平兴国四年(979)，宋太宗亲征太原，北汉末代主刘继元降，北汉亡。

④ 郊籍：古代天子逢春耕行东郊籍田之礼，谓之"籍礼"。由天子执耒耜在籍田上三推或一拨，以示亲耕。籍田，天子征用民力耕种的田。籍礼毕，酬赏百官。

⑤ 交州：即交趾(治今越南河内市)。宋太祖乾德初，交趾管内十二州大乱，原交趾节度使牙将丁部领与其子琏，率兵平定境内，乃推丁部领为交州帅，号曰"大胜王"，署其子琏为节度使。凡三年，部领逊位于琏，琏立。七年，闻宋平定岭表，乃遣使贡方物上表内附，宋授以开府仪同三司、检校太师，封交趾郡王。太宗即位，部领及琏既死，琏弟璿尚幼，嗣立。大将黎桓擅权，囚璿而自立。太宗怒，乃议举兵。太平兴国五年(980)秋，宋师分水陆两路进讨交趾。六年春，黎桓以诈降击退宋师。七年春，黎桓以丁璿名上表谢罪；八年，自称权交州三使留后。雍熙二年(985)，上表求正领节镇。三年，宋乃授之并加封。

⑥ 阁门填状：在皇宫阁门填写求见名帖。阁门，皇宫侧门。《宋史·礼志·宾礼二》："应正衙见、谢、辞臣僚，前一日于阁门投诣正衙榜子，阁门上奏目。"

20. 李穀与韩熙载结约

李丞相穀与韩熙载少同砚席①，分携结约于河梁②，曰："各以才命选其主。"广顺中③，穀仕周为中书侍郎、平章事；熙载事江南李先主为光政殿学士承旨④。二公书问不绝，熙载戏贻穀书曰："江南果相我，长驱以定中原。"穀答熙载云："中原苟相我，下江南如探囊中物尔。"后果作相，亲征江南，赖熙载卒已数岁⑤。先是，朝廷遣陶穀使江南⑥，以假书为名，实使觇之⑦。李相密遗熙载书曰："吾之名从五柳公⑧，骄而喜奉，宜善待之。"至，果尔容色凛然，崖岸高峻⑨，燕席谈笑，未尝启齿。熙载谓所亲曰："吾辈绵历久矣⑩，岂烦至是耶？观秀实公非端介正人，其守可隳⑪，诸君请观。"因令留宿，俟写《六朝书》毕⑫。馆泊半年。熙载遣歌人秦弱兰者，诈为驿卒之女以中之。弊衣竹钗，旦暮拥帚洒扫驿庭。兰之容止，宫掖殆无。五柳乘隙因询其迹，兰曰："妾不幸夫亡无归，托身父母，即守驿翁妪是也。"情既渎，失慎独之戒⑬。将行翌日，又以一阕赠之。后数日，宴于澄心堂，李中主命玻璃巨钟满酌之，穀毅然不顾，威不少霁⑭。出兰于席，歌前阕以侑之，穀惭笑捧腹，簪珥几委，不敢不釂⑮，釂罢复灌，几类漏卮，倒载吐茵⑯，尚未许宾。后大为主礼所薄，还朝日，止遣数小吏携壶浆薄饯于郊。迨归京，鸾胶之曲已喧⑰，陶因是竟不大用。其词《春光好》云："好因缘，恶因缘。奈何天，只得邮亭一夜眠⑱？别神仙。瑟琶拨尽相思调，知音少。待得鸾胶续断弦，是何年？"（卷四）

【注释】

① 李丞相穀：李穀，字惟珍，颍州汝阴（今安徽阜阳市）人。年二十七，举进士。历仕后晋、后汉、后周。广顺初，拜中书侍郎、平章事，判三司。至恭帝即位，加开府仪同三司，进封赵国公，求归洛邑。宋太祖即位，遣使就赐器币。建隆元年（960）卒，年五十八。赠侍中。　韩熙载：字叔言，潍州北海（今山东潍坊）人。后唐同光进士。因父被杀，奔吴。南唐立，事太子东宫。中主时累至虞部员外郎、史馆修撰，兼太常博士、知制诰。后主时，任中书侍郎、光政殿学士承旨。开宝三年（970）卒，年六十九。赠右仆射、平章事，谥文靖（依《十国春秋》卷二十八本传）。善为文，尤善书画。　同砚席：犹今之同学。砚席，砚台与坐席。借指学习。

② 结约：订约；约定。此句意谓各携约定分别于桥梁。

③ 广顺：后周太祖年号（951—953）。

④ 江南李先主：指南唐国主。此处是指先主李昪。

⑤　赖熙载卒已数岁：赖，幸而，幸亏。"熙载卒已数岁"，此说失据。《宋史》《十国春秋》皆记熙载卒于开宝三年(970)，而后周世宗以穀为淮南道行营前军都部署征伐南唐，为显德二年(955)冬。

⑥　陶穀使江南：陶穀，参见第132页第6则注释③。朝廷遣穀使江南，为周世宗时。

⑦　觇(chān)：侦察；窥探。

⑧　五柳公：本指东晋诗人陶渊明。渊明尝作《五柳先生传》，后世因称其为"五柳先生"。此处借指陶穀。此句谓我与陶穀同名。

⑨　崖岸高峻：形容人神情矜庄、孤傲。

⑩　绵历：经历久长。

⑪　其守可隳(huī)：其操守可以毁坏。

⑫　六朝书：指三国吴、东晋、南朝宋、齐、梁、陈书法作品。联系上文，后周遣陶穀使南唐，即以誊抄此书为名。

⑬　慎独：在独处中谨慎不苟。《礼记·大学》："此谓诚于中，形于外，故君子必慎其独也。"

⑭　威少不霁：谓威严之貌未能稍加收敛而露出和悦之色。

⑮　釂(jiào)：饮尽杯中酒。

⑯　倒载(dǎo zài)吐茵：此处形容醉酒之态。倒载，倒卧车中。吐茵，醉酒呕吐污染车垫。

⑰　鸾胶：比喻续娶后妻。据《海内十洲记·凤麟洲》载，西海中有凤麟洲，多仙家，煮凤喙麟角合煎作膏，能续弓弩已断之弦，名续弦胶，亦称"鸾胶"。民间以续娶后妻为"续弦"。

⑱　邮亭：驿馆。因多为递送文书者投止之处，故称。

21. 节 妇 莫 荃

翰林朱昂尝撰《莫节妇传》，大为人伦之劝。节妇荃少归周谓，昭州人①，布衣谒太祖，召俾殿试时务，大称上旨，擢赞善大夫②。当天造之初，凡所任人，处置从便。符彦卿暴姿不法③，除谓为属邑永济县令④，俾绳之。彦卿闻其来，魂胆俱丧，鞬橐郊迓⑤，谓但揖于马上尔。境上数寇劫财伤人，彦卿受赇，纵之使逸。谓出令："敢有藏盗者斩。"不数日，亟获之，不解府，即时斩决，以案具奏。太祖大壮之。兴国二年⑥，诏遣副广南罗延吉为转运副使，以定岭寇。时奔命赴道，不得与荃别。后委寄繁剧⑦，岭塞驰走，不还于家二十六年。父母欲夺荃嫁之，荃泣谓父曰："吾夫岂碌碌久困者耶？食贫守死俟之。"父不敢强。荃执礼事舅姑益谨，闺壸有法⑧。家素贫，荃岁事蚕绩，得丝则机而杼轴，勤俭自营，生计渐盛。虽里之淑妇静女，罕识其容者,闻其风则帏箔竦敬⑨。子渐长,筑舍于外,购书命师教之。后产业益裕,舅姑将老附茔⑩,选美丘,大为寿坎⑪,松槚茂密,尽得其制。又为其夫创上腴田数百顷⑫。水竹别墅,亭阁相望。然谓在路亦修高节矣。荃二十六年间,毕一婚二嫁⑬,皆清望之族。迨谓归,俱已皓首,劝夫偕老于家林焉。(卷五)

【注释】

① 昭州:宋属广南西路,治平乐(今属广西)。

② 赞善大夫:宋初阶官。参见第171页第36则注释②。

③ 符彦卿:字冠侯,陈州宛邱(今河南淮阳)人。五代时将家子,勇略有谋,善用兵。累受后周封为魏王。建隆四年(963)来朝。开宝二年(969),移凤翔节度,被病赴镇,请就医洛阳,从之。假满百日,为御史所劾,下留司御史台。太祖以姻旧特免推鞫,止罢其节制。八年六月卒,年七十八。

④ 属邑永济县:唐魏州馆陶县(今属河北)。宋建隆四年(963),修永济渠于馆陶县,分置永济县(治今河北临西县西南)。熙宁五年(1072)降永济县为镇,并入馆陶县,属大名府。符彦卿封于魏,永济县为魏州属邑。

⑤ 韇鞲(jiān gāo):马上盛放弓箭的器具。此处指藏闭武器。

⑥ 兴国:指宋太宗太平兴国年号(976—984)。

⑦ 委寄繁剧:指委任、付托之事务极其繁重。

⑧ 闺壸有法:犹谓严守妇道。闺壸,内宫。此处泛指女子所居内室。

⑨ 帏箔:帷幕与帘子。两者皆用以障隔内外,因借以称淑女。

⑩ 附茔:合葬的墓地。

⑪ 寿坎:犹寿穴。生前营造的墓穴。

⑫ 上腴:最肥沃的土地。

⑬ 毕一婚二嫁:指为一子二女完婚。婚,男子娶妇。嫁,女子出嫁。

22. 邢 尚 书 昺

邢尚书昺①,曹州农家子,深晓播殖。真宗每雨雪不时②,忧形于色,责日官所定雨泽丰凶之兆③,多或不中。昺因进《耒耜岁占》三卷,大有稽验,皆牧童村老岁月于畎亩间揣占所得。咸平二年,置经筵侍读④,首以公为之。昺初应五经⑤,廷试日,升殿讲《师》《比》二卦⑥,取群经发题。太宗嘉其精博,擢为九经赐第⑦。真宗晚年，多召于近寝，从容延对，忽一日，见公衰甚，御袖掩目泫然曰："宫邸旧僚，沦谢殆尽，存者惟卿尔。"遽密赍银千两、缯千匹。昺康裕无恙，果非久感疾。将易箦⑧，车驾临问。公拖绅整巾，历叙遭际，上为之泣别。既终，又为之临丧。惟将相丧疾，方有此幸。（卷五）

【注释】

① 邢昺：字叔明，曹州济阴（今山东菏泽市定陶县西）人。擢九经及第，后官至礼部尚书。所撰《论语正义》，讨论心性命理，为后来理学家所采纳。另有《尔雅疏》和《孝经正义》，均收入《十三经注疏》。大中祥符三年（1010）卒，年七十九。赠左仆射。

② 不时：不合时。

③ 日官：司天监官别称。司天监，宋初沿唐制，称司天台，太宗端拱元年（988）始称司天监，元丰改称太史局。掌察天文变化，以占吉凶；及钟鼓、刻漏，以定时间，考定历数等。

④ 经筵侍读：经筵，皇帝听讲读官讲解经史的场所，如讲筵所、资善堂、迩英阁、延义阁等。讲读官，讲官与读官的总名。即侍讲、侍读、翰林侍讲、翰林侍读、翰林侍讲学士、翰林侍读学士的总名。又称经筵官。此则言首以邢昺为侍读，未合于史。据《宋史》本传："咸平初，改国子祭酒。二年，始置翰林侍讲学士，以昺为之。"又据《石林燕语》卷二："国朝讲读官初未有定制，太宗始命吕文仲为侍读，继而加翰林侍读，寓直于御书院。"

⑤ 应五经：应试五经科。宋沿唐制，科举分常科、制科和武举。宋初常科分为进士科与诸科。诸科有九经、五经、开元礼、三史、三礼、三传、学究、明经、明法等。

⑥《师》《比》二卦：《周易》六十四卦中第七卦、第八卦。师，坎下坤上；比，坤下坎上。

⑦ 赐第：即面赐及第。

⑧ 易箦（zé）：更换寝席。箦，华美的竹席。《礼记·檀弓上》："曾子寝疾，病。乐正子春坐于床下，曾元、曾申坐于足，童子隅坐而执烛。童子曰：'华而睆，大夫之箦与？'子春曰：'止！'曾子闻之，瞿然曰：'呼！'曰：'华而睆，大夫之箦与？'曾子曰：'然，斯季孙之赐也，我未之能易也。元，起易箦。'曾元曰：'夫子之病革矣，不可以变。幸而至于旦，请敬易之。'曾子曰：'尔之爱我也不如彼。君子之爱人也以德，细人之爱人也以姑息。吾何求哉？吾得正而毙焉，斯已矣。'举扶而易之。反席未安而没。"按古时礼制，箦只用于大夫，曾参未曾为大夫，不当用，所以临终时要曾元为之更换。后因以称人病重将死为"易箦"。

23. 黄晞游京师

黄晞，闽人。皇祐初，游京师，不践场屋①，多以古学游搢绅之门。凡著书，自号聱隅子②。走京尘几十年，公卿词臣无不前席。晞履裂帽破，驰走无倦。后词臣重晞之道者，列章为荐③，尽力提挽。朝恩甚优，授京官，知巨邑，有旨留国子监。将有司业之命④，始拜敕，遍谢知己。才三日，馆于景德如意轮院⑤。一日晚归，解鞍少憩，谓院僧曰："仆远人也，勤苦贫寒，客路漂泊，寒暑未尝温饱。今日方平生事毕，且放怀酣寝一夕，请戒僧童，慎无见喧。"僧诺之。扃扉遂寝⑥。翌日大晓，寂无所闻，寺僧击牖大呼，已卒于榻矣。（卷五）

【注释】

① 不践场屋：不参加科举考试。

② 聱隅：意谓独立、乖忤，不随世俗。

③ 列章：排列上章。

④ 司业：即国子监司业。国子监副长官，佐国子监祭酒领诸学之政令与教法。

⑤ 景德如意轮院：宋东京景德寺如意轮禅院。景德寺，在东京旧宋门里大街北，南有上清宫。《东京梦华录》卷三《上清宫》："景德寺在上清宫背，寺前有桃花洞，皆妓馆。"

⑥ 扃扉：闭门。

24. 李沆得上嘉赏

李文靖公沆初知制诰，太宗知其贫，多负人息钱，曰："沆为一制诰，俸入几何？家食不给，岂暇偿逋耶？"特赐钱一百三十万，令偿之。后为学士，因宴，上目送爱之，曰："沆风度端粹①，真佳士也。"后为右揆②，居辅弼，当太平，无一事。凡封章建议务更张，喜激昂辈摇鼓捭阖③，公悉屏之。谓所亲曰："无以报国，聊用以安黎庶尔。"景德元年薨，上临哭之恸，大呼曰："天乎，忠良纯厚，合享遐寿④！"（卷五）

【注释】

① 端粹：正直而纯粹。

② 右揆：右丞相。揆，指宰相之位。真宗咸平元年（998），李沆自户部尚书、参知政事仍本官加同中书门下平章事、监修国史。二年，加中书侍郎，后累加尚书右仆射。参见第194页第3则注释①。元丰新制，称尚书左仆射、门下侍郎为左相，尚书右仆射、中书侍郎为右相。

③ 摇鼓捭（bò）阖：形容呐喊鼓吹、游说拉拢。

④ 遐寿：长寿。

25. 吕端受中外钦重

吕正惠公端使高丽[①]，遇风涛恍恍[②]，摧樯折舵，舟人大恐。公恬然读书，若在斋阁。时首台吕文穆蒙正[③]，告老甚切。上宴后苑，作《钓鱼》诗独赐公，断章云："欲饵金钩深未到，磻溪须问钓鱼人[④]。"意以首宰属公。公和进云："愚臣钩直难堪用，宜问濠梁结网人。"文穆得谢，果冠台席[⑤]。真宗初即位，居谅暗[⑥]，每见公则肃然起敬，未尝名呼，或以字呼，上对公但称"小子"。公体貌魁梧，庭陛颇峻，命梓人别为纳陛[⑦]。两使外域，虏主钦重，后使虏者至，则问曰："吕公作相未？"（卷五）

【注释】

① 吕正惠公端：吕端，字易直，幽州安次（今河北廊坊市安次区）人。少敏悟好学，以荫补千牛备身。五代时官至著作佐郎、直史馆。太祖即位，迁太常丞、知浚仪县，同判定州。后佐秦王廷美，充开封府判官。太宗时，坐王府亲吏违诏事，贬商州司户参军。迁考功员外郎，兼侍御史知杂事。使高丽，俄拜右谏议大夫。淳化四年（993），为枢密直学士、参知政事。至道元年（995），加户部侍郎、同平章事。太宗不豫，内侍王继恩阴与参知政事李昌龄、殿前都指挥使李继勋、知制诰胡旦谋立故楚王元佐。太宗崩，端拥立太子有功。真宗即位，每见辅臣入对，惟于端肃然拱揖，不以名呼。加右仆射、监修国史。咸平元年（998）夏，被疾；十月，以太子太保罢。卒，年六十六。赠司空，谥正惠。

② 恍恍：晃荡貌。

③ 首台：首相。　吕文穆蒙正：吕蒙正，谥文穆。参见第150页第10则注释①。

④ 磻（pán）溪：水名。在今陕西宝鸡市东南，传说为周吕尚未遇文王时垂钓处。

⑤ 冠台席：出任宰相。至道元年（995）四月，吕蒙正以中书右仆射出判河南府，吕端以户部侍郎同平章事。　《宋史·吕端传》："时吕蒙正为相，太宗欲相端，或曰：'端为人糊涂。'太宗曰：'端小事糊涂，大事不糊涂。'决意相之。"

⑥ 谅暗：亦作"谅阴"。居丧时所住之屋。亦借指居丧，多用于皇帝。

⑦ 纳陛：古代帝王赐给有殊勋的诸侯或大臣的"九锡"之一。凿殿基为登升的陛级，纳之于檐下，不使尊者露而升，故名。一说，纳陛为致于殿两阶之间，便于上殿，以示对大臣的优遇。"命梓人别为纳陛"，此为木制者。

26. 太祖伐蜀兴师有名

太祖采听明远，每边阃之事[①]，纤悉必知。有间者自蜀还，上问曰："剑外有何事②？"间者曰："但闻成都满城诵朱长山《苦热》诗③，曰：'烦暑郁蒸无处避，凉风清冷几时来？'"上曰："此蜀民思吾之来伐也。"时虽已下荆楚④，孟昶有唇亡齿寒之惧，而讨之无名。昶欲朝贡，王昭远固止之⑤。乾德三年，昶遣谍者孙遇赍蜡丸帛书，间道往太原结刘钧为援，为朝廷所获。太祖喜曰："兴师有名矣。"执间者，命王全斌率禁旅三万，分路讨之。俾孙遇指画山川曲折、阁道远近，令工图之，面授神算，令王全斌往焉，曰："所克城寨，止籍器甲刍斛尔⑥，若财帛尽分给战士。"王师至蜀，昶遣王昭远帅师来拒。未几，相继就擒，昶始降，执昶赴阙。大将王仁赡自南剑独先归阙⑦，乞见，恐己恶暴露，历数全斌等数将贪黩货财，弛纵兵律，为所诉，反欲自毙。太祖笑谓仁赡曰："纳李廷珪妓，擅开丰德库取金宝，此又谓谁耶？"仁赡惶怖，叩伏待罪。上又曰："此行清介畏慎，但有曹彬一人尔。"台臣请深治征蜀诸将横越之恶，太祖尽释之。（卷六）

【注释】

① 边间：犹边关。

② 剑外：剑阁以南地区。亦泛指蜀地。

③ 朱长山：宋人著述如吴曾《能改斋漫录》、阮阅《诗话总龟》等亦载此事，皆作"朱山长"，并以《苦热》诗非其所作。《能改斋漫录》卷五："《古今诗话》云：'太祖采听明远，每边事，纤息必知。有间者自蜀还，上问："剑外有何事？"间者曰："但闻成都满城诵朱山长《苦热》诗，曰：'烦暑郁蒸无处避，凉风清冷几时来？'"上曰："此蜀民思吾来伐也。"'然予尝考睦台符《岷山异事》云：'梓潼山人李尧夫，吟咏尤尚讥刺。谒蜀相李昊，昊戏曰："何名之背时耶？"尧夫厉色对曰："甘作尧时夫，不乐蜀中相。"因是尧夫为昊所摈。知蜀主国柄隳紊，生民肆扰，吟《苦热》诗云："炎暑郁蒸无处避，凉风消息几时来？"'以是知此两句乃李尧夫诗，非朱山长也。'清冷'两字，不逮'消息'远甚。"

④ 下荆楚：指建隆四年（963），平定荆南（南平）。参见第 221 页第 6 则注释⑫。

⑤ 王昭远：益州成都人。后蜀大将，累官知枢密院事、山南西道节度同平章事。宋师入境，孟昶遣昭远率兵拒战。始发成都，宰相李昊等饯郊外。昭远攘臂曰："是行也，非止克敌，当领此二三万雕面恶少儿，取中原如反掌耳。"及行，执铁如意指麾军事，自方诸葛亮。俄为宋军所执，送阙下，太祖释之，授左领军卫大将军。广南平，奉使交趾。开宝八年（975），卒。

⑥ 器甲刍斛：武器、盔甲与粮草、斛斗。

⑦ 王仁赡：唐州方城（今属河南）人。乾德二年（964），以枢密副使、左卫大将军、凤州路行营前军都监随王全斌讨后蜀。因私纳后蜀大将李廷珪妓女、窃丰德库金钱，黜为右卫大将军。太平

兴国间,拜为北院使兼判三司,充大内部署,总辖里外巡检司公事。仁赡掌计司殆十年,恣下吏为奸。七年(982),为人告发,遂失宠。未久卒,年六十六。

27. 仁宗从拥帚老卒处得报西事不利

庆历壬午岁①,王师失律于西河好水川②,亡没数巨将刘平、葛怀敏、任福等,石元孙陷虏。急奏入已旬馀,大臣固缓之。仁宗因御化成殿,一宽衣老卒拥帚扫木阴下,忽厉声长叹曰:"可惜刘太尉③。"上怪问:"何故独语?"此老卒曰:"官家岂不知刘太尉与五六大将一时杀了?"上惊问:"汝何闻此?"老卒因舍帚,解衣带书进呈曰:"臣知营州西虎翼一营尽折④,臣婿亦物故于西阵⑤,此书乃家中人急报也。"上以书急召执政视之,大臣始具奏:"臣实得报,恐未审,候旦夕得其详,方议奏闻,乞自宽圣虑。"上厉声曰:"事至如此,犹言自宽圣虑,卿忍人也⑥!"冢宰因谢病⑦,乞骸骨。(卷六)

【注释】

① 庆历壬午岁:指庆历二年(1042)。

② 王师句:宝元元年(1038)十月,西夏立国。十二月,仁宗命知永兴军夏竦兼泾原、秦凤路安抚使,知延州范雍兼鄜延、环庆路安抚使,出兵讨伐。其后,共发生三次大型战斗。一、三川口之战。康定元年(1040)初,元昊侵延州(治今陕西延安市)、保安军(治今陕西志丹县),范雍中诈降之计,失金明寨(今陕西安塞县南),都监李士彬被擒,夏兵乘胜进逼延州。范雍召部将刘平(鄜延、环庆副都部署)、石元孙(鄜延副都部署)来援。元昊伏兵三川口(今陕西延安市西),全歼宋军,生俘刘、石(刘误传战死)。五月,贬范雍,以夏竦为陕西经略安抚缘边招讨使,韩琦、范仲淹副之。二、好水川之战。庆历元年(1041)二月,元昊攻渭州(治今甘肃平凉市),韩琦命任福(环庆副都部署)迎战。两军战于六盘山下好水川(今宁夏隆德市西北),宋军大败,任福战死。三、定川寨之战。庆历二年闰九月,西夏兵再犯镇戎军(治今宁夏固原市),知渭州兼领泾原路都部署、经略安抚招讨使王沿,命葛怀敏(泾原副都部署)御敌,被夏兵围困于定川寨(今宁夏固原市西北)。葛怀敏等十四名将官战死,近万名士卒被俘,夏兵乘胜直抵渭州,掳掠而归。宋三战皆北,不得不妥协,庆历四年十二月定议,册封元昊为夏国主。本则将三战而亡将领,并于好水川一役,且年份亦错置,盖误矣。

③ 刘太尉:刘平被俘,朝廷以为战死,嘉祐二年(1057)十月,赠太尉兼侍中,谥壮愍(见《续资治通鉴长编》卷一百八十六)。

④ 营州西虎翼：营州(治今河北昌黎县)，北宋时为辽地。此处或借指西北边地，或为延州之误。虎翼军，宋禁军，隶殿前司，为殿前司步军诸军之一。《宋史·兵志一》："虎翼：太平兴国中，拣雄武弩手立为上铁林，又于雄武、定远、宁胜床子弩手、飞山雄武等军选劲兵以增其数。雍熙四年改，分左右四军。"

⑤ 物故：死亡。

⑥ 忍人：残忍的人；硬心肠的人。

⑦ 冢宰：此处代指宰相。《宋史·宰辅表二》："庆历三年三月戊子，吕夷简自司空、平章军国重事，以疾授司徒、监修国史，与议军国大事。四月甲子，司徒吕夷简罢与议军国大事。九月戊辰，以太尉致仕。"

28. 太祖幸西京

太祖生于西京夹马营①，至九年西幸②，还其庐驻跸，以鞭指其巷曰："朕忆昔得一石马，儿为戏，群儿屡窃之，朕埋于此，不知在否？"斸之③，果得。然太祖爱其山川形胜，乐其风土，有迁都之意。李怀忠为云骑指挥使④，谏曰："京师正得皇居之中，黄、汴环流，漕运储廪，可仰亿万，不烦飞挽⑤。况国帑重兵，宗庙禁掖，若泰山之安，根本不可轻动也。"遂寝议。拜安陵⑥，奠哭为别，曰："此生不得再朝于此也。"即更衣，取弧矢，登阙台，望西北鸣弦发矢以定之，矢委处，谓左右曰："即此乃朕之皇堂也⑦。"以向得石马埋于中。又曰："朕自为陵名曰永昌⑧。"是岁果晏驾⑨。(卷七)

【注释】

① 西京夹马营：在今河南洛阳市东关爽明街。后唐天成二年(927)，宋太祖赵匡胤生于此。

② 九年：即开宝九年(976)。是年三月，太祖幸西京。

③ 斸(zhú)：掘。

④ 云骑：禁军骑军。五代时为左、右备征，宋建隆二年(961)改称云骑军。

⑤ 飞挽：即"飞刍挽粟"。谓迅速运送粮草。

⑥ 安陵：太祖父母赵弘殷、杜氏之陵墓。在河南府巩县(治今河南郑州市巩义市东)。

⑦ 皇堂：此处指皇帝墓室。俗称"地宫"。

⑧ 永昌：太祖陵墓名。在河南府巩县。

⑨ 是岁句：太祖赵匡胤于开宝九年十月癸丑(二十日)崩于万岁殿，年五十。

29. 钱 俶 朝 宋

开宝九年，钱忠懿俶来朝①，上遣皇子德昭迓于南京，车驾为幸礼贤宅②，抚视馆饩什物③，充满庭墀。俶至，诏处之。赐剑履上殿④，书诏不名⑤。妻子俱朝封，妻为吴越国王妃。召父子宴射苑中，诸王预坐。一日，赐俶独宴，惟太宗、秦王侍坐⑥，上爱俶姿度凝厚，笑曰："真王公材。"俶拜谢，中人掖起。上遣太宗与俶叙齿为昆仲。俶循走⑦，叩头泣谢曰："臣燕雀微物，与鸾凤序翼，是驱臣于速死之地也。"获止。时上将幸西京，乞扈从，不允，曰："天气向热，卿宜归国。"宴别于广武殿。后三年来朝，宴于长春殿，刘𬬮、李煜二降王预焉⑧。未几，会陈洪进纳土⑨，俶情颇危蹙⑩，乞罢吴越王，诏书愿呼名，不允。从征太原，每晨趋鸡初鸣，晓与群臣候于行在⑪，尝假寐于寝庐。上知之，谕曰："知卿入朝太早，中年宜避霜露。"每日遣二巨烛先领引于前顿候谒而已。驾至并门，继元降。上御崇台，戮其拒王师者，流血满川。上顾俶曰："朕固不欲尔，盖跋扈之恶，势不可已。卿能自惜一方，以图籍归朝，不血于刃，乃为嘉也。"俶但叩头怖谢。非久，身留于朝，愿纳图贡，昆虫草木亦无所伤。朝廷遣考功郎范旻知杭州，至则悉以山川土籍管钥庾廪数敬授于旻⑫，遂起遣兵民投阙。俶最后入觐，知必不还，离杭之日，遍别先王陵庙，泣拜以辞，词曰："嗣孙俶不孝，不能守祭祀，又不能死社稷。今去国修觐⑬，还邦未期，万一不能再扫松槚，愿王英德各遂所安，无恤坠绪⑭。"拜讫，恸绝，几不能起，山川为之惨然。（卷七）

【注释】

① 钱忠懿俶来朝：钱俶入朝，据《宋史·吴越钱氏世家》："开宝九年（976）二月，俶与其妻孙氏、子惟濬、平江军节度使孙承祐来朝，上遣皇子兴元尹德昭至睢阳迎劳。俶将至，车驾先幸礼贤宅，按视供帐之具。及至，诏俶居之，对于崇德殿。"睢阳（今河南商丘市南），宋改南京，应天府治所。

② 礼贤宅：开宝七年（974），宋伐南唐前，太祖命有司造大第号"礼贤宅"，以待李煜及钱俶先来朝者赐之。宅在东京城南御街东侧。

③ 馆饩什物：指招待居住饮食等日常生活用品。

④ 剑履上殿：经帝王特许，重臣上朝时可不解剑、不脱履，以示殊荣。

⑤ 不名：不直呼其名。表示优礼或尊重之意。

⑥ 秦王：赵廷美。太祖兄弟五人：兄光济(早亡)，弟光义、廷美、光赞(早夭)。廷美，字文化，本名光美，太平兴国初改今名。太宗即位后，加中书令、开封尹，进封秦王。后诏降涪陵县公、房州安置。雍熙元年(984)，因忧悸成疾而卒，年三十八。追封涪王，谥曰悼。徽宗即位，改封魏王。

⑦ 循走：谓避开道路中央，靠边循墙而行。表示恭谨或畏惧。

⑧ 刘鋹(chǎng)：南汉后主。原名继兴。南汉乾和十六年(958年)继位，改名鋹。在位期间，荒淫无度，政事紊乱，委朝政于宦官和女巫。宋开宝三年(970)九月，太祖命潘美为贺州道行营都部署，领兵伐南汉。一举攻克贺、昭、桂、连诸州。明年二月，又下英、雄二州，进逼广州。刘鋹逃海失败，焚府库宫殿，出城降宋。被押解赴阙，授右千牛卫大将军，封恩赦侯。后改左监门卫上将军，封彭城郡公。太宗即位，再改封卫国公。太平兴国五年(980)卒，年三十九。赠太师，追封南越王。南汉，五代时十国之一。唐天祐元年(904)，刘隐为清海军节度使。后梁贞明三年(917)，其弟刘龑称帝，建都广州，国号越，后又改汉，史称"南汉"。历四主，共五十五年。

⑨ 陈洪进：泉州仙游(今属福建)人。原为闽武将。闽亡入南唐，累官清源军节度使、泉南等州观察使。宋立国后，遣使间道赴汴京奉表，太祖下诏慰抚。乾德二年(964)，太祖命改清源军为平海军，以洪进为节度使、泉漳观察使、检校太傅，赐号推诚顺化功臣。太平兴国三年(978)，入觐，上纳地表，献泉、漳二州及所辖十四县之地。授武宁军节度使、同平章事，留京师奉朝请。四年，从太宗征太原。累受封为岐国公。雍熙二年(985)卒，年七十二。赠中书令，谥忠顺。

⑩ 危蹙：危迫；危急。

⑪ 行在：行在所。天子所在之处。

⑫ 管钥庾廪：军事要地与粮草仓库。

⑬ 修觐：入朝进见君主。

⑭ 无恤坠绪：意谓不要忧虑皇统断绝。坠绪，行将断绝之皇统。《尚书·夏书·五子之歌》："荒坠厥绪，覆宗绝祀。"孔传："言古制存而太康失其业以取亡。"

30. 崔翰单骑追溃兵

太原既平，刘继元降王随銮舆，将凯旋，而三军希赏，诸将遽有平燕之请①，未敢闻上。崔翰者②，晋朝之名将也，奏曰："当峻坂走丸之势③，所至必顺。此若不取，后恐噬脐④。"上然之，改銮北伐，功将即而班师，因整旅徐还。无何，至金台驿⑤，王师失利，间或南溃者数千骑。上遣翰以兵追之，翰奏曰："但乞陛下不问奔溃之罪，臣愿请单骑独往，当携之而归。"上许之。翰棰马独往追之，将及，扬鞭大呼："诸君不须若尔，何伤乎？料主上天鉴，处置精明，君等久负坚执锐，卫驾远征，一旦小忿,岂不念父母妻子忆恋之苦耶？上特遣吾邀尔辈同还,宜知几速反⑥。"众稍稍听从,遂收身而还。夜半至营,各分部直⑦,鸡犬亦不鸣。上喜,密解金带赐翰曰⑧:"此朕藩邸时所系者。"(卷七)

【注释】

①燕:指五代时为辽所夺燕云州县。后唐末年,石敬瑭乞兵于契丹,灭后唐,建后晋,将燕云十六州(又称幽蓟十六州)割让给契丹。

②崔翰:字仲文,京兆万年(今陕西西安市)人。少即隶太祖麾下,从周世宗征淮南,平寿春,取关南,以功补军使。宋初,迁御马直副指挥使,从征泽、潞。太平兴国四年(979),从太宗征太原,命总侍卫马步诸军,率先攻城,流矢中颊,神色不变,督战益急。太原平,又北伐辽。至金台驿,曾单骑止定溃兵。因命知定州,缘边诸军并受节制。冬,会李汉琼、崔彦进兵,破契丹于徐河,以功擢武泰军节度使。后北伐不利,召为威虏军行营兵马都部署,移镇定国、镇安诸军。淳化三年(992),召还,以疾留京师。稍间,入见上曰:"臣既以身许国,不愿死于家,得以马革裹尸足矣。"上壮之,复令赴镇。月馀卒,年六十三。赠侍中。

③峻坂走丸:喻顺势而行,迅捷而便利。峻坂,又作"峻阪",陡坡。

④噬脐:自啮腹脐。喻后悔不及。

⑤金台驿:又名"金台顿"。即宋保州保塞(今河北保定市)。

⑥知几:谓有预见,看出事物发生变化的隐微征兆。《周易·系辞下》:"知几其神乎。君子上交不谄,下交不渎,其知几乎？几者,动之微,吉之先见者也。"

⑦部直:又作"步直"。宋前期禁军编制。《宋史·兵志二》:"马直,指挥一。步直,指挥一。熙宁四年,马、步二直并废,拨隶殿前步军司虎翼,其有马者补云骑。"

⑧密解金带赐翰:《宋史·崔翰传》所记赐金带事则另有由,曰:"太平兴国二年秋,议武于西郊,时殿前都指挥使杨信病喑,命翰代之。翰分布士伍,南北绵亘二十里,建五色旗号令,将卒望其所举,以为进退,六师周旋如一。上御台临观,大悦,以藩邸时金带赐之,谓左右曰:'晋朝之将,必无如崔翰者。'"

31. 黑大王尹继伦

端拱中,或言威虏军粮运不续①,虏乘其虚,将欲窥取。朝廷亟遣大将李继隆发镇、定卒万馀②,护送刍粮数千辎车,将实其廪。虏谍报之,率精锐万馀骑邀于中道。时尹继伦为沿边都巡检③,领所部数千巡徼边野④,忽当虏锋。虏蔑视而不顾,劲欲前掠。伦谓麾下曰:"虏气锐于进,吾当卷甲衔枚,掩其后以击之。蛇贪前行,必忘其尾,岂虞我之至耶?"遂饱秣饫膳⑤,伺其夕,怀短兵暗逐其后。至唐河,天未明,虏骑去我军将近,遂释鞯会食⑥,食罢将战。伦举兵一麈⑦,如拉枯折朽。胡雏越旦举匕方食⑧,短兵击折一臂,乘马先遁,一皮室击死之。皮室者,虏相也。分飞溃乱,自蹂践。北窥之患遂已。继伦面色黧,胡人相戒曰:"'黑大王'不可当。"后淳化中,著作孙崇谏陷北归⑨,太宗召见,面诘虏庭事,崇谏备奏唐河之役。上始尽知,叹曰:"奏边者忌其功,不状其实以昧朕,非卿安知?"遽加防御使⑩。(卷七)

【注释】

① 威虏军:宋初属河北路。后改广信军(治今河北保定市徐水县西)。

② 李继隆:字霸图,潞州上党(今山西长治市)人。父处耘,为宋开国将领。继隆以父荫补供奉官,然少年落魄,以游猎为娱。后随军平蜀、征江南,太祖嘉其勇,且追念其父,拔用之,录功迁庄宅副使。从幸西洛,改御营前后巡检使。开宝中,太祖为太宗聘其妹为妃,即明德皇后。太宗朝,继隆屡为将帅,北拒契丹,西讨党项,多立功勋。真宗即位,改领镇安军节度、检校太傅。逾月召还,加同中书门下平章事,解兵柄归本镇。景德二年(1005)春,还京,加开府仪同三司。卒,年五十六。赠中书令,谥忠武。 镇、定:宋镇州(治今河北石家庄市正定县),后升真定府;定州(今属河北),后升中山府。

③ 尹继伦:开封浚仪(今河南开封市)人。太祖时补殿直,权领虎捷指挥,预平岭表,下金陵。太宗即位,改供奉官。从征太原,迁洛苑使,充北面缘边都巡检使。至道二年(996),授灵庆兵马副都部署,夹辅大将李继隆以讨党项。时继伦已被病,强起受诏,至庆州卒,年五十。

④ 巡徼(jiào):巡查。

⑤ 饱秣饫(yù)膳:牲口喂足,士卒吃饱。

⑥ 释鞯会食:下马相聚进食。鞯,套在马颈上的皮带。

⑦ 麈(áo):激战;苦战。

⑧ 胡雏越:契丹贵官。胡雏,中原对胡人的蔑称。越,《宋史·尹继伦传》中作"于越"。于越,契丹族最尊之职,无职掌,不常置,位在百僚之上,非有大功德者不授。辽太祖即以遥辇氏于越受禅,故此官不轻易授人。终辽之世,得于越重位者,有十人,著名如耶律曷鲁、耶律屋质、耶律仁先等。此时任于越者为耶律休哥。

⑨ 著作:著作佐郎之省称。宋初寄禄官名。《宋史·尹继伦传》:"淳化初,著作佐郎孙崇谏自契丹逃归,太宗询以边事,极言徐河之战契丹为之夺气,故每闻继伦名,则仓皇不知所措。于是迁继伦尚食使,领长州团练使,以励边将。"

⑩ 防御使:宋正任武阶名。北宋前期,正任武阶分为六阶,依次是:节度使、节度观察留后、观

察使、防御使、团练使、刺史。据《宋史》本传，授尹继伦为长州团练使，非防御使。

32. 御马碧云霞

太宗御厩一马号"碧云霞"，折德扆获之于燕涧①，因贡焉。口角有纹如碧霞，夹于双勒②。圉人饲秣，稍跛倚失恭③，则蹄啮吼喷，怒不可解。从征太原，上下冈阪，其平如砥④，下则伸前而屈后，登高则能反之。太宗甚爱，上樽馀沥，时或令饮，则嘶鸣喜跃。后闻宴驾，悲悴骨立，真宗遣从皇舆于熙陵⑤，数月遂毙。诏令以敝帏埋桃花犬之旁⑥。（卷八）

【注释】

① 折德扆：云中（今山西大同市）人。世为大族，自晋、汉以来，独据府州，控扼西北。仕周，与父从阮皆领节镇。建隆二年（961）来朝，待遇有加，遣归镇。乾德元年（963），败北汉军于城下，擒其将杨璘。二年卒，年四十八。赠侍中。　燕涧：燕地涧谷。

② 勒：通"肋"，胸侧。

③ 跛（bì）倚：站立歪斜不正、倚靠于物。指不端庄貌。跛，站立时重心偏于一足，古时以为不恭敬。《礼记·曲礼上》："游毋倨，立毋跛。"

④ 砥：平直，平坦。

⑤ 皇舆：亦作"皇轝"。皇帝所乘高大车驾。多借指王朝或君王。　熙陵：即永熙陵。宋太宗陵墓。在河南府巩县（今河南郑州市巩义市东），东南距太祖永昌陵约两里。

⑥ 桃花犬：太宗生前宠犬。据《蜀中广记》卷五十九："杨大年《谈苑》：'淳化中，绵州贡罗江犬，常循于御榻前。太宗不豫，犬不食，及上仙，号呼涕泗，以至疲癯，见者陨涕。参政李至作《桃花犬歌》，以寄史馆钱若水，末句云："白麟赤雁且勿书，愿君书此惊浮俗。"'按：罗江县西云盖山之桃花溪出此犬，毛赤白相间，若桃花色，传以为桃神所萃，即能改斋所云'绵州八子'之一也。"

33. 党进掉书袋

党进者①，朔州人，本出溪戎②，不识一字。一岁，朝廷遣进防秋于高阳③，朝辞日，须欲致词叙别天陛，阁门使吏谓进曰："太尉边臣，不须如此。"进性强很，坚欲之。知班不免写其词于笏④，侑进于庭，教令熟诵。进抱笏前跪，移时不能道一字，忽仰面瞻圣容，厉声曰："臣闻上古，其风朴略，愿官家好将息⑤。"仗卫掩口，几至失

容。后左右问之曰:"太尉何故忽念此二句?"进曰:"我尝见措大们爱掉书袋,我亦掉一两句,也要官家知道我读书来。"(卷八)

【注释】

① 党进:参见第220页第5则注释⑦。

② 溪戎:即奚族。参见第8页第8则注释⑧。

③ 防秋:古代西北游牧部落,往往趁秋高马肥时南侵。届时边防特加警卫,谓为"防秋"。高阳:宋顺安军治所(今河北保定市高阳县东)。

④ 知班:官吏名。掌下殿编排侍立班次,朝班仪节等。

⑤ 将息:珍重;保重。

34. 王沔读试卷

王沔字楚望①,端拱初参大政,敏于裁断。时赵韩王罢政出洛②,吕文穆公蒙正宽厚,自任中书,多决于沔。旧例,丞相待漏于庐③,然巨烛尺尽始晓,将入朝,尚有留桉遣决未尽④。沔当漏舍,止然数寸,事都讫,犹徘徊笑谈方晓。上每试举人,多令公读试卷。素善读书,纵文格下者⑤,能抑扬高下,迎其辞而读之,听者无厌,经读者高选。举子当纳卷,祝之曰:"得王楚望读之,幸也。"(卷八)

【注释】

① 王沔:字楚望,齐州(治今山东济南市)人。太平兴国初,举进士,授大理评事。从太宗征太原,授著作郎、直史馆,迁右拾遗,出任京西转运副使。后知贡院,累官右谏议大夫、同签书枢密院事,赐第崇德坊。据《宋史·宰辅表一》,端拱元年(988)二月,加户部侍郎、参知政事。淳化三年(992),上欲黜陟官吏,命沔与谢泌、王仲华同知京朝官考课。沔严加考察,以犯赃及公私罪将官员分三等上奏太宗,朝野震恐。视事方十日,以暴疾卒,年四十三。赠工部尚书。

② 赵韩王罢政:淳化元年(990)正月,赵普第三次罢相,守太保兼中书令、西京留守、河南尹。

③ 待漏:百官清晨入朝,等待朝拜天子。漏,计时器。旧时须立马于宫门外,至唐元和初,始置待漏院,供百官晨集,以避风雨。后世沿之。

④ 留桉(àn):积压的案牍。 遣决:处理,解决。

⑤ 文格:文章格调。

35. 王化基不甘事幕府

王参政化基，兴国二年及第于吕蒙正榜，释褐授赞善①，知岚州②。赵韩王学术平浅，议以骤进之少年，无益于治，特诏改淮幕③。公叹曰："不幸丞相以元勋自恃，特忌晚进，男儿既逢明时，岂能事幕府，承迎于婉画之末乎④？"抗疏自荐，表称"真定男子⑤"。公常慕范滂有揽辔澄清天下之志⑥，遂撰《澄清疏略》，皆切于时要。太宗壮之，曰："化基自结人主，慷慨之俊杰也。"亟用之，由著作郎、三司判官、左拾遗，召试中丞、补阙⑦、知制诰。翘楚有望，尤善为诗，《感怀》有"美璞未成终是宝，精钢宁折不为钩"之句，可见其志矣。后参大政。赵镕以宣徽使知密院⑧，上特命参政班在宣徽之上。（卷八）

【注释】

① 赞善：太子左、右赞善大夫。参见第 171 页第 36 则注释②。

② 岚州：宋属河东路，治宜芳（今山西吕梁市岚县岚城镇）。

③ 淮幕：淮南节度使幕府。《宋史·王化基传》："时赵普为相，建议以骤用人无益于治，改淮南节度判官。"

④ 婉画：指幕僚辅助长官谋划。语本南朝宋谢瞻《张子房》诗："婉婉幕中画。"谓张良为刘邦运筹帷幄之中。

⑤ 真定男子：王化基为真定（今河北石家庄市正定县）人，故称。

⑥ 范滂：字孟博，东汉汝南征羌（今河南漯河市召陵区东）人。少厉清节，举孝廉。任清诏使，迁光禄勋主事。按察郡县不法官吏，举劾权豪。见时政腐败，弃官而去。后为汝南太守宗资属吏。桓帝延熹九年（166），以党事下狱，次年释归。灵帝建宁二年（169），再兴党锢之狱，诏捕滂，遂自往投案，死狱中。　揽辔澄清：谓生于乱世有革新政治、安定天下之抱负。《后汉书·党锢传·范滂》："时冀州饥荒，盗贼群起，乃以滂为清诏使，案察之。滂登车揽辔，慨然有澄清天下之志。"

⑦ 补阙：宋初沿唐制，置左、右补阙。左补阙隶门下省，右补阙隶中书省。端拱元年改为左、右司谏。行谏官之职，论朝政之得失，刑政之烦苛。初设为文臣迁转官阶，元丰新制复为职事官。

⑧ 赵镕：字化钧，沧州乐陵（治今山东乐陵市西南）人。以刀笔事太宗于藩邸。即位，补东头供奉官。掌翰林司，擢东上阁门使。后领州郡，迁左神武大将军。逾年，召为枢密都承旨，同掌三班。淳化四年（993）十月，拜宣徽北院使、同知枢密院事。至道元年（995）四月，加知枢密院事。

咸平元年(998)三月,卒,年五十五。赠忠正军节度。　宣徽使:唐设宣徽南、北院,为内廷官署,各置使一人,总领宫中诸司及三班内侍的名籍、迁补、纠劾,及郊祀朝会宴飨供帐等事宜。宋初承之,但与唐多由宦官充任院使不同,宋为职事官,多用以优待勋臣、外戚。

36. 李建勋风调闲粹

钟山相李建勋①,少好学,风调闲粹②。徐温以女妻之③,奁橐之外④,复赐田沐邑⑤,岁入巨万。虽极富盛,不喜华靡,屏斥世务,喜从方外之游。遍览经史,资禀纯儒,故所以常居重地,寡断不振⑥。其为诗,少犹浮靡,晚年方造平淡。营别墅于蒋山⑦,泉石佳胜。再罢相,逼疾求退⑧,以司徒致仕,赐号钟山公。或谓曰:"公未老无疾,求此命,无乃复为九华先生耶?"九华即宋齐丘⑨,常乞骸,屡矫国主⑩。公曰:"余尝笑宋公轻以出处,敢违素心。吾必非寿考之物,劳生纷扰,耗真蠹魂,求数年闲适尔。"尝畜一玉磬,尺馀,以沈香节安柄⑪,叩之,声极清越。客有谈及猥俗之语者,则击玉磬数声于耳。客或问之,对曰:"聊代洗耳。"一轩,榜曰"四友轩"。以琴为峄阳友⑫,以磬为泗滨友⑬,《南华经》为心友⑭,湘竹簟为梦友⑮。果遂闲旷五年而卒,江南之佳士也。(卷十《江南遗事》)

【注释】

① 李建勋:字致尧,广陵(今江苏扬州市)人。初仕吴为金陵副使。后助南唐烈祖建国,两度拜相。元宗时,以司徒致仕,赐号钟山公。保大十年(952)卒。好为诗,长于七律。有《李建勋诗集》一卷存。

② 风调闲粹:品格情调文雅纯正。

③ 徐温:字敦美,海州朐山(今江苏连云港市西南)人。五代时吴国大将。出身私盐贩,为淮南节度使杨行密部将。行密死,渐握淮南实权,任镇海军节度使,执朝政。后梁贞明五年(919),与吴越钱氏停止冲突,江南得安生业。次年吴建国,改元顺义,任大丞相,都督中外诸军事。乾贞元年(927)卒,养子知诰(李昪)继任。天祚三年(937),昪以唐代吴,改元升元,即南唐烈祖。

④ 奁橐:嫁妆。

⑤ 赐田沐邑:指赐赠田产土地。沐,受润泽。

⑥ 寡断不振:谓处事没有决断、不振作。

⑦ 蒋山:即钟山。又名紫金山。在今江苏南京市东。汉末有秣陵尉蒋子文逐盗于此,三国吴孙权为立庙于钟山,因改称蒋山。

⑧ 逼疾:迫于身体有病。

⑨ 宋齐丘:字子嵩,世为庐陵(今江西吉安市)人。五代时仕吴,官至右谏议大夫、兵部侍郎。自以资望尚浅,恐不为国中所服,乃告归,入九华山。累启求致仕,不许。寻起而拜中书侍郎,迁右仆射、平章事。徐知诰(李昇)权位日隆,有代吴之势。已而都押衙周宗,以禅代事告齐丘。齐丘以大议本自己出,今若遽行,则功归周宗。因留其夜饮,亟遣使手书切谏以为时事未可。后数日,驰至金陵,请斩周宗以谢国人。知诰亦悔,将从之。徐玠固争,与李建勋等极言宜从天人之望。齐丘由是颇见疏忌,留为诸道都统判官,加司空,无所关预。南唐立,徐玠为侍中,李建勋为中书侍郎同平章事,周宗为枢密使。齐丘但迁司徒,中怀不平。后以丞相同平章事,复兼知尚书省事。坐亲吏盗库,称疾,求罢省事,许之。遂不复朝谒,许镇故乡。烈祖崩,元宗即位,召拜太保、中书令,与周宗并相。因植朋党而相攻,出齐丘为镇海军节度使。齐丘力请归九华,从之,赐号九华先生,封青阳公,食青阳一县租税。元宗念齐丘先帝勋旧,不宜久弃山泽,遣冯延巳召之,不起。又遣燕王景达再持诏往,乃起,拜太傅、中书令,封卫国公,赐号国老,奉朝请,然不得预政。周侵淮北,以齐丘为太师,领剑南东川节度使,进封楚国公。齐丘谋纵周兵以归,终失淮南之地,为论者所议,坐卖国之罪,不夺官爵而放归九华山。初命穴墙给食,又绝之,以馁卒,年七十三。谥丑缪。详见《陆氏南唐书》卷四。

⑩ 矫:假托;诈称。屡矫国主,指宋齐丘多次向国主假意请辞,以退为进,谋取高位厚爵。

⑪ 沈香:亦称"伽南香""奇南香"。瑞香科。常绿乔木。心材为著名熏香料。

⑫ 峄阳:峄阳南坡。借指精美的琴。语本《尚书·夏书·禹贡》:"羽畎夏翟,峄阳孤桐。"孔传:"峄山之阳,特生桐,中琴瑟。"峄山,又名邹山、邹峄山、邾峄山,在今山东邹城市东南。

⑬ 泗滨:指用泗水之滨的石头作磬。语本《尚书·夏书·禹贡》:"泗滨浮磬,淮夷蠙珠暨鱼。"孔传:"泗水涯水中见石,可以为磬。"泗水,古水名,源于今山东泗水县东,四源并发,故名。

⑭ 南华经:即《庄子》。道家经典之一。庄子及其后学著。现存郭象注本共三十三篇。

⑮ 湘竹簟:湘妃竹所编竹席。湘妃竹,即斑竹。《初学记》卷二十八引张华《博物志》:"舜死,二妃泪下,染竹即斑。妃死为湘水神,故曰湘妃竹。"

东坡志林

[宋] 苏 轼

《东坡志林》五卷，宋苏轼撰。轼字子瞻，号东坡居士，眉州眉山（今属四川）人。嘉祐二年（1057）进士。神宗时因反对王安石变法而求外职，任杭州通判，知密州、徐州、湖州。后以作诗『谤讪朝廷』罪贬谪黄州。哲宗时任翰林学士，知杭州、颍州、扬州，累官吏部、兵部、礼部尚书。后又贬惠州、儋州。元符三年（1100）北还，往常州。徽宗建中靖国元年（1101）卒，享年六十五岁。南宋时追谥文忠。

《东坡志林》所载，自元丰至元符，历二十年。明万历赵用贤《刻东坡先生志林小序》曰：『其间或名臣勋业，或治朝政教，或地里方域，或梦幻幽怪，或神仙伎术，片语单词，谐谑纵浪，无不毕具。而其生平迁谪流离之苦，颠危困厄之状，亦既略备。』其叙事状物，论古述怀之作，文字洗练畅达，有较高的史学和文学价值。

选文标题为原书所有。

1. 记承天夜游

　　元丰六年十月十二日夜，解衣欲睡，月色入户，欣然起行。念无与乐者，遂至承天寺寻张怀民[①]，怀民亦未寝，相与步于中庭。庭下如积水空明，水中藻荇交横[②]，盖竹柏影也。何夜无月，何处无竹柏，但少闲人如吾两人耳[③]。（卷一《记游》）

【注释】

　　① 承天寺：故址在黄州（今湖北黄冈市）南。　张怀民：名梦得，字怀民，清河（今属河北）人。时亦贬官黄州，寄居承天寺。

　　② 藻荇(xìng)：水中藻类和草本植物。

　　③ 闲人：作者与友人皆遭贬谪，故有此言。

2. 游 沙 湖

　　黄州东南三十里为沙湖，亦曰螺师店，予买田其间。因往相田得疾[①]，闻麻桥人庞安常善医而聋[②]，遂往求疗。安常虽聋，而颖悟绝人，以纸画字，书不数字，辄深了人意。余戏之曰："余以手为口，君以眼为耳，皆一时异人也。"疾愈，与之同游清泉寺。寺在蕲水郭门外二里许[③]，有王逸少洗笔泉[④]，水极甘，下临兰溪，溪水西流。余作歌云："山下兰芽短浸溪，松间沙路净无泥，萧萧暮雨子规啼。　谁道人生无再少？君看流水尚能西，休将白发唱黄鸡。"是日剧饮而归。（卷一《记游》）

【注释】

　　① 相(xiàng)田：察看田地。

　　② 麻桥人庞安常：《志林》卷一《疾病》有《庞安常耳聩》篇，作"蕲州庞君安常"，事重出。麻桥，地当属蕲州（治今湖北黄冈市蕲春县东北）。

　　③ 蕲水：蕲州蕲水县（今湖北黄冈市浠水县）。

　　④ 王逸少：即王羲之，东晋书法家。字逸少，琅邪临沂（今属山东）人。官至右军将军、会稽内史，人称王右军。

3. 记游庐山

仆初入庐山,山谷奇秀,平生所未见,殆应接不暇,遂发意不欲作诗①。已而见山中僧俗,皆云:"苏子瞻来矣!"不觉作一绝云:"芒鞋青竹杖②,自挂百钱游。可怪深山里,人人识故侯。"既自哂前言之谬,又复作两绝云:"青山若无素③,偃蹇不相亲④。要识庐山面,他年是故人。"又云:"自昔忆清赏,初游杳霭间⑤。如今不是梦,真个是庐山。"是日有以陈令举《庐山记》见寄者,且行且读,见其中云徐凝、李白之诗⑥,不觉失笑。旋入开元寺,主僧求诗,因作一绝云:"帝遣银河一派垂,古来惟有谪仙辞。飞流溅沫知多少,不与徐凝洗恶诗。"往来山南北十馀日,以为胜绝不可胜谈,择其尤者,莫如漱玉亭、三峡桥⑦,故作此二诗。最后与摠老同游西林,又作一绝云:"横看成岭侧成峰,到处看山了不同。不识庐山真面目,只缘身在此山中。"仆庐山诗尽于此矣。(卷一《记游》)

【注释】

① 发意:产生想法或意念。

② 芒鞋:用芒茎外皮编织成的鞋。也泛指草鞋。

③ 无素:没有真情。素,同"愫"。

④ 偃蹇(yǎnjiǎn):高高的;高傲的。

⑤ 杳霭:云雾缥缈貌。

⑥ 徐凝、李白之诗:指唐代诗人徐凝、李白所写庐山瀑布诗。徐凝《庐山瀑布》:"虚空落泉千仞直,雷奔入江不暂息。千古长如白练飞,一条界破青山色。"李白《望庐山瀑布》:"日照香炉生紫烟,遥看瀑布挂前川。飞流直下三千尺,疑是银河落九天。"

⑦ 漱玉亭、三峡桥:庐山风景名胜,均在南麓风景区。三峡桥,又名"观音桥"。

4. 广 武 叹

昔先友史经臣彦辅谓余:"阮籍登广武而叹曰①:'时无英雄,使竖子成其名②!'岂谓沛公竖子乎?"余曰:"非也,伤时无刘、项也,竖子指魏、晋间人耳。"其后余闻润州甘露寺有孔明、孙权、梁武、李德裕之遗迹③,余感之赋诗,其略曰:"四雄皆龙虎,遗迹俨未刓④。方其盛壮时,争夺肯少安! 废兴属造化,迁逝谁控抟? 况彼妄庸子⑤,而欲事所难。聊兴广武叹,不得雍门弹⑥。"则犹此意也。今日读李太白《登古战场》诗云:"沈湎呼竖子,狂言非至公。"乃知太白亦误认嗣宗语,与先友之意无异也。嗣宗虽放荡,本有意于世,以魏、晋间多故,故一放于酒,何至以沛公为竖子乎?(卷一《怀古》)

【注释】

　　① 广武:古城名。故址在今河南荥阳市东北广武山上。有东西二城,隔涧相对。楚、汉相争时,刘邦、项羽各占一城,互相对峙。

　　② 竖子:对人的鄙称,犹今言"小子"。据《晋书·阮籍传》:"(籍)尝登广武,观楚、汉战处,叹曰:'时无英雄,使竖子成名!'"后用来指无能者侥幸得以成名。

　　③ 润州甘露寺:在江苏镇江市北固山上。三国吴甘露元年(265)始建,传为刘备招亲之处。唐武宗朝宰相李德裕曾扩建。宋迁建今址,后又屡毁屡建。　梁武:南朝梁武帝萧衍。

　　④ 俨未刓(wán):庄严、壮观而未遭损毁。刓,削。

　　⑤ 妄庸子:平庸凡劣之徒。

　　⑥ 雍门弹:相传雍门子周以善琴见孟尝君,引琴而鼓,孟尝君增悲流涕曰:"先生之鼓琴,令文立若破国亡邑之人也。"(见刘向《说苑·善说》)后因以指弹奏哀伤曲调。

5. 养生难在去欲

　　昨日太守杨君采、通判张公规邀余出游安国寺①,坐中论调气养生之事。余云:"皆不足道,难在去欲。"张云:"苏子卿啮雪啖毡②,蹈背出血,无一语少屈③,可谓了生死之际矣。然不免为胡妇牛子,穷居海上,而况洞房绮疏之下乎④? 乃知此事不易消除。"众客皆大笑。余爱其语有理,故为记之。(卷一《修养》)

【注释】

　　① 安国寺:在黄州城南。建于唐显庆三年(658),初名护国寺。嘉祐八年(1063),仁宗御赐"安国"寺名,并赐玉印一方,篆曰"敕赐唐代祖庭黄州安国禅林印宝"。寺内有韩琦读书室等遗迹。苏轼谪黄州期间,作有《黄州安国寺记》《安国寺寻春》等。明代又在寺内建有青云塔。

　　② 苏子卿:苏武,字子卿。西汉天汉元年(前100)以中郎将出使匈奴,因匈奴内乱受牵连被拘,多方威胁诱降而不屈,后迁至北海(今贝加尔湖)边牧羊,饥寒时啮雪啖毡,历十九年。始元六

年(前81)被遣回朝,任典属国。神爵二年(前60)卒,年八十馀。

③ 少屈:略微屈服。

④ 绮疏:雕刻成空心花纹的窗户。

6. 子瞻患赤眼

余患赤目,或言不可食脍。余欲听之,而口不可,曰:"我与子为口,彼与子为眼,彼何厚,我何薄?以彼患而废我食,不可。"子瞻不能决。口谓眼曰:"他日我疝①,汝视物吾不禁也。"管仲有言:"畏威如疾,民之上也;从怀如流,民之下也②。"又曰:"燕安鸩毒,不可怀也③。"《礼》曰:"君子庄敬日强,安肆日偷④。"此语乃当书诸绅⑤,故余以"畏威如疾"为私记云。(卷一《疾病》)

【注释】

① 疝(shān):疝疾。此处泛指患病。

② 畏威如疾,民之上也;从怀如流,民之下也:畏威权如畏疾病,此民之上行;从心所欲,如水流行,此民之下行。见《国语·晋语四》齐姜引管敬仲语。

③ 燕安鸩毒:贪图逸乐如饮毒酒。燕安,留恋家室,此处泛指安逸享乐。《左传·闵公元年》:"管敬仲言于齐侯曰:'戎狄豺狼,不可厌也;诸夏亲昵,不可弃也;宴安鸩毒,不可怀也。'"

④ 庄敬日强,安肆日偷:庄严恭敬则一天天强健进步,安乐放纵则一天天苟且怠惰。语见《礼记·表记》。

⑤ 绅:古代士大夫束于腰间,一头下垂的大带。书诸绅,写在大带上,以备忘。

7. 措大吃饭

有二措大相与言志①,一云:"我平生不足惟饭与睡耳,他日得志,当饱吃饭了便睡,睡了又吃饭。"一云:"我则异于是,当吃了又吃,何暇复睡耶!"吾来庐山,闻马道士善睡,于睡中得妙。然吾观之,终不如彼措大得吃饭三昧也②。(卷一《梦寐》)

【注释】

① 措大:穷酸书生。

② 三昧:佛教用语。谓屏除杂念,心神平静,专注一境,是佛教的重要修行方法之一。后借指事物的奥妙、诀要。

8. 题 李 岩 老

南岳李岩老好睡,众人食饱下棋,岩老辄就枕,阅数局乃一展转①,云:"君几局矣?"东坡曰:"岩老常用四脚棋盘,只着一色黑子。昔与边韶敌手②,今被陈抟饶先③。着时自有输赢,着了并无一物④。"欧阳公诗云:"夜凉吹笛千山月,路暗迷人百种花。棋罢不知人换世,酒阑无奈客思家。"殆是类也。(卷一《梦寐》)

【注释】

① 阅:经历。 展转:又作"辗转"。翻身。

② 边韶:东汉学者。字孝先,陈留浚仪(今河南开封市)人。桓帝建和初年(147)前后在世。有文名,教授弟子数百人。又以喜好昼眠和大肚闻名,后人作有《边韶昼眠》图传世,成语"大腹便便"亦从其而来。

③ 陈抟:五代宋初道士。字图南,自号扶摇子,亳州真源(今河南鹿邑县东)人。五代时隐居武当山,服气辟谷多年,后又移居华山。宋太宗赐号希夷先生。著有《无极图》(刻于华山石壁)和《先天图》。俗传修成"睡功",常似睡非睡。 饶先:围棋术语。指让子先行。此两句意谓李岩老睡功堪比边韶、陈抟,非实指下棋。

④ 着了并无一物:意即下完棋便忘记一切输赢利害。

9. 记 六 一 语

顷岁孙莘老识欧阳文忠公①,尝乘间以文字问之②,云:"无它术,唯勤读书而多为之,自工。世人患作文字少,又懒读书,每一篇出,即求过人,如此少有至者。疵病不必待人指摘③,多作自能见之。"此公以其尝试者告人,故尤有味。(卷一《学问》)

【注释】

① 顷岁:昔年;近年。

② 乘间(jiàn):趁空;趁机。

③ 指擿(tī)：指出缺点错误。擿，揭发。

10. 别文甫子辩

仆以元丰三年二月一日至黄州，时家在南都①，独与儿子迈来，郡中无一人旧识者。时时策杖在江上，望云涛渺然，亦不知有文甫兄弟在江南也。居十馀日，有长髯者惠然见过②，乃文甫之弟子辩。留语半日，云："迫寒食③，且归东湖。"仆送之江上，微风细雨，叶舟横江而去。仆登夏隩尾高邱以望之④，仿佛见舟及武昌⑤，步乃还。尔后遂相往来，及今四周岁，相过殆百数。遂欲买田而老焉，然竟不遂。近忽量移临汝⑥，念将复去，而后期未可必。感物凄然，有不胜怀。浮屠不三宿桑下者⑦，有以也哉。七年三月九日。（卷一《送别》）

【注释】

① 南都：宋南京（今河南商丘市南）。

② 惠然见过：用作对客人来访表示欢迎之词。《诗经·邶风·终风》："终风且霾，惠然肯来。"

③ 迫寒食：逼近寒食节。古以清明前一天（一说前两天）为寒食节，禁火冷食。

④ 夏隩(yù)：地名。隩，河岸弯曲的地方。

⑤ 武昌：今湖北鄂州市。与黄州（今湖北黄冈市）隔江相对。

⑥ 量移：官吏因罪远谪，遇赦酌情调迁近处任职。

⑦ 浮屠不三宿桑下：和尚不在一棵桑树下连住三夜。含久住生情之义。语出东汉襄楷的奏疏："浮屠不三宿桑下，不欲久生恩爱，精之至也。"李贤注："言浮屠之人寄桑下者，不经三宿，便即移去，示无爱恋之心也。"襄楷，字公矩，平原隰阴（今山东德州市临邑县西）人。博学好古，善天文阴阳之术。桓帝时，宦官专朝，政刑暴滥。延熹九年（166），楷自家诣阙上疏。详见《后汉书·襄楷传》。

11. 贺下不贺上

贺下不贺上，此天下通语①。士人历官一任，得外无官谤，中无所愧于心，释肩而去，如大热远行，虽未到家，得清凉馆舍，一解衣漱濯，已足乐矣。况于致仕而归，脱冠佩，访林泉，顾平生一无可恨者，其乐岂可胜言哉！余出入文忠门最久②，故见

其欲释位归田，可谓切矣。他人或苟以藉口③，公发于至情，如饥者之念食也，顾势有未可者耳④。观《与仲仪书》⑤，论可退之节三，至欲以得罪、病而去。君子之欲退，其难如此，可以为进者之戒。（卷二《致仕》）

【注释】

① 通语：通常的说法。

② 文忠：欧阳修，谥文忠。

③ 苟以藉口：找借口而苟延。

④ 顾势有未可者：反而情势不许可。顾，却，反而。

⑤ 与仲仪书：欧阳修致王懿敏（字仲仪）的信。收入《欧阳修全集》卷一四六《书简》卷三，凡十七通，多表达衰病思去之意。

12. 书杨朴事

昔年过洛，见李公简言："真宗既东封①，访天下隐者，得杞人杨朴②，能诗。及召对，自言不能。上问：'临行有人作诗送卿否？'朴曰：'惟臣妾有一首云：更休落魄耽杯酒，且莫猖狂爱咏诗。今日捉将官里去，这回断送老头皮。'上大笑，放还山。"余在湖州，坐作诗追赴诏狱③，妻子送余出门，皆哭。无以语之，顾语妻曰："独不能如杨子云处士妻作诗送我乎？"妻子不觉失笑，余乃出。（卷二《隐逸》）

【注释】

① 东封：指帝王东至泰山，行封禅事。始于汉武帝。

② 杞：古国名。初在今河南杞县，后迁至今山东安丘县东北。

③ 坐作诗追赴诏狱：神宗元丰二年（1079）三月，苏轼因反对新法再贬湖州。赴任未久，又遭御史台以作诗谤讪朝廷罪弹劾，七月被捕，八月入狱。时称"乌台诗案"。

13. 修　身　历

子由言：有一人死而复生，问冥官如何修身①，可以免罪？答曰："子宜置一卷历②，昼日之所为，莫夜必记之，但不记者，是不可言不可作也。无事静坐，便觉一日似两日，若能处置此生常似今日，得至七十，便是百四十岁。人世间何药可能有此效！既无反恶，又省药钱。此方人人收得，但苦无好汤，使多咽不下。"晁无咎言："司马温公有言：'吾无过人者，但平生所为，未尝有不可对人言者耳。'"予亦记前辈有诗曰："怕人知事莫萌心。"皆至言，可终身守之。（卷三《异事下》）

【注释】

① 冥官：阴间的官吏。

② 历：此处指记事簿。

14. 盗不劫幸秀才酒

幸思顺，金陵老儒也。皇祐中，沽酒江州①，人无贤愚，皆喜之。时劫江贼方炽，有一官人舣舟酒垆下②，偶与思顺往来相善，思顺以酒十壶饷之③。已而被劫于蕲、黄间，群盗饮此酒，惊曰："此幸秀才酒邪？"官人识其意，即绐曰："仆与幸秀才亲旧。"贼相顾叹曰："吾侪何为劫幸老所亲哉④！"敛所劫还之，且戒曰："见幸慎勿言。"思顺年七十二，日行二百里，盛夏曝日中不渴，盖尝啖物而不饮水云。（卷三《贼盗》）

【注释】

① 沽酒江州：在江州（治今江西九江市）卖酒。

② 舣（yǐ）舟：使船靠岸。　酒垆：酒店里安放酒瓮的土台。此处借作酒店、酒肆。

③ 饷：馈赠。

④ 吾侪：我辈；我们。

15. 辨荀卿言青出于蓝

荀卿云："青出于蓝而青于蓝，冰生于水而寒于水。"世之言弟子胜师者，辄以此为口实①，此无异梦中语！青即蓝也，冰即水也。酿米为酒，杀羊豕以为膳羞②，曰"酒甘于米，膳羞美于羊"，虽儿童必笑之，而荀卿以是为辨，信其醉梦颠倒之言！以至论人之性，皆此类也。（卷四《人物》）

【注释】

① 口实：此处指经常谈论的话头。

② 膳羞：美味食品。

16. 颜蠋巧于安贫

颜蠋与齐王游①，食必太牢②，出必乘车，妻子衣服丽都③。蠋辞去，曰："玉生于山，制则破焉④，非不宝贵也，然而太璞不完⑤。士生于鄙野，推选则禄焉，非不尊遂也⑥，然而形神不全。蠋愿得归，晚食以当肉⑦，安步以当车，无罪以当贵，清静贞正以自娱。"嗟乎，战国之士未有如鲁连、颜蠋之贤者也，然而未闻道也。晚食以当肉，安步以当车，是犹有意于肉于车也。晚食自美，安步自适，取其美与适足矣，何以当肉与车为哉！虽然，蠋可谓巧于居贫者也。未饥而食，虽八珍犹草木也；使草木如八珍，惟晚食为然。蠋固巧矣，然非我之久于贫，不能知蠋之巧也。（卷四《人物》）

【注释】

① 颜蠋（zhú）与齐王游：蠋，一作"斶"，战国齐士。据《战国策·齐策四》，齐宣王感于颜斶"明主贵士"之言，愿请受为弟子，曰："且颜先生与寡人游，食必太牢，出必乘车，妻子衣服丽都。"

② 太牢：牛、羊、豕三牲。

③ 丽都：华丽；华贵。

④ 制：截断。

⑤ 太璞不完：未经雕琢的玉不完美。

⑥ 尊遂：尊贵显达。

⑦ 晚食以当肉：饥而后食，其味比于食肉。

17. 司马迁二大罪

商鞅用于秦①，变法定令，行之十年，秦民大悦，道不拾遗，山无盗贼，家给人足，民勇于公战，怯于私斗。秦人富强，天子致胙于孝公②，诸侯毕贺。苏子曰：此皆战国之游士邪说诡论，而司马迁暗于大道③，取以为史。吾尝以为迁有大罪二，其先黄、老，后《六经》，退处士，进奸雄，盖其小小者耳。所谓大罪二，则论商鞅、桑弘羊之功也④。自汉以来，学者耻言商鞅、桑弘羊，而世主独甘心焉⑤，皆阳讳其名而阴用其实，甚者则名实皆宗之，庶几其成功，此则司马迁之罪也。秦固天下之强国，而孝公亦有志之君也，修其政刑十年，不为声色畋游之所败，虽微商鞅，有不富强乎？秦之所以富强者，孝公务本力穑之效⑥，非鞅流血刻骨之功也。而秦之所以见疾于民，如豺虎毒药，一夫作难而子孙无遗种，则鞅实使之。至于桑弘羊，斗筲之才，穿窬之智⑦，无足言者，而迁称之，曰："不加赋而上用足。"善乎，司马光之言也！曰："天下安有此理？天地所生财货百物，止有此数，不在民则在官，譬如雨泽，夏涝则秋旱。不加赋而上用足，不过设法侵夺民利，其害甚于加赋也。"二子之名在天下者，如蛆蝇粪秽也，言之则污口舌，书之则污简牍。二子之术用于世者，灭国残民覆族亡躯者相踵也，而世主独甘心焉，何哉？乐其言之便己也。夫尧、舜、禹，世主之父师也；谏臣拂士⑧，世主之药石也；恭敬慈俭、勤劳忧畏，世主之绳约也。今使世主日临父师而亲药石、履绳约，非其所乐也。故为商鞅、桑弘羊之术者，必先鄙尧笑舜而陋禹也，曰："所谓贤主，专以天下适己而已。"此世主之所以人人甘心而不悟也。世有食钟乳乌喙而纵酒色⑨，所以求长年者，盖始于何晏⑩。晏少而富贵，故服寒食散以济其欲，无足怪者。彼其所为，足以杀身灭族者日相继也，得死于寒食散，岂不幸哉！而吾独何为效之？世之服寒食散，疽背呕血者相踵也，用商鞅、桑弘羊之术，破国亡宗者皆是也。然而终不悟者，乐其言之美便，而忘其祸之惨烈也。（卷五《论古》）

【注释】

① 商鞅：公孙氏，名鞅，战国时卫国人。初为魏相公叔痤家臣，后入秦劝秦孝公变法图强。孝公六年（前356），任用商鞅实行变法，重农抑商，确立爵位等级制，推行连坐法。十二年，又废井田制，按丁男征赋，统一度量衡制。后十年（前340），因战功封於（今河南南阳市内乡县东）、商（今陕西商州市东南）十五邑，因称商鞅。孝公死后，遭贵族迫害，车裂而亡。

② 天子致胙：古代天子祭祀后，将祭肉赏赐给诸侯，以示礼遇。当时周天子为显王（姬扁）。

③ 暗于大道：在常理上犯糊涂。暗，糊涂，不明白。

④ 桑弘羊：西汉大臣。洛阳人。武帝时任搜粟都尉，领大司农，制订、推行盐铁官营政策。武帝死后，受废昭帝立燕王案牵连，被杀。

⑤ 世主独甘心焉：只有国君对此表示美慕。甘心，美慕，向美。

⑥ 务本力穑：致力于农业。

⑦ 斗筲之才，穿窬之智：喻才识浅薄、奸滑势利之人。斗筲，量小之容器。穿窬，挖墙洞和爬

墙头。

　　⑧ 拂(bì)士：辅佐的贤士。拂，通"弼"。

　　⑨ 钟乳乌喙：中药。古人以为服用钟乳石粉和乌喙附子可延年。

　　⑩ 何晏：三国魏玄学家。字平叔，南阳宛县（今河南南阳市）人。曾随母为曹操收养。好老庄言。官至侍中尚书，典选举。后为司马懿所杀。与夏侯玄、王弼倡导玄学，援老入儒，竞事清谈，开一时风气。著有《道德论》《无名论》《无为论》和《论语集解》。

18. 论　范　增

　　汉用陈平计，间疏楚君臣①。项羽疑范增与汉有私，稍夺其权。增大怒曰："天下事大定矣，君王自为之，愿赐骸骨归卒伍②！"归未至彭城，疽发背死。苏子曰：增之去，善矣，不去，羽必杀增，独恨其不蚤耳③。然则当以何事去？增劝羽杀沛公，羽不听，终以此失天下，当于是去耶？曰：否。增之欲杀沛公，人臣之分也，羽之不杀，犹有君人之度也，增曷为以此去哉？《易》曰："知几其神乎④。"《诗》曰："相彼雨雪，先集维霰⑤。"增之去，当以羽杀卿子冠军时也⑥。陈涉之得民也，以项燕、扶苏⑦；项氏之兴也，以立楚怀王孙心⑧。而诸侯叛之也，以弑义帝也。且义帝之立，增为谋主矣，义帝之存亡，岂独为楚之盛衰，亦增之所以同祸福也，未有义帝亡而增独能久存者也。羽之杀卿子冠军也，是弑义帝之兆也。其弑义帝，则疑增之本心也，岂必待陈平哉！物必先腐也而后虫生之，人必先疑也而后谗入之，陈平虽智，安能间无疑之主哉？吾尝论义帝，天下之贤主也。独遣沛公入关而不遣项羽，识卿子冠军于稠人之中⑨，而擢以为上将，不贤而能如是乎？羽既矫杀卿子冠军，义帝必不能堪，非羽弑帝，则帝杀羽，不待智者而后知也。增始劝项梁立义帝，诸侯以此服从，中道而弑之，非增之意也。大岂独非其意，将必力争而不听也。不用其言，杀其所立，项羽之疑增必自是始矣。方羽杀卿子冠军，增与羽比肩而事义帝，君臣之分未定也。为增计者，力能诛羽则诛之，不能则去之，岂不毅然大丈夫也哉？增年已七十，合则留，不合则去，不以此时明去就之分，而欲依羽以成功，陋矣。虽然，增，高帝之所畏也⑩，增不去，项羽不亡。呜呼，增亦人杰也哉！（卷五《论古》）

【注释】

　　① 间疏楚君臣：离间项王与范增的关系。楚军围荥阳，汉王患之，乃用陈平计，出黄金四万斤

与陈平,纵反间于楚军。又待楚使者来,举太牢以进,见使者,佯装惊谔:"吾以为亚父使者,乃反项王使者?"撤宴,上恶食。使者归报项王,项王乃疑范增与汉有私。见《史记·项羽本纪》及《陈丞相世家》。

②赐骸骨归卒伍:请求辞官回去当一个有军籍的平民。骸骨,身体。

③独恨其不蚤耳:只遗憾他(范增)不早些离开(项王)。蚤,通"早"。

④知几其神乎:谓有预见,看出事物发生变化的隐微之兆。几,动之微。语出《周易·系辞下》。

⑤相彼雨雪,先集维霰:好像下雪时一样,先聚集的是雪珠。语出《诗经·小雅·頍弁》,原作"如彼雨雪"。

⑥卿子冠军:对上将的尊称。指宋义。秦将章邯破楚兵于定陶,楚怀王之彭城,召宋义与计事而大悦之,因置以为上将军,项羽为次将,范增为末将,诸别将皆属宋义,救赵。后项羽以与齐谋反楚,斩宋义于帐中。

⑦项燕、扶苏:项燕,楚国将领,项羽之祖。秦灭楚时,为秦将王翦所败,自杀。扶苏,秦始皇长子。秦始皇死,权臣赵高助第十八子胡亥杀扶苏,登帝位,为秦二世。陈涉、吴广起事,冒称由扶苏、项燕率领,以号召天下。

⑧楚怀王孙心:楚怀王之孙,名心。项梁起兵反秦后,从民间求得为人牧羊的心,立之为君,仍称怀王。项羽破秦后,尊为义帝。汉之元年(前206),项羽徙义帝长沙郴县,密令部下杀之。

⑨稠人:众人。

⑩高帝:汉高祖刘邦。

青箱杂记

[宋] 吴处厚

《青箱记》十卷,宋吴处厚撰。处厚字伯固,邵武(今属福建)人。皇祐五年(1053)登进士第,不得志。后因神宗(《宋史·蔡确吴处厚传》作「仁宗」)屡丧皇嗣,上书言赵氏废兴本末,以古代程婴、公孙杵臼尽死保全赵孤,而今宋有天下,二人忠义未见褒表,宜访其墓域,建祠祭祀。神宗即以处厚为将作监丞。元丰五年(1082)蔡确为相,确尝从处厚学赋,处厚乃通笺乞怜,确无汲引意。元祐四年(1089)处厚得确《车盖亭》诗十首,曲意笺释上之,确遂遭贬逐,处厚擢知卫州,士大夫由此畏恶之。未几,卒。《宋史》列入《奸臣传一》,附《蔡确传》后。

《青箱杂记》多述当世朝野杂事、诗话与掌故,所引时人诗词,亦未见载他书。然晁公武《郡斋读书志》谓此书「所记多失实」,《四库全书总目提要》则以处厚本工吟咏,所作「皆绰有唐人格意,故其论诗往往可取,亦不必尽以人废也」。

选文标题为编者所拟。

1. 雷　德　骧

　　雷德骧，长安人，太祖时，久居谏净之任，有直名。与赵普有隙，时普以勋旧作相，宠遇方渥，骧间请对，言普专权，容堂吏纳赂。由是忤旨，贬商州司户①。岁馀，其子有邻挝登闻鼓诉冤②，鞠得其实，堂吏李可度除名，馀党皆杖脊黥配远州，出普知河阳，召德骧复旧官，擢有邻守校书郎③。后普复入相，德骧恳乞致仕。太宗勉之曰："朕终保卿必不为普所挤。"有邻性亦刚鲠，有父风，太宗尝面谕有邻："朕欲用汝父为相何如？"有邻对曰："臣父有才略而无度量，非宰相器。"乃止。有邻弟有终亦有才，平蜀寇，最有功，为宣徽使④，薨。德骧、有终父子二人常并命为江南淮南两路转运使，当世荣之。王禹偁赠诗二首，其一曰："江南江北接王畿，漕运帆樯去似飞。父子有才同富国，君王无事免宵衣⑤。屏除奸吏魂应丧，养活疲民肉渐肥。还有文场受恩客，望尘情抱倍依依。"其二曰："当时词气压朱云，老作皇家谏净臣。章疏罢封无事日，朝廷犹指直言人。题诗野馆光泉石，讲《易》秋堂动鬼神。棘寺下僚叨末路⑥，斋心唯祝秉鸿钧⑦。"盖禹偁常出德骧门下，而德骧深于《易》，酷嗜吟咏故也。（卷一）

【注释】

　　① 司户：即"司户参军事"，简称"司户"或"司户参军"。宋各州所置诸曹官之一。　诸曹官有：录事参军，掌州院庶务、纠诸曹稽违；司户参军，掌户籍、赋税、仓库受纳；司法参军，掌议法断刑；司理参军，掌讼狱勘鞠之事。参见第24页第14则注释①。

　　② 登闻鼓：古代帝王为表示听取臣民谏议或冤情，在朝堂外悬鼓，许臣民击鼓上闻，谓之"登闻鼓"。昔始设，宋真宗景德四年(1007)又置登闻鼓院，专掌臣民奏章。明以后置于通政院。

　　③ 守校书郎：表示正式担任校书郎职事，是职事官。"校书郎"在北宋前期为寄禄官，无职事，为文臣迁转官阶。凡除授职事官，就依寄禄官阶的高低，在寄禄官称前加"权""行""守""试"等字。"权"表示初次任职，有试用期；升为真官后，再正式冠以"守""试"或"行"字。元丰改制后，"校书郎"成为职事官，隶秘书省，与"正字"同掌编辑、校正图籍，从八品。而"行""守""试"则成为改制后官员职钱发给的三个等级。凡寄禄官品级比职事官高一品以上，带"行"字，职钱最高；低一品者，带"守"字，职钱次之；低二品以上者，带"试"字，职钱又次之；同品，不带字，职钱与"行"同。以苏辙"朝奉郎、试户部侍郎"为例，"朝奉郎"正七品，"户部侍郎"从三品，寄禄官低于职事官二品以上，故在职事官称"户部侍郎"前加"试"字，职钱四十五贯（"行户部侍郎"五

十五贯，"守户部侍郎"五十贯）。

④ 宣徽使：参见第 251 页第 35 则注释⑧。

⑤ 宵衣：天不亮就穿衣起身。多用以称颂帝王勤政。

⑥ 棘寺：大理寺的别称。古代听讼于棘木之下，大理寺为掌刑狱的官署，故称。《宋史·雷德骧传》："宋初，拜殿中侍御史，改屯田员外郎、判大理寺。"

⑦ 鸿钧：喻国柄、朝政。

2. 陈亚以药名为诗

陈亚，扬州人，仕至太常少卿，年七十卒，盖近世滑稽之雄也。尝著《药名诗》百馀首，行于世。若"风月前湖近①，轩窗半夏凉②"，"棋怕腊寒呵子下③，衣嫌春暖宿纱裁④"，及《赠祈雨僧》云："无雨若还过半夏，和师晒作葫芦杷"之类⑤，极为脍炙。又尝知祥符县⑥，亲故多干借车牛⑦，亚亦作药名诗曰："地居京界足亲知，倩借寻常无歇时⑧。但看车前牛领上⑨，十家皮没五家皮⑩。"览者无不绝倒。亚常言："药名用于诗，无所不可，而斡运曲折，使各中理，在人之智思耳。"或曰："延胡索可用乎⑪？"亚曰："可。"沉思久之，因朗吟曰："布袍袖里怀漫刺⑫，到处迁延胡索人。此可赠游谒穷措大。"闻者莫不大笑。

……

亚性宽和，累典名藩，皆有遗爱。然颇真率，无威仪，吏不甚惧。行坐常弄瓢子⑬，不离怀袖，尤喜唱清和乐。知越州时，每拥骑自衙庭出，或由鉴湖缓辔而归，必敲镫代拍，潜唱彻三十六遍然后已，亦其性也。（卷一）

【注释】

① 前湖：即"前胡"谐音。语义双关，下同。前胡，俗称"白花前胡""鸡脚前胡"。伞形科。多年生草本。夏季开花，花白色。根入药，性微寒，味苦辛，功能祛风宣肺、下气除痰，主治风邪咳嗽、喘满等症。

② 半夏：天南星科。多年生有毒草本，地下有小块茎。初夏开花，肉穗花序外有黄绿色佛焰苞。其干燥块茎经炮制后称"制半夏"，性温，味辛，功能燥湿化痰、和胃止呕，主治痰多咳喘、胸脘痞闷、呕吐反胃、梅核气等症。未经炮制的称"生半夏"，有毒，多作外用，可治痈疽初起。

③ 呵子：即"诃子"谐音。诃子，亦称"诃黎勒"。使君子科。乔木。叶互生或近对生，卵形或椭圆形。夏季开花，花小，无花瓣，萼黄白色。核果卵形或椭圆形，形如橄榄，熟时黑色，通常有五

或六钝棱。果实入药，性平，味苦酸涩，功能敛肺涩肠，主治咽喉肿痛、久咳、久泻、久痢、崩漏带下等症。其未成熟果实亦入药，称"藏青果"，功能利咽、开音，主治咽喉肿痛、声音嘶哑等症。

④ 宿纱：即"缩砂"谐音。全名"缩砂蔤"，亦称"绿壳砂仁"。姜科。多年生草本。根状茎粗壮。茎直立。叶互生，披针形，亮绿色。夏秋开花，花白色，芳香。蒴果长卵圆形，成熟时绿色。种子多角形，种仁俗称"砂仁"，有香气。种子入药，性温，味辛，功能行气、健脾、安胎，主治胸脘胀满、呕吐、食欲不振、胎动不安等症。

⑤ 葫芦耙：即"葫芦巴"谐音。葫芦巴，亦称"苦豆""香草"。豆科，一年生草本。全株有香气。茎直立，多丛生，被疏毛。三出复叶互生，小叶长卵形或卵状披针形。春末夏初开花，花萼筒状，花冠蝶形，白色或淡黄色。荚果细长，扁圆筒状，略弯曲。种子质坚硬，棕色，有香气。种子入药，性温，味苦，功能温肾助阳，散寒止痛。主治肾脏虚冷、小腹冷痛、小肠疝气、寒湿脚气等症。耙，干肉。此句讥讽和尚晒成葫芦形的干肉了。

⑥ 祥符县：宋大中祥符二年(1009)，改浚仪县置，以年号为名。与开封县同为开封府、京畿路治所(今河南开封市)。

⑦ 干(gān)：求取。

⑧ 倩(qìng)：请求。

⑨ 车前：车前科。多年生草本。叶丛生，叶片宽卵形或长椭圆形，有长柄。穗状花序由叶丛中央生出，夏秋开花。蒴果椭圆形，盖裂。种子长圆形，黑褐色。种子与全草入药，性寒，味甘，功能利水通淋、清热明目、祛痰止咳，主治小便不利、暑热泄泻、目赤肿痛、痰热咳嗽等症。

⑩ 五家皮：即"五加皮"谐音。五加皮，亦称"细柱五加"。五加科。灌木，无刺或有刺。掌状复叶，在长枝上互生，短枝上簇生。夏季开花，花黄绿色，伞形花序。核果球形，黑色。根皮干燥后入药，性温，味辛苦，功能祛风湿、壮筋骨，主治风湿痹痛、筋骨痿软、小儿行迟及水肿、脚气等症。此句讥讽亲故所借车、牛，归还时常常损伤达半。

⑪ 延胡索：亦称"元胡""玄胡索"。罂粟科。多年生草本。地下有球状块茎，块茎上生根状茎。叶一或二回三出全裂，披针形或狭卵形至线状长椭圆形。初夏开花，花紫红色，四瓣。块茎入药，性温，味苦微辛，功能活血、利气、止痛，主治胸腹诸痛、痛经、疝气等症。

⑫ 漫刺：名刺。《后汉书·文苑传下·祢衡》："建安初来游许下。始达颍川，乃阴怀一刺，既而无所之适，至于刺字漫灭。"此两句讥讽到处投刺求谒的穷酸文士。

⑬ 瓢子：即"瓢笙"，又称"葫芦笙"。唐宋时西南少数民族簧管乐器。笙斗以匏瓢制成，四管或六管。宋陈旸《乐书》卷一百三十一："唐九部夷乐有胡芦笙。圣朝至道初，西南蕃诸蛮入贡吹瓢笙，岂胡芦笙邪！"《宋史·蛮夷传·西南诸夷》："至道元年，其王龙汉璇遣其使龙光进率西南牂牁诸蛮来贡方物。太宗召见其使，询以地理风俗，译对曰：'地去宜州陆行四十五日，土宜五谷，多种秔稻，以木弩射獐鹿充食。每三二百户为一州，州有长。杀人者不偿死，出家财以赎。国王居有城郭，无壁垒，官府惟短垣。'……上因令作本国歌舞，一人吹瓢笙如蚊蚋声。良久，数十辈连

袂宛转而舞,以足顿地为节。询其曲,则名曰'水曲'。"

3. 陈执中不欺主

世传陈执中作相①,有婿求差遣,执中曰:"官职是国家的,非卧房笼箧中物,婿安得有之?"竟不与。故仁宗朝谏官累言执中不学无术,非宰相器,而仁宗注意愈坚②。其后,谏官面论其非,曰:"陛下所以眷执中不替者,得非以执中尝于先朝乞立陛下为太子耶?且先帝止二子,而周王已薨③,立嗣非陛下而谁?执中何足眷?"仁宗曰:"非为是,但执中不欺朕耳。"然则人臣事主,宜以不欺为先。(卷二)

【注释】

① 陈执中:参见第 173 页第 39 则注释③。

② 注意:重视;关注。

③ 周王:指真宗次子赵祐。母曰章穆皇后郭氏。咸平初,封信国公。生九年而薨,追封周王,赐谥悼献。仁宗即位,赠太尉、中书令。明道二年(1033),追册皇太子。真宗共六子,除次子祐、六子祯(仁宗)外,馀皆早亡。徽宗时改追宗室,长子赐名赵禔,追封温王;三子赐名赵祇,追封昌王;四子赐名赵祉,追封信王;五子赐名赵祈,追封钦王。

4. 冯　　道

冯瀛王道诗虽浅近而多谐理①,若"但知行好事,莫要问前程","须知海岳归明主,未省乾坤陷吉人"之类,世虽盛传,而罕见其全篇,今并录之。诗曰:"穷达皆由命,何劳发叹声?但知行好事,莫要问前程。冬去冰须泮②,春来草自生。请君观此理,天道甚分明。"又《偶作》云:"莫为危时便怆神,前程往往有期因。须知海岳归明主,未省乾坤陷吉人。道德几时曾去世,舟车何处不通津?但教方寸无诸恶,狼虎丛中也立身。"

世讥道依阿诡随,事四朝十一帝,不能死节,而余尝采道所言与其所行,参相考质,则道未尝依阿诡随,其所以免于乱世,盖天幸耳。石晋之末,与虏结衅③,惧无敢奉使者,少主批令宰相选人,道即批奏:"臣道自去。"举朝失色,皆以谓堕于虎口,而道竟生还。又彭门卒以道为卖己,欲兵之,湘阴公曰④:"不干此老子事。"中亦获免。初，郭威遣道迓湘阴，道语威曰：“不知此事由中否？道平生不曾妄语，莫遣道为妄语人。”及周世宗欲收河东，自谓此行若太山压卵，道曰：“不知陛下作得山否？”凡此皆推诚任直，委命而行，即未尝有所顾避依阿也。又虏主尝问道⑤：“万姓纷纷何人救得？”而道发一言以对，不啻活生灵百万。盖俗人徒见道之迹，不知道之心，道迹浊心清，岂世俗所知耶？余尝与富文忠公论道之为人⑥，文忠曰：“此孟子所谓大人也。”（卷二）

【注释】

　　① 冯瀛王道：冯道，字可道，五代瀛州景城（今河北河间市东）人。历仕后唐、后晋、契丹、后汉、后周四朝十一君。相唐明宗、愍帝十馀年。晋灭唐，又相晋高祖。契丹灭晋，以为太傅。汉高祖立，乃归汉，以太师奉朝请。周灭汉，又事周，拜太师兼中书令。周世宗显德元年（954）卒，年七十三，谥曰文懿，追封瀛王。

　　② 泮（pàn）：冰之化开。

　　③ 结衅：结下仇隙。指后晋出帝与契丹之间的争战，晋亡。

　　④ 湘阴公：即刘赟。后汉隐帝刘承祐之堂弟，徐州节度使。汉末，郭威（后周太祖）反，进攻洛阳，刘承祐为乱兵所杀。郭威以为汉大臣必推戴自己为帝，见宰相冯道时，冯道并无表示，郭威不得已下拜，冯道仍像平时一样受之。郭威意识到代汉时机尚未成熟，便假意提出立刘赟为帝，并且派冯道到徐州去迎接。刘赟行至宋州，郭威已拥兵返京师。刘赟谓冯道曰：“寡人此来所恃者，以公三十年旧相，是以不疑。”冯道默然。刘赟降授开府仪同三司、检校太师、上柱国，封湘阴公，以幽禁死。

　　⑤ 虏主：指契丹之主耶律德光，大契丹第二帝。二十岁即任天下兵马大元帅。天显二年（927）继位；十一年，助石敬瑭灭后唐；会同九年（946），灭后晋；大同元年（947）2月，改国号“大契丹国”为“大辽”。是年崩，庙号太宗。据《新五代史·道传》：“耶律德光尝问道曰：‘天下百姓如何救得？’道为俳语以对，曰：‘此时佛出救不得，惟皇帝救得。’人皆以谓契丹不夷灭中国之人者，赖道一言之善也。”

　　⑥ 富文忠公：即富弼。参见第157页第18则注释①。

5. 贫 宰 相

　　夏文庄公谪守黄州时①，庞颖公为郡掾②，文庄识之，异礼优待。而庞尝有疾，以为不起，遂属文庄后事。文庄亲临之，曰：“异日当为贫宰相，亦有年寿，疾非其所忧。"庞诘之曰:"已为宰相,岂得贫耶?"文庄曰:"但于一等人中为贫耳。"故庞公晚年退老,作诗述其事曰"田园贫宰相,图史富书生",为是故也。又文庄守安州,宋莒公兄弟尚皆布衣③,文庄亦异待。命作《落花》诗,莒公一联曰:"汉皋珮解临江失④,金谷楼危到地香⑤。"子京一联曰:"将飞更作回风舞,已落犹成半面妆。"是岁诏下,兄弟将应举,文庄曰:"咏落花而不言落,大宋君当状元及第。又风骨秀重,异日作宰相。小宋君非所及,然亦须登严近⑥。"后皆如其言。故文庄在河阳,闻莒公登庸⑦,以别纸贺曰:"所喜者,昔年安陆已识台光⑧。"盖为是也。(卷四)

【注释】

① 夏文庄公:夏竦,字子乔,江州德安(今属江西)人。以父功录官。真宗朝为国史编修官,后出知黄州,徙邓州、襄州。仁宗朝知寿州,徙安州、洪州。宝元初,以户部尚书入为三司使,兼陕西经略安抚招讨使,进宣徽院使。庆历(1041—1048)中,召为枢密使,拜相。因与陈执中议论不合,遂改枢密使,封英国公。皇祐初,出知河南府,徙武宁军节度使,进郑国公。寻以病归,卒。赠太史、中书令,赐谥文正,后改谥文庄。竦资性明敏好学,无书不通,文章典雅藻丽,多识古文学奇字。

② 庞颖公:庞籍,字醇之,单州成武(今属山东)人。真宗大中祥符进士及第,任黄州司理参军,知州夏竦以为有宰相器。后调开封府兵曹参军,迁大理寺丞。仁宗朝累官至枢密副使、枢密使、宰相等。以太子太保致仕,封颖国公。卒,赠司空加侍中,谥庄敏。 郡掾:古代州郡佐官。

③ 宋莒公兄弟:即宋庠、宋祁。宋庠,字公序,安州安陆(今属湖北)人。仁宗天圣初举进士,状元及第。累官至检校太尉同平章事,充枢密使,封莒国公。以司空致仕。卒,赠太尉兼侍中,谥元献。宋祁,字子京。与兄同时举进士,礼部奏祁第一、庠第三,章献太后不欲以弟先兄,乃擢庠第一、祁第十八。官翰林学士、史馆修撰。与欧阳修等合修《新唐书》,书成,迁左丞,进工部尚书,拜翰林学士承旨。卒,谥景文。《宋史·宋庠宋祁传》:"祁兄弟皆以文学显,而祁尤能文,善议论,然清约庄重不及庠。论者以祁不至公辅,亦以此云。"

④ 汉皋:山名。在今湖北襄阳市西北。相传周郑交甫于汉皋台下遇二女,二女解佩珠相赠。此句用临江失佩珠事,喻花落春已逝。

⑤ 金谷:本指晋石崇所筑金谷园。后泛指盛极一时却好景不长的豪华园林。此句写园中落花景象,寓兴衰之感。

⑥ 严近:谓接近尊位。指近侍。

⑦ 登庸:指科举考试中选。

⑧ 台光:三台星光。此喻宰辅之位。三台,星名,古代以喻三公。

6. 文 章 格 调

　　小说载卢携貌陋①，尝以文章谒韦宙②，韦氏子弟多肆轻侮。宙语之曰："卢虽人物不扬，然观其文章有首尾，异日必贵。"后竟如其言。本朝夏英公亦尝以文章谒盛文肃③，文肃曰："子文章有馆阁气，异日必显。"后亦如其言。然余尝究之，文章虽皆出于心术，而实有两等：有山林草野之文；有朝廷台阁之文。山林草野之文，则其气枯槁憔悴，乃道不得行，著书立言者之所尚也。朝廷台阁之文，则其气温润丰缛，乃得位于时，演纶视草者之所尚也④。故本朝杨大年、宋宣献、宋莒公、胡武平所撰制诏⑤，皆婉美淳厚，过于前世燕、许、常、杨远甚⑥，而其为人，亦各类其文章。王安国常语余曰："文章格调，须是官样。"岂安国言官样，亦谓有馆阁气耶？又今世乐艺，亦有两般格调：若教坊格调，则婉媚风流；外道格调，则粗野嘲哳⑦。至于村歌社舞，则又甚焉。兹亦与文章相类。晏元献公虽起田里⑧，而文章富贵，出于天然。尝览李庆孙《富贵曲》云："轴装曲谱金书字，树记花名玉篆牌。"公曰："此乃乞儿相，未尝谙富贵者。"故公每吟咏富贵，不言金玉锦绣，而唯说其气象，若"楼台侧畔杨花过，帘幕中间燕子飞""梨花院落溶溶月，柳絮池塘淡淡风"之类是也。故公自以此句语人曰："穷儿家有这景致也无？"

　　公风骨清羸，不喜肉食，尤嫌肥膻，每读韦应物诗，爱之曰："全没些脂腻气。"故公于文章尤负赏识，集梁《文选》以后迄于唐别为集，选五卷，而诗之选尤精，凡格调猥俗而脂腻者皆不载也。公之佳句，宋莒公皆题于斋壁，若"无可奈何花落去，似曾相识燕归来""静寻啄木藏身处，闲见游丝到地时""楼台冷落收灯夜，门巷萧条扫雪天""已定复摇春水色，似红如白野棠花"之类，莒公常谓此数联使后之诗人无复措词也。（卷五）

【注释】

　　① 小说：此指丛杂类著作。《汉书·艺文志》："小说家者流，盖出于稗官，街谈巷语，道听涂说者之所造也。"　卢携：字子升，范阳（今河北涿州市）人。唐宣宗大中九年（855）进士擢第，授集贤校理。僖宗乾符四年（877）拜相。六年，黄巢军破潼关，罢为太子宾客，是夜仰药而死。

　　② 韦宙：京兆万年（今陕西西安市）人。宣宗朝以父功官拜侍御史、度支郎中，后迁吏部郎中，出为永州刺史。宙为官清正，体恤吏民，宣导教化，赈济灾变。久之，拜江西观察使，迁岭南节

度使,加检校尚书左仆射同中书门下平章事。懿宗咸通(860—874)中卒。

③夏英公:夏竦,宋仁宗庆历中封英国公。参见前则注释①。 盛文肃:盛度,字公量,世居应天府(今河南商丘市),后徙杭州馀杭县(今浙江杭州市余杭区余杭镇)。宋仁宗景祐二年(1035)拜参知政事,迁知枢密院事。后知扬州,加资政殿学士、知应天府,以太子少傅致仕。卒,赠太子太保,谥文肃。度好学,敏于为文,尝奉诏同编《续通典》《文苑英华》等。

④演纶视草:谓奉旨起草和修正诰命、诏谕等。

⑤杨大年、宋宣献、宋莒公、胡武平:指杨亿、宋绶、宋庠和胡宿。四人在北宋皆有文名。杨亿,字大年,建州浦城(今属福建)人;淳化(990—994)进士,任翰林学士兼史馆修撰;会修《太宗实录》《册府元龟》;曾与刘筠、钱惟演等诗歌唱和,编成《西昆酬唱集》,时号"西昆体"。宋绶,字公垂,赵州平棘(今河北赵县)人;大中祥符元年(1008),复试学士院,任集贤院校理,赐同进士出身;擢知制诰,判吏部流内铨兼史馆修撰,迁户部郎中权直学士院,同修《真宗实录》;为翰林学士兼侍读,同修国史;加资政殿大学士,以礼部尚书知河南府;复召知枢密院事,迁兵部尚书参知政事;卒,赠司徒兼侍中,谥宣献。宋庠,参见前则注释③。胡宿,字武平,常州晋陵(今江苏常州市)人;天圣二年(1024)登第,历官扬子尉、馆阁校勘、集贤校理通判宣州、知湖州、两浙转运使,召修《起居注》、知制诰、翰林学士、枢密副使;治平三年(1066),以观文殿学士知杭州;四年,以太子少师致仕,未拜而薨,赠太子太傅,谥文恭。

⑥燕、许、常、杨:指唐代大臣张说、苏颋、常衮、杨炎。张说,字道济,或字说之,洛阳人;相唐睿宗、玄宗两朝,玄宗时封燕国公。苏颋,字廷硕,雍州武功(今属陕西)人;玄宗朝为中书侍郎,袭封许国公,进同紫微黄门平章事,修国史。二人皆工文词,称为"燕许"。《新唐书·苏颋传》:"自景龙后,与张说以文章显,称望略等,故时号'燕许大手笔'。"常衮,京兆(治今陕西西安市)人;玄宗天宝末及进士第;代宗朝累为中书舍人,迁礼部侍郎,拜门下侍郎同中书门下平章事。杨炎,字公南,凤翔天兴(今陕西凤翔县)人;代宗朝为中书舍人,擢吏部侍郎、史馆修撰;德宗朝拜门下侍郎同中书门下平章事。二人长于文藻,时谓"常杨"。《新唐书·杨炎传》:"(炎)为司勋员外郎,迁中书舍人,与常衮同时知制诰。衮长于除书,而炎善德音,自开元后言制语者,称'常杨'云。"

⑦嘲哳(zhāo zhā):又作"嘲喈""啁哳"。形容声音烦杂细碎。

⑧晏元献公:即晏殊。参见第200页第12则注释①。

7. 山 林 诗 人

昔王维爱孟浩然吟哦风度,则绘为图以玩之。李洞慕贾岛诗名,则铸为像以师之。近世有好事者,以潘阆遨游浙江①,咏潮著名,则亦以轻绡写其形容,谓之《潘阆咏潮图》。阆酷嗜吟咏,自号逍遥子,尝自咏《苦吟诗》曰:"发任茎茎白,诗须字

字清。"又《贫居诗》曰："长喜诗无病，不忧家更贫。"又《峡中闻猿》云："何须三叫绝，已恨一声多。"《哭高舍人》云："生前是客曾投卷，死后何人与撰碑？"《寄张詠》云："莫嗟黑发从头白，终见黄河到底清。"皆佳句也。故宋尚书白赠诗曰："宋朝归圣主，潘阆是诗人。"王禹偁亦赠诗云："江城买药常将鹤，古寺看碑不下驴。"其为明公赏激如此。又魏野②，陕府人，亦有诗名。寇莱公每加前席③，野献《莱公生日诗》云："何时生上相④，明日是中元⑤。"以莱公七月十四日生故也。又有《赠莱公诗》云："有官居鼎鼐⑥，无地起楼台。"而其诗传播漠北，故真宗末年尝有北使诣阙，询于译者曰："那个是'无地起楼台'的宰相？"时莱公方居散地，真宗即召还，授以北门管钥⑦。

　　世传魏野尝从莱公游陕府僧舍，各有留题。后复同游，见莱公之诗已用碧纱笼护，而野诗独否，尘昏满壁。时有从行官妓颇慧黠，即以袂就拂之。野徐曰："若得常将红袖拂，也应胜似碧纱笼。"莱公大笑。（卷六）

【注释】

① 潘阆：北宋诗人。字梦空，号逍遥子，大名（今属河北邯郸市）人。居钱塘（今浙江杭州市）。曾在京、杭等地开药铺为生。太宗至道（995—997）间召对，赐进士及第。性疏狂，后坐事亡命。真宗捕得之，释其罪，以为滁州参军。诗学晚唐体，风格清浅孤峭。其作早失，清四库馆臣从《永乐大典》中辑录成《逍遥集》一卷。

② 魏野：北宋诗人。字仲先，号草堂居士，先世蜀人，后徙陕州陕县（今属河南）。隐居不仕。工诗，诗风清淡朴实，为时所重。原有《草堂集》十卷，后由其子闲重编为《巨鹿东观集》七卷。

③ 前席：谓移坐更近前，以示礼重。真宗景德三年（1006），宰相寇准遭谗，罢为刑部尚书知陕州，曾与魏野相交游，甚厚。

④ 上相：宋代称居首位的宰相。参见第 210 页第 25 则注释①。据《宋史·宰辅表一》：景德元年（1004），寇准自三司使、行尚书兵部侍郎、加同中书门下平章事、集贤殿大学士；天禧三年（1019），寇准自山南东道节度使、检校太尉同平章事、加中书侍郎兼吏部尚书同平章事、集贤殿大学士。故寇准两次拜相均为末相，此处"上相"乃尊称耳。

⑤ 中元：农历七月十五日。唐以后有"中元节"，此日道观作斋醮，僧寺作盂兰盆会，民俗则有祭祀亡故亲人等活动。

⑥ 鼎鼐：喻指宰相等执政大臣。

⑦ 北门管钥：用以喻守御军事重地。北宋以大名府（治今河北邯郸市大名县）为"北门锁钥"。《续资治通鉴长编》卷七十："（大中祥符元年十二月）辛亥（二十五日），令户部尚书寇准知

天雄军兼驻泊都部署。契丹使尝过大名,谓準曰:‘相公望重,何故不在中书?’準曰:‘主上以朝廷无事,北门锁钥非準不可尔。’”天雄军,唐、五代藩镇名,北宋改大名府。驻泊都部署,宋初置,掌总治本路军旅屯戍、营防、守御之政令,事权甚重。

8. 曹翰以诗寄意

曹翰尝平江南有功①,后归环卫②,数年不调。一日内宴,太宗侍臣皆赋诗,翰以武人不预,乃自陈曰:“臣少亦学诗,亦乞应诏。”太宗笑而许之,曰:“卿武人,宜以刀字为韵。”翰援笔立进,因以寄意,曰:“三十年前学《六韬》③,英名常得预时髦④。曾因国难披金甲,不为家贫卖宝刀。臂健尚嫌弓力软,眼明犹识阵云高。庭前昨夜秋风起,羞睹盘花旧战袍⑤。”太宗览之恻然,即自环卫骤迁数级。(卷六)

【注释】

① 平江南有功:指开宝七年(974),征伐南唐,曹翰为行营先锋使。参见第194页第2则注释①。

② 环卫:北宋左右金吾卫、左右卫、左右骁卫、左右武卫、左右屯卫、左右领军卫、左右监门卫、左右千牛卫等十六卫上将军、大将军、将军,共四十八阶,总称环卫官。无职事,用以除授宗室与任满还阙的地方帅守,或为武臣赠官。元丰改制,依旧除授宗室,外臣则概不授与。据《宋史·曹翰传》,太平兴国五年(980),翰以战功拜威塞军节度、判颖州,复命为幽州行营都部署。因私市兵器,削官流登州。雍熙二年(985),起为右千牛卫大将军、分司西京。四年,召入为左千牛卫上将军。淳化三年(992)卒。

③ 六韬:兵书。亦作《六弢》。旧题周吕望(姜太公)撰。分文韬、武韬、龙韬、虎韬、豹韬、犬韬六卷。

④ 时髦:当时俊杰。

⑤ 盘花:以彩线盘绕编织成花形的一种工艺。

9. 诗 人 器 宇

宋莒公庠知许州,开西湖,作诗曰:“凿开鱼鸟忘情地,展尽江湖极目天。”识者观诗意,则知公位极一品矣。孟郊《下第诗》曰①:“弃置复弃置,情如刀剑伤。”又《再下第诗》曰:“两度长安陌,空将泪见花。”其后《及第诗》曰:“昔日龌龊不足嗟,今朝旷荡思无涯。青春得意马蹄疾，一日看尽长安花。"大凡进取得失，盖亦常事，而郊器宇不宏，偶一下第，则其情陨获^②，如伤刀剑，以至下泪。既后登科，则其中充溢，若无所容，一日之间，花即看尽，何其速也？后郊授溧阳尉，竟死焉。（卷七）

【注释】

　　① 孟郊：唐诗人。字东野，湖州武康（今浙江湖州市德清县）人。早年隐居嵩山。德宗贞元十二年（796），年四十六中进士，任溧阳县尉。宪宗元和初，任河南水陆转运从事、试协律郎。元和九年卒，友人私谥贞曜先生。其诗多寒苦之音，风格瘦硬。与韩愈并称"韩孟"。又与贾岛齐名，有"郊寒岛瘦"之目。

　　② 陨获：丧失志气。

10. 上书乞立程婴公孙杵臼庙

　　神宗朝，皇嗣屡阙，余尝诣阁门上书，乞立程婴、公孙杵臼庙^①，优加封爵，以旌忠义，庶几鬼不为厉^②，使国统有继。是时适值郓王服药^③，上览之矍然^④，即批付中书，授臣将作监丞，敕河东路访寻二人遗迹，乃得其家于绛州太平县。诏封婴为成信侯，杵臼为忠智侯，因命绛州立庙，岁时致祭。余所上书，略曰："臣尝读《史记·世家》，考赵氏废兴之本末，惟程婴、公孙杵臼二人，各尽死，不顾难，以保全赵氏孤儿，最为忠义。乃知国家传祚至今，皆二人之力也。盖下宫之难^⑤，屠岸贾杀赵朔、赵同、赵括、赵婴齐，已赤族，无噍类^⑥，惟朔妻有遗腹，匿于公宫。既而免身生男，屠岸贾闻知，索于宫中甚急，于是朔妻置男裤中，祝曰：'赵宗灭乎？若号。即不灭，若无声。'及索，儿竟无声，乃得脱。然则儿之无声，盖天有所祚。且天方启赵氏，生圣人，以革五代之乱，拯天下于汤火之中，而奄有焉^⑦。使圣子神孙，继继承承而不已，则儿又安敢有声？盖有声则不免，不免则赵氏无复今日矣。然虽天祚，亦必赖公孙杵臼谬负他婴，匿于山中，卒与俱死，以绝其后患。又必赖程婴保持其孤，遂至成人而立之，以续赵祀，即赵文子也^⑧。于是赵宗复盛，传十世至武灵王^⑨，而遂以胡服，与秦俱霸。其后为秦所并，则子孙荡析，散居民间，今常山、真定、中山，则古之赵地也。故赵氏世为保州人，而僖祖、顺祖、翼祖、宣祖皆生于河朔^⑩，以至太祖启运，太宗承祧^⑪，真宗绍休^⑫，仁宗守成，英宗继统，陛下缵业^⑬。向使赵氏无此二人，以力卫襁褓，孑然之孤，使得以全，则承祀无遗育矣，又安能昌炽以至于此？故臣深以谓国家传祚至今,皆二人之力也。二人死皆以义,甚可悼痛,虽当时赵武为婴服丧三年,为之祭奠,春秋祠之,世世勿绝,然今不知其祠之所在,窃虑其祠或废而弗举,或举而弗葺,或葺而弗封,三者皆阙典也[14]。左氏曰:'鬼有所归,乃不为厉[15]。'自宋有天下,凡两周甲子,百二十二年于兹矣。而二人忠义,未见褒表,庙食弗显[16],故仁宗在位,历年至多,而前星不耀,储嗣屡阙。虽天命将启先帝以授陛下,然或虑二人精魄,久无所归,而亦因是为厉也。何哉?盖二人能保赵孤,使赵宗复续,其德甚厚,则赵宗之续,国统之继,皆自二人为之也。况二人者忠诚精刚,洞贯天地,则其魂常游于大空,而百世不灭。臣今欲朝廷指挥下河东北晋、赵分域之内,访求二人墓庙,特加封爵旌表。如或自来未立庙貌,即速令如法崇建,著于甲令[17],永为典祀。如此则忠义有劝,亦可见圣朝不负于二人者矣。"(卷九)

【注释】

　　① 程婴、公孙杵臼:春秋时晋国执政赵盾及其子赵朔的友人和门客。晋景公三年(前597),大夫屠岸贾族灭赵氏,程婴、公孙杵臼合谋保全赵氏孤儿赵武。事见《史记·赵世家》。然宋洪迈《容斋随笔》卷十则曰:"婴、杵臼之事,乃战国侠士刺客所为,春秋时风俗无此也。元丰中,吴处厚以皇嗣未立,上书乞立二人庙,访求其墓,优加封爵,敕令河东路访寻遗迹,得其冢于绛州太平县。诏封婴为成信侯,杵臼为忠智侯,庙食于绛。后又以为韩厥存赵,追封为公。三人皆以春秋祠于祚德庙。且自晋景公至元丰,千六百五十年矣。古先圣帝明王之墓尚不可考,区区二士,岂复有兆域所在乎!绛郡以朝命所访,姑指它丘垅为之词以塞责耳。此事之必不然者也。"

　　② 厉:害;祸。

　　③ 郓王:神宗第八子偲。《续资治通鉴长编》卷三百十二:"(元丰四年五月)庚戌(二十五日),皇子偲薨。偲,上第八子也,母曰邢贤妃。偲生四年薨。废朝五日,又不视事三日。追赐名,赠太师、尚书令,封郓王,谥冲惠。"神宗有十四子,其中八子皆早殇。徽宗即位,赐名追封长子成王佖、次子惠王仅、四子褒王伸、十子仪王伟,改封三子唐哀献王俊、五子冀王偲、七子豫悼惠王价、八子徐冲惠王偲。其馀六子:六子哲宗煦、九子吴荣穆王似、十一子徽宗佶、十二子燕王俣、十三子楚荣宪王似、十四子越王偲。

　　④ 瞿(jué)然:惊惧貌;惊视貌。

　　⑤ 下宫:祖庙。屠岸贾诛杀赵氏于此。《史记·赵世家》:"贾不请而擅与诸将攻赵氏于下宫,杀赵朔、赵同、赵括、赵婴齐,皆灭其族。"

　　⑥ 噍(jiào)类:能吃东西的动物。特指活着的人。

　　⑦ 奄有:全部占有。

⑧ 赵文子：即赵武。成年后被立为赵氏后，历任新军、上军之将，后执国政。

⑨ 武灵王：战国时赵国君。名雍。赵武灵王十九年（前 307 年），进行军事改革，令胡服骑射。后五年，命臣吏皆胡服。曾陆续攻灭中山国，破林胡、楼烦，国势大盛。

⑩ 僖祖、顺祖、翼祖、宣祖：宋太祖赵匡胤祖先。涿州（今属河北）人。

⑪ 承祧（tiāo）：承继先代奉祀祖庙。祧，远祖之庙。

⑫ 绍休：承继福禄。

⑬ 缵（zuǎn）业：承继大业。

⑭ 阙典：犹憾事。

⑮ 鬼有所归两句：意谓人死为鬼，祀于祠庙，就不会变成恶鬼祸害人了。语见《左传·昭公七年》。

⑯ 庙食：谓死后立庙，受人奉祀，享受祭飨。

⑰ 甲令：朝廷颁发的第一道法令。亦指重要法令。

渑水燕谈录

[宋] 王闢之

《渑水燕谈录》十卷，宋王闢之撰。闢之字圣塗，青州临淄（今山东淄博市临淄区）人。治平四年（1067）进士。从仕州县三十年，绍圣四年（1097）于忠州任上告老还乡。

据作者《自序》，写此书是为「将归渑水之上，治先人旧庐，与田夫樵叟闲燕而谈说也」，乃「间接贤士大夫谈议，有可取者，辄记之」，故内容多涉哲宗绍圣二年以前政事、言行。书中列「帝德」「谠论」「名臣」等十七门，分门记述。

选文标题为编者所拟。

1. 仁宗躬耕

明道二年二月十一日，仁宗行籍田礼①。就耕位，侍中奉耒进御。上搢圭秉耒三推②，礼仪使奏礼成，上曰："朕既躬耕，不必泥古，愿终亩以劝天下③。"礼仪使复奏，上遂耕十有二畦。翌日，作《籍田礼毕诗》赐宰臣已下和进。寻诏吕文靖公编为《籍田记》。时许开封国学举人陪位，因得免解④。（卷一《帝德》）

【注释】

① 籍田礼：天子示范耕作的仪式。每逢春耕前，由天子执耒耜在籍田上三推或一拨，称为"籍田礼"，以示重农。籍田，天子或诸侯征用民力耕种的田。

② 搢圭秉耒：插圭于腰带间，手扶耒耜。圭，天子、诸侯举行朝会、祭祀等典礼时所持玉器。

③ 终亩：谓耕尽田亩。

④ 免解(jiè)：宋初科举，每年秋各州考试，将合格人选解送礼部，称"发解试"；第二年春，礼部进行考试，称"礼部试"或"省试"。获准不经发解试而直接参加礼部试，称"免解"。

2. 司马光喻日食不见

仁宗朝，司天奏①："月朔②，日当食而阴云不见，事同不食，故事当贺。"司马光曰："日食，四方皆见而京师独不见，天意若曰人君为阴邪所蔽，天下皆知而朝廷独不知，其为灾尤甚，不当贺。"诏嘉其言，后以为例。（卷一《谠论》）

【注释】

① 司天：负责观察天象等自然现象以占断吉凶的人。

② 月朔：初一。

3. 张齐贤知州招物议

张仆射齐贤，以吏部尚书知青州六年，其治安静，民颇安之。好事者或谤其居官弛慢①，朝廷召还。公或语人曰："向作宰相，幸无大过，今典一郡，乃招物议②，正

如监御厨三十年,临老反煮粥不了。"士大夫闻之,深罪谤者。曾孙仲平为余言。(卷二《名臣》)

【注释】

① 弛慢:懈怠轻忽。

② 物议:众人的议论。

4. 黑 王 相 公

王武恭公德用,宽厚善抚士①,其貌魁伟而面色正黑,虽匹夫下卒、闾巷小儿,外至远夷君长,皆知其名,识与不识,称之曰黑王相公。北房常呼其名以惊小儿,其为戎狄畏服如此②。皇祐末,仁宗以为枢密使,而以富韩公为宰相。是冬,契丹使至,公与之射,使者曰:"天子以公为枢密使、富公为相,得人矣。"上闻尤喜。(卷二《名臣》)

【注释】

① 抚士:体恤、爱护士兵。

② 戎狄:本古族名,西方曰戎,北方曰狄。后泛指西北少数民族。

5. 司马光得中外之望

司马文正公以高才全德,大得中外之望,士大夫识与不识,称之曰君实①,下至闾阎匹夫匹妇②,莫不能道司马。故公之退十有馀年,而天下之人日冀其复用于朝。熙宁末,余夜宿青州北溜河马铺,晨起行,见村民百馀人,欢呼踊跃,自北而南。余惊问之,皆曰:"传司马为宰相矣。"余以为虽出于野人妄传,亦其情之所素欲也。故子瞻为公《独乐园》诗曰③:"先生独何事,四海望陶冶。儿童诵君实,走卒知司马。"盖纪实也。(卷二《名臣》)

【注释】

① 称之曰君实:司马光字君实,称其字以表示尊敬。

② 闾阎：里巷内外之门。代指民间。

③ 独乐园：苏轼诗。原题《司马君实独乐园》，五言古体。见《新修补苏文忠公诗合注》卷十五。

6. 范仲淹赒给士人丧

范文正公守邠州，暇日率僚属登楼置酒，未举觞，见缞绖数人营理葬具者①。公亟令询之，乃寓居士人卒于邠，将出殡近郊，赗敛棺椁皆所未具②。公怃然③，即彻宴席，厚赒给之④，使毕其事。坐客感叹有泣下者。（卷二《名臣》）

【注释】

① 缞绖（cuīdié）：丧服。缞，粗麻布丧服。绖，丧服上的麻布带。

② 赗（fèng）敛棺椁（guǒ）：治丧器物。赗，送给丧家助葬的车马。敛，通"殓"，给死者穿衣入棺，此处用作名词。椁，套在棺材外面的大棺材。

③ 怃（wǔ）然：怅然失意的样子。

④ 赒给（zhōujǐ）：接济供给。

7. 司马光为民所爱

司马温公忠厚正直，出于天性，终始一节①，故得天下之望。居洛十五年，天下之人，日望以为相。神宗上仙②，公赴阙哭临③，卫士见公，皆以手加额曰"司马相公"也。民遮道曰："无归洛，留相天子，活百姓。"所在数千人观之。公惧，径归。诏除知陈州，过阙，留拜门下侍郎，遂为左仆射。及薨，京师民刻画其像，家置一本，四方争购之，画工有致富者。公之功德为民爱如此。（卷二《名臣》）

【注释】

① 终始一节：始终保持气节不变。

② 上仙：道家语，谓升天成仙。

③ 哭临（lìn）：帝、后丧，集众定时举哀。亦泛指人死后集众举哀或至灵前吊祭。

8. 孙明复妻宰相女

孙明复先生退居太山之阳[①],枯槁憔悴,鬈发皓白,著《春秋尊王发微》十五篇,为《春秋》学者,未有过之者也。故相李文定公守兖[②],就见之,叹曰:"先生年五十,一室独居,谁事左右? 不幸风雨饮食生疾奈何! 吾弟之女甚贤,可以奉先生箕帚[③]。"先生固辞,文定公曰:"吾女不妻先生,不过为一官人妻。先生德高天下,幸婿李氏,荣贵莫大于此。"先生曰:"宰相女不以妻公侯贵戚,而固以嫁山谷衰老、藜藿不充之人[④],相国之贤,古无有也,予不可不成相国之贤。"遂妻之。其女亦甘淡薄,事先生以尽妇道,当时士大夫莫不贤之。(卷二《名臣》)

【注释】

① 太山之阳:泰山的南面。阳,山南、水北谓之阳。

② 李文定:李迪,字复古,其先赵郡人,后徙家濮州(治今山东鄄城旧城镇)。真宗朝举进士第一。天禧四年(1020)六月,寇準遭丁谓诬陷罢相,七月,迪以吏部侍郎兼太子少傅同平章事。十一月,迪与谓忿事于上前,以户部侍郎罢知郓州。仁宗即位,太后预政,丁谓败,起为秘书监,历知舒州、江宁府、兖州、青州、河南府。太后病故,召为资政殿学士、判尚书都省,未几,复拜同中书门下平章事、集贤殿大学士。景祐二年(1035),为吕夷简所排,罢为刑部尚书知亳州。元昊攻延州,迪请守边,不许,除彰信军节度使、知天雄军,徙青州。逾年,请老,以太子太傅致仕归濮。庆历七年(1047)薨,年七十七。赠司空、侍中,谥文定。仁宗篆其墓碑曰"遗直之碑",又改所葬邓侯乡曰"遗直乡"。

③ 箕帚:舂箕和扫帚。借指操持家务,为妻妾。

④ 藜藿不充:连粗劣饭菜也不足。藜藿,泛指粗劣饭菜,布衣之食。

9. 义仆赵延嗣

赵邻幾好学善著述,太宗擢知制诰,逾月,卒。子东之亦有文才,前以职事死塞下[①]。家极贫,三女皆幼,无田以养,无宅以居。仆有赵延嗣者,久事舍人[②],义不忍去,竭力营衣食以给之,虽劳苦不避。如是者十馀年,三女皆长,延嗣未尝见其面。至京师访舍人之旧,谋嫁三女。见宋翰林白、杨侍郎徽之,发声大哭,具道所以。二公惊谢曰:"吾被衣冠[③],且与舍人友,而不能恤舍人之孤[④],不迨汝远矣[⑤]。"即迎三

女归京师,求良士嫁之。三女皆有归,延嗣乃去。徂徕先生石守道为之传,以厉天下云。(卷三《奇节》)

【注释】

① 职事:任职。

② 舍人:指中书舍人。宋常以侍中、给事中、中书舍人兼直学士院,带知制诰职衔,掌进奏、表章、草诏。

③ 被衣冠:犹言穿官服。指做官。

④ 恤:救济;周济。

⑤ 不迨:不及。

10. 于令仪释盗

曹州于令仪者,市井人也。长厚不忤物①,晚年家颇丰富。一夕,盗入其家,诸子擒之,乃邻舍子也。令仪曰:"汝素寡悔②,何苦而为盗邪?"曰:"迫于贫耳。"问其所欲。曰:"得十千足以衣食。"如其欲与之。既去,复呼之,盗大恐。谓曰:"汝贫甚,夜负十千以归,恐为人所诘。"留之,至明使去。盗大感愧,卒为良民。乡里称君为善士。君择子侄之秀者,起学室,延名儒以掖之③。子伋侄傺、仿举进士第,今为曹南令族④。(卷三《奇节》)

【注释】

① 忤物:与人不合;触犯人。

② 寡悔:少懊悔。意谓做事谨慎,很少懊悔。语见《论语·为政》:"多见阙殆,慎行其馀,则寡悔。"

③ 掖:搀扶别人的胳膊。借指扶持或提拔。

④ 令族:名门望族。

11. 马遂孤身击贼

庆历末,妖贼王则盗据贝州①。贾魏公镇北门,仓卒遣将,引兵环城,未有破贼之计,公日夜忧思。有指使马遂者白公曰②:"坚城深池,不可力取。愿得公一言,入城杀元凶,馀党可说而下也。"公壮其言,遣行,丁宁祝之曰:"壮士立功,在此行也。"遂至城下,浮渡濠,叫呼,守城者垂匹练③,缒身以上。见贼隅坐,为陈朝廷恩信④:"尔能束身出城,公为尔请于朝,亦不失富贵;若守迷自固,天子遣一将提兵数千,不日城下,血膏战地,肉饱犬彘,悔无及矣。"辞尤激切,贼不答。遂度终不能听,遂急击,贼仆地,扼其喉几死。左右兵至,遂被杀。闻者莫不义之。是时,翰林郑毅夫方客魏,为之作传。(卷四《忠孝》)

【注释】

① 王则盗据贝州:宋仁宗庆历七年(1047)冬,贝州(后改恩州,治今河北清河西北)小校王则与弥勒教教首李教等谋起兵,拘知州张得一。众推王则为东平郡王,建国号安阳。次年,明镐、文彦博率重兵围攻,掘地道破城。王则被俘,押至东京而杀。托名元末明初罗贯中编撰的长篇小说《三遂平妖传》,即以此事为素材。

② 指使:宋将领或州县官属下供差遣的低级军官。

③ 匹练:白绢。

④ 恩信:恩德信义。

12. 胡旦俊才

胡旦少有俊才,尚气凌物①,尝语人曰:"应举不作状元,仕宦不作宰相,乃虚生也②。"随计之秋③,郡守坐中闻雁,旦赋诗曰:"明年春色里,领取一行归。"诗人皆壮其言。明年果魁天下④。终以俊才忤物,不登显位而卒。

胡旦文辞敏丽,见推一时。晚年病目,闭门闲居。一日,史馆共议作一贵侯传,其人少贱,尝屠豕猪。史官以为讳之即非实录,书之即难为辞。相与见旦,旦曰:"何不曰'某少尝操刀以割',示有宰天下之志⑤。"莫不叹服。(卷四《才识》)

【注释】

① 尚气凌物:指意气用事、傲视一切。

② 虚生:徒然活着;白活。

③ 随计:举子赴试。

④ 魁:科考第一。

⑤ 宰:主宰。

13. 吴遵路知通州

明道末，天下蝗旱。知通州吴遵路乘民未饥，募富者，得钱万贯，分遣衙校航海籴米于苏、秀①，使物价不增。又使民采薪刍②，官为收买，以其直籴官米。至冬，大雪寒，即以元价易薪刍与民，官不伤财，民且蒙利。又建茅屋百间，以处流民，捐俸钱置办盐蔬，日与茶饭参俵③，有疾者给药以理之，其愿归者，具舟续食，还之本土。是岁，诸郡率多转死④，惟通民安堵⑤，不知其凶岁也。故其民爱之若父母。明年，范文正公安抚淮、浙，上公绩状，颁下诸郡。熙宁中，予官于通，距公之治逾四十年，犹咏诵未已。（卷四《才识》）

【注释】

①衙校：低级武官。此句谓分别派遣衙校从通州（治今江苏南通市）渡江到苏州（今属江苏）、秀州（治今浙江嘉兴市）买米。时长江在通州出海，故渡江曰航海。

②薪刍：柴火和牧草。

③参俵(sānbiào)：三次分发。

④转死：死而弃尸。

⑤安堵：安居。

14. 苏 洵 发 愤

眉山苏洵，少不喜学，壮岁犹不知书，年二十七，始发愤读书。举进士，又举茂才，皆不中，曰："此未足为吾学也。"焚其文，闭户读书，五六年，乃大究《六经》①、百家书说。嘉祐初，与二子轼、辙至京师。欧阳文忠公献其书于朝，士大夫争持其文，二子举进士亦皆在高等。于是，父子名动京师。而苏氏文章擅天下，目其文曰三苏，盖洵为老苏、轼为大苏、辙为小苏也。（卷四《才识》）

【注释】

①大究《六经》：深入研究《六经》。《六经》，指《诗》《书》《礼》《易》《春秋》《乐》六部儒家经典。后世学者或以为《乐经》亡于秦火，或以为本无《乐经》，"乐"与《诗》《礼》相附而行。

15. 子 瞻 善 谑

子瞻文章议论,独出当世,风格高迈,真谪仙人也;至于书画,亦皆精绝。故其简笔才落手①,即为人藏去。有得真迹者,重于珠玉。子瞻虽才行高世而遇人温厚,有片善可取者,辄与之倾尽城府,论辨唱酬,间以谈谑,以是尤为士大夫所爱。间遭金人媒孽②,谪居黄州。有陈处士者,携纸笔求书于子瞻,会客方鼓琴,遂书曰:"或对一贵人弹琴者,天阴声不发③,贵人怪之,曰:'岂弦慢邪?④'对曰:'弦也不慢。'"子瞻之清谈善谑,皆此类也。(卷四《才识》)

【注释】

① 简笔:此处指书信、柬帖等。简,用以写字的竹片,代指书写用品。

② 金人媒孽:奸邪小人。金,通"憸",奸邪不正。媒孽,酿酒的酒母,喻构陷生非之徒。参见第 47 页第 3 则注释⑤。

③ 天阴声不发:天阴琴弦受潮而发不出音。

④ 慢:怠慢;懈怠。此句及下文用以表达不敢怠慢陈处士求书之意。

16. 魏 野 与 李 渎

陕右魏处士野、蒲中李徵君渎乃中表也①,俱有高节,以吟咏相善。野于东郊凿土室方丈,荫以修竹,泉流其前,曰乐天洞;渎结茅斋中条之阴②,曰浮云堂,皆有萧洒之趣。每乘兴相过,赋诗饮酒,累日乃去。一日,渎过野曰:"前夕恍惚若梦中,床下有人曰:'行到水穷处,未知天尽时。'即正其误曰:'盍云:坐看云起时。③'对曰:'此浮云安得兴起邪?'渎水命,此必死期,故来访别。"还家,未几卒。(卷四《高逸》)

【注释】

① 陕右:陕州(治今河南陕县)之西。　蒲中:蒲中在北宋属河中府(治今山西永济市西)。

② 中条之阴:中条山北面。中条山主峰雪花山位于山西永济市东南。

③ 坐看云起时:王维《终南别业》诗,有"行到水穷处,坐看云起时"句。

17. 刘孟节先生

刘孟节先生概，青州寿光人。少师种放[1]，笃古好学，酷嗜山水，而天姿绝俗，与世相龃龉，故久不仕。晚得一名[2]，亦不去为吏。庆历中，朝廷以海上岠嵎山地震逾年不止，遣使访遗逸。安抚使以先生名闻[3]，诏命之官，先生亦不受就。青之南有冶原，昔欧冶子铸剑之地[4]，山奇水清，旁无人烟，丛筱古木，气象幽绝。富韩公之镇青也，知先生久欲居其间，为筑室泉上，为诗并序以饯之曰："先生已归隐，山东人物空。"且言先生有志于名，不幸无位，不克施于时，著书以见志。谓先生虽隐，其道与日月雷霆相震耀。其后，范文正公、文潞公皆优礼之，欲荐之朝廷，先生恳祈[5]，亦不敢强，以成其高。先生少时，多寓居龙兴僧舍之西轩，往往凭栏静立，怀想世事，呼唏独语，或以手拍栏干，尝有诗曰："读书误我四十年，几回醉把栏干拍。"司马温公《诗话》所载者是也[6]。（卷四《高逸》）

【注释】

① 种放：真宗朝终南隐士，后征为官。事见第158页第20则。

② 名：功名。此处指官职。

③ 以先生名闻：把先生的名字报告皇上。

④ 欧冶子：春秋时著名铸剑工。相传曾为越王勾践铸湛卢、巨阙、胜邪（一作镆邪）、鱼肠、纯钧五剑。又传与干将为楚昭王铸龙渊、泰阿、工布（一作工市）三剑。

⑤ 恳祈：恳求；祈求。

⑥ 司马温公《诗话》：即司马光《温公续诗话》，见录《历代诗话》上册。书中载有刘概事。

18. 苏辙举贤良对策

嘉祐中，苏辙举贤良对策，极言阙失，其略云："闻之道路，陛下宫中贵姬，至以千数，歌舞饮酒，欢乐失节。坐朝不闻咨谟[1]，便殿无所顾问[2]。"考官以上初无此事，辙妄言，欲黜之，仁宗曰："朕设制举，本待敢言之士。辙小官如此直言，特与科名。"仍令史官编录。（卷六《贡举》）

【注释】

① 咨谋:同"咨谋",讨论商酌。

② 便殿无所顾问:意谓休息时没有什么要咨询的。便殿,帝王休闲用的别殿。

19. 醉 翁 吟

庆历中,欧阳文忠公谪守滁州。有琅琊幽谷,山川奇丽,鸣泉飞瀑,声若环佩,公临听忘归。僧智仙作亭其上,公刻石为记①,以遗州人。既去十年,太常博士沈遵,好奇之士,闻而往游,爱其山水秀绝,以琴写其声,为《醉翁吟》,盖宫声三叠②。后会公河朔,遵援琴作之,公歌以遗遵,并为《醉翁引》以叙其事。然词不主声③,为知琴者所惜。后三十馀年,公薨,遵亦殁。其后,庐山道人崔闲,遵客也,妙于琴理,常恨此曲无词,乃谱其声,请于东坡居士子瞻,以补其阙。然后声词皆备,遂为琴中绝妙,好事者争传。其词曰:"琅然清圆谁弹?响空山,无言,惟有醉翁知其天。月明风露娟娟,人未眠,荷蒉过山前④,曰'有心也哉,此弦!'(第二叠泛声同此⑤。)醉翁啸咏,声和流泉。醉翁去后,空有朝吟夜怨。山有时而童巅⑥,水有时而回渊。思翁无岁年,翁今为飞仙。此意在人间,试听徽外两三弦⑦。"方其补词,闲为弦其声,居士倚为词,顷刻而就,无所点窜。遵之子为比丘,号本觉法真禅师,居士书以与之,云:"二水同器,有不相入;二琴同手,有不相应。沈君信手弹琴而与泉合,居士纵笔作词而与琴会,此必有真同者矣。"(卷七《歌咏》)

【注释】

① 公刻石为记:指欧阳修作《醉翁亭记》。

② 宫声三叠:以宫声为主的调式,演奏三遍。

③ 词不主声:指词不能与乐声相合。

④ 荷蒉:担筐。

⑤ 泛声:音乐旋律中的散声或和声。

⑥ 童巅:又作"童颠"。秃顶。

⑦ 徽:琴徽。原指系琴弦的绳子,后指琴面上十三个指示音节的标识。

20. 柳永填词犯颜

柳三变,景祐末登进士第,少有俊才,尤精乐章。后以疾更名永,字耆卿。皇祐中，久困选调①，入内都知史某爱其才而怜其潦倒②，会教坊进新曲《醉蓬莱》，时司天台奏"老人星见"③，史乘仁宗之悦，以耆卿应制。耆卿方冀进用，欣然走笔，甚自得意，词名《醉蓬莱慢》④。比进呈，上见首有"渐"字，色若不悦。读至"宸游凤辇何处"，乃与御制《真宗挽词》暗合，上惨然。又读至"太液波翻"，曰："何不言'波澄'！"乃掷之于地。永自此不复进用。（卷八《事志》）

【注释】

① 选调：候补官员等待迁调。

② 入内都知：即入内内侍省都知的简称。宦官职衔，专职禁中供奉事。此外，亦管领祭祀、朝会、巡幸、宴饮时宦官分侍左右，或出使四方宣达上旨、督察中外军民事。

③ 司天台：官署名。掌观察天象、考定历数等职。唐乾元元年（758）改此称，后沿用。　老人星：又名"寿星"。《史记·天官书》："狼比地有大星，曰南极老人。老人见，治平；不见，兵起。"张守节《正义》："老人一星，在弧南，一曰南极，为人主占寿命延长之应。"

④ 醉蓬莱慢：《全宋词》第一册录此词，题《醉蓬莱》。词曰："渐亭皋叶下，陇首云飞，素秋新霁。华阙中天，锁葱葱佳气。嫩菊黄深，拒霜红浅，近宝阶香砌。玉宇无尘，金茎有露，碧天如水。　正值升平，万岁多暇，夜色澄鲜，漏声迢递。南极星中，有老人呈瑞。此际宸游，凤辇何处，度管弦清脆。太液波翻，披香帘卷，月明风细。"

21. 陈尧咨受杖

陈尧咨善射，百发百中，世以为神，常自号曰小由基①。及守荆南回，其母冯夫人问："汝典郡有何异政？"尧咨云："荆南当要冲，日有宴集，尧咨每以弓矢为乐，坐客罔不叹服。"母曰："汝父教汝以忠孝辅国家，今汝不务行仁化而专一夫之伎，岂汝先人志邪！"杖之，碎其金鱼②。（卷九《杂录》）

【注释】

① 由基：养由基，字叔。春秋时楚国大夫，善射，能百步穿杨。

② 金鱼：金鱼袋。金饰。唐制，三品以上官员佩金鱼袋，内装金质鱼符，以示品级身份。宋代官员公服则系鱼袋于带后，无鱼符。

298

22. 灵犬负米救主

杨光远之叛青州也①，有孙中舍居围城中②，族人在州西别墅。城闭既久，内外隔绝，食且尽，举族愁叹。有畜犬彷徨其侧，若有忧思，中舍因嘱曰："尔能为我至庄取米邪？"犬摇尾应之。至夜，为置一布囊并简系犬背上。犬即由水窦出，至庄，鸣吠。居者开门，识其犬，取简视之，令负米还，投晓入城③。如此数月。比至城开，孙氏阖门数十口独得不馁。孙氏愈爱畜之。后数年毙，葬于别墅之南。至其孙彭年，语龙图赵公师民④，刻石表其墓，曰《灵犬志》。（卷九《杂录》）

【注释】

① 杨光远之叛青州：后晋天福七年（942），出帝（石重贵）继位，平卢节度使（驻青州）杨光远遣密使联络辽主入侵，以谋称帝。辽军败北，晋军东讨。杨光远据城固守，自夏至冬，城中人相食几尽。其子劫光远而出降，出帝初免其不死，群臣皆以为不可，终派人杀之于家。

② 中舍：太子属官。参见第 171 页第 36 则注释⑤。

③ 投晓：待晓。天刚亮。

④ 龙图：龙图阁学士。参见第 171 页第 36 则注释⑥。

23. 王安石之学

荆国王文公①，以多闻博学为世宗师。当世学者得出其门下者，自以为荣，一被称与，往往名重天下。公之治经，尤尚解字，末流务多新奇，浸成穿凿。朝廷患之，诏学者兼用旧传注，不专治新经，禁援引《字解》②。于是学者皆变所学，至有著书以诋公之学者，且讳称公门人。故芸叟为挽词云："今日江湖从学者，人人讳道是门生。"传士林。及后诏公配享神庙③，赠官并谥，俾学者复治新经，用《字解》。昔从学者，稍稍复称公门人。有无名子改芸叟词云："人人却道是门生。"（卷十《谈谑》）

【注释】

① 荆国王文公：王安石封荆国公，谥文。

② 字解：又名《字说》。王安石撰，二十卷。解字多有附会，如形声误作会意等。神宗熙宁间（1068—1077），王安石参知政事，实行变法，设局修经义，谓之“新学”。一般指其《三经新义》（即《诗义》《书义》《周礼义》），以及为释经而作的《字说》，体现了王安石“以经术造士”的思想。元祐中遭禁，绍兴时又用以程试诸生，不久亦废。今不传。

③ 配享神庙：指功臣死后灵位附祭于帝王宗庙。参见第95页第34则注释④。

泊宅编

[宋] 方 勺

《泊宅编》，宋方勺撰。勺字仁声，婺州金华（今属浙江）人。元丰六年（1083）入太学，后任虔州（治今江西赣州市）管勾常平。元祐五年（1090）赴杭州应试不第，遂无意仕进。后寓居乌程（今浙江湖州市）泊宅村，因号泊宅翁。

《泊宅编》现有十卷本、三卷本两种。据今本点校者考证：三卷本或为初稿本，十卷本则在此基础上经作者增删厘定付梓而成。是书所记，多为北宋末、南宋初朝野旧事。作者常与当时名士交游，「酒后耳热，抵掌剧谈，道古今理乱，人物成败，使人听之竦然忘倦」（洪兴祖《方氏泊宅编序》）。今分别从十卷本、三卷本中选录。

选文标题为编者所拟。

1. 东坡下御史狱

　　东坡既就逮下御史狱[1]，一日，曹太皇诏上曰[2]："官家何事数日不怿？"对曰："更张数事未就绪[3]，有苏轼者，辄加谤讪，至形于文字。"太皇曰："得非轼、辙乎？"上惊曰："娘娘何自闻之？"曰："吾尝记仁宗皇帝策试制举人罢归，喜而言曰：'今日得二文士，然吾老矣，度不能用，将留以遗后人。'二文士盖轼、辙也。"上因是感动，有贷轼意[4]。（十卷本卷一）

【注释】

　　[1] 东坡句：元丰二年（1079）七月，苏轼因作诗"谤讪朝廷"被捕，八月入狱。参见第263页第12则注释[3]。

　　[2] 曹太皇：仁宗慈圣光献曹皇后，真定（今属河北）人。仁宗明道二年（1033）废郭后，诏聘入宫，景祐元年（1034）九月册为皇后。英宗即位，尊为皇太后。帝感疾，请权同处分军国事；明年夏，帝疾益愈，即令撤帘还政。神宗立，尊为太皇太后。元丰二年（1079）崩，年六十四。

　　[3] 更张：喻变革。

　　[4] 贷：宽恕，赦免。

2. 冯当世未第时

　　冯当世未第时[1]，客馀杭县，为官逋拘窘[2]，计无所出，题小诗于所寓寺壁。一胥魁范生见之[3]，为白令，丐宽假。令疑胥受赇游说，胥云："冯秀才甚贫，某但见其所留诗，知他日必显。"出其诗，令笑释之。"韩信栖迟项羽穷[4]，丰提长剑喝秋风。吁嗟天下苍生眼，不识男儿未济中。"（十卷本卷一）

【注释】

　　[1] 冯当世：冯京，字当世，鄂州江夏（今湖北武汉市江夏区）人。仁宗皇祐元年（1049）进士第一。娶富弼女。历官翰林学士，知开封府。神宗时擢枢密副使，进参知政事。屡与王安石争议新法，出知亳州、成都府等地。哲宗朝拜保宁军节度使、知大名府，改镇彰德。晚年为中太一宫使兼侍讲，改宣徽南院使。以太子少师致仕。绍圣元年（1094）卒，年七十四。谥文简。

　　[2] 官逋：拖欠的官府租税。　　拘窘：局促窘迫。

③ 胥魁:差役的头目。

④ 栖迟:漂泊失意。

3. 黄 鹤 引

先子晚官邓州,一日秋风起,忽思吴中山水,尝信笔作长短句《黄鹤引》,遂致仕。其叙曰:"予生浙东,世业农。总角失所天①,稍从里閈儒者游②。年十八,婺以充贡③。凡七至礼部,始得一青衫④。间关二十年,仕不过县令,擢才南阳教授⑤。绍圣改元,实六十有五岁矣。秋风忽起,亟告老于有司,适所愿也。谓同志曰:'仕无补于上下,而退号朝士⑥。婚嫁既毕,公私无虞。将买扁舟放浪江湖中,浮家泛宅,誓以此生,非太平之幸民而何?'因阅阮田曹所制《黄鹤引》,爱其词调清高,寄为一阕,命稚子歌之,以侑尊焉⑦。""生逢垂拱⑧。不识干戈免田陇。士林书圃终年,庸非天宠。才初阘茸⑨。老去支离何用⑩?浩然归弄。似黄鹤、秋风相送。

尘事塞翁心,浮世庄周梦。漾舟遥指烟波,群山森动。神闲意耸。回首利辔名鞚⑪。此情谁共?问几舸、淋浪春瓮⑫。"(十卷本卷一)

【注释】

① 总角失所天:谓幼年丧父。总角,古代儿童束发为两结,向上分开如角,借指幼年。所天,所依靠的人,此处指父。

② 里閈(hàn):代指乡里。閈,里巷的门。

③ 婺以充贡:被婺州荐为贡生。即通过发解试,获得参加省试的资格。婺州,治今浙江金华。宋代科举,每年秋天各州举行考试,将合格的学生解送礼部,称为"发解试"。翌年春,礼部举行考试,称为"礼部试"或"省试"。

④ 青衫:唐制,文官八品、九品服以青。亦借指失意官员。

⑤ 南阳教授:宋邓州(今属河南)学官。邓州古属南阳郡,故冠以望名。宋除宗学、律学、医学、武学等置教授外,各路之州、县学均置教授,掌学校课试等事,由州府长吏选幕职、州县官或乡里举人充,置提举学事司下。

⑥ 退号朝士:退还朝廷官员的名号。指辞官。

⑦ 侑尊:亦作"侑樽"。劝酒助兴。尊,酒器。

⑧ 垂拱:垂衣拱手。谓不亲理事务。后用以称颂帝王无为而治。

⑨ 阘茸(tàróng):低劣;卑贱。

⑩ 支离：憔悴；衰疲。

⑪ 利羁(jī)名鞚(kòng)：谓名利牵累、束缚。羁鞚，马缰绳和笼头。

⑫ 淋浪(láng)春瓮：谓畅饮美酒。淋浪，尽情，畅快。春瓮，酒瓮，代指酒。

4. 泊宅少翁

乌程之东数十里①，有泊宅村，予买田村下，因阅金石遗文。昔颜鲁公守湖州②，张志和浮家泛宅③，往来苕、霅间④，此乃志和泊舟之所也。《续仙传》云："志和，越人。"而《唐史》以为婺人。予喜卜筑之初⑤，闻同里之高风，遂得友其人于千载，因作诗识之。王侍郎一见，号予"泊宅少翁"，仍为作真赞曰⑥："形色保神，环无初终⑦，粉饰大钧⑧，而为之容，是曰泊宅之少翁。"（十卷本卷二）

【注释】

① 乌程：宋湖州治所（今浙江湖州市）。

② 颜鲁公：颜真卿，字清臣，京兆万年（今陕西西安市）人。唐开元进士。任殿中侍御史，后出为平原（治今山东陵县）太守。安禄山反，他联络从兄常山（治今河北正定县）太守杲卿起兵抵抗，附近十七郡响应，被推为盟主。历官至吏部尚书、太子太师，封鲁郡公，人称"颜鲁公"。德宗建中四年（783），受命前往叛将李希烈部晓谕，为其缢杀。工书，初学褚遂良，后从张旭得笔法，创行、楷新格，人称"颜体"，与柳公权并称"颜柳"。

③ 张志和：字子同，婺州金华人。唐诗人。年十六游太学，举明经。肃宗时待诏翰林，贬南浦尉。后隐居江湖，自号烟波钓徒。与颜真卿等为友。

④ 苕(Tiáo)、霅(Zhà)：即苕溪、霅溪。湖州境内东苕溪、西苕溪流至城内汇合后称为霅溪，注入太湖。

⑤ 卜筑：择地建筑住宅，即定居。

⑥ 真赞：对人物画像的赞语。

⑦ 环无初终：圆环无始无终。喻人心志融通，内外如一。初终，始终。

⑧ 粉饰大钧：意谓褒扬自然天性。大钧，指天或自然。

5. 明 州 癫 僧

明州有僧佯狂，颇言人灾福，时号"癫僧"。王君仪年弱冠，寓陆农师佃门下①，力学工文，至忘寝食。一日，癞僧来托宿，陆公曰："王秀才虽设榻，不曾睡，可就歇息。"明日，僧夙兴，见君仪犹挟策窗下②，一灯荧然，睥而言曰："若要官，须四十九岁。"君仪闻之，颇不怪。其后累应书不偶③。直至年四十八，又梦癞僧笑而谓曰："明年做官矣。"是时，癞僧迁化已久④，而来年又非唱第之年，君仪叵测。明年，陆公入预大政，首荐君仪，遂除湖州教授。君仪尝谓予云："欲游四明求师遗事⑤，为作传以报之，而未能也。"(十卷本卷三)

【注释】

① 陆农师佃：陆佃，字农师，号陶山，越州山阴(今浙江绍兴市)人。陆游祖父。家贫苦学，夜无灯，映月光读书。过金陵，受经于王安石。神宗熙宁三年(1070)进士，授蔡州推官，召补国子监直讲。元丰时擢中书舍人、给事中。哲宗朝，以修撰《神宗实录》为人所议，徙知邓州、江宁府、泰州、海州等地。徽宗即位，召为礼部侍郎，命修《哲宗实录》，迁吏部尚书，拜尚书右丞，转左丞。后因劝阻徽宗不宜穷治元祐馀党，为谗者所诋，遂罢为中大夫、知亳州。数月卒，年六十一，追复资政殿学士。佃著书二百四十二卷，于礼家名数之说尤精，如《埤雅》《礼象》《春秋后传》皆传于世。

② 挟策：亦作"挟筴"。手拿书本。谓勤奋读书。

③ 应书不偶：犹应举不遇。"书"，别本作"举"。许沛藻、杨立扬《校勘记》："'应书'亦见于《汉书》卷五六《董仲舒传》，颜师古注曰：'书谓举贤良文学之诏书也。'"

④ 迁化：指人死。

⑤ 四明：北宋明州(治今浙江宁波市)的别称，因境内有四明山得名。

6. 晓 容 师

朱临年四十以大理寺丞致仕，居吴兴城西，取《训词》中"仰而高风"之语①，作仰高亭于城上，杜门谢客。一日，晓容来谒，公欣然接之。是时，二子行中、久中秋赋不利②，皆在侍下，公强使冠带而出。容一见行中，惊起贺曰："后举状元也。老僧自此不复更阅人，往杭州六和寺求一小室寄迹③，待科诏下，乃西游耳。"公初未之信。后三年春，久中偶至六和，容叩伯仲行期，久中告之，师曰："某是日亦当离杭矣。"是秋，二朱至京，舍开宝寺④，容寓智海⑤。相次行中预荐⑥，明年省闱优等，唯殿试病作，不能执笔。是时，王氏之学士人未多得⑦，行中独记其《诗义》最详，因信笔写以答所问，极不如意。卷上，日方午，遂经御览，神宗爱之。行中日与同舍围棋，每拈子欲下，必骂曰："贼秃！"盖恨容许之误也。未唱名前数日⑧，有士人通谒，行中方棋，遽使人却之。须臾，谒者又至，且曰："愿见朱先辈。"行中叱其仆曰："此必省下欲出关者耳⑨！"同舍曰："事不可知，何惜一见。"行中乃出，延之坐，不暇寒温，揖行中起，附耳而语曰："某乃梁御药门客⑩，御药令奉报足下，卷子上已置在魁等，他日幸相记。"行中唯唯而入，再执棋子，手颤不能自持。同舍觉而叩之，具述士人之言。行中念容，独往智海，容闻其来，迎门握手曰："非晚唱名，何为来见老僧？必是得甚消息来。"行中曰："久不相见，略来问讯尔。"师曰："胡不实告我？冯当世未唱第时，气象亦如此。"行中因道梁氏之事。师喜甚，为命酒留款，且曰："吾奉许固有素⑪，只一人未见尔，当邀来同饮。"仍戒曰："此人蓝缕，不可倨见，亦不得发问，问即彼行矣。"烛至，师引寺廊一丐者入，见行中不甚为礼，便据上坐，相与饮酒斗馀，不交一谈。师徐曰："此子当唱第，先生能一留目否？"丐者曰："尔云何？"师曰："可冠多士否⑫？"丐者摆头曰："第二人。"师蹑行中足⑬，使先起，密征其说，但曰："偶数多⑭。"更无他语而散。明日，饭罢，率行中寺庭闲步，出门遥见余行老亦入寺，师不觉拊髀惊叹⑮，谓行中曰："始吾见子，以谓天下之美尽此矣，不知乃有此人！"行中曰："此常州小余也，某识之。"师曰："子正怕此人。昨夕闻偶多之说，今又睹此人，兹事可知也。"及听胪传，行老果第一，行中次之。行中释褐了，往谢师，师劳之曰："子诚福人，今日日辰，以法推之，魁天下者官不至侍从。"其后，行老止带贴职领郡而已⑯。（十卷本卷四）

【注释】

① 训词：帝王的诰敕文词。

② 秋赋：即秋贡。宋指发解试。参见第304页第3则注释③。

③ 六和寺：宋开宝三年（970），吴越王钱弘俶于钱塘江滨月轮峰下建六和塔，以镇江潮。塔院即六和寺，太平兴国五年（980）改开化寺。钱弘俶，字文德，吴越国第五代主。降宋后，改名俶。

④ 开宝寺：北宋皇家寺院。位于东京开封内城东北角。寺内有开宝塔。参见第221页第6则注释①。

⑤ 智海：即大相国寺智海禅院。大相国寺位于东京内城南门大街（天街）东侧，为唐宋著名皇家寺院。始建于北齐天保六年（555），原名建国寺。唐延和元年（712），睿宗赐名大相国寺。北宋时多次扩建，有六十四禅、律院，养僧千馀人，规模居京都寺院之首。

⑥ 预荐：参加科举考试。

⑦ 王氏之学：指王安石经学。参见第299页第23则注释②。

⑧ 唱名：参见第229页第13则注释⑫。

⑨ 此必句：意谓这一定是省试下第将要离开京师的人。开宝八年(975)，宋太祖举行第二次殿试，自此省试与殿试分为两榜。出关，本谓京朝官罢出京师，此处指省试黜落离京。

⑩ 御药：即勾当御药院。宋内侍省御药院主管。掌按验秘方真伪，应时配置药品，以供奉皇帝及宫中之用；兼供职皇帝行幸扶持左右、奉行礼仪、御试举人、臣僚夏药给赐、传宣诏命及奉使督视等事，实为皇帝近习亲信。司马光《上神宗论御药王中正乞罢寄资令补外官》："御药一职，最为亲密。"

⑪ 吾奉许固有素：意谓我的预知本来与平时一样效验。奉许，敬词，(对你的)预知、预期。有素，如同平时一样。

⑫ 冠多士：居众多贤士之首。

⑬ 蹑行中足：轻步跟随朱行中。即随其后仔细观察之意。

⑭ 偶数多：谓朱行中行走多止于双数。

⑮ 拊髀(bì)：以手拍股。表示激动、赞赏之情。髀，大腿。

⑯ 贴职：宋元丰改制前，凡职事官、非职事官所带职名(三馆秘阁，殿学士、学士，诸阁学士、直学士、待制、直阁等)泛称贴职。元祐后，庶官(非待从官)所带职名(自集英殿修撰而下至直秘阁凡九等)为贴职。职名是宋代文学高选的标志。文官带职，表明其才学、德行兼优，与不带职差遣相比，在升迁、待遇、恩数上均享有优惠。元丰改制后，贴职定为庶官补外任路监司、帅守等职事官的带职，仍寓有甄别能否、显示恩宠亲疏的作用；贴职又是通向待从官(带诸阁学士、直学士、待制职名)的必经台阶。

7. 平方腊之乱

宣和二年十月①，睦州青溪县堨村居人方腊②，托左道以惑众，县官不即锄治。腊自号"圣公"，改元永乐，置偏裨将，以巾饰为别，自红巾而上凡六等，无甲胄，唯以鬼神诡秘事相扇诱③。数日，聚恶少千馀，焚民居，掠金帛子女，胁虏良民为兵，旬日有众数万。十一月二十九日，将领蔡遵等与贼战于息坑④，死之，遂陷青溪县。十二月四日，陷睦州。初七日，歙守天章阁待制曾孝蕴⑤，以京东贼宋江等出入青、齐、单、濮间⑥，有旨移知青社⑦，一宗室通判州事，守御无策，十三日又陷歙州，乘势取桐庐、新城⑧、富阳等县。二十九日，进逼杭州，郡守弃城走，州即陷，节制直龙图阁陈建⑨、廉访使者赵约被害⑩，贼纵火六日，官吏居民死者十二三。朝廷遣领枢密院事童贯⑪、常德军节度使谭稹二中贵⑫，率禁旅及京畿、关右、河东蕃汉兵制置江、浙⑬。明年正月二十四日,贼将方七佛引众六万攻秀州[14],统军王子武聚兵与州民登城固守,属大兵至[15],开门表里合击,斩首九千,筑京观五[16],贼退据杭州。二月七日,前锋至青河堰,贼列阵以待,王师水陆并进,战六日,斩馘二万[17]。十八日,再火官舍、学宫、府库与僧民之居,经夕不绝。翌日,宵遁,大兵入城。当是时,少保刘延庆等,由江东入至宣州泾县,遇贼伪八大王,斩五千级,复歙州,出贼背。统制王禀[18]、王涣、杨惟忠、辛兴宗自杭趋睦,取睦州,与江东兵合,斩获百七十里,生擒方腊及伪将相方肥等、妻邵、子毫二太子凡五十二人,于梓桐石穴中[19],杀贼七万,招徕老幼四十馀万,复使归业,四月二十六日也。馀党走衢、婺,而兰溪县灵山贼朱言、吴邦起应之,据处州[20]。越州剡县魔贼仇道人[21]、台州仙居人吕师囊、方岩山贼陈十四公等皆起兵[22],略温、台诸县。四年三月讨平之。是役也,用兵十五万,斩贼百馀万,自出至凯旋,凡四百五十日,收杭、睦、歙、处、衢、婺六州与五十二县。贼所杀平民不下二百万。始,唐永徽四年[23],睦州女子陈硕真反,自称文佳皇帝,刺史崔义玄平之。故梓桐相传有天子基、万年楼,方腊因得凭借以起。又以《沙门宝志谶记》诱惑愚民[24],而贫乏游手之徒,相乘为乱。青溪为睦大邑,梓桐、帮源等号山谷幽僻处[25],东南趋睦而近歙。民物繁庶,有漆楮材木之饶,富商巨贾,多往来江、浙。地势迂险,贼一旦发,焚荡无一存者,群党据险以守,因谓之洞。而浙人安习太平,不识兵革,一闻金鼓声,即敛手听命。不逞小民[26],往往反为贼乡导[27],劫富室,杀官吏士人,以徼货利[28]。渠魁未授首间[29],所掠妇人自洞中逃出,倮而雉经于林中者[30],由汤岩榴树岭一带,凡八十五里,九村山谷相望,不知几人。会稽进士沈杰,尝部民兵深入贼境,亲睹其事,为予言贼之始末,因稽合众论,摭其实著于篇。(十卷本卷五)

【注释】

① 宣和:宋徽宗年号(1119—1125)。

② 睦州青溪县:唐永贞元年(805),以避宪宗李纯讳,改还淳县为青溪县(治今浙江杭州市淳安县西北千岛湖中),属睦州(治今浙江杭州市建德市梅城镇)。北宋沿之。宣和三年平方腊后,睦州改严州,青溪县改淳化县。

③ 扇诱(xù):煽动蛊惑。方腊作乱,主要起因于北宋末朝廷"花石纲"酷虐扰民。徽宗在蔡京等怂恿下,于东京建"寿山艮岳"。崇宁四年(1105),使朱勔主持苏杭应奉局,凡民间花木奇石,皆肆意劫掠,然后用船分批编组纲运。史称"花石纲"。江、浙之民,深受其害。方腊起事,罢花石纲,平乱后复置。宣和七年以金兵南下,再罢。

④ 息坑:地名。在今浙江淳安县威坪镇与宋村之间。

⑤ 歙(Shè)守：歙州(治今安徽歙县)知州。　　天章阁待制：侍从官职名。元丰改制后，多为中书舍人、给事中补外带职，从四品。

⑥ 京东：指北宋京东东路与京东西路。京东东路辖济南府(政和间由齐州升)、青州等一府七州一军；京东西路辖应天府、单州、濮州等四府五州一军。境辖今山东、河南东部、江苏北部一带地区。

⑦ 青社：祀东方土神处。借指青州(今属山东)。

⑧ 新城：宋新城县(治今浙江富阳市新登镇)属杭州，隶两浙路。

⑨ 节制：此处指制置使。为所限定地区(某路、州、府等，此处是杭州)节制兵马军事长官，掌指挥军队从事捍御、征讨之事，所在辖区安抚使、监司官、州军官并听其节制，权责颇重。　　直龙图阁：职事官之非侍从官(庶官)所带职名。元丰改制后，为省、寺、监长贰补外任地方大吏贴职，正七品。

⑩ 廉访使者：宋徽宗政和六年(1116)，改"走马承受公事使臣"为"廉访使者"。北宋初隶转运司，后隶帅司。为皇帝特派差遣，负责监察本路将帅、边防、州郡动息，每年一次直达奏事。由内侍官、三班使臣以上武臣充，位卑权重。

⑪ 领枢密院事：徽宗朝临时之制，政和七年(1117)始置，靖康元年(1126)罢。为枢密院长官，握发兵之权。　　童贯：字道夫，开封人。初为供奉官，与蔡京相勾结，搜书画奇巧以进。后监军西北，握兵权约二十年，权倾一时。政和元年(1111)使辽，邀马植归宋，开联金灭辽之谋。宣和三年(1121)，统兵平方腊之乱。七年，金兵攻宋，贯自太原逃回汴京，从驾南走。为"六贼"之一。钦宗即位后被诛。

⑫ 常德军节度使：政和七年(1117)，鼎州(治今湖南常德市武陵区)升府，置常德军，隶荆湖北路。宋初为削藩镇之权，某道或某军节度使并不赴镇，无职权，但为武官之秩，属正任最高阶。元丰改制后为正三品。哲宗以前，节度使不轻授，只授亲王外戚及前任大臣中有特殊资望者，至徽宗朝始滥，有内侍六人得之。

⑬ 率禁旅句：宋代兵制，分禁军、厢军、乡兵、蕃兵。禁军为主要军事力量，负责保卫京城、戍守边境、征讨叛乱。厢军遍布各地，数量庞大，但不进行军事训练，主要供地方役使。乡兵主要是河北、河东、陕西(关右)等地为防御辽和党项而设；蕃兵则从西北地区少数民族中招募。这两种军队数量不多，力量分散。此句即谓宦官童贯、谭稹以江、浙制置使率禁军、乡兵、蕃兵征讨方腊。

⑭ 秀州：宋秀州(治今浙江嘉兴市)隶两浙路。

⑮ 属(zhǔ)：适逢。

⑯ 京观(guàn)：古代战争中，胜者为炫耀武功，收集敌人尸首，封土而成高冢。

⑰ 馘(guó)：战争中割取敌人的左耳，用以计功。

⑱ 统制：北宋为临时军职。据《宋史·职官志七》："旧制，出师征讨诸将不相统一，则拔一人为都统制以总之，未为官称也。"至南宋建炎初，设置御营司都统制，始为职官名。又有统制、同统

制、副统制等。

⑲ 梓桐：地名。在青溪县城西六十馀里。

⑳ 处州：宋处州（治今浙江丽水市）隶两浙路。

㉑ 越州：宋越州（治今浙江绍兴市）隶两浙路。

㉒ 方岩山：山名。位于婺州永康县（今属浙江）城东约五十里。山体平地拔起，四面如削，远望如城堡，故名方岩。顶有广慈寺，建于唐大中四年（850），今存。

㉓ 永徽：唐高宗年号（650—655）。

㉔ 沙门宝志：南朝宋、齐、梁时僧人。《南史·隐逸传下·陶弘景》后附有沙门宝志事：沙门释宝志者，有于宋太始中见之，出入钟山，往来都邑，年已五六十。齐、宋之交，稍显灵迹，民间多传其神通之事。齐武帝忿其惑众，收付建康狱。梁武帝尤深敬事，俗呼为志公。好为谶记，即所谓"志公符"。天监十三年（514）卒。

㉕ 帮源：洞名。在青溪县城西七十里。《皇宋通鉴长编纪事本末》卷一百四十一："睦州青溪县有洞曰帮源，广深约四十馀里。"方腊据地。平乱后，改名"威平洞"。

㉖ 不逞：不满意；怨恨。后泛指为非作歹。

㉗ 乡导：向导。带路的人。乡，通"向"。

㉘ 徼（yāo）：求取。

㉙ 渠魁句：谓匪首方腊未降服时。渠魁，首领，大头目。授首，投降或被杀。

㉚ 倮而雉经：裸身自缢。雉，通"纼（zhèn）"，牛鼻绳，后泛指绳索。雉经，用绳自缢。

8. 张孝基还财

　　许昌士人张孝基娶同里富人女，富人只一子，不肖，斥逐之。富人病且死，尽以家财付孝基，与治后事如礼。久之，其子丐于涂，孝基见之，恻然谓曰："汝能灌园乎？"答曰："如得灌园以就食，何幸！"孝基使灌园，其子稍自力。孝基怪之，复谓曰："汝能管库乎？"答曰："得灌园已出望外，况管库，又何幸也！"孝基使管库，其子颇驯谨①，无他过。孝基徐察之，知其能自新，不复有故态，遂以其父所委财产归之。此似《法华》穷子之事②。其子自此治家励操③，为乡间善士。不数年，孝基卒，其友数辈游嵩山，忽见旌幢驺御满野④，如守土大臣，窃视专车者，乃孝基也。惊喜前揖，询其所以致此，孝基曰："吾以还财之事，上帝命主此山。"言讫不见。（十卷本卷六）

【注释】

① 驯谨:和顺谨慎。

②《法华》穷子之事:见《法华经》卷二《信解品第四》。言大富长者有子,走失在外,乞讨来家,不识其父。长者巧设方便,雇子除粪,令其醒悟,终获继家产。此即"穷子之喻",旨在说明佛引导众生渐入大乘法门。《法华经》,全称《妙法莲华经》,因用莲华比喻佛所说教法的清净微妙,故名。通行本为后秦鸠摩罗什译七卷本,为天台宗主要典籍。

③ 励操:砥砺节操。

④ 旌幢(chuáng)驺(zōu)御:旗帜和车驾。驺御,驾御车马的人。

9. 张 方 平

王荆公当国,欲逐张方平^①,白上曰:"陛下留张方平于朝,是留寒气于内也。留寒气于内,至春必发为大疾疬,恐非药石所能攻也。"东坡著《乐全先生集序》,乃以安道比孔文举、诸葛孔明^②。二公议论,不侔如此。安道元丰间以宣徽南院使退居睢阳^③,是时东坡就逮下御史狱,安道独上书力陈其可贷之状。刘莘老、苏子容同辅政^④,子容曰:"昨得张安道书,不称名,但著押字而已^⑤。"莘老曰:"某亦得书,尚未启封。"令取视之,亦押字也。二事人罕知,故记之。(十卷本卷七)

【注释】

① 张方平:字安道,号乐全居士,应天府南京(今河南商丘市)人。少颖悟,家贫无书,从人借之,一阅而得其详。举茂才异等,为校书郎、知昆山县(今属江苏)。又中贤良方正,选迁著作佐郎、通判睦州(治今浙江建德市梅城镇)。神宗即位,拜参知政事。反王安石新法,极论其害。求去,进宣徽南院使、判应天府。以太子少师致仕。哲宗元祐六年(1091)卒,年八十五。赠司空,谥文定。有《乐全集》四十卷。

② 孔文举、诸葛孔明:孔融,字文举,鲁国鲁县(今山东曲阜市)人。东汉末曾任北海国(治今山东潍坊市昌乐县西)相,时称孔北海。工诗文,"建安七子"之一。后为曹操所杀。诸葛亮,字孔明,琅邪阳都(今山东沂南市南)人,东汉末隐居南阳郡邓县(治今湖北襄阳市襄州区)隆中,被称为"卧龙"。刘备称帝后,任蜀汉丞相,辅佐刘备、刘禅二主。建兴十二年(234),与魏司马懿在渭南相拒,病死于五丈原(今陕西宝鸡市岐山县南)军中,葬定军山(今陕西汉中市勉县东南)。谥忠武侯。

③ 睢阳:宋应天府南京。因唐天宝年间尝置睢阳郡,故称。

④ 刘莘老、苏子容：刘挚，字莘老。元祐六年(1091)二月，自守门下侍郎、大中大夫加右仆射兼中书侍郎，十一月罢，以观文殿学士知郓州。苏颂，字子容。元祐五年，自翰林学士承旨、知制诰兼侍读除右光禄大夫、尚书左丞；七年六月，加左光禄大夫、守尚书左仆射兼中书侍郎。二人同辅政，当在元祐六年。

⑤ 押字：又作"押花""画押"。唐宋时，人们根据自身喜好，在文书上草书其名，或使用特定符号以作凭信，从简省而代名。故与真书签署姓名不同。

10. 还 魂 秀 才

天禧二年①，开封解榜出②，有廖復者被黜，率众诣鼓院诉有司不公③。朝廷差钱惟演等重考，取已落者七十馀人，復亦预荐，时号"还魂秀才"。前发解官皆谪外郡监当④。明年，殿前放王整以下及第。是日，睦、衢二州各有一王言待唱。初唤王言赐进士及第⑤，乃衢人。久之，又唤一王言，上问其乡贯，方知前赐第者乃是睦人，而衢州者只合得同进士出身。及再唤二人审问，衢人奏："恳念臣已谢圣恩。"遂只赐睦州者同出身而已。明日，忽有旨赐睦人王言进士及第。自后，殿前唱名必传呼某州某人，以防差互。（十卷本卷八）

【注释】

① 天禧：宋真宗年号(1017—1021)。

② 解(jiè)榜：指州府发解试中式的榜文。

③ 鼓院：宋登闻鼓院的略称。参见第271页第1则注释②。

④ 监当(jiāndāng)：宋代掌税收、冶铸等事务的地方官。

⑤ 进士及第：太平兴国九年(984)，太宗始将殿试录取者分为三甲，分别赐以进士及第、进士出身和同进士出身。南宋乾道二年(1166)，孝宗则分五甲，第一甲赐进士及第并文林郎，第二甲赐进士及第并从事郎，第三、第四甲进士出身，第五甲同进士出身。明、清时复以三甲取士。

11. 老苏论王介甫

温公在翰苑时①，尝饭客，客去，独老苏少留②，谓公曰："适坐有囚首丧面者何人？"公曰："王介甫也，文行之士③。子不闻之乎？"洵曰："以某观之，此人异时必乱天下，使其得志立朝，虽聪明之主，亦将为其诳惑。内翰何为与之游乎④？"洵退，于

是作《辩奸论》行于世。是时介甫方作馆职，而明允犹布衣也。（三卷本卷上）

【注释】

① 翰苑：翰林院的别称。神宗熙宁元年(1068)，司马光拜翰林学士。

② 老苏：苏洵，字明允，眉州眉山(今属四川)人。旧传号老泉，误。宝元(1038—1040)间应进士不第，归而穷六经百家之说，致力于古文写作。嘉祐(1056—1063)间得欧阳修推誉，曾任秘书省校书郎、霸州文安县(今属河北)主簿。以文章著名于世，与其子轼、辙合称"三苏"，同列"唐宋八大家"。其《辨奸论》一文，指斥王安石必以奸误国。有《嘉祐集》。

③ 文行：文章德行。《论语·述而》："子有四教：文、行、忠、信。"

④ 内翰：唐宋称翰林学士为内翰。

12. 钱　　遹

钱遹，婺州浦江农家子，少力学，举省殿榜，皆占上等，虽历华要①，不妨治生②。浦江宅在深村，众山环绕，一水萦带，阴阳家云："法当富贵两得。"后又侈大其宅③，买田至数万亩。只有一子名楚老，极少俊，遹所钟爱。作中丞时，楚老病且革④，遹是日适欲攻时相，与后来者为地⑤，亟趋对，不顾病者。遹上马时，楚老死。其后谪辞有"呱呱"之语⑥，盖讥其忍。政和初，以八座出帅越⑦，因台章领宫祠⑧，遂不复起。所至郡，厅前一鸦鸣，必责守兵掩捕，尽其种类乃已。常自云："好杀乃天性。"推捕鸦之事，可以知其他。青溪贼作⑨，遹径走越州，越守刘韐闭城不纳，却归村居，为乱兵所害，而焚其宅也。（三卷本卷下）

【注释】

① 华要：指显贵清要的职位。

② 治生：经营家业。

③ 侈大：扩大。

④ 革：中医脉象之一。指脉浮而搏指，中空外坚，浑如鼓革。张仲景《伤寒论·辨脉法》："寒虚相搏，此名为革。妇人则半产漏下，男子则亡血失精。"成无己注："所谓革者，言其既寒且虚，则气血改革不循常度。男子得之，为真阳减而不能内固，故主亡血失精；妇人得之，为阴血虚而不能滋养，故主半产漏下。"

⑤ 为地：即"为之地"之省。指代为疏通说项。

⑥ 呱呱（gūgū）：形容小儿哭声。借指钱遹之子病重。

⑦ 八座：宋为尚书省六部尚书别称。隋唐以六部尚书、左右仆射及令为八座，宋已不包括仆、令。

⑧ 因台章领宫祠：谓因御史台上奏章告发而削职闲置。台章，御史台奏章。宫祠，祠禄官，分内祠（在京宫观）、外祠（在外诸州府宫观岳庙）之差遣。参见第 209 页第 23 则注释⑧。

⑨ 青溪贼作：指方腊作乱。

师友谈记

[宋] 李 廌

《师友谈记》一卷，宋李廌撰。廌字方叔，号济南先生，华州（今陕西华县）人。六岁而孤，从叔父居，稍长以学问称乡里。元丰中以文谒苏轼，大受叹赏，自此过从甚密，为「苏门六君子」之一。元祐三年（1088）应试，苏轼典贡举，不意落第。六年再应试，又失利，遂绝意功名。大观三年（1109）卒，年五十。有《济南集》二十卷，至清初已佚，四库馆臣据《永乐大典》辑出诗文编为八卷。另有《德隅堂画品》一卷。

《师友谈记》多记师友间谈艺论文、问学求道之言，所及师友有苏轼、范祖禹、秦观、晁补之、张耒、苏辙等名流，也有董耘、孙敬之等声闻不彰之士。内容丰富，学术价值较高，故《四库全书总目提要》有云：「所载多名言格论，非小说琐录之比。」

选文标题为今本点校者孔凡礼所拟。

1. 东坡先生言人君之学与臣庶异

元祐癸酉正月二十六日，见东坡先生（礼部尚书苏公子瞻，先生自号居士）。公曰："近因讲筵①，从容为上言人君之学与臣庶异②。臣等幼时，父兄驱率读书③，初甚苦之，渐知好学，则自知趣向，既久则中心乐之，既有乐好之意，则自进不已。古人所谓知之者不如好之者，好之者不如乐之者。陛下上圣，固与中人不同④，然必欲进学，亦须自好乐中有所悟入。且陛下之学，不在求名与求知，不为章句科举计也。然欲周知天下章疏，观其人文章事实，又万机之政，非学无所折衷⑤。"上甚以为然。退见宰辅，诵其语，且曰："上天性好学，某将自汉至唐，择其君臣大节政事之要，为一书以备进读。"今读《三朝宝训》，林子中所编也⑥。

【注释】

① 讲筵：汉唐以来帝王为讲经论史而特设的御前讲席。宋代始称经筵，置讲官以翰林学士或其他官员充任或兼任，以每年二月至端午节、八月至冬至节为讲期，逢单日入侍，轮流讲读。元、明、清三代因之。

② 臣庶：臣民。

③ 驱率：驱使率领。

④ 中人：资质中等的人。常人。

⑤ 折衷：又作"折中"。取正。用为判断事物的准则。

⑥ 林子中：林希，字子中，福州（今属福建）人。嘉祐二年（1057）进士。调泾县主簿，为馆阁校勘、集贤校理。神宗朝，历知太常礼院、著作佐郎、礼部郎中。元祐初，以"行谊浮伪"出知苏州，更宣、湖、润、杭、亳五州。哲宗亲政，以章惇为相，惇荐以为中书舍人，尝制词贬二苏、司马光、刘挚等。迁翰林学士，擢同知枢密院。后叛惇，罢知亳州，移杭州，旋以端明殿学士知太原府。徽宗立，徙大名。上河东边计三策，朝廷以其词命丑正之罪，夺职知扬州，徙舒州。未几卒，年六十七。追赠资政殿学士，谥曰文节。所编《三朝宝训》一书，未详。

2. 东 坡 帽

东坡先生近令门人辈作《人不易物赋》（物为一人重轻也），或戏作一联曰："伏其几而袭其裳，岂为孔子；学其书而戴其帽，未是苏公。"（士大夫近年效东坡桶高檐短,名帽曰子瞻样。)廌因言之。公笑曰:近扈从燕醴泉观①,优人以相与自夸文章为戏者。一优(丁仙现者)曰:"吾之文章,汝辈不可及也。"众优曰:"何也?"曰:"汝不见吾头上子瞻乎?"上为解颜②,顾公久之。

【注释】

① 扈从燕醴泉观:随从皇帝出行而宴于醴泉观。据《东京梦华录》卷三:"醴泉观,在东水门里。"

② 解颜:开颜欢笑。

3. 东坡言范淳夫得讲书三昧

东坡先生尝谓某曰:"范淳夫讲书①,为今经筵讲官第一。言简而当,无一冗字,无一长语,义理明白,而成文粲然,乃得讲书三昧也。"廌自太史先生(以国史修撰知国史院兼修国史,故曰太史公)初在讲筵,即游其门,今且八年。自昔尝闻公诘朝当讲②,即前一夕,正衣冠,俨然如在上前,命子弟侍坐,先按讲其说③。廌未始得与听也,迩来遂获与听。先生平时温温,其语若不出诸口。及当讲,开列古义,仍参之时事暨近代、本朝典故,以为戒劝。其音琅琅然,闻者兴起,宜乎久侍迩英而为儒林之冠也④。二月朔,太史公当讲,廌前一夕获闻。按讲《王制》巡狩望之礼⑤,曰:"古之人多因燔望秩之说⑥,乃附会为封禅之事。或以求神仙,或以祈福,或以告太平成功,皆秦汉之侈心,非古者巡狩省方之义⑦。为人臣凡有劝人主封禅者,皆佞臣也。"廌以此言为守成之龟鉴⑧。

【注释】

① 范淳夫:范祖禹,字淳甫,一字梦得,成都华阳(今四川成都市)人。嘉祐进士。助司马光纂修《资治通鉴》十五年,书成,除秘书省正字。哲宗立,累官翰林学士兼侍讲。因支持司马光反对新法,责授武安军节度副使、永州安置。哲宗元符元年(1098)卒,享年五十七岁。

② 诘朝(zhāo):平明;清晨。

③ 按讲:此处指讲解。

④ 迩英:迩英阁,又作"迩英殿"。北宋禁苑殿阁名。取义亲近英才,故名。位于皇宫宣佑门内以北崇政殿西侧,与殿东侧延义阁相对,皆为经筵之所。

⑤《王制》巡狩望之礼:据《礼记·王制》:"天子五年一巡守。岁二月东巡守,至于岱宗,柴而

望祀山川。"巡狩，又作"巡守"，天子巡视邦国州郡。望，古祭名，遥祭山川、日月、星辰。柴，烧柴祭天。

⑥燔望秩：即燔柴望秩。据《尚书·舜典》："岁二月，东巡守，至于岱宗，柴，望秩于山川。"燔柴，祭天时积柴加牲其上而燔之。望秩，按公侯伯子男等级祭祀山川。

⑦省（xǐng）方：巡视四方，考察民情。

⑧龟鉴：比喻可供人对照的榜样或引以为戒的教训。

4. 东坡言当循分范太史言当养其高致

鹰少时有好名急进之弊，献书公车者三①，多触闻罢②，然其志不已，复多游巨公之门。自丙寅年③，东坡尝诲之，曰："如子之才，自当不没，要当循分④，不可躁求，王公之门何必时曳裾也⑤。"尔后常以为戒。自昔二三名卿已相知外，八年中未尝一谒贵人。中间有贵人使人谕殷勤，欲相见，又其人之贤可亲，然鹰所守匹夫之志，亦未敢自变也。尝为太史公言之。公曰："士人正当尔耳⑥。士未为臣，进退裕如也⑦。他日子仕于朝，欲如今日足以自如，未易得之矣。李文正尝曰：'士人当使王公闻名多而识面少。'此最名言。盖宁使王公讶其不来，无使王公厌其不去。如子尚何求名，惟在养其高致尔。"鹰以此言如佩韦弦也⑧。

【注释】

①献书公车：又作"公车上书"。汉制，吏民上书言事，均由官车令接待。上书人多有因此而被大用者。此处指向朝廷进言。

②多触闻罢：意谓仅引起朝廷知晓而已。

③丙寅年：此处指元祐元年（1086）。哲宗初立。

④循分：恪守职分。

⑤曳裾："曳裾王门"的省称。《汉书·邹阳传》："饰固陋之心，则何王之门不可曳长裾乎？"后用以比喻攀附王侯权贵，在其门下寄食。

⑥正当尔耳：意谓本该如此。

⑦裕如：自如。不受拘束。

⑧韦弦：《韩非子·观行》："西门豹之性急，故佩韦以自缓；董安于之性缓，故佩弦以自急。故以有余补不足，以长续短之谓明主。"后因以"韦弦"比喻外界的启迪和教益。用以警戒、规劝。韦，皮绳，喻缓。弦，弓弦，喻急。

5. 东坡谓秦少游文章为天下奇作

鹰谓少游曰:"比见东坡①,言少游文章如美玉无瑕,又琢磨之功,殆未有出其右者。"少游曰:"某少时用意作赋,习贯已成②,诚如所谕,点检不破③,不畏磨难,然自以华弱为愧。邢和叔尝曰:'子之文,铢两不差④,非秤上秤来,乃等子上等来也⑤。'"鹰曰:"人之文章,阔达者失之太疏,谨严者失之太弱。少游之文词虽华而气古,事备而意高,如钟鼎然。其体质规模,质重而简易,其刻画篆文,则后之铸师莫彷彿⑥,宜乎东坡称之为天下奇作也,非过言矣。"

【注释】

① 比见:近来见到。

② 习贯:又作"习惯"。原谓习于旧贯,后指逐渐养成而不易改变的行为。

③ 点检:考查,检验。

④ 铢两:比喻很少一点儿。铢,古代重量单位,二十四铢为一两。

⑤ 等子:即戥子。称小量东西的衡器。此句喻秦观的文章精致细密。

⑥ 彷彿:类似。

6. 东坡云韩魏公奏允制科展限俟

东坡云:国朝试科目,亦在八月中旬。顷与黄门公既将试①,黄门公忽感疾卧病,自料不能及矣。相国韩魏公知之②,辄奏上,曰:"今岁召制科之士,惟苏轼、苏辙最有声望。今闻苏辙偶病未可试,如此人兄弟中一人不得就试,甚非众望,欲展限以俟③。"上许之。黄门病中,魏公数使人问安否,既闻全安,方引试。凡比常例展二十日。自后试科目,并在九月,盖始于此。比者相国吕微仲,语及科目何故延及秋末之说,东坡为吕相国言之。相国曰:"韩忠献其贤如此,深可慕尔。"

【注释】

① 黄门公:指苏辙。辙官至门下侍郎,而唐时曾改门下省为黄门省,故称。参见第40页第11则注释③。

② 韩魏公：韩琦。参见第 166 页第 29 则注释⑤。

③ 展限：放宽期限；延期。

7. 东坡云相国韩公爱人以德

东坡云：顷试制举①，中程后②，英宗皇帝即欲便授知制诰。相国韩公曰："苏轼之才，远大之器也。他日自当为天下用，要在朝廷培养之，使天下之士，莫不畏慕降伏，皆欲朝廷进用之，然后取而用之，则人人无复异词矣。今骤用之，则天下之士，未必以为然，适足以累之也③。"英宗曰："知制诰既未可，且与修起居注④，可乎？"魏公曰："记注与制诰为邻，未可遽授，不若且于馆阁中择近上贴职与之⑤，他日擢用，亦未为晚。"乃授直史馆。欧阳文忠时为参政，虑执政官中有不憙魏公者喋于东坡⑥，坡曰："公所以于某之意，乃古之所谓君子爱人以德者欤！"

【注释】

① 顷试制举：当年应制科试。顷，往昔。制举，即"制举科"。唐代由皇帝诏试于殿廷，简称"制举"或"制科"，以区别于常科。宋沿用而不常。宋太祖时设有贤良方正能直言极谏、经学优深可为师法、详闲吏理达于教化三科。仁宗时设有贤良方正能直言极谏、博通坟典明于教化、才识兼茂明于体用、详明吏理可使从政、识洞韬略运筹帷幄、军谋宏远材任边寄六科，又增书判拔萃科以待选人，高蹈丘园科、沉沦草泽科、茂材异等科以待布衣四科，总计十科，为有宋制科之最盛者。神宗以后，制科时废时复，科目亦大减。哲宗时另设宏词科，徽宗改为词学兼茂科。高宗绍兴间，复举贤良方正能直言极谏科，设博学宏词科。孝宗复宋初之制，至理宗惟开词学科。制科考试应试者资格较宽，在任官吏、布衣平民及已中进士者，均可由大臣举荐参加考试。制科考试分二级，初为阁试，在秘阁举行，由两省官、翰林学士主考，通过者，召赴殿试，皇帝临轩策之。中选者分三等，上、中等赐制科出身，下等赐进士出身，不入等者授与簿尉差遣以上。如已在官，则进一官给予升擢。制科较进士科为难，故十人多重进士科。

② 中程：合乎要求；合格。此处指考中录取。

③ 适：恰好。　累：牵累。

④ 起居注：皇帝言行录。魏晋以后设官专修。唐宋于门下省设"起居郎"和"起居舍人"分掌其事。凡朝廷命令赦宥、礼乐法度、赏罚除授、群臣进对、祭祀宴享、临幸引见、四时气候、户口增减、州县废置等事，皆按日记载。

⑤ 馆阁贴职：此处指带馆阁职名。即后文所说"直史馆"。参见第 308 页第 6 则注释⑯。

⑥ 憙(xǐ):喜好;喜爱。　喋:多言。

8. 苏仲豫言程之邵内行全好

苏仲豫迨言①:"新宗正丞程遵彦之邵②,内行全好③,人所难能。"鹰询其如何,曰:"遵彦尝为杭州金判,以故知其居家之道甚详。遵彦之母极严厉,遵彦之妻不得其志,逐去。遵彦方三十岁,承顺母意,不复言娶,与母对床而寝,今二十年矣。因遂绝嗜欲,未尝一日失其欢心。其母亦抚养遵彦诸子,恩意周至,但诸孙或一言思其出母,则诟怒遵彦。妻亦贤,无辜得罪被逐,于其姑亦无怨言。岁时问安,奉礼物不辍,虽异居而妇礼甚修,至今独居,守节不可夺。士大夫贤遵彦,怪其母,悯其妻,哀其子也。"

【注释】

① 迨言:对我说。迨,与。

② 宗正丞:唐宋九寺之一宗正寺属官,位列长官卿、副官少卿之下。宗正寺掌皇室亲族事务,如皇族家谱及世系区分、太庙陵园等。

③ 内行:平日家居的操行。

9. 东坡言勾当自家事

东坡公云:日者王寔、王宁见访。寔,韩持国少傅之婿也。因问:"持国安否?"寔、宁皆曰:"自致政①,尤好欢。尝自谓人曰:'吾已癃老②,且将声乐酒色以娱年,不尔无以度日③。'"东坡曰:"惟其残年,正不当尔。君兄弟至亲且旧,愿为某传一语于持国,可乎?"寔、宁曰:"诺。"坡曰:"顷有一老人,未尝参禅,而雅合禅理④,死生之际极为了然。一日,置酒大会亲友,酒阑,语众曰:'老人即今且去。'因摄衣正坐⑤,将奄奄焉。诸子乃惶遽呼号,曰:'大人今日乃与世诀乎? 愿留一言为教。'老人曰:'本欲无言,今为汝恳,只且第一五更起⑥。'诸子未喻,曰:'何也?'老人曰:'惟五更可以勾当自家事⑦,日出之后,欲勾当则不可矣。'诸子曰:'家中幸丰,何用早起? 举家诸事,皆是自家事也,岂有分别?'老人曰:'不然,所谓自家事者,是死时将得去者。吾平生治生,今日就化,可将何者去?'诸子颇悟。今持国果自以谓残年,请二君言与持国,但言某请持国勾当自家事,与其劳心声酒,不若为死时将去者计也。"坡又曰:"范景仁平生不好佛,晚年清慎,减节嗜欲,一物不芥蒂于心⑧,真却是学佛作家⑨,然至死常不取佛法。某谓景仁虽不学佛而达佛理,虽毁佛骂祖,亦不害也。"

【注释】

① 致政:犹致仕。指官吏将执政权柄归还君主。

② 癃老:衰老病弱。

③ 不尔:不如此。

④ 雅合:正好相合。

⑤ 摄衣:整理衣装。

⑥ 只且第一五更起:就该以五更起床为最重要。只且,宋人习用语,犹言"就该"。如《近思录》卷十三:"释氏之说,若欲穷其说而去取之,则其说未能穷,固已化而为佛矣。只且于迹上考之,其设教如是,则其心果如何? 固难为取其心不取其迹,有是心则有是迹。"再如《朱子语类》卷十二:"为学且要专一。理会这一件,便只且理会这一件。若行时,心便只在行上;坐时,心便只在坐上。"又如《朱子语类》卷十五:"傅问:'而今格物,不知可以就吾心之发见理会否?'曰:'公依旧是要安排,而今只且就事物上格去。如读书,便就文字上格;听人说话,便就说话上格;接物,便就接物上格。精粗大小,都要格它。'"另,只且(jū)又作句末语气词,表感叹。如《诗经·邶风·北风》:"其虚其邪,既亟只且。"再如《诗经·王风·君子阳阳》:"君子阳阳,左执簧,右招我由房,其乐只且。"

⑦ 勾当(gòudàng)自家事:料理自己的事。勾当,管理,料理。自家事,此处指调养身心。

⑧ 芥蒂:本作"蒂芥",宋人始称"芥蒂"。指细小的梗塞物。引申为梗塞。

⑨ 作家:禅家称善用机锋者。

10. 东坡言先祖太傅公事

东坡新迁东阙之第①,廌同李端叔、秦少游往见之。东坡曰:"今日乃先祖太傅之忌(五月十一日)。祖父名序,甚英伟,才气过人,虽不读书而气量甚伟。顷年在乡里郊居,陆田不多,惟种粟。及以稻易粟,大仓储之,人莫晓其故。储之累年,凡至三四千石。会眉州大饥,太傅公即出所储,自族人,次外姻,次佃户、乡曲之贫者,次第与之,皆无凶岁之患。或曰:'公何必粟也?''惟粟性坚,能久,故可广储以待匮尔。'又绕宅皆种芋魁②,所收极多,即及时多盖薪蒭③,野民乏食时,即用大甑蒸之,罗置门外,恣人取食之,赖以无饥焉。"

又曰:"祖父嗜酒,甘与村父箕踞高歌大饮④。忽伯父封告至⑤。伯父登朝,而外氏程舅亦登朝。外祖甚富,二家连姻,皆以子贵封官。程氏预为之⑥,谓祖父曰:'公何不亦预为之?'太傅曰:'儿子书云,作官器用亦寄来。'一日,方大醉中,封官至,并外缨⑦、公服、笏、交椅、水罐子、衣版等物。太傅时露顶,戴一小冠子,如指许大。醉中取告,箕踞读之毕,并诸物置一布囊中。取告时,有馀牛肉,多亦置一布囊中,令村童荷而归。跨驴入城,城中人闻受告,或就郊外观之。遇诸涂⑧,见荷担二囊,莫不大笑。程老闻之,面诮其太简,惟有识之士奇之。"

【注释】

① 东阙:宫殿东门前的望楼。

② 芋魁:芋艿。芋的块茎。

③ 薪蒭:又作"薪刍"。柴草。

④ 箕踞(jījù):席地而坐,随意伸开两腿,像个簸箕,是一种不拘礼节的坐法。

⑤ 封告:授予官职的诏书。

⑥ 预为之:有备而求之。

⑦ 外缨:络马的革带。

⑧ 涂:道路。

春渚纪闻

[宋] 何 薳

《春渚纪闻》十卷，宋何薳撰。薳字子远，一字子楚，建州浦城（今属福建）人。历哲宗、徽宗、钦宗三朝，南渡后尚存。常感时事日非，遂不仕。因其父葬于杭州富阳（今属浙江）之韩青谷，乃卜筑于此，以保先茔，自号韩青老农。

《春渚纪闻》前五卷题为《杂记》，记仙鬼报应兼及琐事，多属荒诞不经之谈。卷六《东坡事实》，所引苏轼遗文佚事、小辨杂说，可补史阙。其父何去非，神宗时尝以苏轼荐而得官，故列专卷以示仰慕。其他各卷，如《诗词事略》《杂书琴事》《墨说附》《记砚》《记丹药》等，或杂引轶闻，或纠正谬误，或传摹形制，亦间有可取之处。

选文标题为原书所有。

1. 贡 父 马 谑

刘贡父初入馆①，乃乘一骒马而出②。或谓之曰："此岂公所乘也，亦不虑趋朝之际，有从群者，或致奔踶之患耶③。"贡父曰："诺，吾将处之也。"或曰："公将何以处之？"曰："吾令市青布作小襜④，系之马后耳！"或曰："此更诡异也。"贡父曰："奈何，我初幸馆阁之除，不谓俸入不给桂玉之用⑤，因就廉直，取此马以代步。不意诸君子督过之深，姑为此以揜言者之口耳⑥，有何不可。"（卷一《杂记》）

【注释】

① 刘贡父：刘攽，字贡父，号公非，临江新喻（今江西新余市）人。庆历进士。为州县官二十年，迁国子监直讲。欧阳修等荐试馆职，得馆阁校勘。熙宁（1068—1077）中，判尚书考功、同知太常礼院。因反王安石新法，出为地方官。官至中书舍人。卒，年六十七。攽著书百卷，尤邃史学，曾助司马光修《资治通鉴》，专任汉史。

② 骒（kè）马：母马。

③ 奔踶（dì）：谓马乘之即奔，立则踢人。

④ 襜（chān）：遮至膝前的短衣，即围裙。意谓遮住母马身后，不使有"从群者"。

⑤ 不给（jǐ）桂玉之用：意谓京师柴米昂贵，入不敷出。桂玉，喻昂贵的柴米。京师薪如束桂，米如裹玉，故亦称京师为桂玉之地。

⑥ 揜（yǎn）：遮蔽；掩盖。

2. 刘仲甫国手棋

棋待诏刘仲甫①，初自江西入都，行次钱塘，舍于逆旅。逆旅主人陈俫庆言：仲甫舍馆既定，即出市游，每至夜分方扣户而归，初不知为何等人也。一日晨起，忽于邸前悬一帜云：江南棋客刘仲甫，奉饶天下棋先②。并出银盆酒器等三百星③，云以此偿博负也④。须臾，观者如堵，即传诸好事。翌日，数土豪集善棋者会城北紫霄宫，且出银如其数，推一棋品最高者与之对手。始下至五十馀子，众视白势似北。更行百馀棋，对手者亦韬手自得⑤，责其夸言，曰："今局势已判，黑当赢筹矣⑥。"仲甫曰："未也。"更行二十馀子，仲甫忽尽敛局子，观者合噪曰："是欲将抵负耶。"仲甫袖手徐谓观者曰："仲甫江南人，少好此伎，忽似有解，因人推誉，致达国手，年来数为人相迫，欲荐补翰林祗应[7]，而心念钱塘一都会，高人胜士精此者众，棋人谓之一关。仲甫之艺，若幸有一著之胜，则可前进。凡驻此旬日矣，日就棋会观诸名手对奕，尽见品次矣。故敢出此标示，非狂僭也。如某日某人某，白本大胜而失应棋著，某日某局，黑本有筹，而误于应劫[8]，却致败局，凡如此覆十馀局。"观者皆已愕然，心奇之矣。即覆前局，既无差误，指谓众曰："此局以诸人视之，黑势赢筹固自灼然。以仲甫观之，则有一要著，白复胜不下十数路也。然仲甫不敢遽下，在席高品，幸精思之。若见此者，即仲甫当携孥累还乡里[9]，不敢复名棋也。"于是众棋极竭心思，务有致胜者，久之不得，已而请仲甫尽著。仲甫即于不当敌处下子，众愈不解，仲甫曰："此著二十著后方用也。"即就边角合局，果下二十馀著，正遇此子，局势大变，及敛子排局，果胜十三路。众观于是始伏其精至，尽以所对酒器与之，延款十数日，复厚敛以赆其行[10]。至都试补翰林祗应，擅名二十馀年无与敌者。（卷二《杂记》）

【注释】

① 待诏：唐宋翰林院中待命供奉的技术官。唐初始置翰林院，为文士供奉之所。参见第56页第2则注释①。宋沿置，但掌供奉技艺，与专掌内制之学士院不同。宋翰林院下设天文、图画、书艺（元丰前为御书）、医官四局（院）。翰林书艺局掌皇帝亲笔文字、供奉书写之属、图籍之册及琴棋之艺，由内侍充任勾当官，下属技术官依次为书官待诏（北宋不常设）、翰林待诏、翰林书艺学、书学祗候，另有实习应奉之书学生，以及弹琴、着棋、擘阮、点笔班等祗应人。

② 饶先：棋类术语。让先。棋艺高者让低者先走一步或几步。

③ 星：量词。银子一钱为一星。

④ 博负：赌博所输之钱。

⑤ 韬手：谓收手。

⑥ 筹：本指古代投壶所用之矢。此处比喻博局计算胜负之标准。

⑦ 祗应（zhīyìng）：此处指祗应人。宋翰林院书艺局中低级供职。

⑧ 应劫：围棋用语。应付对方抛劫。劫，黑白双方往复提吃对方一子。

⑨ 孥累（núlěi）：谓妻儿老小。

⑩ 赆：临行时赠送钱财。

3. 祝不疑奕胜刘仲甫

近世士大夫棋，无出三衢祝不疑之右者①。绍圣初，不疑以计偕赴礼部试②，至都为里人拉至寺庭，观国手棋集，仲甫在焉。众请不疑与仲甫就局，祝请受子③。仲甫曰："士大夫非高品不复能至此，对手且当争先。"不得已受先④，逮至终局，而不疑败三路。不疑曰："此可受子矣。"仲甫曰："吾观官人之棋，若初分布，仲甫不能加也，但未尽著耳。若如前局，虽五子可饶，况先手乎。"不疑俯笑，因与分先⑤，始下三十馀子。仲甫拱手曰："敢率请官人姓氏与乡里否？"众以信州李子明长官为对。刘仲甫曰："仲甫贱艺，备乏翰林⑥。虽不出国门，而天下名棋，无不知其名氏者。数年来，独闻衢州祝不疑先辈，名品高著，人传今秋被州荐来试南省⑦，若审其人⑧，则仲甫今日适有客集，不获终局，当俟朝夕，亲诣行馆，尽艺祗应也⑨。"众以实对。仲甫再三叹服曰："名下无虚士也。"后虽数相访，竟不复以棋为言，盖知不敌，恐贻国手之羞也。（卷二《杂记》）

【注释】

① 三衢：即宋衢州（治今浙江衢州市）。因境内有三衢山，故称。

② 计偕：谓举人赴京会试。

③ 受子：围棋术语。对局时，棋艺低者先布二子或几子。

④ 受先：围棋术语。对局时，棋艺低者执黑先行。

⑤ 分先：围棋术语。在十番棋决胜负时，双方轮流执黑先行。

⑥ 备乏：谦词。谓充数于其中，聊以补缺。

⑦ 南省：宋谓尚书省或尚书省礼部为南省。

⑧ 审：确实；果真。

⑨ 祗应：此处指恭敬地伺候。

4. 雍邱驱蝗诗

米元章为雍邱令①。适旱蝗大起，而邻尉司焚瘗后遂致滋蔓②，即责里正并力捕除，或言尽缘雍邱驱逐过此，尉亦轻脱③，即移文载里正之语致牒雍邱，请各务打扑收埋本处地分④,勿以邻国为壑者。时元章方与客饭,视牒大笑,取笔大批其后付之云:"蝗虫元是空飞物,天遣来为百姓灾。本县若还驱得去,贵司却请打回来。"传者无不绝倒。(卷二《杂记》)

【注释】

① 米元章:米芾,初名黻,字元章,号襄阳漫士、海岳外史等。世居太原(今属山西),迁襄阳(今属湖北),后定居润州(治今江苏镇江)。徽宗召为书画学博士。曾官礼部员外郎,人称"米南宫"。因举止颠狂,又称"米颠"。行、草书得力于王献之,用笔俊迈豪放,与蔡襄、苏轼、黄庭坚并称"宋四家"。擅画山水,不求工细,多用水墨点染,有"米家山""米氏云山"之称。 雍邱:又作"雍丘"。宋开封府雍丘县(治今河南杞县)。

② 尉司:县尉治所。此处代县尉。掌部辖弓手、兵士巡警,捕盗解送县狱,维持一县治安。

③ 轻脱:轻佻。谓言行不庄重。

④ 地分(fèn):地区;地段。

5. 宗威愍政事

宗尹汝霖①,其遇事虽用权智,而济难于谈笑之间,士大夫多能道之。建中靖国间,为文登令②。同年青州教授黄策上书,自姑苏编置文登州③,遣牙校押赴贬所④,过县而黄适感寒疾,不能前进。牙校督行,虽加厚赂,祈为一日之留,坚不可得。不得已,使人致殷勤于公。公即具供帐于行馆⑤,及命医诊候,至调理安完,而了不知牙校所在。密讯其从行者,云:"自至县,即为县之胥魁约饮于营妓,而以次胥吏日更主席⑥,此校嗜酒而贪色,至今不肯出户。"屡迫促之,乃始同进。金寇犯阙,銮舆南幸⑦,贼退以公尹开封。初至而物价腾贵,至有十倍于前者,郡人病之。公谓参佐曰:"此易事耳,都人率以食饮为先,当治其所先,则所缓者不忧不平也。"密使人问米面之直,且市之,计其直,与前此太平时初无甚增。乃呼庖人取面,令准市肆笼饼大小为之,及取糯米一斛,令监库使臣如市酤酝酒⑧,各估其值。而笼饼枚六钱,酒每角七十足。出勘市价,则饼二十,酒二百也。公先呼作坊饼师至,讯之曰:"自我为举子时,来往京师今三十年矣。笼饼枚七钱,而今二十,何也?岂麦价高倍乎?"饼师曰:"自都城离乱以来,米麦起落初无定价,因袭至此,某不能违众独减,使贱市也。"公即出兵厨所作饼示之,且语之曰:"此饼与汝所市重轻一等,而我

以日下市直,会计新面工直之费,枚止六钱,若市八钱,则已有两钱之息。今为将出令,止作八钱。敢擅增此价而市者,罪应处斩,且借汝头以行吾令也。"即斩以狗⑨。明日饼价仍旧,亦无敢闭肆者。次日呼贾扑正店任修武至⑩,讯之曰:"今都城糯价不增,而酒值三倍,何也?"任恐悚以对曰:"某等开张承业,欲罢不能,而都城自贼马已来,外居宗室及权贵亲属私酿至多,不如是,无以输纳官曲之直与工役油烛之费也。"公曰:"我为汝尽禁私酿,汝减直百钱,亦有利入乎?"任扣额曰:"若尔则饮者俱集,多中取息,足办输役之费。"公熟视久之曰:"且寄汝头颈上,出率汝曹。即换招榜,一角止作百钱足,不患乎私酤之搀夺也。"明日出令:"敢有私造酒曲者,捕至不问多寡,并行处斩。"于是倾糟破瓹者不胜其数。数日之间,酒与饼直既并复旧,其它物价不令而次第自减。既不伤市人,而商旅四集,兵民欢呼,称为神明之政。时杜充守北京⑪,号南宗北杜云。(卷四《杂记》)

【注释】

① 宗尹汝霖:宗泽,字汝霖,婺州义乌(今属浙江)人。元祐六年(1091)进士。靖康元年(1126)知磁州(治今河北磁县),募集义勇,抗击金兵。康王赵构(高宗)使金,行至磁,为泽劝返相州(治今河南安阳市),开大元帅府。泽以副元帅从王起兵,南下救援京师。次年除延康殿学士、京城留守,兼开封尹。招降王善、杨进等盗寇协同防御,又结诸路义兵,用岳飞为将,屡挫金兵。泽前后请高宗还京二十馀奏,为议和派所阻,忧愤成疾,临死连呼"过河"者三。赠观文殿学士、通议大夫,谥忠简。

② 文登:县名。宋属京东东路登州(治今山东蓬莱市)。《宋史·宗泽传》:"通判登州。境内官田数百顷,皆不毛之地,岁输万馀缣,率横取于民,泽奏免之。朝廷遣使由登州结女真,盟海上,谋夹攻契丹,泽语所亲曰:'天下自是多事矣。'退居东阳,结庐山谷间。"宋联金灭辽、结盟海上为徽宗重和元年(1118)。

③ 自姑苏句:意谓从姑苏贬谪到登州安置。姑苏,苏州古称。编置,贬谪至边远地区编户安置。文登州,即登州;唐武德四年(621)置登州,治文登,后移治牟平、蓬莱。

④ 牙校:低级武官。

⑤ 行馆:官员出行在外的临时住所。

⑥ 胥史:犹胥吏。官府中的小官。此句意谓胥吏们每日轮换主持筵席。

⑦ 銮舆:皇帝车驾。亦代指皇帝。宣和七年(1125)十二月,金兵进逼东京,徽宗传位于钦宗,携蔡京、童贯出逃亳州(今属安徽)、润州(治今江苏镇江市)。

⑧ 监库使臣:宋监当官名。凡监临各种税收、库藏、杂作、专卖的事务官,总称监当官。监当

官是一支名目繁多、遍布各地的财税官僚队伍,多由选人、使臣差充。选人,为宋文臣低阶官,元丰前总称幕职州县官,政和改为自承直郎而下至迪功郎七阶,另辟奏补未出官人通仕郎、登仕郎、将仕郎三阶,总共十阶。使臣,乃宋武阶总名。元丰前称三班使臣,自内殿承制至内殿崇班为大使臣,东头供奉官下至三班借职为小使臣;政和改武功大夫以下至武翼郎共十六阶为大使臣,敦武郎以下至进义校尉共十二阶为小使臣。此外,监当官也有京朝官责降充当的。宋文臣京朝官,元丰后自开府仪同三司以下至承务郎共二十五阶,其中,通直郎以上二十阶为朝官,宣德郎以下五阶为京官;元祐四年,自朝请大夫以下至承务郎十四阶分左、右,后时分时罢。

⑨ 狗:通"殉"。为了某种目的而死。

⑩ 贾扑正店:东京酒楼名。正店,或为官府募人承包、可卖官曲造酒之店。《东京梦华录》卷二《酒楼》:"在京正店七十二户,此外不能遍数,其馀皆谓之'脚店'。"伊永文案:"《宋会要·食货》二〇之七记仁宗时樊楼每年卖官曲五万斤造酒,朝廷下诏三司募人承包,'出办课利,令在京脚店酒户内拨定三千户',每日到樊楼取酒沽卖。于此可知脚店乃为小零卖酒店俗称。"

⑪ 杜充:字公美,相州(今河南安阳市)人。绍圣间进士。靖康初,知沧州。建炎元年(1127),进枢密直学士。二年,代为东京留守兼开封尹。三年,拜尚书右仆射、同平章事、御营使,旋为江淮宣抚使驻守建康。充喜功名,性残忍好杀而短于谋略。未几,金兵渡江,遂降。金主命知相州。绍兴七年(1137),为金燕京三司使。九年,迁燕京行台右丞相。十一年,"绍兴和议"成而充死。

6. 胶黐取虎

忻代种氏子弟①,每会集讲武,多以奇胜为能。一夕步月庄居,有庄户迎白曰:"数夕来,每有一虎,至麦场软藁间②,辗衮取快③,移时而去。宜徐往也。"从者有言:"请付我一矢,当立毙以献。"其一子弟在后笑谓群从曰:"我不烦一矢之遗,当以胶黐取之④,如黏飞雀之易也。"众责其夸言,曰:"请釀钱五千具饭会⑤,若不如所言,我当独出此钱也。"众许之而还。翌晨集庄户散置胶黐,至暮得斗馀,尽令涂场间麦秆上,并系羊以饵之,共伺其旁。至月色穿林,果有徐行安尾而至者,遇系羊攫而食之,意若饱适,即顾麦场,转舒其体。数转之后,胶秆丛身,牢不可脱,至于尾足头目矇暗无视,体间如被锢束⑥。畜性刚烈,大不能堪,于是伏地大吼,腾跃而起,几至丈许,已而屹立不动。久之,众合噪前视之⑦,则立死矣。(卷四《杂记》)

【注释】

① 忻代:宋忻州(今属山西)和代州(治今山西代县)。 种(Chóng):姓。郡望河南洛阳。

宋有名士种放。其侄种世衡,仁宗朝名将,曾率种家军镇守西北边关,抗击西夏,子孙皆为将帅。

② 菓(gǎo):通"藁"。稻、麦的秆。

③ 辗衮(chǎngǔn):犹翻滚。

④ 胶䔄(chī):又作"䔄胶"。木胶。用细叶冬青的茎部内皮捣碎制成,可以粘物。

⑤ 醵(jù)钱:集资,凑钱。

⑥ 絪束:捆绑。

⑦ 合噪:齐声。

7. 磨 刀 劝 妇

裴亚卿言,为童稚时,侍其祖母文安君。闻语居宣城之日,邻有俗子,忘其姓名,娶妇甚都而悍于事姑①。每夫外归,必泣诉其凌虐之苦,夫常默然。一夕于灯下出利刃,示其妇,妇曰:"将安用此?"夫好谓之曰:"我每见汝,诉我以汝姑之不容,我与汝持此去之如何?"妇曰:"心所愿也。"夫曰:"今则未也。汝且更与我谨事之一月,令汝之勤至,而俾姑之虐暴,四邻皆知其曲,然后我与汝可密行其事,人各快其死,亦不深穷暴死之由也。"妇如其言,于是怡颜柔语,晨夕供侍,及市珍鲜以进饮馔。姑不知其然,即前抚接②,顿加和悦,几月矣。复乘酒取刀玩于灯下,其气愤愤,呼其妇语之曰:"汝姑日来于汝若何?"曰:"日来视我非前日比也。"又一月,复扣刃问之,妇即欢然曰:"姑今于我,情好倍加,前日之事,慎不可作也。"再三言之。夫徐握刃怒视之曰:"汝见世间有夫杀妇者乎?"曰:"有之。""复见有子杀母者乎?"曰:"未闻也。"夫曰:"人之生也,以孝养为先,父母之恩,杀身莫报。及长而娶妇,正为承奉舅姑③,以长子息耳④。汝归我家,我每察汝恃少容色⑤,不能承顺我母,乃反令我为此大逆,天地神明其容之乎。我造此刃,实要断汝之首,以快我母之心。姑贷汝两月,使汝改过怡颜,尽为妇之道,于我母待汝之心,知曲不在母,而安受我刃也。"其妇战惧,泪如倾雨,拜于床下曰:"幸恕我此死,我当毕此生前承顺汝母,常如今日,不敢更有少懈也。"久之乃许。其后妇姑交睦,播于亲党,有密知此事者,因窃语之。闻者皆谓此虽俗子而善于调御,转恶为良,虽士君子有不能处者矣。
(卷四《杂记》)

【注释】

① 都(dū):美好;娴雅。　悍于事姑:意谓侍奉婆婆态度凶狠恶劣。姑,丈夫的母亲。

②　抚接：爱抚结纳。

③　舅姑：丈夫的父母。

④　子息：子嗣；儿子。

⑤　恃少容色：谓自负年轻貌美。

8. 谑　　鱼

　　姑苏李章，敏于调戏。偶赴邻人小集，主人者虽富而素鄙。会次章适坐其傍，既进馔，章视主人之前一煎鲜特大于众客者。章即请于主人曰："章与主人俱苏人也，每见人书苏字不同。其鱼不知合在左边者是在右边者是也①。"主人曰："古人作字不拘一体，移易从便也。"章即引手取主人之鱼示众云："领主人指拗②，今日左边之鱼，亦合从便，移过右边如何？"一座辍饭而笑，终席乃已。（卷四《杂记》）

【注释】

①　其鱼句：苏字繁体有"蘇""蘓"两种写法，故有此说。

②　指拗：同"指挥"。指示；指点。

9. 画 字 行 棋

　　古人作字，谓之字画。所谓画者，盖有用笔深意。作字之法，要笔直而字圆，若作画则无有不圆劲，如锥画沙者是也。不知何时改作写字，写训传，则是传模之谓①，全失秉笔之意也。又弈棋，古亦谓之行棋。宋文帝使人赍药赐王景文死②，时景文与客棋，以函置局下，神色不变，且思行争劫③，盖棋战所以为人困者，以其行道穷迫耳。行字于棋家亦有深意，不知何时改作著棋。著如著帽著屐，皆训容也④，不知于棋有何干涉也。且写字著棋，天下至俗，无理之语，而并贤愚皆承其说，何也？（卷五《杂记》）

【注释】

①　传（chuán）模：临摹。

②　宋文帝句：宋文帝，指南朝宋太祖文皇帝刘义隆。　王景文：本名彧，字景文，因与太宗明

帝讳同，故以字行。琅邪临沂（今属山东）人。南朝宋大臣。美风姿，好言理，文帝甚相钦重，故为明帝娶景文妹。官至安南将军、江州刺史。明帝即位，封江安县侯，征为尚书左仆射、领吏部、扬州刺史，加太子詹事。本则记"赐药赐死"事不确，实明帝而非文帝所为。据《宋书·谢庄王景文传》："时上既有疾，而诸弟并已见杀，唯桂阳王休范人才本劣，不见疑，出为江州刺史。虑一旦晏驾，皇后临朝，则景文自然成宰相，门族强盛，藉元舅之重，岁暮不为纯臣。泰豫元年春，上疾笃，乃遣使送药赐景文死，手诏曰：'与卿周旋，欲全卿门户，故有此处分。'死时年六十。"

③ 争劫：围棋用语。双方争夺抛劫。参见第330页第2则注释⑧。

④ 容：装饰；打扮。著（zhuó），有"穿""戴"义，故训以"容"。

10. 李朱画得坡仙赏识

李顾字粹老，不知何许人。少举进士，当得官，弃去，乌巾布裘为道人。遍历湖湘间。晚乐吴中山水之胜，遂隐于临安大涤洞天①，往来苕溪之上，遇名人胜士，必与周旋。素善丹青，而间作小诗。东坡倅钱塘日②，粹老以幅绢作《春山》横轴，且书一诗其后，不通姓名，付樵者，令俟坡之出投之。坡展视诗画，盖已奇之矣。及问樵者："谁遣汝也？"曰："我负薪出市，始经公门，有一道人，与我百钱，令我呈此，实不知何人也。"坡益惊异之，即散问西湖名僧辈，云是粹老。久之，偶会于湖山僧居，相得甚喜。坡因和其诗，云"诗句对君难出手，云泉劝我早抽身"是也。粹老画山，笔力工妙，尽物之变，而秀润简远。非若近世士人略得其形似，便复轻訾前人③，自谓超神入妙出于法度之外者。然不能为人特作，世所有者绝少，得其小屏幅纸，以为宝玩也。蘧家所藏二横轴，一《雪山》，一《春晴》，自兵火已来，馀物散尽，此二画幸常在老眼耳。又松陵朱象先④，东坡先生盖尝与之叙文云"能文而不求举，善画而不求售"者。其画始规摹董北苑与然海⑤，而自出新意，笔力高简润泽而有生理，出许道宁、李远辈之上⑥。但其为人，既经东坡先生题目之后，不肯为人轻作，又不为王公大人所屈，世所传者亦不甚多。其在嘉兴日，毛泽民为郡守，于郡城绝景处增广楼居，名月波者，日与宾客燕息其上，常延致象先，为作一大屏，真近世绝笔。但日来赏鉴之家，未免征逐时好，未有深知二人者。后遇真赏，有捐千金而求其一笔者不获，始以余言为不谬也。粹老二横轴，续仲永后得之，其子承休归郑公辅也。（卷五《杂记》）

【注释】

① 大涤洞天:即大涤山。在今浙江杭州市余杭区余杭镇西南。宋潜说友《咸淳临安志》卷二十四《大涤山洞天》:"或言此山清幽,大可以洗涤尘心,故名。"洞天,道教传说神仙所居名山胜境,即"洞天福地"。有"十大洞天""三十六小洞天"和"七十二福地"。大涤洞天为第三十四小洞天,称大涤匮(玄)盖之天。

② 东坡倅钱塘:熙宁四年(1071),苏轼因反王安石新法,出为杭州通判。倅(cuì),副职。

③ 轻訾(zǐ):轻易说人坏话。

④ 松陵:地名。宋两浙路苏州吴江县治所(今属江苏苏州市吴江区)。

⑤ 董北苑与然海:董北苑,指南唐画家董源,累官至北苑使,故称。降宋后入画院。尤工秋岚远景,多写江南真山。然海,不详。别本作"巨然"。巨然,南唐僧人,画家。降宋后居开宝寺。画风师承董源,专画江南山水,淡墨轻岚为一体。后人并称"董巨"。

⑥ 许道宁、李远:北宋画家。许道宁,长安人,活跃于太宗、真宗、仁宗朝。画作多写秋江、寒林等山水人物。李远,据邓椿《画继》卷六:"李远,青州人。学营丘(李成),气象深远。崇观间驰名。"

11. 酒　谲

宗室赵子正监永静军①,耽酒嗜书札,而喜人奉己。有过客执瓠而前,正遇赵于案间挥翰自得,客自旁视再三,而叹美其妙。赵举首视之,曰:"汝亦知书耶!"客曰:"小人亦尝留心字画,切观太保之书②,虽王右军复有不及者。"赵诟之曰:"汝玩我耶!"曰:"某尝观《法书》云,王书一字入木八分,今太保之书,一落笔则入木十分,岂不为过于右军耶!"坐人皆赏其机中③,为之绝倒。赵亦笑而遣之。(卷五《杂记》)

【注释】

① 赵子正:宋太祖、太宗之侄,魏王廷美第五子。《宋史·宗室传一》:"德钧,字子正。性和雅,善书翰,好为篇什。淳化初,拜右武卫将军,四迁至右卫将军。景德二年,加右监门卫大将军。四年卒。赠河州观察使,追封安乡侯。"　永静军:宋属河北东路,治东光(今河北沧州市东光县)。

② 切(qiè)观:近观。　太保:东宫官名。宋东宫官有两种情况:一为沿用唐制而保存的太子府官属,因立皇太子而临时除授,除侍读、侍讲实有职事外,其他并无职事;一为宋前期用作文臣迁转官阶,从一品,实无职掌。

③ 机中(zhòng)：机智允当。

12. 裕陵眷贤士

先生临钱塘郡日①，先君以武学博士出为徐州学官，待次姑苏②。公遣舟邀取至郡，留款数日，约同刘景文泛舟西湖③。酒酣，顾视湖山，意颇欢适，且语及先君，被遇裕陵之初④，而叹今日之除，似是左迁。久之，复谓景文曰："如某今日馀生，亦皆裕陵之赐也。"景文请其说。云："某初逮系御史狱，狱具奏上。是夕昏鼓既毕，某方就寝，忽见一人排闼而入⑤，投箧于地，即枕卧之。至四鼓，某睡中觉有撼体而连语云，学士贺喜者。某徐转仄问之，即曰：'安心熟寝。'乃挈箧而出。盖初奏上，舒亶之徒⑥，力诋上前，必欲置之死地。而裕陵初无深罪之意，密遣小黄门至狱中视某起居状。适某昼寝鼻息如雷，即驰以闻。裕陵顾谓左右曰：'朕知苏轼胸中无事者。'于是即有黄州之命，则裕陵之恩，念臣子之心，何以补报万一。"后先君尝以前事语张嘉父⑦，嘉父云：公自黄移汝州，谢表既上，裕陵览之，顾谓侍臣曰："苏轼真奇才。"时有憾公者，复前奏曰："观轼表中，犹有怨望之语⑧。"裕陵愕然曰："何谓也？"对曰："其言'兄弟并列于贤科'，与'惊魂未定，梦游缧绁之中'之语⑨。"盖言轼、辙皆前应直言极谏之诏，今乃以诗词被谴，诚非其罪也。裕陵徐谓之曰："朕已灼知苏轼衷心，实无他肠也。"于是语塞云。（卷六《东坡事实》）

【注释】

① 先生临钱塘郡：指元祐四年(1089)，苏轼积以论事为当轴者所恨，恐不见容，请外拜，以龙图阁学士知杭州。

② 待次：指官吏授职后，依次按资历补缺。

③ 刘景文：刘季孙，字景文，祥符（今河南开封市）人。父刘平，仁宗朝大将，死于抗击西夏战争，诸子因以得官。参见第180页第49则注释①、第243页第27则注释②。嘉祐间，以左班殿直监饶州酒务，摄州学事。元祐中，以左藏库副使为两浙兵马都监。得苏轼荐知隰州，仕至文思副使。七年(1092)，卒于官所，年六十。与苏轼等友善。《东坡全集》卷六十三《乞赙赠刘季孙状》曰："(季孙)笃志好学，博通史传，工诗能文，轻利重义，练达军政。至于忠义勇烈，识者以为有平之风。性好异书古文石刻，仕宦四十馀年所得禄赐尽于藏书之费。"

④ 裕陵：神宗陵墓名。以代指神宗。

⑤ 排闼(tà)：推门；撞开门。

⑥ 舒亶(dǎn)：字信道，明州慈溪(今属浙江)人。试礼部第一，调临海尉。神宗初，权监察御史里行。元丰二年(1079)，与御史中丞李定等上表，以作诗谤讪朝廷罪弹劾苏轼。时称"乌台诗案"。

⑦ 张嘉父：本书作者何薳家世交。卷一有《丑年世科第》则："先友提学张公大亨，字嘉甫，雪川人。先墓在弁山之麓，相墓者云：'公家遇丑年有赴举者，必登高第。'初未之信。熙宁癸丑，嘉甫之父通直公著登第。元丰乙丑，嘉甫登乙科。大观己丑，嘉甫之兄大成中甲科。重和辛丑，嘉甫之弟大受复中乙科。此亦人事、地理相符之异也。"

⑧ 怨望：心怀不满；怨恨。

⑨ 缧绁(léixiè)：捆绑犯人绳索。

13. 秦苏相遇自述挽志

先生自惠移儋耳①，秦七丈少游亦自郴阳移海康②，渡海相遇。二公共语，恐下石者更启后命③。少游因出自作挽词呈公，公抚其背曰："某常忧少游未尽此理，今复何言。某亦尝自为志墓文，封付从者，不使过子知也④。"遂相与啸咏而别。初少游谒公彭门⑤，和诗有"更约后期游汗漫⑥"，盖谶于此云。(卷六《东坡事实》)

【注释】

① 先生自惠移儋耳：绍圣四年(1097)，苏轼自惠州(今属广东)再贬儋州(宋熙宁六年改昌化军，治今海南儋州市中和镇)。

② 秦七丈少游：秦观，字少游，一字太虚，扬州高邮(今属江苏)人。因排行第七，人称"秦七"。"丈"，对长者的尊称。"苏门四学士"之一。元祐初，被苏轼以贤良方正荐于朝，除太学博士兼国史院编修。绍圣初，哲宗欲行新政，籍出旧党。秦观始通判杭州，再贬监处州(治今浙江丽水市)酒税，又徙郴州(今属湖南)，继编管横州(治今广西横县)，终徙雷州(今属广东)。　郴阳：元至元十三年(1276)始称郴州为郴阳。此恐明人改。海康，宋雷州治所。

③ 下石：落井下石。喻乘人之危加以陷害。　后命：后续的命令。

④ 过子：苏轼第三子过。轼有三子，长迈，次迨，次过。轼放逐岭南及海外时，唯携过同行。

⑤ 彭门：徐州。熙宁十年(1077)，苏轼知徐州。明年，秦观经李常引荐，拜谒苏轼。是时，李常之甥黄庭坚教授北京(大名府)，初通书并以《古诗二首上苏子瞻》寄意。之前，苏轼结识张耒于淮扬，结识晁补之于杭州，至此又有秦观、黄庭坚列于苏门之下。

⑥ 游汗漫：游于广袤无边之地。形容漫游之远。

14. 馈 药 染 翰

先生自海外还①,至赣上,寓居水南②,日过郡城,携一药囊,遇有疾者,必为发药,并疏方示之③。每至寺观,好事者及僧道之流,有欲得公墨妙者,必预探公行游之所,多设佳纸,于纸尾书记名氏,堆积案间,拱立以俟。公见即笑视,略无所问,纵笔挥染,随纸付人。至日暮笔倦或案纸尚多,即笑,语之曰:"日暮矣,恐小书不能竟纸,或欲斋名及佛偈者幸见语也④。"及归,人人厌满,忻跃而散⑤。(卷六《东坡事实》)

【注释】

① 先生自海外还:元符三年(1100)正月,徽宗即位,太后摄政。四月,大赦元祐旧臣。五月,苏轼携家渡海北归。建中靖国元年(1101)正月,苏轼越大庾岭,至虔州治所赣县(今江西赣州市),居二月馀。

② 水南:镇名。位于赣县城西南(今属赣州市章贡区)。

③ 疏方:开药方;处方。

④ 或欲句:意谓要不写几个大字如斋名、常见佛偈吉祥语吧。佛偈,佛经中的颂词,三五言不等。幸见语,常见喜庆、吉祥之语。

⑤ 忻跃:犹言欢欣鼓舞。忻,通"欣"。

15. 写画白团扇

先生临钱塘日,有陈诉负绫绢钱二万不偿者。公呼至询之,云:"某家以制扇为业,适父死,而又自今春已来,连雨天寒,所制不售,非故负之也。"公熟视久之,曰:"姑取汝所制扇来,吾当为汝发市也①。"须臾扇至,公取白团夹绢二十扇,就判笔作行书草圣及枯木竹石②,顷刻而尽。即以付之曰:"出外速偿所负也。"其人抱扇泣谢而出。始逾府门,而好事者争以千钱取一扇,所持立尽,后至而不得者,至懊恨不胜而去。遂尽偿所逋,一郡称嗟,至有泣下者。(卷六《东坡事实》)

【注释】

① 发市:开市。谓生意有了买卖。

② 草圣：善作草书者。此处借指草书。

16. 苏 刘 互 谑

刘贡父舍人①，滑稽辨捷，为近世之冠。晚年虽得大风恶疾②，而乘机决发③，亦不能忍也。一日与先生拥炉于慧林僧寮④，谓坡曰："吾之邻人，有一子稍长，因使之代掌小解⑤。不逾岁，偶误质盗物⑥，资本耗折殆尽，其子愧之，乃引罪而请其父曰：'某拙于运财，以败成业，今请从师读书，勉赴科举，庶几可成，以雪前耻也。'其父大喜，即择日具酒肴以遣之。既别且嘱之曰：'吾老矣，所恃以为穷年之养者，子也。今子去我而游学，倘或侥幸改门换户，吾之大幸也。然切有一事，不可不记，或有交友与汝唱和，须子细看，莫更和却贼诗，狼狈而归也。'"盖讥先生，前逮诏狱，如王晋卿、周开祖之徒⑦，皆以和诗为累也。贡父语始绝口，先生即谓之曰："某闻昔夫子自卫反鲁，会有召夫子食者，既出，而群弟子相与语曰：'鲁，吾父母之邦也。我曹久从夫子辙环四方，今幸俱还乡里，能乘夫子之出，相从寻访亲旧，因之阅市否⑧？'众忻然许之，始过阛阓⑨，未及纵观，而稠人中望见夫子，巍然而来，于是惶惧相告，由、夏之徒奔踔越逸⑩，无一留者。独颜子拘谨⑪，不能遽为阔步，顾市中石塔似可隐蔽，即屏伏其旁，以俟夫子之过。已而群弟子因目之为避夫子塔。"盖讥贡父风疾之剧，以报之也。（卷六《东坡事实》）

【注释】

① 刘贡父：刘攽，字贡父。参见第 207 页第 21 则注释①。

② 大风：即麻风。慢性传染病。症状为皮肤麻木，变厚色深，表面结节，毛发脱落，骨节变形等。又称癞。

③ 决发：此处指显示、表现。谓贡父"滑稽辨捷"，一遇时机就要显现出来。

④ 慧林：即东京大相国寺慧林禅院。参见第 307 页第 6 则注释⑤。　僧寮：僧舍。

⑤ 小解（jiè）：小押店。古代抵押期最短而取利极高的当铺。

⑥ 质：（以财物）抵押。

⑦ 王晋卿、周开祖之徒：王诜，字晋卿，太原人，居京兆（今河南开封市）。能诗善画，娶蜀国长公主（英宗次女）。性放诞，元丰二年（1079）坐罪贬官。后官至节度观察留后。与苏轼、黄庭坚、米芾、秦观等友善。周邠，字开祖，钱塘（今浙江杭州市）人。嘉祐八年（1063）登进士第。熙宁间苏轼倅杭，多与酬唱。轼知湖州，以诗得罪，邠亦坐赎金。官至朝请大夫、上轻车都尉。倅邦

彦。《咸淳临安志》卷六十六《人物七·列传五》有载。

⑧ 阅市：谓游观市肆。

⑨ 阛阓（huánhuì）：街市。

⑩ 由、夏：指孔子弟子仲由（字子路）、卜商（字子夏）。　奔踔（chuō）越逸：形容逃窜时飞奔跳越。

⑪ 颜子：指孔子弟子颜回（字子渊）。

17. 赝 换 真 书

　　先生元祐间，出帅钱塘。视事之初，都商税务押到匿税人南剑州乡贡进士吴味道①，以二巨卷作公名衔②，封至京师苏侍郎宅③。显见伪妄。公即呼味道前，讯问其卷中果何物也。味道恐蹙而前曰：“味道今秋忝冒乡荐，乡人集钱，为赴都之赆。以百千就置建阳小纱，得二百端④。因计道路所经，场务尽行抽税，则至都下不存其半。心窃计之，当今负天下重名而爱奖士类，唯内翰与侍郎耳。纵有败露，必能情贷⑤。味道遂伪假先生台衔，缄封而来。不探知先生已临镇此邦，罪实难逃，幸先生恕之。”公熟视，笑呼掌笺奏书史，令去旧封，换题细衔⑥，附至东京竹竿巷苏侍郎宅。并手书子由书一纸，付示谓味道曰：“先辈这回将上天去也，无妨来年高选，当却惠顾也。”味道悚谢再三。次年果登高第，还具笺启谢殷勤，其语亦多警策，公甚喜，为延款数日而去。（卷六《东坡事实》）

【注释】

　　① 都商税务：即监税。监当官名。掌征收商税。参见第333页第5则注释⑧。　南剑州：宋属福建路，治剑浦（今福建南平市）。

　　② 名衔：姓名与官衔。

　　③ 苏侍郎：即苏辙，字子由。苏轼之弟。元祐二年（1087）十一月，苏辙为朝奉郎、试户部侍郎。四年三月，苏轼除龙图阁学士、知杭州。六月，以苏辙为吏部侍郎，阅月除翰林学士、知制诰。六年三月，苏轼被旨还阙，本除吏部尚书，改翰林承旨，八月即依旧职知颍州。而是年六月，苏辙自守尚书右丞除中大夫、门下侍郎。

　　④ 端：量词。布帛长度单位，倍丈为一端。一说六丈为一端。

　　⑤ 情贷：犹“情有可原”。指情理上有可原谅之处。

　　⑥ 细衔：详细官衔。

18. 徐氏父子俊伟

东坡帅杭日,与徐璹全父坐双桧堂①。公指二桧曰:"二疏辞汉去②。"璹应声云:"大老入周来③。"公为击节久之。璹之子端崇,字崇之,少时俊伟,落笔千字。有人得山谷道人《清江词》示之者④,崇之曰:"山谷当今作者,所知渔父止此耶!"或请为赋,援笔立就,其末"鲁邦司寇陈义高⑤,三闾大夫心徒劳⑥。相逢一笑无言说,去宿芦花又明月",识者奇之。政和间,余过禦儿⑦,访其隐居,坐定,为余曰:"数夕颇为飞蚊所扰,夜不能寐,因得一绝句云:'空堂夜合势如云,沟壑宁思过去身。满腹经营尽膏血,那知通夕不眠人。'"时蔡京当国⑧,方引用小人,布列要近,赋外横敛,以供花石之费⑨,天下之民殆不聊生,而无敢形言者。崇之托以规讽云。(卷七《诗词事略》)

【注释】

① 徐璹:苏轼之友。据方勺《泊宅编》卷一:"璹字全夫,少年登科,疏纵不事事,晚益流落,终于武义县主簿。"双桧堂:在杭州凤凰山州衙。宋开宝七年(974)建,吴越刺史慎知礼记。

② 二疏:指西汉疏广、疏受。二人功遂身退,同时称病还乡。后世合称为"二疏"。参见第221页第6则注释⑪。苏轼用此,取"疏"与"树"谐音。

③ 大老:指商末伯夷、吕尚(姜太公)。《孟子·离娄上》:"伯夷辟纣,居北海之滨,闻文王作,兴曰:'盍归乎来!吾闻西伯善养老者。'太公辟纣,居东海之滨,闻文王作,兴曰:'盍归乎来!吾闻西伯善养老者。'二老者,天下之大老也,而归之,是天下之父归之也。"西伯,即文王。以"大老入周"对"二疏辞汉",可谓既工且巧。

④ 山谷道人:黄庭坚,字鲁直,号山谷道人、涪翁,洪州分宁(今江西修水县)人。治平进士,以校书郎迁著作佐郎。后以修实录不实遭贬。出苏轼门下,而与苏轼齐名,世称"苏黄"。有诗名。论诗标榜杜甫,主张"无一字无来处"和"夺胎换骨,点铁成金",开创江西诗派。又能词,兼擅行草。有《山谷集》。 《清江词》:《山谷全集·外集》卷一作《清江引》,原注"时年十七",故此诗应作于嘉祐六年(1061)。诗曰:"江鸥摇荡荻花秋,八十渔翁百不忧。清晓采莲来荡桨,夕阳收网更横舟。群儿学渔亦不恶,老妻白头从此乐。全家醉著蓬底眠,舟在寒沙夜潮落。"

⑤ 鲁邦司寇:指孔子。据《史记·孔子世家》,鲁定公九年至十四年(前501—前496),孔子仕鲁,"定公以孔子为中都宰。一年,四方皆则之。由中都宰为司空,由司空为大司寇"。宰,春秋时地方县邑长官。中都宰,即中都(今山东汶上县西)县长。司空、司寇,西周始置,春秋时诸侯国

重要职官。治理朝政有司徒、司马、司空等"三司"，其次为司寇。司徒掌民户劳役，司马掌兵马军备，司空掌土地工程，司寇掌刑狱纠察。"三司"和司寇又有大、小之分。孔子由县宰到小司空再到大司寇，官职递升。

⑥ 三闾大夫：指屈原。战国时楚贵族。初辅佐怀王，任左徒、三闾大夫。顷襄王时被放逐。三闾大夫，楚国官名，掌王族三大姓的宗族事务。裴骃《史记集解》："三闾之职，掌王族三姓，曰昭、屈、景。原序其谱属，率其贤良，以厉国士。"

⑦ 禦兒：古地名。又作"语兒"。春秋时在越国北境（今浙江嘉兴西南），与吴国相邻。《国语·越语上》："句践之地，南至于句无，北至于禦兒，东至于鄞，西至于姑蔑，广连百里。"韦昭注："句无，今诸暨有句无亭是也。禦兒，今嘉兴禦兒乡是也。鄞，今鄞县是也。姑蔑，今太湖是也。"

⑧ 蔡京：字元长，兴化仙游（今属福建）人。熙宁进士。元祐年附司马光旧党，绍圣年又附章惇新党。徽宗朝，勾结宦官童贯，以谋起用。崇宁元年（1102）为右仆射，次年升左仆射兼门下侍郎，后加太师。为相期间，以恢复新法为名，搜刮民财，大兴土木。大观三年（1109），为谏官所劾，罢相居杭州。政和二年（1112），复拜相，进封鲁国公。宣和二年（1120），以太师鲁国公致仕。六年，落致仕，领三省事。七年，又罢。值金兵攻宋，钦宗即位，天下以京为"六贼"之首，贬为分司南京、河南居住，又逐岭南，途中死于潭州，年八十。

⑨ 花石之贵：即"花石纲"。参见第309页第7则注释③。

19. 熙陵奖拔郭贽

先友郭照为京东宪日①，尝为先生言，其曾大父中令公贽②，初为布衣时，肄业京师皇建院③。一日方与僧对弈，外传南衙大王至，以太宗龙潜日尝判开封府④，故有南衙之称。忘收棋局，太宗从容问所与棋者，僧以郭对。太宗命召至，郭不敢隐，即前拜谒。太宗见郭进趋详雅⑤，襟度朴远⑥，属意再三。因询其行卷⑦，适有诗轴在案间，即取以跪呈。首篇有《观草书诗》云："高低草木芽争发，多少龙蛇眼未开。"太宗大加称赏，盖有合圣意者。即载以后乘归府第，命章圣出拜之⑧。不阅月而太宗登极⑨，遂以随龙恩命官。尔后眷遇益隆，不十数年位登公辅，盖与孟襄阳、贾长江不侔矣⑩。（卷七《诗词事略》）

【注释】

① 京东宪：即京东路提点刑狱公事。提点刑狱公事别称"宪""路宪""宪使"等。宋监司官之一。掌一路刑狱公事，并兼劝课农桑、举刺官吏。位在转运使之下。

② 中令:"中书令"之简称。宋前期为加官或赠官,叙禄位之阶,不与政事。

③ 肄业:修习课业。古人书所学之文于方版谓之业,师授生曰授业,生受之于师曰受业,习之曰肄业。 皇建院:后周太祖郭威登基前旧宅,世宗柴荣赐予六合僧人居之。宋东京宫城东华门外有皇建院街。

④ 龙潜:喻帝王未即位。宋太祖朝,太宗尝为大内都部署,加同平章事、行开封尹。

⑤ 进趋详雅:谓举动安详温雅。

⑥ 襟度朴远:谓襟怀、气度质朴而高远。

⑦ 行卷:唐宋士人赴举前将所作诗文制成卷轴,投送显贵以延誉。

⑧ 章圣:宋真宗赵恒尊号。全称为"应符稽古神功让德文明武定章圣元孝皇帝"。太宗第三子。

⑨ 阅月:经一月。

⑩ 孟襄阳、贾长江:指唐诗人孟浩然、贾岛。二人皆曾科场失意,遇召而不降恩。参见第65页第15则、第66页第17则。

20. 颜幾圣索酒友诗

钱塘颜幾字幾圣,俊伟不羁,性复嗜酒,无日不饮。东坡先生临郡日,适当秋试,幾于场中潜代一豪子刘生者①,遂魁送。举子致讼,下幾吏②,久不得饮,密以一诗付狱吏送外间酒友云:"龟不灵兮祸有胎③,刀从林甫笑中来④。忧惶因系二十日,辜负醺酣三百杯⑤。病鹤虽甘低羽翼,罪龙尤欲望风雷。诸豪俱是知心友,谁遣尊罍向北开⑥。"吏以呈坡,坡因缓其狱,至会赦得免。后数年,一日醉卧西湖寺中,起题壁间云:"白日尊中短,青山枕上高。"不数日而终。(卷七《诗词事略》)

【注释】

① 潜代:暗中代替。

② 下……吏:把……交付官吏审讯。

③ 龟不灵:意谓占卜不灵验。《史记·龟策列传》:"略闻夏殷欲卜者,乃取蓍龟,已则弃去之,以为龟藏则不灵,蓍久则不神。"蓍(shī)、龟,皆占卜之具。 祸有胎:犹祸有根。枚乘《上书谏吴王》:"福生有基,祸生有胎,纳其基,绝其胎,祸何自来?"

④ 林甫:即李林甫。参见第22页第12则注释④。

⑤ 醺酣:酣醉貌。

⑥ 尊罍(léi):泛指酒器。此句意谓谁能请我宴饮。古代在大堂宴宾,客坐北面南,以示尊

敬。故言"尊罍向北开"。

21. 米元章遭遇

米元章为书学博士[1]，一日上幸后苑，春物韶美，仪卫严整，遽召芾至，出乌丝栏一轴[2]，宣语曰："知卿能大书，为朕竟此轴。"芾拜舞讫，即绾袖舐笔，伸卷，神韵可观，大书二十言以进曰："目眩九光开，云蒸步起雷。不知天近远，亲见玉皇来。"上大喜，锡赉甚渥[3]。又一日，上与蔡京论书艮岳[4]，复召芾至，令书一大屏，顾左右宣取笔研，而上指御案间端研[5]，使就用之。芾书成，即捧研跪请曰："此研经赐臣芾濡染，不堪复以进御，取进止[6]。"上大笑，因以赐之。芾蹈舞以谢，即抱负趋出，馀墨沾渍袍袖，而喜见颜色。上顾蔡京曰："颠名不虚得也。"京奏曰："芾人品诚高，所谓不可无一，不可有二者也。"（卷七《诗词事略》）

【注释】

① 米元章：参见第 332 页第 4 则注释①。

② 乌丝栏：亦作"乌丝阑"。谓绢、纸上有织成或画成之界行栏，红色者称为朱丝栏，黑色者称为乌丝栏。

③ 锡赉：赏赐。

④ 艮岳：北宋宫苑名。政和七年（1117）兴工，宣和四年（1122）竣工。初名万岁山，后改名艮岳、寿岳，或连称寿山艮岳。在东京内城东北角。徽宗写有《御制艮岳记》。靖康二年（1127），金人攻陷东京后被毁。

⑤ 端研：又作"端砚"。唐以来用端州高要县（今属广东肇庆市）东南端溪所产石制成的砚台。

⑥ 取进止：领旨。指获取皇帝命令或旨意。

22. 叔夜有道之士

孔子既祥[1]，五日弹琴而不成声，言其哀心未忘也。夫哀戚之心存于中，则弦手犁然而不谐[2]，此理之必然者。余观嵇中散被谮就刑[3]，冤痛甚矣。而叔夜乃更神色夷旷，援琴终曲，重叹《广陵》之不传[4]，此真所谓有道之士，不以死生婴怀者[5]。若彼中无所养，则赴市之时，神魄荒扰，呼天请命之不暇，岂能愉心和气，雍容奏技，

如在豫暇时耶⑥！惜哉，史氏不能逆彼心寄，表示后人，谓其拳拳于一曲⑦，失士多矣。（卷八《杂书琴事》）

【注释】

① 既祥：终结祥祭。祥，亲丧之祭。古代居亲人之丧，满一年或两年而祭的统称。《礼记·檀弓上》：“孔子既祥，五日弹琴而不成声，十日而成笙歌。”

② 犁然：犹栗然。坚实、坚硬貌。

③ 嵇中散：嵇康，字叔夜，谯郡铚（今安徽淮北市濉溪县西南）人。三国魏文学家、思想家、音乐家。娶魏宗室女，官中散大夫，世称“嵇中散”。“竹林七贤”之一，与阮籍齐名。因不满司马氏集团，遭锺会构陷，为司马昭所杀。

④ 广陵：曲名。即琴曲《广陵散》。嵇康善鼓琴，以弹此曲著名。《晋书·嵇康传》：“康将刑东市，太学生三千人请以为师，弗许。康顾视日影，索琴弹之，曰：‘昔袁孝尼尝从吾学《广陵散》，吾每靳固之，《广陵散》于今绝矣！’时年四十。海内之士，莫不痛之。帝寻悟而恨焉。”

⑤ 婴怀：犹萦怀。谓牵挂在心。婴，绕。

⑥ 豫暇：闲暇。

⑦ 拳拳：眷爱貌。

侯鲭录

[宋] 赵令畤

《侯鲭录》八卷，宋赵令畤撰。令畤字德麟，初字景
贶，太祖次子燕王德昭玄孙。元祐中签书颍州节度判官厅
公事，与苏轼相识。轼改其字为「德麟」，荐入馆阁不果。
后坐与轼交通，罚金入党籍。南渡后，绍兴初袭封安定郡
王，同知行在大宗正事。四年九月卒，年七十一。赠开府
仪同三司。

《侯鲭录》采录故事诗话，颇为精赡。因作者所与游
处皆元祐胜流，故记录、评论其人其作多属典型，部分作品
幸赖此以传。卷五载王性之《传奇辨正》及《元微之崔
莺莺商调蝶恋花词》（共十二首鼓子词）更可见出崔张故
事从传奇到说唱、杂剧之演化过程，是十分珍贵的文学史
资料。此外，本书考察名物、训释语词、辨析文体，亦有参
考价值。

选文标题为今本点校者孔凡礼所拟。

1. 曹纲裴兴奴善琵琶

　　白乐天《琵琶行》云①："曲罢曾令善才伏。"而"善才"不知出处。《琵琶录》云②：元和中，王芬、曹保，保有子善才，其孙曹纲，皆习此艺。次有裴兴奴，与曹同时。其曹纲善为运拨若风雷，不长于提弦；兴奴则长于拢捻，下拨稍软。时人谓纲有右手③，兴奴有左手④。乐天又有《听曹纲琵琶示重莲》诗云⑤："拨拨弦弦意不同，胡啼番语两玲珑。谁能截得曹纲手，插向重莲红袖中？"（卷一）

【注释】

　　① 白乐天：白居易，字乐天，晚年号香山居士。唐诗人。《琵琶行》，又作《琵琶引》。白居易"感伤诗"代表作之一。见《白香山诗集》卷十二。

　　② 琵琶录：笔记名，即《乐府杂录》。唐段安节撰。记开元以后乐部、歌舞、俳优、乐器、乐曲等，并录著名歌唱家、琵琶演奏家故事。书成于唐昭宗乾宁元年（894）后。

　　③ 右手：琵琶演奏技巧，右手有弹、挑、夹弹、滚、轮、拂、扫等。文中"运拨""下拨"即属此类。

　　④ 左手：琵琶演奏技巧，左手有揉、吟、捺打、绞弦、推、挽、泛音等。文中"提弦""拢捻"即属此类。

　　⑤ 听曹纲琵琶示重莲：诗题又作《听曹刚琵琶兼示重莲》。作于大和二年（828），长安。曹刚，即曹纲。重莲，歌妓名。见《白香山诗集》卷二十六。

2. 宋清居市不为市之道

　　唐李肇《国史补》书宋清事云①：卖药长安西市，朝官出入移贬，辄卖药迎送之。贫士请药，常多折券②。人有急难，倾财救之。岁计所入，利亦百倍。故长安有义债卖药宋清③。此柳子厚所以作清传云④。清居市不为市之道，然而居朝廷、居官府、居庠塾乡党以士大夫自名者⑤，反争为之不已。悲夫！然则清非独异于市人也。（卷一）

【注释】

　　① 李肇《国史补》：李肇，赵郡（治今河北赵县）人。唐贞元（785—804）间任华州参军，元和

末(820)自监察御史充翰林学士。后因事遭贬。大中(847—859)间任台州刺史。《国史补》,亦称《唐国史补》,记载唐开元至长庆百年间事,涉及当时社会风气、朝野轶事及典章制度。共三卷,三百零八节。宋清事,见卷中《宋清有义声》。

② 折券:谓毁弃债券,不再索取。

③ 义债:因救济、施舍而免除的债务。

④ 柳子厚:柳宗元,字子厚,河东解(今山西运城市西南)人。唐贞元进士,授校书郎,调蓝田尉,升监察御史里行。与刘禹锡等参加主张革新的王叔文集团,任礼部员外郎。失败后贬为永州司马。后迁柳州刺史,故称柳柳州。与韩愈倡导古文运动,并称"韩柳",同列"唐宋八大家"。《宋清传》:见《柳河东集》卷十七。此传当作于谪永州后。

⑤ 庠(xiáng)塾乡党:庠塾,泛称地方学校。《礼记·学记》:"古之教者,家有塾,党有庠。"乡党,泛指家乡。周制,一万二千五百户为乡,五百家为党。

3. 荆 公 博 学

东坡在黄州日,作《雪》诗云:"冻合玉楼寒起粟①,光摇银海眩生花。"人不知其使事也②。后移汝海③,过金陵,见王荆公④,论诗及此,云:"道家以两肩为玉楼,以目为银海,是使此否?"坡笑之。退谓叶致远曰⑤:"学荆公者,岂有此博学哉!"(卷一)

【注释】

① 粟:皮肤受寒而收缩起粒。俗称"鸡皮疙瘩"。

② 使事:诗文中引用典故。

③ 汝海:汝水的别称。《文选·枚乘〈七发〉》:"客曰:'既登景夷之台,南望荆山,北望汝海。'"李善注:"郭璞《山海经》注曰:'汝水出鲁阳山东,北入淮海。汝称海,大言之也。'"此处代指颍州。颍州,古称汝阴郡,宋政和六年(1116)升为顺昌府(治今安徽阜阳市),同置汝阴县,属京西北路。元祐六年(1091),苏轼依旧职(龙图阁学士)知颍州。

④ 王荆公:王安石。熙宁九年(1076),王安石二次罢相,退居江宁(今江苏南京市),封荆国公。

⑤ 叶致远:叶涛,字致远,处州龙泉(今属浙江)人。熙宁间登进士乙科,为国子监直讲。后以龙图阁待制提举崇禧观。曾往金陵从王安石学为文词。

4. 苏 伯 达 诗

苏迈伯达,东坡长子,豪迈虽不及其父,而问学语言,亦胜他人子也。少年作诗云：“叶随流水知何处,牛带寒鸦过别村。”先生见之,笑曰:“此村长官诗。”后东坡贬惠州①,伯达求韶之仁化令②,以便馈亲③。果卒于官。（卷二）

【注释】

① 东坡贬惠州:绍圣元年(1094),章惇拜相,排斥元祐大臣。苏轼由定州(今属河北保定市)左降知英州(治今广东清远市英德市),未到任,再贬宁远军节度副使惠州安置。惠州,宋属广南东路,治归善(今广东惠州市)。

② 韶之仁化:宋韶州(治今广东韶关市)仁化县。属广南东路。

③ 馈亲:谓奉养父母。

5. 王叡解昭君怨

余崇宁中坐章疏①,入籍为元祐党人。后四年,牵复过陈②,张文潜、常希古皆在陈居③,相见慰劳之。余答曰:“炙毂子王叡作《解昭君怨》④,殊有意思,能到入妙处。词云:‘莫怨工人丑画身⑤,莫嫌明主遣和亲。当时若不嫁胡虏,只是宫中一舞人。’”文潜云:“此真先生所谓‘笃行而刚’者也⑥。”（卷二）

【注释】

① 崇宁:宋徽宗年号(1102—1106)。绍圣元年(1094),苏轼南迁,赵令畤因与其交往,被处罚金。元符三年(1100)正月,徽宗即位,三月诏求直言,令畤应诏上疏。崇宁元年九月,朝廷斥其疏为“邪论”,责逐蔡州(治今河南汝南市)羁管。三年六月,又以元符奸党通入元祐党籍,与其他三百八人刻石朝堂,作“为臣不忠”之戒。大观二年(1108),平反复官。

② 牵复:复官;复原。 陈:宋陈州属京西北路,治宛丘(今河南淮阳市)。

③ 张文潜:张耒,字文潜,号柯山,世称宛丘先生,楚州淮阴(今江苏淮安市淮阴区西南)人。熙宁六年(1073)进士,曾任太常少卿等职。为“苏门四学士”之一。 常希古:常安民,字希古,邛州(治今四川邛崃市)人。熙宁六年进士,任成都府教授。秩满寓京。妻孙氏,宰相蔡确妻之妹,安民恶其人,绝不与闻。元祐初,苏轼等荐为大理鸿胪丞。绍圣初,拜监察御史。因论章惇、蔡京等遭贬,入党籍,流落二十年。

④ 炙毂子王叡:王叡,自号炙毂子。唐元和后诗人。《全唐诗》存诗九首。《解昭君怨》诗,见《全唐诗》卷五〇五。

⑤ 工人丑画身:指汉元帝时画工毛延寿等丑画王昭君(字嫱)之形。此事正史不载。据《西

京杂记》卷二:"元帝后宫既多,不得常见,乃使画工图形,案图召幸之。诸宫人皆赂画工,多者十万,少者亦不减五万。独王嫱不肯,遂不得见。匈奴入朝,求美人为阏氏,于是上案图以昭君行。及去,召见。貌为后宫第一,善应对,举止闲雅。帝悔之。而名籍已定,帝重信于外国,故不复更人。乃穷案其事,画工皆弃市,籍其家资,皆巨万。"

⑥笃行而刚:行为淳厚而刚正。

6. 峰顶寺李白题诗

曾阜为蕲州黄梅令①,县有峰顶寺,去城百馀里,在乱山群峰间,人迹所不到。阜按田偶至其上②,梁间小榜,流尘昏晦,乃李白所题诗也,其字亦豪放可爱。诗云:"夜宿峰顶寺,举手扪星辰。不敢高声语,恐惊天上人③。"(卷二)

【注释】

① 曾阜:曾巩从弟。建昌军南丰(今属江西)人。嘉祐二年(1057),欧阳修知贡举,曾巩与弟曾牟、曾布、从弟曾阜、妹夫王无咎皆同科登进士第。此外,苏轼、苏辙兄弟亦同科及第。　蕲州黄梅:蕲州黄梅县(治今湖北黄冈市黄梅县西北),宋隶淮南西路。

② 按田:巡视农田。

③ 夜宿诗:一说为王禹偁作。原注:"或云王元之《少年登楼》诗,云:'危楼高百尺,手可摘星辰。不敢高声语,恐惊天上人。'"禹偁字元之,济州巨野(今属山东)人。太平兴国进士,任右正言。后屡以事贬官。真宗咸平二年(999),出知黄州;四年冬,改迁蕲州,未逾月而卒,年四十八。

7. 东坡称滕元发为伟人

东坡云:久在江湖,不见伟人。在金山①,见滕元发乘小舟破巨浪来相见②,出船,巍然使人神耸,好一个没兴底张镐相公③。且为我致意,别后酒狂甚长进也。杜甫诗云:"张公一生江海客,身长九尺须眉苍④。"谓张镐也。萧嵩荐云⑤:"用之则为帝王师,不用则穷谷一迂叟耳。"(卷三)

【注释】

① 金山:在润州(治今江苏镇江市)西北长江中。参见第229页第13则注释④。

② 滕元发:初名甫,字元发。后避高鲁王(英宗高后之父遵甫)讳,以字为名,改字达道。东

阳(今属浙江)人。性豪俊慷慨,九岁能赋诗,外祖范仲淹见而奇之。举进士。神宗时拜御史中丞,除翰林学士、知开封府。因反新法,以翰林侍读学士出知郓州,徙定州等,流落近十年。哲宗即位,徙苏、扬二州,后徙真定,又徙太原。元发治边凛然,威行西北,号称名帅。乃为龙图阁学士,复知扬州,未至而卒,年七十一。赠左银青光禄大夫,谥曰章敏。

③ 没兴底(méi xìng de):倒霉的。此处用作反语,借张镐赞美滕元发。　张镐:字从周,博州(治今山东聊城)人。唐大臣。风仪魁岸,廓落有大志,涉猎经史,好谈王霸大略。天宝末(755),杨国忠荐之,自褐衣拜左拾遗。肃宗即位,拜谏议大夫,寻迁中书侍郎、同中书门下平章事。又命兼河南节度使,持节都统淮南等道诸军事。后坐事罢。广德二年(764)九月卒。《旧唐书·张镐传》曰:"镐自入仕三十年(应为"三年"),致位宰相。居身清廉,不营资产,谦恭下士,善谈论,多识大体,故天下具瞻,虽考秩至浅,推为旧德云。"

④ 张公两句:见杜甫《洗兵行》(一作《洗兵马》)诗,《杜诗详注》卷六。

⑤ 萧嵩:南朝梁皇室之后。唐玄宗开元初为中书舍人,三迁为尚书左丞、兵部侍郎。十五年,以为兵部尚书、河西节度使判凉州事,寻加同中书门下三品。十七年,以河西节度兼中书令,加集贤殿学士知院事、监修国史,进封徐国公。二十四年,拜太子太师。致仕。天宝八载(749)卒,年八十馀。赠开府仪同三司。

8. 王介甫暮年犹望朝廷召用

元丰末,有以王介甫罢相归金陵后资用不足,达裕陵睿听者①,上即遣使,以黄金二百两就赐之。介甫初喜,意召己,既知赐金,不悦,即不受,举送蒋山修寺②,为朝廷祈福。裕陵闻之不喜。即有诗云:"穰侯老擅关中事③,尝恐诸侯客子来④。我亦暮年专一壑⑤,每闻车马便惊猜。"此未能忘情在丘壑者也。(卷三)

【注释】

① 睿听:犹圣听。使皇帝听闻。

② 蒋山:即钟山。参见第252页第36则注释⑦。

③ 穰侯:魏冉,战国时秦大臣。原为楚人,秦昭王母宣太后异父弟。秦武王死,秦国内乱,魏冉拥立昭王有功。一再任相,封于穰(今河南邓州),号穰侯。五国合纵破齐后,加封陶邑(今山东定陶西北)。秦昭王四十一年(前266),改用范雎为相,罢魏冉。后死于陶邑。"穰侯老擅关中事",意谓魏冉专权,声威显赫于关中。《史记·穰侯列传》:"范雎言宣太后专制,穰侯擅权于诸侯,泾阳君、高陵君之属太侈,富于王室。于是秦昭王悟,乃免相国,令泾阳之属皆出关,就封邑。穰侯出关,辎车千乘有馀。"又,此诗题作《偶书》,见《王文公文集》卷七十五。

④ 诸侯客子：往来各诸侯国的游说之士。语出《史记·范睢蔡泽列传》："(穰侯)又谓王稽曰：'谒君得无与诸侯客子俱来乎？无益，徒乱人国耳。'"此句中"尝恐"，原诗作"长恐"。

⑤ 专一壑：独占一处丘壑。谓退居山林。王安石熙宁九年(1076)退居金陵，卒于元祐元年(1086)，写此诗时为元丰末(1085)，故称"暮年"。

9. 王介甫日录

介甫熙宁初首被选擢①，得君之专，前古未有。罢政归金陵，作《日录》七十卷，前朝耆旧大臣及当时名士不附己者，诋毁至无一完人者。其间论法度有不便于民者，皆归于上；可以垂耀于后世者，悉己有之。故建中靖国之初，谏官陈瓘极力论其婿蔡卞之恶②，曰："安石临终，戒其家焚之，悔其作也。卞留之，至绍圣间作尚书右丞，尽编入裕陵国史中，遂行之。"瓘所谓"遵私史而压宗庙"者也。士大夫忠愤者有诗云："训释《诗》《书》日月明，纷纷法令下朝廷。不知心本缘何事，苦劝君王用肉刑。"又云："每愧先生道绝伦，古来归美是忠臣③。门人李汉真堪罪④，何用垂编示后人！"陈瓘《进日录辨表》，略云："神考之信任安石⑤，虽成汤之于伊尹⑥，不过如此。安石密赞之言，强谏之语，何必尽宣于外，然后见君臣相得之盛乎？"遂就裕陵忌日，作《饭僧疏文》，指十事奏之。(卷三)

【注释】

① 熙宁初首被选擢：指熙宁二年(1069)，神宗任王安石为参知政事，次年为宰相，实施新法。

② 陈瓘：字莹中，南剑州沙县(今属福建)人。元符三年(1100)，徽宗即位，召为右正言，迁左司谏。瓘议持平，务存大体，不言人细过，惟极论蔡卞、章惇等之罪。御史龚夬弹劾蔡京，朝廷将逐夬，瓘言："绍圣以来七年五逐言者，常安民、孙谔、董敦逸、陈次升、邹浩五人者，皆与京异议而去，今又罢夬，将若公道何？"未久，瓘亦遭贬外放。宣和六年(1124)，病逝于楚州(治今江苏淮安市)，年六十五。　蔡卞：字元度，兴化军仙游(今属福建)人。蔡京(字元长)之弟。熙宁三年(1070)，兄弟同登进士。娶王安石次女为妻。元丰中，累官同知谏院、侍御史，拜中书舍人兼侍讲，进给事中。绍圣二年(1095)，除守尚书右丞；四年，除尚书左丞。元符三年(1100)，卞因龚夬、陈瓘累疏弹劾，以资政殿学士知江宁府。而其兄蔡京，则于崇宁元年(1102)加守尚书右仆射兼中书侍郎，二年拜尚书左仆射兼门下侍郎，自此专擅朝政达二十馀年。钦宗即位，遭罢逐，靖康元年(1026)赴岭南途中卒于潭州(治今湖南长沙市)。

③ 归美：称许，赞美。

④ 李汉：唐韩愈弟子。编《昌黎先生集》，并序。序中有云："长庆四年冬，先生殁，门人陇西李汉，辱知最厚且亲，遂收拾遗文，无所失坠。"

⑤ 神考：指神宗赵顼。

⑥ 成汤句：成汤，即汤，亦称"武汤""武王""天乙""成唐"。甲骨文称"唐""大乙"，又称"高祖乙"。名履。商族领袖，创立商朝。伊尹，名伊，尹为官名。传为家奴出身。汤用为"小臣"，后任以国政，助汤攻灭夏桀。汤去世后，历佐外丙、仲壬二君。太甲即位，因不理国政，被伊尹放逐。三年后，太甲悔过，接回复位。伊尹卒于沃丁时。

10. 东坡黄州自约

东坡在黄州，尝书云："东坡居士自今日已往，早晚饮食，不过一爵一肉①，有尊客盛馔则三之②，可损不可增。有召我者，预以此告之。主人不从而过是，乃止。一曰安分以养福，二曰宽胃以养气，三曰省费以养财。"（卷四）

【注释】

① 一爵一肉：一杯酒，一样肉食。

② 三之：增之三倍。指三杯酒，三样肉食。

11. 东坡与司马温公论茶墨

东坡与司马温公论茶墨："温公曰：'茶与墨政相反①，茶欲白，墨欲黑，茶欲重，墨欲轻，茶欲新，墨欲陈。'予曰：'二物之质诚然，然小有同者。'公曰：'谓何?'予曰：'奇茶妙墨皆香，是其德同也；皆坚，是其性同也。譬如贤士君子，妍丑黔皙之不同②，其德操韫藏③，实无以异。'公笑以为是。"（卷四）

【注释】

① 政：通"正"。正好，恰好。

② 妍丑黔皙：美丑黑白。

③ 韫藏（yùncáng）：此处指人的涵养。

12. 李幼清知马

唐兴元有知马者李幼清①,暇日常取适于马肆。有致悍马于肆者,结缲交络其头②,二力士以木夹支其颐,三四辈执挝而从之。马气色如将噬③,有不可驭之状。幼清迫而察之,讯于主者,且曰:"马之恶无不具也,将货焉④,唯其所酬耳。"幼清以三万易之,马主惭其多。既而聚观者数百辈,诘幼清,幼清曰:"此马气色骏异,体骨德度⑤,了非凡马。是必主者不知,俾杂驽辈,槽栈陷败,粪秽狼籍,刷涤不时,刍秣不适⑥,蹄啮踩奋⑦,蹇跂唐突⑧,志性郁塞,终不得伸,久无所赖,发而狂躁,则无不为也。"既晡⑨,观者少间,乃别市一新络头,幼清自持,徐而语之曰:"尔才性不为人知,吾为汝易是锁结秽杂之物⑩。"马弭耳引首。幼清自负其知,乃汤沐剪刷,别其槽栈,异其刍秣。数日而神气一小变,逾月而大变,志性如君子,步骤如俊乂⑪,嘶如龙,颜如凤,乃天下之骏乘也。(卷四)

【注释】

① 兴元:唐德宗年号(784)。

② 结缲(zǎo)交络:绳、网缠裹束缚。缲,通"藻",五彩丝绳。此处泛指绳索。络,马笼头。

③ 将噬:将要扑咬貌。《古诗源·古谚古语》:"将噬者爪缩。"形容野兽要扑食时,收缩爪子。

④ 货:卖;出售。

⑤ 德度:德性气度。

⑥ 刍秣:草料。

⑦ 蹄啮踩奋:形容马蹄踢嘴咬、践踏力挣。

⑧ 蹇跂(jiǎnqǐ)唐突:曲足举踵、横冲直闯。

⑨ 既晡:过了申时。申时,午后三至五时。

⑩ 锁结秽杂之物:锁链、绳结等又脏又乱的东西。锁,铁链。

⑪ 俊乂(yì):才德出众的人。

13. 东坡州堂前召饮

元祐七年正月,东坡先生在汝阴,州堂前梅花大开,月色鲜霁①。先生王夫人曰②:"春月色胜如秋月色,秋月色令人凄惨,春月色令人和悦,何如召赵德麟辈来饮此花下？"先生大喜，曰："吾不知子能诗耶？此真诗家语耳。"遂相召，与二欧饮③。用是语作《减字木兰》词云："春庭月午，影落春醪光欲舞。步转回廊，半落梅花婉娩香④。　　轻风薄雾，都是少年行乐处。不似秋光，只共离人照断肠。"（卷四）

【注释】

① 鲜霁：清新明朗。

② 王夫人：指苏轼继室王闰之。治平二年（1065）五月，苏轼元配王弗病逝；熙宁元年（1068）十月，续娶其堂妹王闰之。

③ 二欧：指欧阳棐、欧阳辩兄弟。棐字叔弼，辩字季默，欧阳修第三子、第四子。熙宁四年（1071）七月，欧阳修携全家退居颍州，次年闰七月病逝。后子孙多家于颍。元祐四年（1089），欧阳修妻薛夫人卒，叔弼、季默皆归颍守丧。元祐六年八月至七年三月，苏轼知颍，常与欧阳兄弟诗酒往来。如《景贶履常屡有诗督叔弼季默倡和已许诺矣复以此句挑之》一诗，题下冯应榴辑注引《兰台诗文发源》云："东坡在颍，陈无己、赵德麟辈适守官于彼，而欧阳叔弼与季默亦闲居于彼，日相倡和，而二欧颇不作诗，故东坡挑之。"见《新修补苏文忠公诗合注》卷三十四。

④ 婉娩（wǎn）：柔美；美好。

14. 唐宣宗嘉舅郑光

　　唐宣宗舅郑光，镇河中。上封其妾为夫人，不受，表辞曰："白屋同愁①，已失凤鸣之侣②；朱门自乐，难容乌合之人③。"上笑曰："谁教阿舅作此好词？"左右对曰："光多任一判官田绚者掌书记。"上欲以翰林官之，论者以不由进士④，又无引援⑤，遂止。宣宗，唐之晚世也，犹有舅郑光辞妾之封，宣宗又从而嘉之，至赏作文者，亦可称也。（卷六）

【注释】

① 白屋：指白茅覆盖之屋。一说，不施采画而露本材之屋。古代平民所居。亦借指平民或寒士。

② 凤鸣：凤凰鸣唱。比喻夫妻感情和洽。

③ 乌合之人：指暂时凑合在一起的人。

④ 不由：此处指不经过……途径。

⑤ 引援：举荐提拔。

15. 元载妻愿从载死

元载妻王氏曰^①:"某四道节度使女^②,十八年宰相妻。今日相公犯罪,死即甘心,使妾为舂婢^③,不如死也。"主司上闻,亦赐死。载于万年院佛堂子中谒主者^④,乞一快死。主者曰:"相公今日受些污泥,不怪也。"乃脱袜塞其口而终。(卷六)

【注释】

① 元载:字公辅,凤翔岐山(今属陕西)人。出身寒微。唐玄宗天宝初,以老庄文列之学策入高科,授邠州新平(今陕西彬县)尉。肃宗时累官至度支使并诸道转运使,同中书门下平章事。代宗即位,仍任宰相,又加判天下元帅行军司马。大历五年(770)三月,与代宗谋,除杀宦官鱼朝恩。后结党营私,卖官纳贿,权倾四海。大历十二年获罪被杀。长子伯和、次子仲武、季能、妻王氏并赐死。

② 四道节度使:四个方镇的军事长官。王氏之父忠嗣,太原祁(今属山西)人。初名训,以父死王事,唐玄宗赐名忠嗣,养于禁中。后与吐蕃、突厥作战,屡建功。《旧唐书·王忠嗣传》:"(天宝)五年正月,河陇以皇甫惟明败衄之后,因忠嗣以持节充西平郡太守,判武威郡事,充河西、陇右节度使。其月,又权知朔方、河东节度使事。忠嗣佩四将印,控制万里,劲兵、重镇皆归掌握,自国初已来,未之有也。"

③ 舂婢:舂米女奴。

④ 万年院:唐京兆府万年县衙。长安城朱雀街之东属万年县,县衙在宣阳坊东南隅。朱雀街之西属长安县,县衙在长寿坊西南隅;此侧光德坊东南隅则为京兆府衙。

16. 当官三乐居家三乐

余尝为东坡先生言:"平生当官有三乐:凶岁检灾^①,每自请行,放数得实^②,一乐也;听讼为人得真情,二乐也;公家有粟,可赈饥民,三乐也。居家亦有三乐:闺门一心,上下和平,内外一情,一乐也;室有馀财,可济贫乏,二乐也;客至即饮,略其丰俭^③,终日欣然,三乐也。"东坡笑以为然。(卷六)

【注释】

① 检灾:考察灾情。

② 放数得实：意谓能够按照实情确定发放赈济钱粮的数量。

③ 略其丰俭：意谓随其兴致，不刻意追求丰俭。略，忽视。

17. 曹苏哥风味天真

颍妓曹苏哥，往岁与悦己者密约相从，而其母禁之，至若不胜郁悒①。以盛春美景，邀同约者联骑出城，登高冢，相对恸哭。既而酣饮。诸客闻之，赏其旷绝于流辈。晏元献闻之，为戏题绝句云："苏哥风味逼天真，恐是文君向上人。何日九原芳草绿②，大家携酒哭青春。"（卷七）

【注释】

① 至若：犹以至于。

② 九原：春秋时晋国卿大夫墓地。《礼记·檀弓下》："赵文子与叔誉观乎九原。"汉刘向《新序·杂事四》："晋平公过九原而叹曰：'嗟乎！此地之蕴吾良臣多矣，若使死者起也，吾将谁与归乎？'"后亦泛指墓地。

18. 东坡叙周韶落籍帖

濠守侯德裕侍郎①，藏东坡一帖云："杭州营籍周韶②，多蓄奇茗，尝与君谟斗③，胜之。韶又知作诗，子容过杭④，述古饮之⑤，韶泣求落籍⑥。子容曰：'可作一绝。'韶援笔立成，曰：'陇上巢空岁月惊，忍看回首自梳翎。开笼若放雪衣女，长念《观音般若经》⑦。'韶时有服⑧，衣白，一座嗟叹，遂落籍。同辈皆有诗送之，二人者最善。胡楚云：'淡妆轻素鹤翎红，移入朱栏便不同。应笑西园桃与李，强匀颜色待秋风。'龙靓云：'桃花流水本无尘，一落人间几度春。解佩暂酬交甫意⑨，濯缨还作武陵人⑩。'固知杭人多慧也。"（卷七）

【注释】

① 濠守：知濠州军州事，简称"知州"。宋不设"太守"，依旧例称"守"。濠州（治今安徽凤阳县），宋属淮南西路。

② 营籍：官伎。唐宋时以乐舞为军营、官场会宴助兴的女伎。参见第121页第19则注释⑥。

③ 君谟:蔡襄,字君谟,兴化军仙游(今属福建)人。其书法与苏轼、黄庭坚、米芾并称"宋四家"。仁宗庆历三年(1043)知谏院,进直史馆兼修起居注,寻以母老求知福州,改福建路转运使。其间,曾监制北苑贡茶,创造了龙团茶制作工艺。欧阳修《归田录》卷二:"茶之品,莫贵于龙、凤,谓之团茶,凡八饼重一斤。庆历中蔡君谟为福建路转运使,始造小片龙茶以进,其品绝精,谓之小团,凡二十饼重一斤,其价直金二两。然金可有而茶不可得,每因南郊致斋,中书、枢密院各赐一饼,四人分之。宫人往往缕金花于其上,盖其贵重如此。"英宗治平二年(1065),拜端明殿学士、知杭州。四年卒。赠吏部侍郎。"尝与君谟斗",指斗茶,比赛茶的优劣。

④ 子容:苏颂,字子容,泉州南安(今福建南安市东)人。官至刑部尚书、吏部尚书,晚年入阁拜相。于天文学、药物学皆有研究。"子容过杭",在熙宁五年(1072)。是时,陈述古知杭州,苏子容知婺州(治今浙江金华市)。

⑤ 述古:陈襄,字述古,福州侯官(今福建福州市)人。好理学,与郑穆、陈烈、周希孟并称"四先生"。进士及第。历任州县官。熙宁元年(1068),任尚书刑部郎中、修起居注,知谏院,管勾国子监事。与王安石不合,出知陈州,徙杭州。后以枢密直学士知通进、银台司兼侍读,判尚书都省。

⑥ 落籍:除籍。指从官府乐籍中除名,脱离妓女身份。

⑦ 观音般若(bōrě)经:即《般若波罗蜜多心经》。《般若经》是大乘佛教的重要经典,主要有:《放光般若》《光赞般若》《道行般若》《大明度无极经》《金刚般若》《大品般若》《小品般若》等。唐玄奘将全书译出,称《大般若经》,六百卷。《般若波罗蜜多心经》则是全部般若学的核心,说明以般若(智慧)观察宇宙万事万物自性本空的道理。《心经》仅二百馀字,可谓言简意深。

⑧ 有服:指居丧。

⑨ 解佩句:相传周郑交甫于汉皋台下遇二女,二女解佩珠相赠。《文选·张平子〈南都赋〉》:"游女弄珠于汉皋之曲。"李善注引《韩诗外传》曰:"郑交甫将南适楚,遵波汉皋台下,乃遇二女,佩两珠,大如荆鸡之卵。"又《文选·曹子建〈洛神赋〉》:"感交甫之弃言兮,怅犹豫而狐疑。"李善注引《神仙传》曰:"切仙一出游于江滨,逢郑交甫,交甫不知何人也,目而挑之,女遂解佩与之。交甫行数步,空怀无佩,女亦不见。"此句用以酬答苏颂、陈襄等落籍之恩。

⑩ 濯缨:洗濯冠缨。缨,帽带。比喻超脱尘俗,持守高洁。《孟子·离娄上》:"有孺子歌曰:'沧浪之水清兮,可以濯我缨;沧浪之水浊兮,可以濯我足。'孔子曰:'小子听之! 清斯濯缨,浊斯濯足矣,自取之也。'" 武陵人:指避世隐居的人。晋陶渊明《桃花源记》中记武陵人误入桃花源事,见《陶渊明集》卷六。

19. 东坡与二郎侄书

苏二处见东坡先生与其书云①:"二郎侄:得书知安,并议论可喜,书字亦进,文

字亦若无难处。止有一事与汝说。凡文字，少小时须令气象峥嵘②，采色绚烂，渐老渐熟，乃造平淡，其实不是平淡，绚烂之极也。汝只见爷伯而今平淡，一向只学此样，何不取旧日应举时文字看，高下抑扬，如龙蛇捉不住，当且学此。只书字亦然。善思吾言。"云云。此一帖乃斯文之秘③，学者宜深味之。（卷八）

【注释】

① 苏二：指苏辙次子适（kuò）。　苏辙共三子：长子迟，次适，次逊（又名远）。

② 气象峥嵘：指诗文语言气韵生动、风格卓异。

③ 斯文：此处指文学。

后山谈丛

[宋] 陈师道

《后山谈丛》六卷，宋陈师道撰。师道字履常，一字无己，号后山居士，徐州彭城（今江苏徐州市）人。少时尝从曾巩学文。元祐初，始由苏轼等荐为徐州教授。后任太学博士、秘书省正字等职。爱苦吟，常与苏轼、黄庭坚等唱和，是江西诗派代表作家之一。建中靖国元年（1101）卒。有《后山集》。

《后山谈丛》多记北宋重要史事人物，尤于澶渊之役，以及寇准、富弼、韩琦、张咏、庞籍等人事迹叙述甚详，可补史阙。此外，作者对于元丰、元祐新旧党人亦褒贬分明，抑前扬后。故此书在南宋引发颇多争议：或疑其真伪，或指其失实；而朱熹编《名臣言行录》，则引录《谈丛》达二十余条。是书记事虽有得于一时传闻之误，然作者平生交游，不乏朝野名士，见闻之间犹不至于乖疏鄙野。其所受非议，实为不少记载触痛名门之后而致，与南宋初朝廷屡禁私史之风相关。

选文标题为今本点校者李伟国所拟。少数标题有改动。

1. 莱公相真宗北伐

契丹侵澶①，莱公相真宗北伐，临河未渡。是夕，内人相泣②。明日，参知政事王钦若请幸金陵，枢密副使陈文忠公尧叟请幸蜀。真宗以问公，公曰："此与昨暮泣者何异？"议数日不决，出遇高烈武王③，而谓之曰："子为上将，视国之危不一言，何也？"王谢之。乃复入，请召问从官，至皆默然。杨文公独与公同④，其说数千言，真宗以一言折之曰："儒不知兵！"又请召问诸将，王曰："蜀远，钦若之议是也。上与后宫御楼船浮汴而下，数日可至。"殿上皆以为然，公大惊色脱。王又曰："臣言亦死，不言亦死，与其事至而死，不若言而死。今陛下去都城一步，则城中别有主矣！吏卒皆北人，家在都下，将归事其主，谁肯送陛下者？金陵可到邪？"公又喜过望，曰："琼知此，何不为上驾邪⑤？"王乃大呼："逍遥子⑥！"公掖真宗以升，遂渡河而成功。钦若愧其议，谗于真宗曰："寇准孤注子尔⑦！"博者谓穷而尽所有以幸胜为孤注，言以人主而一决也。（卷一）

【注释】

① 契丹侵澶（Chán）：景德元年（1004）冬，辽军大举入境，进逼澶州（今河南濮阳市西南）。参知政事王钦若、签署枢密院事陈尧叟主张迁都南下，宰相寇准力排众议，促真宗亲征，真宗遂至澶州督战。宋军鼓舞。辽兵败，适逢大将挞览已中弩死，请和。真宗素不愿战，先已使人与对方暗通关节，此时派阁门祗候崇仪副使曹利用赴辽营谈判，往返两次，终以每年输辽岁币绢二十万匹、银十万两约成，辽罢兵。因澶州古谓澶渊郡，故史称"澶渊之盟"。

② 内人：宫中女官及宫女。

③ 高烈武王：即高琼。澶渊之役，任殿前都指挥使。事迹参见第160页第22则。

④ 杨文公：杨亿，字大年，建州浦城（今属福建）人。淳化（990—994）进士。真宗时，任翰林学士兼史馆修撰。会修《太宗实录》《册府元龟》。曾与刘筠、钱惟演等诗歌唱和，编成《西昆酬唱集》，时号"西昆体"。性耿介，尚气节。卒谥文，人称杨文公。

⑤ 驾：帝王乘坐的车轿。此处用为动词，备驾。

⑥ 逍遥子：即逍遥辇。宋帝王坐轿名。此句意谓高琼呼唤抬轿过来。

⑦ 孤注子：谓把所有的钱并作一次赌注的人。意谓澶渊之役，寇准以真宗作孤注一博。《宋史·寇准传》："准颇自矜澶渊之功，虽帝亦以此待准甚厚，王钦若深嫉之。一日会朝，准先退，帝目送之。钦若因进曰：'陛下敬寇准，为其有社稷功邪？'帝曰：'然。'钦若曰：'澶渊之役，陛下不

以为耻，而谓準有社稷之功，何也？'帝愕然曰：'何故？'钦若曰：'城下之盟，春秋耻之。澶渊之举，是城下之盟也。以万乘之贵而为城下之盟，其何耻如之！'帝愀然，为之不悦。钦若曰：'陛下闻博乎？博者输钱欲尽，乃罄所有出之，谓之孤注。陛下，寇準之孤注也。斯亦危矣。'由是，帝顾準浸衰。明年，罢为刑部尚书知陕州，遂用王旦为相。"

2. 澶渊之役寇準上真宗书

莱公既逐死[1]，家无遗文。嘉祐中始得奏章一纸，忧其复失而并记之，使后者有考焉。曰：臣奉圣旨，擘画河北边事[2]，及驾起与不起，如起至何处者。一、近边奏契丹游骑已至深、祁[3]，窃缘三路大军见在定州[4]，魏能、张凝、杨延朗、田敏等又在威虏军等处，东路深、赵、贝、冀、沧、德等州别无大军驻泊[5]，必虑契丹渐近东南下寨，轻骑打劫，不惟老小惊骇，便恐盗贼团聚，直至大名府以来，人户惊移。若不早张军势，窃恐转启戎心[6]。臣乞先那起天雄军兵马万人[7]，令周莹、杜彦钧、孙全照将领往贝州驻泊，或恐天雄军少，且起五千人，只令孙全照部辖，若虏骑在近，即近城觅便袭击，兼令间道将文字与石普、阎承翰照会掩杀[8]，及召募强壮入虏界，烧荡乡村，仍照管南北道，多差人探候契丹，次第闻奏，及报大名。一则贵安人心；二则张军势以疑敌谋；三则边将闻王师北来，军威益壮；四则与邢、洺不远[9]，成犄角之势。一、随驾诸军，扈卫宸居，不可与犬戎交锋原野，以争胜负。天雄至贝，军士不过三万人，万一契丹过贝下寨，游骑益南，即须那起定州军马三万以上[10]，令桑赞等结阵南来镇州[11]，及令河东雷有终将兵出土门路与赞会合[12]，相度事势紧慢，那至邢、洺，方可圣驾顺动，且幸大名，假万乘之天声，合数路之兵势，更令王超等于定州近城排布照应，魏能、张凝、杨延朗、田敏等作会合次第[13]，及依前来累降指挥牵拽。一、恐契丹置寨于镇、定之间，则定州军马抽那不起，邢、洺之北，游骑侵掠，大名东北县分，老小大段惊移，须分定州三路精兵，令在彼将帅会合，及令魏能、张凝、杨延朗、田敏等渐那向东，傍城寨牵拽。如此，则契丹必有后顾之忧，未敢轻议悬军深入。若车驾不起，转恐夷狄残害生灵，如蒙允许，亦须过大河，且幸澶渊，就近易为制置会合，兼控扼津梁。右臣叨列宰司[14]，素无奇略，既承清问，合罄鄙诚。伏惟皇帝陛下，睿知渊深，圣猷宏远[15]，固已坐筹而决胜，尚能虚己以询谋，兼彼犬戎颇乏粮糗，虽恃腥膻之众[16]，必怀首尾之忧，岂敢不顾大军，但图深

入？然亦虑其凶狡，须至过有防虞。烦黩天威^⑰，伏增战栗。（卷一）

【注释】

① 莱公既逐死：乾兴二年（1023），寇準卒于雷州（今属广东湛江市）贬所。

② 掌（bò）画：策划；布置。

③ 深、祁：深州（治今河北衡水市深州市南）和祁州（治今河北保定市安国市）。宋初属河北路。河北路统大名一府，镇、瀛、贝、博、德、沧、棣、深、洺、邢、冀、赵、定、莫、相、怀、卫、澶、磁、祁、滨、雄、霸、保二十四州，德清、保顺、定远、破虏、平戎、静戎、威虏、乾宁、顺安、宁边、天威、承天、静安、通利十四军。熙宁六年（1073），分河北路为东、西两路。

④ 定州：政和三年（1113）升中山府（治今河北保定市定州市）。

⑤ 赵、贝、冀、沧、德：赵州，宣和元年（1119）升庆源府（治今河北石家庄市赵县）；贝州，后改恩州（治今河北邢台市清河县西）；冀州（今属河北衡水市）；沧州（治今河北沧州市旧州镇）；德州（治今山东德州市陵县）。

⑥ 转启戎心：反而引发敌人入侵之心。转，反而，反倒。戎心，敌国入侵野心。

⑦ 天雄军：唐、五代藩镇名。宋改大名府（治今河北邯郸市大名县）。

⑧ 照会：官署或军中有关事务行文。

⑨ 邢、洺：邢州，宣和元年升信德府（治今河北邢台市）；洺州（治今河北邯郸市永年县广府镇）。

⑩ 那（nuó）：用同"挪"。移动。

⑪ 镇州：庆历八年（1048）升真定府（治今河北石家庄市正定县）。

⑫ 土门路：即井陉道。是东出太行进入河北的要道，为太行"八陉"之第五陉。有要隘名井陉口，又名土门关。在今河北鹿泉市井陉县北井陉山上，为历代军事要地。

⑬ 次第：此处指齐整。

⑭ 叨列宰司：谦辞。愧为宰相。

⑮ 圣猷：帝王之谋略。

⑯ 腥膻：指入侵之外族。

⑰ 烦黩：冒渎；打扰。

3. 富弼使契丹

始讲和^①，虏使韩杞匿其善饮^②，曰："两国初好，数杯之后，一言有失，所误非细。"后使姚柬之^③，既去而顾，手颒再三^④，是以知虏之情也。姚柬之曰："宋之事力,契丹之士马皆盛,然北军用于阻隘,不能敌南;平原驰突,南军亦不能支也。"庆历二年,西羌盗边⑤,战未解,契丹保境使请关南十县之地及昏⑥。丞相申公使其党御史中丞贾文元公馆之⑦,许昏与加赐使择焉,而遣知制诰富韩公谕意⑧。既见问故,虏主曰:"宋塞雁门、广塘水、缮城隍、籍民兵⑨,非违约邪? 群臣哑请用兵,孤谓不若求地也。"公曰:"契丹忘章圣之大德乎⑩? 澶渊之役,使从众,契丹无还者,宁有今日耶? 且契丹之所欲,战尔,战非契丹之利也。从古至今,夷狄得志于中国,惟晋氏尔⑪。方是时,主弱而愚,国小而贫,政刑不修,命令不行,百姓内溃,诸将外叛,故契丹能得志。然土地不守,子女玉帛归于臣民,契丹盖无得也。而人畜械器,亡者大半,故德光死⑫,述律怒不肯葬⑬,曰:'待我国中人马如故,然后葬汝!'战而胜,其害如此,况不胜邪! 今契丹与宋好,岁得金缯数十万,入于府库,国之利也。故和则上得其利,战则下得其利,上受其弊。故契丹之臣,皆愿解和而构战,与国争利,奈何舍己之利以利人邪?"主大悟,点首久之。公复曰:"塞雁门以备羌;塘始于何承矩,事在约前,地卑水聚,岁久则广;城隍完固;民兵补缺。非违约也。晋遗卢龙⑭,周取关南,皆异代事。若按图而求旧,岂契丹之利也哉! 皇帝以兼爱为心,守祖宗之约,不愿用兵,顾兄弟之义,不欲违情,而为天保民,为先保土,不得以与人。谓契丹乏金币,岁遗以永誓好。古者敌国有无相通,必皆欲背约绝好而加兵,宋安得而避哉! 且澶渊之盟,天地临之,其可欺乎!"乃请昏,公曰:"兄弟之国,礼不通昏,男女之际,易以生隙,且命修短不可期,不若岁币之久也。"始,契丹请婚,欲因以多求,及公固拒,群议未决而难其久,又谓空言无实,使归取誓书。及再至,定增岁币二十万。始,契丹一请,宰相遽塞以二事,且使自择,遂以为怯,有轻宋心,欲以增币为"献"与"纳",公不可,曰:"此下事上,臣事君,乃非敌国之礼也。且章圣已有岁遗,不为此名,货非国之轻重,鄙而失国,古虽小亦不为也。"主曰:"古有之,何独吝邪?"公曰:"古惟唐高祖臣事突厥⑮,假其兵而取隋,则或有之;及太宗擒颉利、突利两可汗,宁复有邪!"主不语,其臣刘四知侍,退数步。公又曰:"石晋亦因契丹而得国,不惟称臣,亦父事之,或可用此。今宋与契丹,无唐、晋之援,而为敌国,岂有此邪!"将退,主曰:"卿谓孤故作此一节必不可事,岂非不欲保和邪! 孤实无此意,卿归勿为此言,恐误宋大事耳。"于是留誓书。而使以誓书来,且求"献纳",公上奏曰:"臣既以死拒之,虏气折矣,可勿复许,虏无能为也。"仁宗从之。(卷一)

【注释】

① 讲和：指宋、辽澶渊之盟。参见第 367 页第 1 则注释①。

② 韩杞：辽使。景德元年(1004)十一月，澶渊之役，宋遣阁门祗候崇仪副使曹利用赴辽营议和。议未决，辽乃遣左飞龙使韩杞持国主书与利用俱还。真宗诏知澶州、引进使何承矩郊劳，翰林学士赵安仁接伴之。凡觐见仪式，皆安仁所裁定。十二月庚辰朔，韩杞入对，以关南故地为请。真宗未许。韩杞辞，曹利用同往。临行，上面诫利用：以地必不可得，若邀求货财则宜许之。后以绢二十万匹、银一十万两，和议始定。事见《续资治通鉴长编》卷五十八。

③ 姚东之：辽使。曹利用再次赴辽营，订立盟约后返，辽遣姚东之同行。《续资治通鉴长编》卷五十八："甲申，利用即与其右监门卫大将军姚东之持国主书俱还，并献御衣食物，其郊劳馆谷并如韩杞之礼，命赵安仁接伴之。"

④ 手颡：即"手额"。以手加额，表示庆幸。

⑤ 西羌：汉代对羌人的泛称。羌，古族名。主要分布在今甘肃、青海、四川一带。部落众多而分散，秦汉时有先零、烧当、婼、广汉、武都、越巂等，魏晋南北朝至唐宋间又有宕昌、邓至、白兰、党项等。以游牧为主。东晋至北宋间，烧当羌、党项羌先后建立后秦、西夏等政权。此处指西夏。

⑥ 关南：古地名。指瓦桥、益津、淤口三关及瀛、莫二州。北宋时称之为"关南"。三关分别位于北宋边境雄州(治今河北雄县西南)、霸州(今属河北)、破虏军(后改信安军，治今河北霸州市信安镇)；三关以南为莫州(治今河北任丘市)、瀛州(宋改河间府，治今河北河间市)。三关为唐末所建。时东北部契丹日益强大，屡屡南犯，三关一带战争不断。五代后唐同光二年(924)，契丹侵犯瓦桥关，屯兵不归。后石敬瑭乞兵于契丹，灭后唐，建后晋，割燕云十六州之地予契丹。后周显德六年(959)，从辽收复三关及燕云十六州中的瀛、莫二州，为后周北部边境。北宋沿之，辖一府(河间)三州(雄、霸、莫)二军(信安、保定)，共十县。　昏：通婚。

⑦ 申公：吕夷简。天圣七年(1029)拜相，景祐二年(1035)封申国公。参见第 180 页第 49 则注释②。

⑧ 富韩公：富弼。参见第 157 页第 18 则注释①。　谕意：示意。指富弼使辽宣示朝廷旨意。

⑨ 宋塞(sài)雁门句：谓宋构筑雁门要塞、扩增水泽面积、修治城池、录民为兵，正加紧备战。雁门，在代州(治今山西代县)西北，北宋防御西夏重要关塞。塘水，指关南地区尽属平原，为增强边防御敌能力，壅塞河流所形成的水泊沼泽地。太宗时，知沧州节度副使何承矩即上疏，曰："若于顺安寨西开易河蒲口，导水东注于海，东西三百餘里，南北五七十里，资其陂泽，筑堤贮水为屯田，可以遏敌骑之奔轶。"(《宋史·何承矩传》)真宗咸平三年(1000)，何承矩知雄州、驻防瓦桥关，复上言曰："臣闻兵有三阵：日月风云，天阵也；山陆水泉，地阵也；兵车士卒，人阵也。今用地阵而设险，以水泉而作固，建设陂塘，绵亘沧海，纵有敌骑，安能折冲？"(同上)

⑩ 章圣：真宗。参见第 346 页第 19 则注释⑧。

⑪ 晋氏：指后晋高祖石敬瑭。沙陀部人。后唐时为河东节度使，镇守太原。清泰三年

(936)，向契丹乞援，攻灭后唐，并受册封为帝，都汴（今河南开封市），国号晋，建元天福，史称"后晋"。割燕云十六州予契丹，年贡帛三十万匹，称契丹主为"父皇帝"，自称"儿皇帝"。

⑫ 德光：辽太宗耶律德光。参见第275页第4则注释⑤。

⑬ 述律：述律平，小字月里朵，回鹘族述律部人。辽太祖耶律阿保机皇后，尊号"地皇后"、"应天大明地皇后"。尝与谋辽国军政。天显元年（926），阿保机崩，述律氏摄政。及葬，欲以身殉，亲戚百官力谏，因断右腕纳于柩。废太子耶律倍为东丹王，立耶律德光。德光即位，尊为皇太后。会同元年（938），又上尊号为"广德至仁昭烈崇简应天太后"。大同元年（947），太宗崩，耶律倍之子阮自立为帝，是为世宗。述律太后遣少子李胡讨伐，李胡败，太后遂亲率师，后经耶律屋质谏，罢兵。事后，迁太后于祖州（今内蒙古巴林左旗西南）。应历三年（953）崩，年七十五。与太祖合葬于祖陵，谥贞烈，后改谥淳钦皇后。

⑭ 卢龙：唐方镇名。辖境屡有变动，长期领有幽、蓟、平、檀、妫、燕等州。此处代指后晋割让给辽的燕云十六州。

⑮ 唐高祖臣事突厥：隋大业十三年（613），太原留守李渊起兵，进取长安，建立唐朝。为除后顾之忧，发兵之始乃称臣于突厥。此事因史臣颇为讳饰，故其本末不明显于后世。然史书、笔记之中，间有记载。如《大唐新语》卷七《宽恕第十五》："李靖征突厥，征颉利可汗，拓境至于大漠。太宗谓侍臣曰：'朕闻主忧臣辱，主辱臣死。往者国家草创，太上皇以百姓之故，称臣于突厥，未尝不痛心疾首，志灭匈奴。今暂劳偏师，无往不捷，单于稽首，耻其雪乎！'群臣皆呼万岁。"《旧唐书·李靖传》所载略同。

4. 莱公不发澶渊告急书

契丹犯澶渊，急书日至，一夕凡五至，莱公不发封，谈笑自如。明日见同列以闻，真宗大骇，取而发之，皆告急也，又大惧，以问，公曰："陛下欲了①，欲未了耶？"曰："国危如此，岂欲久耶！"曰："陛下欲了，不过五日尔。"其说请幸澶渊。真宗不语，同列惧，欲退，公曰："士安等止②，候驾起，从驾而北。"真宗难之，欲还内，公曰："陛下既入，则臣不得到又不得见，则大事去矣！请无还内而行也。"遂行，六军百司，追而及之。（卷一）

【注释】

① 欲了（liǎo）：意谓想尽快结束这件事。了，完毕，结束。

② 士安：毕士安，字仁叟，代州云中（今山西大同市）人。少好学，如宋（今河南商丘市）、郑（今河南郑州市）等地求师。乾德四年（966）举进士。太宗朝，历官监察御史、左拾遗兼翼王府记

室参军、翰林学士。真宗即位，权知开封府事，拜工部侍郎、枢密直学士，入为翰林侍读学士。景德元年（1004）八月，自行尚书吏部侍郎、参知政事，加同中书门下平章事、监修国史（次相），位在寇准之上。二年十月薨。赠太傅、中书令，谥文简。

5. 某公恶韩富范三公

　　某公恶韩、富、范三公①，欲废之而不能。军兴②，以韩、范为西帅③，遣富使北④，名用仇而实闲之。又不克军罢而请老，尽用三公及宋莒公、夏英公于二府⑤，皆其仇也。又以其党贾文元公、陈恭公间焉⑥，犹欲因以倾之⑦。誉范、富皆王佐，可致太平，于是天子再赐手诏，又开天章阁⑧，而命之坐，出纸笔使疏时政所当因革，诸公皆推范、富，乃请退而具草。使二宦者更往督之，且命领西北边事。既而各条上十数事，而易监司、按群吏、罢磨勘、减任子⑨，众不利而谤兴。又使范公日献二事以困之，而请城京师，人始笑之。初，某公每求退以俟主意，常未厌而去，故能三入⑩，及老，大事犹问。西北相攻，请出大臣行三边。于是范公使河东、陕西，富公使河北。初，某既建议，乃数出道者院宿焉⑪，范公既奉使，宿道者院而某在焉。宾退，使人致问，范公往见之，某佯曰：“参政求去邪？”范公以对，某曰：“大臣岂可一日去君侧，去则不复还矣！今万里奉使，故疑求去耳。”范公私笑之。久而觉报缓而请不获，召堂吏而问曰：“吾为西帅，每奏即下，而请辄得。今以执政奉使，而请报不迨⑫，何也？”曰：“某别置司专行廊、延事，故速而必得耳。”范公始以前言为然，乃请守边矣。而富公亦不还，韩又罢去，而贾、陈相矣。及某薨，范公自为祭文，归重而自讼云⑬。（卷一）

【注释】

　　① 某公：《容斋随笔》卷八引此，以为指吕夷简。　韩、富、范：即韩琦、富弼、范仲淹。

　　② 军兴：指宝元元年（1038），赵元昊反，自立为帝。宋称之为西夏。

　　③ 西帅：镇守西部边防。元昊反，韩琦适自蜀归，即命为陕西安抚使。范仲淹亦自越州（治今浙江绍兴市）召为陕西都转运使。康定元年（1040）五月，会夏竦为陕西经略安抚缘边招讨使，韩、范分别以枢密直学士、龙图阁直学士副之。庆历元年（1041）春，宋军战不利，败于好水川（今宁夏隆德西北）。参见第243页第27则注释②。韩琦降知秦州（治今甘肃天水市），范仲淹降知耀州（治今陕西耀县北）。十月，朝廷分陕西为秦凤、泾原、环庆、鄜延四路，命韩琦、王沿、范仲淹、庞籍分领各路马步军都部署、经略安抚招讨使。二年十一月，韩、范为陕西四路经略安抚缘边招

讨使,共屯泾州(治今甘肃平凉市泾川县)。据《宋史·韩琦传》:"琦与范仲淹在兵间久,名重一时,人心归之,朝廷倚以为重,故天下称为'韩范'。"

④ 遣富使北:指庆历二年(1042),富弼奉命出使辽国。见前第3则。

⑤ 尽用句:意谓提携韩琦、富弼、范仲淹及宋庠、夏竦在中枢机构(中书门下省、枢密院)担任要职。韩、富、范三人于庆历三年(1043)同时登用,韩为枢密直学士,富为枢密副使,范除枢密副使、参知政事,实施新政。宋庠于宝元二年(1039)除参知政事,与宰相吕夷简不合,出知扬州。夏竦于天圣五年(1027)除枢密副使,七年参知政事,庆历三年除枢密使,旋免。而吕夷简则于庆历三年三月称疾授司徒、监修国史、与议军国大事,未几罢,以太尉致仕。

⑥ 贾文元公、陈恭公:贾昌朝和陈执中。昌朝字子明,真定获鹿(今河北石家庄市鹿泉市)人。天禧初,赐同进士出身。庆历三年,拜参知政事;四年九月,加检校太傅、行工部侍郎、枢密使。此时,范仲淹、富弼因新政失败皆罢,范出为陕西、河东宣抚使,富出为河北宣抚使。五年正月,拜相,兼枢密使。英宗即位,封魏国公。卒,谥文元。执中字昭誉,洪州南昌(今属江西)人。真宗时,以父荫为秘书省正字,历知州军。宝元元年,同知枢密院事。庆历四年九月,召拜参知政事。五年四月,拜相,位贾昌朝下。嘉祐元年(1056),以司徒、岐国公致仕。卒,谥恭。

⑦ 因以倾之:谓利用他们来排斥政敌。倾,排斥,倾轧。

⑧ 天章阁:阁名。天禧四年(1020)十一月,丁谓等请作天章阁,以奉真宗御集、御书。翌年成。坐落会庆殿西,龙图阁北。仁宗时,多次召辅臣于天章阁观书,谒太祖、太宗御容,观瑞物,问御边大略、军政要事。如庆历三年(1043)九月,仁宗召范仲淹、富弼等,"又开天章阁,召对赐坐,给笔札使疏于前"(《续资治通鉴长编》卷一百四十三)。天圣八年(1030)十月,始置天章阁待制;后增置侍讲、学士、直学士等官。

⑨ 任子:因父兄功绩而保任授予官职。"减任子",属于范仲淹所上十事之二"抑侥幸"。据《宋史·范仲淹传》,所上十事:一曰明黜陟,二曰抑侥幸,三曰精贡举,四曰择长官,五曰均公田,六曰厚农桑,七曰修武备,八曰推恩信,九曰重命令,十曰减徭役。仁宗大多采纳颁行。史称"庆历新政"。

⑩ 三入:指三次拜相。天圣七年(1029)二月,吕夷简以知开封府守本官加同平章事、集贤殿大学士,一入也。明道二年(1033)四月,以使相判澶州;同年十月,加兼吏部尚书、同平章事、昭文馆大学士、监修国史,二入也。景祐四年(1037)四月,以镇安军节度使同平章事判许州;康定元年(1040)五月,加右仆射门下侍郎同平章事、昭文馆大学士、监修国史,三入也。至庆历初,以宰相判枢密院事、兼枢密使,集军政大权于一身,三年乃罢。

⑪ 道者院:禅院。《东京梦华录》卷六《收灯都人出城探春》:"州西新郑门大路,直过金明池西道者院,院前皆妓馆。"伊永文案:"道者院为普安禅院俗称。本为五代寺院,宋太祖为报答该寺僧赠食物、银钱之恩,命在其地建寺,赐名'普安'。亦元德皇后攒宫旧地也。"又《汴京遗迹志》卷十一"道者院":"在郑门外五里。宋时所建。每岁中元节、十月朔设大会道场,楚钱山祭军阵亡

殁孤魂。金季兵毁。"

⑫ 请报不逮：此处指请示报告不及时批复。逮，及。

⑬ 归重而自讼：意谓借重于彼而替自己申诉。

6. 北都官妓歌欧词

文元贾公居守北都①，欧阳永叔使北还，公预戒官妓办词以劝酒，妓唯唯，复使都厅召而喻之②，妓亦唯唯。公怪叹，以为山野。既燕，妓奉觞歌以为寿，永叔把盏侧听，每为引满③。公复怪之，召问，所歌皆其词也。（卷三）

【注释】

① 北都：北京。宋以大名府（治今河北邯郸市大名县东北）为北京。据《宋史·宰辅表二》：庆历七年（1047），"先是，贾昌朝与吴育争论上前，三月乙未，昌朝以武胜军节度使判大名府兼北京留守"。

② 都厅：府州日常办公议事处所。北宋诸府州均置。此处代指都厅主管。

③ 引满：谓斟酒满杯而饮。

7. 仁 宗 之 丧

仁宗在位四十年，边奏不入御阁①。每大事，赐宴二府，合议以闻。仁宗崩，讣于契丹，所过聚哭。既讣，其主号恸执使者手曰："四十二年不识兵矣！"葬而来祭，以黄白罗为钱，他亦称是②。仁宗崩，天下丧之如亲，余时为童，与同僚聚哭，不自知其哀也。仁宗既疾，京师小儿会阙下，然首臂以祈福③，日数百人，有司不能禁。将葬，无老幼男女，哭哀以过丧④。（卷三）

【注释】

① 御阁：宫中便殿。此句谓无紧急边报打扰休息中的皇帝。

② 他亦称是：其他祭品也与此相称或相当。

③ 然首臂以祈福：或谓举臂合掌于头顶，向天祈祷。然，乃。

④ 过丧：度过丧期。

8. 英宗不罪醉饱失容

　　故事：郊而后赦^①，奉祠不敬不以赦论。治平中^②，郎中易知素贪细^③，既食大官^④，醉饱失容，御史以不敬闻，韩魏公请论如律，英宗不欲也，魏公曰："今而不刑，后将废礼。"英宗曰："宁以他事坐之。士以饮食得罪，使何面目见士大夫乎！"（卷四）

【注释】

　　① 郊而后赦：古代帝王郊外祭祀天地，冬至祭天于南郊，夏至祭地于北郊。郊祀礼毕，宴飨百官，恩赦天下。

　　② 治平：宋英宗年号（1064—1067）。

　　③ 郎中：唐、宋尚书省六部二十四司置郎中、员外郎，为本司长贰。　易知：原注"缺姓"。据《宋朝事实》卷五："英宗郊祀习仪，尚书省赐百官酒食，郎官王易知醉饱呕吐，御史前劾失仪，已肆赦。韩琦以闻，帝曰：'已放罪。'琦奏：'故事，失仪不以赦原。'帝曰：'失仪，薄罚也。然使士大夫以酒食得过，难施面目矣。'卒赦之。帝爱惜臣子，欲曲全其名节，类如此。"

　　④ 大(tài)官：又作"太官"。官名。秦汉时掌皇帝膳食及宴飨之事。北魏时掌百官之馔，属光禄卿。北齐、隋、唐因之。宋以后，太官只掌祭物。此处借用古代官称。

9. 曾巩论王安石

　　子曾子初见神宗^①，上问曰："卿与王安石布衣之旧，安石何如？"对曰："安石文学行义^②，不减扬雄^③，然吝，所以不及古人。"上曰："安石轻富贵，非吝也。"对曰："非此之谓。安石勇于有为，吝于改过。"上颔之。（卷四）

【注释】

　　① 子曾子：对曾巩的尊称。曾巩，字子固，南丰（今属江西抚州市）人。世称南丰先生。嘉祐进士。尝奉召编校史馆书籍，官至中书舍人。元丰元年（1078）卒，谥曰文定。有文名，与欧阳修并称为"欧曾"。有《元丰类稿》五十卷，《隆平集》二十卷。

　　② 文学行义：学问与品行。

　　③ 扬雄：字子云，蜀郡成都（今属四川）人。西汉文学家、哲学家。成帝时任给事黄门郎。王

莽时为大夫,校书天禄阁。为人口吃,不能剧谈,以文章名世。作品主要有《长杨》《甘泉》《羽猎》诸赋,及《法言》《太玄》《方言》等著作。

10. 张詠闻丁谓逐寇準而自污

乖崖在陈①,一日方食,进奏报至,且食且读,既而抵案恸哭久之,哭止,复弹指久之,弹止,骂詈久之,乃丁晋公逐莱公也②。乖崖知祸必及己,乃延三大户于便坐③,与之博,袖间出彩骰子④,胜其一坐,乃买田宅为归计以自污。晋公闻之,亦不害也。余谓此智者为之,贤者不为也。贤者有义而已,宁避祸哉! 祸岂可避耶?（卷四）

【注释】

① 乖崖:张詠,字復之,自号乖崖,濮州鄄城(今属山东)人。参见第162页第24则注释①。

② 丁晋公逐莱公:天禧四年(1020),寇準密令翰林学士杨亿草表请太子监国,事泄,罢为太子太傅,封莱国公。又遭丁谓倾构,降準为太常卿知相州,徙安州,贬道州司马。参见第158页第19则注释①。

③ 便坐:别室;厢房。

④ 袖间出彩骰子:谓赌博作弊。故后文言"自污"。

11. 庞籍服元昊

外大父庄敏公为鄜延招讨使①,元昊效顺,公召李诚之问其信否②,诚之曰:"元昊数欺中国,故疑之,今则可信也。元昊向得岁赐而不用,积年而后叛,今用兵数岁,虽战屡胜,而所攻不克,田里所掠,不办一日之费③,向来之积费已尽矣,故罢兵尔。然公毋以为功,归之朝廷,则兵可罢,窃计诸公不以此与人也。"公未以为然。既而果遣两人,以他事使虏,过延④,问:"朝廷议罢兵云何?"皆曰"不知"。及还,与虏使王延寿来,公召会两人,问延寿来意,又曰"不知"。公曰:"延寿黠虏,与君来而君且不知耶?"召裨将曰:"问延寿何来,吾为将而不与知邪? 亟书所奏事来,不然且遣还!"两人大惧,乃以情告,愿还使者。公曰:"军令不可反,君自止之,而书其事来!"两人具以事闻。公自是异李焉。元昊既效顺而不肯臣,请称东朝皇帝为父,国号"吾祖⑤",年用私号⑥,求割三州十六县地,朝议弥年不决。既而报书,年用甲子,国号易其一字。虏使过延,公坐堂上,召虏使立前而谓曰:"尔主欲战则战,今不战而降,则朝廷所赐藩臣诏与颁朔封国⑦,皆有常制,不必论。自古夷狄盗中国之地则闻之,未闻割地与夷狄也。三州十六县,岂可得邪!"使曰:"清远故属虏⑧,且坟墓所在,故欲得尔。"公曰:"中国所失州县,今未十年,若论坟墓所在,则中国多矣。"使语塞。公曰:"尔主既受封,岁禄多少,此则可议,馀不足论。"虏使畏服。(卷四)

【注释】

① 外大父:外祖父。本书作者陈师道乃庞籍之外孙。 庄敏公:即庞籍,卒谥庄敏。参见第276页第5则注释②。庆历元年(1041)十月,朝廷分陕西为秦凤、泾原、环庆、鄜延四路,命庞籍领鄜延路马步军都部署、经略安抚招讨使。见前第5则注释③。

② 李诚之:李师中,字诚之,楚丘(治今山东菏泽市曹县安蔡楼镇)人。年十五,即上书议论时政,由是知名。举进士。鄜延招讨使庞籍辟知洛川县。籍荐其才,召对,转太子中允、知敷政县、权主管经略司文字。累官提点广西刑狱。熙宁初,拜天章阁待制、河东都转运使。西夏入寇,以师中知秦州。后因乞召司马光、苏轼等人,为吕惠卿所谮,贬和州团练副使。卒,年六十六。

③ 不办:犹言不足。

④ 延:延州(元祐后改延安府,治今陕西延安市)。鄜延路都部署经略安抚招讨司驻延州。

⑤ 吾祖:元昊废除唐、宋两朝所赐李、赵姓氏,改姓党项族姓氏"嵬名",自称"吾祖"(党项语音译,亦作"兀卒""乌珠"),意为"青天子",以与中原皇帝自称"黄天子"相抗衡。

⑥ 年用私号:元昊为脱宋立夏,在境内不使用宋朝年号,而改用自己所颁定的年号。宋明道二年(1033),他以年号中"明"字犯父讳为由,改"明道"为"显道"。此后,多次自改年号。

⑦ 颁朔封国:周制,天子于每年冬季颁发来年的历书、政令,诸侯受而行之。亦称"告朔"或"朔政"。接受颁朔,即表示称臣。

⑧ 清远:北宋初置清远军(治今宁夏吴中市同心县东南予旺附近)。在群山之口,当环州(治今甘肃庆阳市环县)与灵州(治今宁夏银川市宁武市)间冲要。后地入西夏。

12. 刘攽讥王安石说字始

王荆公为相,喜说字始①,遂以成俗。刘贡父戏之曰:"三鹿为麤,麤不及牛②;三牛为犇,犇不及鹿③。谓宜三牛为麤,三鹿为犇,苟难于遽改,令各权发遣④。"于

时解纵绳墨⑤，不次用人⑥，往往自小官暴据要地，以资浅，皆号"权发遣"云，故并讥之。（卷四）

【注释】

① 字始：字源。即汉字在形、音、义上的源头。

② 麤不及牛：意谓鹿不及牛粗壮。麤，同"粗"。

③ 犇不及鹿：意谓牛奔跑不及鹿快。犇，同"奔"。

④ 权发遣：临时差遣。宋推行的一种官制。因其资轻而骤进，故称"权发遣"以示分别。王安石秉政时最多此官。权，唐宋时称试官或暂时代理官职为"权"。参见第271页第1则注释③。

⑤ 解纵绳墨：废弃法度规矩。

⑥ 不次：不按次序。

13. 张詠论寇準

张忠定守蜀，闻莱公大拜①，曰："寇準真宰相也。"又曰："苍生无福。"幕下怪问之，曰："人千言而尽，準一言而尽，然仕太早，用太速，未及学尔。"张、寇布衣交也，莱公兄事之，忠定常面折不少恕②，虽贵不改也。莱公在岐③，忠定任蜀还，不留，既别，顾莱公曰："曾读《霍光传》否？"曰："未也。"更无他语。盖以不学为戒也④。（卷四）

【注释】

① 大拜：指拜相。寇準于景德元年（1004）加同中书门下平章事、集贤殿大学士。

② 面折不少恕：当面批评而不稍加宽宥。

③ 岐：古邑名。在今陕西岐山县境。唐末五代时，凤翔兼领陇右节度使、岐王李茂贞曾建立割据政权，以凤翔（今属陕西）为中心，辖今陕西、甘肃一带地区。后为后唐所灭。此处"莱公在岐"，未详何时。据《宋史·寇準传》，準景德三年（1006），为王钦若所谮罢相，以刑部尚书知陕州（治今河南三门峡市西）。"岐"或借指陕。

④ 不学事：据《宋史·寇準传》："初，张詠在成都，闻準入相，谓其僚属曰：'寇公奇才，惜学术不足尔。'及準出陕，詠适自成都罢还，準严供帐，大为具待。詠将去，準送之郊，问曰：'何以教準？'詠徐曰：'《霍光传》不可不读也。'準莫谕其意，归取其传读之，至'不学无术'，笑曰：'此张公谓我矣。'"

14. 太祖待故人

太祖为太原镇将^①,舍县人李媪家,媪事之谨。他日访其家,媪则死矣,得其子,以为御厨使^②,久之不迁,求去。太祖曰:"以尔才地^③,御厨使其可得邪? 爵禄以待贤能,而私故人,使我愧见士大夫,而尔意犹不满邪?"(卷五)

【注释】

① 镇将:监镇。监当官名。掌火禁、巡逻盗贼,兼征税、专卖酒及其出纳会计。

② 御厨使:宋属东班诸司使副阶列,为伎术官、武官等阶官。正七品。

③ 才地:犹才质。才能资质。

15. 张詠命崇阳民拔茶种桑

张忠定公令崇阳^①,民以茶为业,公曰:"茶利厚,官将取之,不若早自异也。"命拔茶而植桑,民以为苦。其后榷茶^②,他县皆失业,而崇阳之桑皆已成,其为绢而北者岁百万匹,其富至今。始,令下,惟通乐一乡不变^③,其后别自为县,民亦贫至今也。(卷五)

【注释】

① 令崇阳:知崇阳县(今属湖北)。

② 榷茶:官府对茶叶实行征税、管制、专卖的措施。宋初,实行"榷茶"法,在江南交通要冲会府设榷货务,独擅茶叶买卖权。大批茶农因而失业。《宋史·食货志下五》:"宋榷茶之制,择要会之地曰江陵府、曰真州、曰海州、曰汉阳军、曰无为军、曰蕲州之蕲口,为榷货务六。"

③ 通乐:宋神宗熙宁五年(1072),分鄂州崇阳县南上隽、乐化、天宝三乡置通城县(今属湖北)。

16. 韩琦荐欧阳修

韩魏公屡荐欧阳公,而仁宗不用。他日复荐之曰:"韩愈,唐之名士,天下望以

为相，而竟不用。使愈为之，未必有补于唐，而谈者至今以为谤①。欧阳修，今之韩愈也，而陛下不用，臣恐后人如唐，谤必及国，不特臣辈而已，陛下何惜不一试之②，以晓天下后世也？"上从之。（卷五）

【注释】

① 以为谤：意谓把这件事作为公开指责唐朝的理由。谤，公开指责。

② 何惜不一试之：意谓何必害怕不试一试用他呢。

17. 李昉相太祖

李相昉在周朝知开封府，人望已归太祖，而昉独不附。王师入京，昉又独不朝，贬道州司马。昉步行日十数里，监者中人问其故，曰："须后命尔。"上闻之，诏乘马，乃买驴而去。三岁，徙延州别驾。在延州为生业以老①，三岁当徙，昉不愿内徙。后二年，宰相荐其可大用，召判兵部。昉五辞，行至长安，移疾六十日②，中使促之行，至洛阳，又移疾三十日而后行。既至，上劳之，昉曰："臣前日知事周而已③，今以事周之心事陛下。"上大喜，曰："宰相不谬荐人。"（卷五）

【注释】

① 生业：产业。

② 移疾：又作"移病"。指官员上书称病。多为居官者求退的婉辞。

③ 前日：往日；前些日子。

18. 抚州杖鼓鞚

苏公自黄移汝①，过金陵见王荆公，公曰："好个翰林学士，某久以此奉待。"公曰："抚州出杖鼓鞚②，淮南豪子以厚价购之，而抚人有之保之已数世矣，不远千里，登门求售。豪子击之曰：'无声！'遂不售。抚人恨怒，至河上，投之水中，吞吐有声，熟视而叹曰：'你早作声，我不至此！'"（卷六）

【注释】

① 苏公自黄移汝：元丰七年（1084）四月，命苏轼自黄州移汝州。途中求居常州，并购地于宜

兴。十月及明年正月,两次上书求居常州。八年三月,神宗崩,太后摄政,颁旨允许苏轼居常州宜兴。五月,复朝奉郎知登州。

② 杖鼓鞚(kòng):一种叫做"鞚"的杖鼓。杖鼓,打击乐器。《元史·礼乐志五》:"杖鼓,制以木为匡,细腰,以皮冒之,上施五彩绣带,右击以杖,左拍以手。"

19. 仁宗戒臣下勿为侈靡

仁宗每私宴①,十阁分献熟食②。是岁秋初,蛤蜊初至都,或以为献,仁宗问曰:"安得已有此邪? 其价几何?"曰:"每枚千钱,一献凡二十八枚。"上不乐,曰:"我常戒尔辈勿为侈靡,今一下箸费二十八千,吾不堪也。"遂不食。(卷六)

【注释】

① 私宴:私家筵席。

② 十阁:仁宗后宫所幸十位嫔妃。《续资治通鉴长编》卷一百八十九:"自温成之没,后宫得幸者凡十人,谓之十阁。周氏、董氏及温成之妹皆与焉。"

20. 刘攽为苏轼说新诨

苏长公以诗得罪①,刘攽贡父以继和罚金②,既而坐事贬官湖外③,过黄而见苏,寒温外问有新诨否④,贡父曰:"有二屠父,至其子而易业为儒、贾,二父每相见,必以为患。甲曰:'贤郎何为?'曰:'检典与解尔⑤。'乙复问,曰:'与举子唱和诗尔。'他日,乙曰:'儿子竟不免解著贼赃,县已逮捕矣。'甲曰:'儿子其何免邪?'乙曰:'贤郎何虞?'曰:'若和著贼诗⑥,亦不稳便。'"公应之曰:"贤尊得似忧里⑦。"(卷六)

【注释】

① 苏长公:对苏轼的敬称。后人称苏轼为"长公",苏辙为"少公"。

② 继和罚金:元丰二年(1079),苏轼赴湖州任未久,遭御史台以作诗谤讪朝廷罪弹劾,被捕入狱。与轼酬唱交通者,不少受牵连而罚金。继和,作诗应和。

③ 湖外:洞庭湖之外。元丰间,吴居厚接替刘攽担任京东转运使,奏前使者不任职,由是攽被贬监衡州盐仓。衡州(治今湖南衡阳市),位于洞庭湖之南,故称"湖外"。

④ 新诨:新鲜笑话。诨,逗乐的话。

⑤ 检典与解(jiè):查验抵押物进行典当。即开当铺。

⑥ 和著贼诗:暗嘲因唱和苏轼诗而坐罪。

⑦ 贤尊句:意谓那位父亲何如居丧。得似,何如。忧,居(父母)丧。

邵氏闻见录

[宋] 邵伯温

《邵氏闻见录》二十卷，宋邵伯温撰。伯温字子文，河南洛阳人。邵雍之子。少承父教，又亲接司马光等前辈，为再世交，故于当世之务多所闻见。光入相，欲荐伯温，未果而薨。后以河南尹等荐，授大名府助教，调潞州长子县尉，累官至利州路转运副使，提举太平观。伯温历王安石新法、元祐党祸、靖康之乱等北宋大变局，绍兴四年（1134）卒，年七十八。

《邵氏闻见录》成书于绍兴初。前十六卷，记太祖以来朝政故事，而于王安石变法始末，载之尤详。虽于当时人物多作褒贬，不实之词亦间或有之，然其行文颇重引据，以切近事理为能，取其大旨，仍不失为平心之论。故此书记变法前后人物言行，亦为《续资治通鉴长编》《宋史》等史籍所采者。后四卷，记旧都洛阳形胜与邵雍事迹。《四库全书总目提要》曰：

「十七卷多记杂事，其洛阳、永乐诸条，皆寓『麦秀黍离』之感。十八至二十卷，皆记邵子之言行，而殇女转生、黑猿感孕，意欲神奇其父，转涉妖诬。」是可谓的论。

选文标题为编者所拟。

1. 太祖雪夜过赵普

太祖即位之初，数出微行，以侦伺人情，或过功臣之家，不可测。赵普每退朝，不敢脱衣冠。一日大雪，向夜，普谓帝不复出矣。久之，闻叩门声，普出，帝立风雪中。普惶惧迎拜，帝曰："已约晋王矣。"已而太宗至，共于普堂中设重裀地坐^①，炽炭烧肉。普妻行酒，帝以嫂呼之。普从容问曰："夜久寒甚，陛下何以出？"帝曰："吾睡不能著，一榻之外皆他人家也，故来见卿。"普曰："陛下小天下耶？南征北伐，今其时也。愿闻成算所向。"帝曰："吾欲下太原。"普嘿然久之，曰："非臣所知也。"帝问其故，普曰："太原当西北二边，使一举而下，则二边之患我独当之。何不姑留以俟削平诸国，则弹丸黑志之地^②，将无所逃。"帝笑曰："吾意正如此，特试卿耳。"遂定下江南之议。帝曰："王全斌平蜀多杀人，吾今思之犹耿耿，不可用也。"普于是荐曹彬为将，以潘美副之^③。明日命帅，彬与美陛对，彬辞才力不逮，乞别选能臣。美盛言江南可取，帝大言谕彬曰："所谓大将者，能斩出位犯分之副将，则不难矣。"美汗下，不敢仰视。将行，夜召彬入禁中，帝亲酌酒。彬醉，宫人以水沃其面。既醒，帝抚其背以遣曰："会取会取，他本无罪，只是自家着他不得^④。"盖欲以恩德来之也^⑤。是故以彬之厚重，美之明锐，更相为助，令行禁止，未尝妄戮一人，而江南平。皆帝仁圣神武所以用之得其道云。（卷一）

【注释】

① 重裀（chóngyīn）：又作"重茵""重鞇"。双层坐卧垫褥。

② 黑志：即"黑痣"。皮肤上的黑斑。此处比喻北汉小国。

③ 潘美：字仲询，大名（今属河北邯郸市）人。五代后周武将。与宋太祖素厚，太祖践祚，屡受重用。李重进叛，以行营都监副石守信平之。开宝三年（970），为行营诸军都部署，率军灭南汉。八年十月，任昇州道行营都监，副曹彬平南唐，以功拜宣徽北院使。太宗即位，改南院使，加开府仪同三司。太平兴国四年（979），为北路都招讨，灭北汉。后破来犯辽兵，封代国公。八年，改忠武军节度，进封韩国公。雍熙三年（986），与曹彬等北伐，败于辽，坐削秩三等，降为检校太保。次年，复检校太师、知真定府。未几改都部署、判并州，加同平章事。淳化二年（991）六月卒，年六十七。赠中书令，谥武惠。

④ 着他不得：意谓受不了他。着，接受。

⑤ 来：归服；归顺。

2. 蜀人不复思故主

伪蜀孟昶以降王入朝①,舟过眉州湖瀼渡②,一宫嫔有孕,昶出之,祝曰:"若生子,孟氏尚存也。"后生子,今为孟氏不绝。昶治蜀有恩,国人哭送之。至犍为县别去③,其地因号曰"哭王滩"。蜀初平,吕馀庆出守④,太祖谕曰:"蜀人思孟昶不忘,卿官成都,凡昶所榷税食饮之物⑤,皆宜罢。"馀庆奉诏除之,蜀人始欣然不复思故主矣。(卷一)

【注释】

①　孟昶以降王入朝:乾德三年(965)正月,宋军进逼成都,孟昶降,后蜀亡。二月,命参知政事吕馀庆权知成都府,诏伪蜀文武百官并遣赴阙。三月,孟昶与其官属皆挈族归朝,由峡江而下。

②　湖瀼(ràng)渡:在岷江小三峡(今四川眉山市青神县南五十里)内。岷江小三峡,又称"嘉州小三峡"或"平羌三峡",古称"熊耳峡",宋改"湖瀼峡"。为蜀都至嘉州(今四川乐山市)下戎州(今四川宜宾市)达渝州(今重庆市)之水上通道。

③　犍(Qián)为:县名。五代及宋隶嘉州。

④　吕馀庆:幽州安次(今河北廊坊市安次区)人。本名胤,犯宋太祖偏讳,因以字行。以荫补千牛备身,历开封府参军,迁户曹掾。后周时,为宋太祖宾佐。太祖登极,召拜给事中,充端明殿学士。未几,知开封府。建隆三年(962),迁户部侍郎。荆湖平,出知潭州,改襄州,迁兵部侍郎、知江陵府。乾德二年(964)召还,以本官参知政事。蜀平,命知成都府,加吏部侍郎。归朝,兼剑南、荆南等道都提举、三司水陆发运等使。开宝六年(973),与宰相交替执政事印,旋以疾求解,拜尚书左丞。九年卒,年五十。赠镇南节度。以弟吕端至道间为宰相,特诏赠侍中。

⑤　榷税:征税。

3. 仁宗责贵妃以正礼

仁宗一日幸张贵妃阁①,见定州红瓷器②,帝坚问曰:"安得此物?"妃以王拱辰所献为对③,帝怒曰:"尝戒汝勿通臣僚馈遗,不听何也?"因以所持柱斧碎之④。妃愧谢,久之乃已。妃又尝侍上元宴于端门⑤,服所谓灯笼锦者,上亦怪问。妃曰:"文彦博以陛下眷妾,故有此献。"上终不乐。后潞公入为宰相,台官唐介言其过⑥,及灯笼锦事,介虽以对上失礼远谪,潞公寻亦出判许州,盖上两罢之也。或云灯笼

锦者,潞公夫人遗张贵妃,公不知也。唐公之章与梅圣俞《书窜》之诗⑦,过矣。呜呼,仁宗宠遇贵妃冠于六宫,其责以正礼尚如此,可谓圣矣!（卷二）

【注释】

① 张贵妃:河南永安(今河南郑州市巩义市南)人。幼无依,母钱氏遂纳于章惠皇后宫寝。长得幸,有盛宠。巧慧多智,善承迎。庆历初封清河郡君,岁中为才人,迁修媛。皇祐初进贵妃。后五年薨,年三十一。追册为皇后,谥温成。

② 定州红甆器:宋定州瓷窑所产瓷器。定窑(在今河北保定市曲阳县涧磁村、燕山村),古代著名瓷窑。唐时已烧制白瓷,至宋而闻名。宋代定窑除烧制白瓷外,兼烧黑、酱、绿釉瓷器。器皿装饰以刻花、划花、印花为主。北宋中后期,曾一度烧制宫廷使用的瓷器。迄今为止,考古发现中尚无确指为定窑红瓷器物,只在宋以后文献著述中提及。如清蓝浦《景德镇陶录》卷六"定窑":"宋时所烧,出直隶定州,有南定器、北定器。土脉细腻,质薄有光,素凸花、划花、印花、绣花诸种,多牡丹、萱草、飞凤花式,以白色而滋润为正。白骨而加以油水,有如泪痕者佳,俗呼粉定,又称白定。其质粗而微黄者低,俗呼土定。东坡《试院煎茶》诗云:'定州花瓷琢红玉。'蒋《记》云:'景德镇陶器有饶玉之称,视真定红瓷足相竞。'则定器又有红者。间造紫定、黑定,然惟红、白二种,当时尚之。"甆,同"瓷"。

③ 王拱辰:字君贶,开封咸平(今河南开封市通许县)人。原名拱寿,年十九举进士第一,仁宗赐以今名。通判怀州,入直集贤院,历知制诰。庆历元年(1041),为翰林学士,权知开封府,拜御史中丞。数论事,颇强直。进言罢枢密使夏竦,又胁迫朝廷徙滕宗谅岳州。不满庆历新政,因逐王益柔、苏舜钦以倾范仲淹,为公议所薄。后坐事出知郑州,徙澶、瀛、并三州,数岁还。积官至吏部尚书。神宗登极,迁太子少保,以北院使召还。王安石参政,恶其异己,出为应天府。元丰初,改武安军节度使。哲宗立,徙节彰德,加检校太师。是年薨,年七十四。赠开府仪同三司,谥懿恪。

④ 柱斧:水晶制小斧。朝官所用。

⑤ 端门:皇宫正南门。北宋皇宫正南门曰宣德门。

⑥ 唐介:字子方,江陵(今湖北荆州市荆州区)人。进士及第,历知州县。仁宗朝,入为监察御史里行,转殿中侍御史。后宫启圣院造龙凤车,珠玉以饰,介严谏而毁之。外戚张尧佐骤任宣徽、节度、景灵、群牧四使,介与包拯、吴奎等力争之。仁宗推说系中书提议,介乃弹劾文彦博贿赂宦官、嫔妃而致相,请罢之而相富弼。仁宗怒甚,贬春州别驾。旋悟,改置英州,而罢彦博相。又虑介或死道中,有杀直臣名,命中使护之。梅尧臣、李师中皆赋诗激美,由是直声动天下,士大夫称真御史必曰唐子方,而不敢名。神宗熙宁元年(1068),拜参知政事,与王安石不协,数争于庭。介不胜愤,疽发于背而薨,年六十。赠礼部尚书,谥质肃。

⑦ 梅圣俞《书窜》之诗：梅尧臣作诗述唐介事，见魏泰《东轩笔录》卷七："当是时，梅尧臣作《书窜》诗曰：'皇祐辛卯冬，十月十九日。御史唐子方，危言初造膝。日朝有巨奸，臣介所愤疾。愿条一二事，臣职敢妄率。臣奸宰相博，邪行世莫匹。曩时守成都，委曲媚贵昵。银铛插左貂，穷腊使驰驿。邦媛将夸侈，中金贵十镒。为我寄使君，奇纹织纤密。遂倾西蜀巧，日夜急鞭抶。红经纬金缕，排科斗八七。比比双莲花，篝灯戴心出。几日成一端，持行如鬼疾。明年观上元，被服稳称质。璨然惊上目，遽尔有薄诘。既闻所从来，佞对似未失。且云奉至尊，于妾岂能必。遂回天子颜，百事容丐乞。臣今得粗陈，狡猾彼非一。偷威与卖利，次第推甲乙。是惟阴猾雄，仁断宜勇黜。必欲致太平，在列无如弼。弼亦昧平生，亲臣不阿屈！臣言天下公，奚以身自恤？君傍有侧媚，喑哑横诋叱。指言为罔上，废汝还蓬荜。是时白此心，尚不避斧锧。虽令御魑魅，甘且同饴蜜。既知弗可惧，复以强词窒。帝声亦大厉，论奏不容毕。介也容甚闲，猛士胆为栗。立贬岭外春，速欲为异物。内外官恼恼，陛下何未悉？即敢捄者谁？曩执左史笔，谓此傥不容，盛美有所咈。平明中执法，怀疏又坚述。介言或似狂，百岂无一实。恐伤四海和，幸勿苦仓卒。亟许迁英州，衢路犹嗟咄。翌日宣白麻，称快口盈溢。阿附连谏官，去若怀絮虱。其间阴获利，窃笑等蚌蟥。英州五千里，瘦马行駃駃。毒蛇喷晓雾，昼与岚气没。妻孥不同涂，风浪过蛟窟。存亡未可知，旅馆愁伤骨。饥仆时后先，随猿拾橡栗。越林多蔽天，黄甘杂丹橘。万室通酿酤，抚远无禁律。醉去不须钱，醒来弄鸣瑟。山水仍奇怪，已可消忧欝。莫作楚大夫，怀沙自沉汩。西汉梅子真，出为吴市卒。市卒且不惭，况兹别秉秩。'始尧臣作此诗，不敢示人。及欧阳文忠公为编其集，时有嫌避，又削去此诗，是以人少知者，故今尽录焉。"

4. 仁宗升遐

　　仁宗皇帝嘉祐八年三月二十九日升遐①，遗诏到洛，伯温时年七岁，尚记城中军民以至妇人孺子，朝夕东向号泣，纸烟蔽空，天日无光。时舅氏王元修自京师过洛，为先公言京师罢市巷哭，数日不绝，虽乞丐者与小儿皆焚纸钱，哭于大内之前。又有周长孺都官赴剑州普安知县②，行乱山中，见汲水妇人，亦载白纸行哭。呜呼！此所谓百姓如丧考妣者欤！（卷二）

【注释】

　　① 升遐：亦作"升假"。升天。帝王去世的婉辞。

　　② 周长孺：字士彦，澶渊（今河南濮阳市西南）人。庆历二年进士。邵雍弟子。本书卷十六载其生平，有曰："治平末，以都官员外郎知剑州普城县，卒。"都官，尚书省刑部都官司郎中、员外郎的省称。参见第204页第17则注释⑨。

5. 神宗召王安石以至大用

神宗即位，锐意求治。初用吕溱为翰林学士，为开封府。溱死，又用滕甫为翰林学士，为御史中丞。甫性疏，上时遣小黄门持短札御封问事，甫夸示于人。或有见御札中误用字者，乃反谤甫以为扬上之短，上怒，疏斥之，至以为逆人李逢亲党①，不复用。时王安石居金陵，初除母丧，英宗屡召不至。安石在仁宗时，论立英宗为皇子与韩魏公不合，故不敢入朝。安石虽高科有文学②，本远人，未为中朝士大夫所服，乃深交韩、吕二家兄弟。韩、吕，朝廷之世臣也③，天下之士，不出于韩，即出于吕。韩氏兄弟绛字子华，与安石同年高科④；维字持国，学术尤高，不出仕，用大臣荐入馆。吕氏公著字晦叔，最贤，亦与安石为同年进士。子华、持国、晦叔争扬于朝，安石之名始盛。安石又结一时名德之士如司马君实辈，皆相善。先是治平间，神宗为颖王，持国翊善⑤，每讲论经义，神宗称善。持国曰："非某之说，某之友王安石之说。"至神宗即位，乃召安石，以至大用。（卷三）

【注释】

①逆人李逢：指神宗熙宁中李逢谋逆案。熙宁八年（1075），沂州民朱唐告发前越州馀姚县主簿李逢谋反，此案牵连秀州团练使赵世居（太祖之孙）、医官刘育及河中府观察推官徐革等。最后，赵世居赐死，李逢、刘育和徐革处磔刑。《续资治通鉴长编》卷二百五十九："（熙宁八年正月）庚戌，诏权御史台推直官寒周辅劾前馀姚县主簿李逢于徐州。初，沂州民朱唐告逢有逆谋，提点刑狱王庭筠等言其无结构之迹，但逢谤讪朝政，或有指斥之语及妄说休咎。虽在赦前，且尝自言缘情理深重，乞法外编配；告人虚妄，亦乞施行。上疑未得实，故遣周辅先具初劾大情以闻。"又注引《哲宗旧录·寒周辅传》云："会有上变，告馀姚主簿李逢谋为不道。捕系沂狱，部使者请并告人按之，谓逢语意虽悖，无实状。上疑之，遣周辅往。至则悉得逢奸状，且连逮宗室子世居。诏御史府集台谏官杂治，于中参验，卒无异辞，神宗益知其精敏可属以事，即擢开封府推官。"又《宋史·神宗纪二》："（八年四月）壬子，沂州民朱唐告前馀姚县主簿李逢谋反，辞连右羽林大将军世居，及河中府观察推官徐革。命御史中丞邓绾、知谏院范百禄、御史徐禧杂治之。狱具，世居赐死，逢、革等伏诛。"李逢乃滕甫妻舅，故称"亲党"。《续资治通鉴长编》卷二百六十："（八年二月）辛未，知青州、翰林侍读学士滕甫，知齐州、天章阁待制李肃之，两易其任。时治李逢狱，以甫娶逢妹故也。寻命甫知邓州，肃之知齐州如故。"

②高科：科举高第。庆历二年（1042），王安石中进士甲科。蔡上翔《王荆公年谱考略》卷二：

"是年三月,赐礼部奏名、进士、诸科及第出身八百三十九人,公登杨寘榜进士第四名,是年签书淮南判官。"

③ 韩、吕句:韩氏为世臣,自韩亿始。亿字宗魏,其先真定灵寿(今属河北)人,徙开封之雍丘(今河南杞县)。进士及第,仕真宗、仁宗两朝,官至尚书左丞,以太子少傅致仕。有八子。三子绛,字子华,举进士甲科;仕仁宗、英宗、神宗、哲宗四朝,历台府、三司、枢密院,积官至参知政事、同中书门下平章事,封康国公,以司空、检校太尉致仕。五子维,字持国,受荫入官,父没后闭门不仕,好古嗜学;仁宗朝曾任神宗藩邸记室参军,后历官知制诰、知开封府、门下侍郎,以太子少傅致仕。六子缜,字玉汝,登进士第,历淮南转运使、知枢密院事,曾出使西夏,官至尚书右仆射兼中书侍郎,以太子太保致仕。《宋史》卷三百一十五《论》曰:"亿有子位公府,而行各有适。绛适于同,维适于正,缜适于严。呜呼,维其贤哉!"吕家兄弟,依次为公绰、公弼、公著、公孺。公著字晦叔,先世莱州(今属山东)人,先祖龟祥殿中丞知寿州(治今安徽淮南市凤台县),子孙遂为寿州人;登进士第,通判颍州,欧阳修与为讲学之友,历官御史中丞,哲宗朝拜尚书右仆射兼中书侍郎,与司马光同辅政。从祖蒙正,太宗、真宗朝三入相,参见第150页第10则注释①;祖蒙亨,举进士高等,廷试以蒙正居中书而报罢,后官大理寺丞;父夷简,仁宗朝为相,参见第180页第49则注释②;兄公绰,字仲祐,荫补入官,至翰林侍读学士、知审刑院兼判太常寺;次兄公弼,字宝臣,赐进士出身,为神宗朝枢密使;弟公孺,字稚卿,赐进士出身,哲宗朝官至户部尚书。《宋史》卷三百十一《论》曰:"吕氏更执国政,三世四人,世家之盛,则未之有也。"

④ 同年高科:庆历二年进士甲科排名前四者,为杨寘、王珪、韩绛、王安石。见《石林燕语》卷三。

⑤ 翊善:宋太子或王府属官。北宋前期置亲王府翊善,掌轮讲经史。

6. 太皇太后语神宗宜罢新法

神宗既退司马温公,一时正人皆引去,独用王荆公,尽变更祖宗法度,用兵兴利,天下始纷然矣。帝一日侍太后①,同祁王至太皇太后宫②,时宗祀前数日,太皇太后曰:"天气晴和,行礼日亦如此,大庆也。"帝曰:"然。"太皇太后曰:"吾昔闻民间疾苦,必以告仁宗,常因赦行之,今亦当尔。"帝曰:"今无它事。"太皇太后曰:"吾闻民间甚苦青苗、助役钱③,宜因赦罢之。"帝不怿,曰:"以利民,非苦之也。"太皇太后曰:"王安石诚有才学,然怨之者甚众。帝欲爱惜保全,不若暂出之于外,岁馀复召用可也。"帝曰:"群臣中惟安石能横身为国家当事耳。"祁王曰:"太皇太后之言,至言也。陛下不可不思。"帝因发怒,曰:"是我败坏天下耶? 汝自为之。"祁王泣曰:"何至是也。"皆不乐而罢。温公尝私记富韩公之语如此,而世无知者。崇宁中，蔡京等修哲宗史，为《王安石传》，至以王安石为圣人，然亦书慈圣光献后、宣仁圣烈后因间见上，流涕为言安石变乱天下，已而安石罢相。岂安石之罪虽其党竟不能文耶④？抑天欲彰吾本朝母后之贤，自不得而删也？帝退安石，十年不用。元丰末，帝属疾，念可以托圣子者，独曰："将以司马光、吕公著为师傅。"王安石不预也。呜呼，圣矣哉！（卷三）

【注释】

①　太后：英宗宣仁圣烈高皇后。高氏，亳州蒙城（今属安徽）人。祖有勋于王室，至节度使；母曹氏，为仁宗慈圣光献后之姊。少鞠宫中，与英宗成婚于濮邸，生四子一女，长子即神宗顼。治平二年（1065）册为皇后。神宗立，尊为皇太后。

②　祁王：英宗次子颢。颢字仲明，初封安乐郡公，进祁国公，后累封楚王。徽宗时追封吴王。　太皇太后：仁宗慈圣光献曹皇后。参见第303页第1则注释②。

③　青苗、助役钱：王安石新法青苗法、免役法中的主要内容。青苗法，亦称"常平法"。宋初各地设常平、惠民等仓，以调剂民食，至熙宁元年（1068），各路仓库积存钱谷一千五百馀万贯石。二年，王安石实行青苗法，凡州县各等民户在每年夏秋两收前，可至当地官府借贷现钱或粮谷，以补助耕作，称青苗钱。借户贫富配搭，五户或十户为一保，互相检察。贷款数额依民户资产分五等，一等户每次不过十五贯，五等户不过一贯五百文，所借随当年夏秋两税于六月和十一月归还，每期取息二分。初行于河北、京东、淮南三路，后遍行于诸路。有抑配和收取重息等弊。元祐元年（1086）废止，后兴废无常。免役法，亦称"募役法""雇役法"。熙宁四年推行。规定依民户资产分等，上户分五等，中户分三等，下户分两等，坊郭户分七等，每年在夏秋两季按等第出钱交官府雇人代役，称免役钱。乡户四等、坊郭户六等以下免缴。各地依当地差役繁简，自定额数，供地方费用，定额之外另加十分之二收缴，称免役宽剩钱。原规定不应役之坊郭等第户、女户、单丁户或未成丁户、寺观及品官户等，照应役乡户免役钱减半征收，称助役钱。元祐元年司马光恢复差役法，但免役法未完全废除。

④　文：粉饰；掩饰。

7. 元 祐 皇 后

元符末，上皇即位①，皇太后垂帘同听政②。有旨复哲宗元祐皇后孟氏位号③，自瑶华宫入居禁中。时有论其不可者，曰："上于元祐后，叔嫂也。叔无复嫂之理。"程伊川先生谓伯温曰④："元祐皇后之言固也⑤，论者之言亦未为无礼。"伯温曰:"不然,《礼》曰:'子甚宜其妻,父母不说,出;子不宜其妻,父母曰是善事我,子行夫妇之礼焉。'皇太后于哲宗,母也;于元祐后,姑也。母之命、姑之命,何为不可?非上以叔复嫂也。"伊川喜曰:"子之言得之矣。"相继奸臣曾布、蔡京用事,朋党之祸再作,元祐后竟出居旧宫者二十年。靖康初,大金陷京师,逼上皇、渊圣帝北狩⑥,宗族尽徙,独元祐后以在道宫不预。虏退,群臣请入禁中,垂帘听政,以安反侧。至上即位于宋,幸维扬,虏再犯,幸馀杭,后于艰难中辅成上圣德为多。后崩,上哀悼甚,不能视朝者累日。下诏服齐衰⑦,谥曰昭慈圣献。呜呼,后逮事宣仁圣烈太后,其贤有自矣。至于废兴则天也。(卷五)

【注释】

① 上皇:指徽宗。元符三年(1100)正月,哲宗崩,其弟端王佶即位于柩前。

② 皇太后:神宗钦圣宪肃向皇后。向氏,河内(今河南沁阳市)人。真宗朝宰相向敏中曾孙女。治平三年(1066)与神宗婚于颍邸,封安国夫人。神宗即位,立为皇后。哲宗立,尊为皇太后。哲宗仓卒晏驾,独决策迎端王。徽宗即位,请权同处分军国事。建中靖国元年(1101)正月崩,年五十六。

③ 元祐皇后孟氏:洺州(治今河北邯郸市永年县广府镇)人。年十六入宫,宣仁高太后、钦圣向太后皆爱之。元祐七年(1092)册为皇后。绍圣三年(1096),为宠妃刘婕妤所排,又坐其姊持道家治病符水入治福庆公主,诏废后,出居瑶华宫,号华阳教主、玉清妙静仙师,法名冲真。元符末,钦圣太后将复其位,于是诏还内,以刘氏时号元符皇后故,号元祐皇后。崇宁初,蔡京等再议废后,徽宗从之,复居瑶华宫。靖康初,金人围汴,钦宗与近臣议再复后,尊为元祐太后,诏未下而京城陷。张邦昌僭位,乃复上尊号元祐皇后,迎入禁中,垂帘听政。孟氏闻康王至南京,遣使奉圭宝、乘舆、服御迎,王即皇帝位,尊后为元祐太后。绍兴五年(1135)四月崩,年五十九。上尊号曰昭慈献烈皇太后,谥昭慈圣献。

④ 程伊川:程颐,字正叔,学者称伊川先生,洛阳人。曾任秘书省校书郎,官至崇政殿说书。与兄颢学于周敦颐,并同为北宋理学奠基者,世称"二程"。讲学达三十馀年。其学说后为朱熹所承,世称程朱学派。

⑤ 言:别本作"贤"。考其上下文,作"贤"是也。

⑥ 渊圣帝:指钦宗。靖康二年(1127)四月,金兵掳徽宗、钦宗二帝北还;五月,康王即位于南京(今河南商丘市),遥上钦宗尊号曰孝慈渊圣皇帝。

⑦ 齐衰(zīcuī):丧服。为五服之一。服用粗麻布制成,以其缉边缝齐,故称。服期有三年(为母)、一年(为祖父母、为妻)、五月(为曾祖父母)、三月(为高祖父母)等。

8. 神宗用兵致疾

熙宁初，韩魏公罢政，富公再相，神宗首问边事，公曰："陛下即位之初，当布德行惠，愿二十年不言'用兵'二字。"盖是时王荆公已有宠，劝帝用兵以威四夷。初于用王韶取熙河以断西夏右臂①；又欲取灵武以断大辽右臂；又结高丽起兵，欲图大辽；又用章惇为察访使，以取湖北夔峡之蛮；又用刘彝知桂州、沈起为广西路安抚使②，以窥交趾。二人不密，造战舰于富良江上③，交趾侦知，先浮海载兵陷廉州，又破邕州，杀守臣苏缄④，屠其城，掠生口而去。又用郭逵、赵卨宣抚广南⑤，使直捣交趾，逵老将，与卨议论不同，为交趾扼富良江，兵不得进，瘴死者十馀万人。元丰四年，五路大进兵⑥，取灵武。夏人决黄河水柜以灌吾垒⑦，兵将冻溺饿饥不战而死者数十万人。又用吕嘉卿所荐徐禧筑永乐城⑧，夏人以大兵破之，自禧而下死者十馀万人。报夜至，帝早朝当宁恸哭⑨，宰执不敢仰视。帝叹息曰："永乐之举，无一人言其不可者。"右丞蒲宗孟进曰："臣尝言之。"帝正色曰："卿何尝有言？在内惟吕公著，在外惟赵卨，曾言用兵不是好事。"既又谓宰执曰："自今更不用兵，与卿等共享太平。"然帝从此郁郁不乐，以至大渐。呜呼痛哉！故元祐初，宰执辅母后、幼主，不复言兵。西夏求故地，举鄜延、环庆非吾要害城塞数处与之。游师雄、种谊生禽鬼章⑩，亦薄其赏，盖用心远矣哉。（卷五）

【注释】

① 于：别本作"是"。　　王韶：字子纯，江州德安（今属江西）人。进士及第。熙宁元年（1068），诣阙上《平戎策》，提出"欲取西夏，当先复河、湟"之策，神宗召问方略，命以管干秦凤经略司机宜文字。后几年，率军击溃羌人和西夏军队，改镇洮军为熙州，收复河、洮、岷、宕、亹五州，置熙河路。韶小官拜观文殿学士、礼部侍郎、枢密副使。后以熙河开边勤兵费财归曲朝廷，由是贬知洪州、鄂州。元丰四年（1081）病疽卒，年五十二。赠金紫光禄大夫，谥襄敏。

② 刘彝：字执中，福州人。参见第204页第17则注释①。　　沈起：字兴宗，明州鄞（今浙江宁波市）人。进士高第。熙宁六年，以天章阁待制知桂州。为求边功，擅令编集土丁建习战阵，又于海滨集舟师寓教水战，禁与交趾互市贸易，遭议，罢。命刘彝代之。交人疑惧，率众犯境，连陷廉、白、钦、雍四州，死数十万人。事闻，起、彝均遭贬。起卒于贬所。

③ 富良江：今越南境内红河。

④ 苏缄：字宣甫，泉州晋江（今福建泉州市）人。举进士。熙宁四年，以皇城使知邕州。曾以

书抵沈起、刘彝罢所行军备事,不听。八年十一月,交趾兵八万攻宋,陷钦、廉等州。十二月,围邕州。缄求援于刘彝,彝遣将张守节救之。守节逗留不进,猝遇敌,举军皆覆。明年正月,邕州城陷,缄毁家自焚。

⑤ 郭逵、赵禼(xiè)宣抚广南:熙宁九年二月,神宗命郭逵为安南行营经略招讨使、兼荆湖广南宣抚使,赵禼副之,率军进讨交趾。七至九月,水陆并进,收复钦、廉、邕等州。继而入交趾境,进思明,克广源,拔决里隘。十二月,取桃榔、门州,战于富良江,斩敌大将洪真太子,擒左郎将阮根,交趾王李乾德被迫求和。宋军以三十万众冒暑涉瘴,粮草不济,战死及疫亡者过半,遂许和班师。郭逵,字仲通,洛阳人。早隶陕西范仲淹麾下,仁宗朝以军功累迁容州观察使、泾原路副都部署。治平间以检校太保同签书枢密院,出领陕西宣抚使、判渭州。神宗即位,改宣徽南院使,镇鄜延。率军讨交趾,富良江之役班师后,坐贬左卫将军、西京安置。哲宗立,复起至左武卫上将军、提举崇福宫,卒。赠雄武军节度使。赵禼,字公才,邛州依政(今四川邛崃市回龙镇)人。第进士。郭逵宣抚陕西、帅鄜延,辟为幕府。熙宁初,西夏屡犯边,禼审计形势,为破敌之策以献,迁提点陕西刑狱,加直龙图阁、知延州,擢天章阁待制。副郭逵讨交趾还,坐贬直龙图阁、知桂州。后复天章阁待制、权三司使。元祐初,迁枢密直学士。五年,拜端明殿学士,迁太中大夫。卒,年六十五。赠右光禄大夫。

⑥ 五路大进兵:元丰四年(1081)三月,宋廷获谍报,西夏惠宗(秉常)试图恢复汉礼、与宋交好,遭太后梁氏、相国梁乙埋反对而被囚禁,夏国内部分裂。七月,神宗乃决意西伐,命李宪出熙河、高遵裕出环庆、刘昌祚出泾原、种谔出鄜延、王中正出河东,五路并进。九月,李宪部降西使城禹藏花麻,攻入兰州。十月,种谔部拔米脂,降守将令介讹遇;高遵裕部攻清远军,降守将讹名讹吪;刘昌祚部亦击溃梁乙埋所率大军。十一月,宋军围灵州。梁太后遣轻兵截宋军粮运,退种谔、王中正等部;又决黄河水灌高遵裕部,宋兵冻溺而死者无数,大败而退。

⑦ 水柜:亦作“水匮”。一种军事防御设施。引水库积,遇战则决而淹之。

⑧ 永乐城:宋军西伐,曾攻入银、夏、宥三州,但无力驻守。元丰五年(1082)九月,神宗命给事中徐禧于三州界永乐川下棣筑永乐城,以困扼兴州。禧等十九天建成。夏统军叶悖麻、咩讹埋领兵三十万,屯泾原北,俟城成,发兵急攻。城陷,禧及以下将官、士卒、民夫等死者近二十万。徐禧,字德占,洪州分宁(今江西九江市修水县)人。熙宁初,王安石行新法,禧上策以献,授官。官至给事中。永乐城之战,不听部将所言,一意孤行,以致兵败而死。赠金紫光禄大夫、吏部尚书,谥忠愍。

⑨ 当宁(zhù):处在门屏之间。宁,古代宫室门内屏外之地。君主在此接受群臣朝见。《礼记·曲礼下》:“天子当宁而立,诸公东面,诸侯西面,曰朝。”后以“当宁”指皇帝临朝听政。

⑩ 游师雄、种谊生禽鬼章:元祐元年(1086),吐蕃酋帅鬼章胁迫诸羌,与西夏勾结为乱,谋取熙、河二州之地。朝廷诏军器监丞游师雄出使,与边将措置,行听便宜从事。师雄等议三日,乃定分兵二:姚兕率左路北上,种谊率右路南下。姚兕部破六逋宗城,斩首千五百级,又下讲朱城,切

断黄河要道，青唐十万羌兵不得渡。种谊部破洮州城，生擒酋帅鬼章及大首领九人，斩首千七百级。捷书闻，百僚表贺。将厚赏，言者犹以为邀功生事，只迁师雄一官，为陕西转运判官、提点秦凤路刑狱。

9. 李迪智逼八大王元俨出禁中

真宗不豫，大渐之夕，李文定公与宰执以祈禳宿内殿①。时仁宗幼冲，八大王元俨者有威名②，以问疾留禁中，累日不肯出。执政患之，无以为计，偶翰林司以金盂贮熟水③，曰："王所须也。"文定取案上墨笔搅水中，水尽黑，令持去。王见之大惊，意其有毒也，即上马去。文定临事，大率类此。（卷六）

【注释】

① 李文定：李迪，字复古。参见第290页第8则注释②。　祈禳：祈祷以求福避灾。

② 八大王元俨：周恭肃王赵元俨，太宗第八子。少奇颖，太宗特爱之，期以年二十始就封。真宗时历封曹国公、广陵郡王、荣王、彭王、泾王。仁宗时累封荆王，景祐二年（1035）大封拜宗室，授荆南、淮南节度大使，行荆州、扬州牧。《宋史·宗室传二》："元俨广颡丰颐，严毅不可犯，天下崇惮之，名闻外夷。"《渑水燕谈录》卷九："士民识与不识，呼之曰'八大王'。"庆历四年（1044）正月薨，赠天策上将军、徐兖二州牧、燕王，谥恭肃。熙宁中，孙宗绛嗣封吴国公，徽宗改封吴王为周王。

③ 翰林司：内诸司名。又称"茶酒局"。掌供奉御酒、茶汤、水果，以及皇帝游宴事。

10. 范质戒子诗

范鲁公戒子孙诗①，其略曰："戒尔学立身，莫若先孝悌，怡怡奉亲长②，不敢生骄易。战战复兢兢，造次必于是③。戒尔学干禄，莫若勤道艺。尝闻诸格言，学而优则仕。不患人不知，惟患学不至。戒尔远耻辱，恭则近乎礼。自卑而尊人，先彼而后己。《相鼠》尚有礼④，宜鉴诗人刺。戒尔勿旷放，旷放非端士。周、孔垂名教，齐、梁尚清议，南朝称八达⑤，千载秽青史。戒尔勿嗜酒，狂药非佳味，能移谨厚性，化为凶险类。古今倾败者，历历皆可记。戒尔勿多言，多言众所忌，苟不慎枢机⑥，灾厄从此始。是非毁誉间，适足为身累。举世重交游，拟结金兰契⑦。忿怨从是生，风波当时起。所以君子性，汪汪淡如水。举世好奉承，昂昂增意气⑧，不知奉承者,以尔为玩戏。所以古人疾,籧篨与戚施⑨。举世重任侠,俗呼为气义,为人赴急难,往往陷刑制。所以马援书⑩,殷勤戒诸子:举世贱清素,奉身好华侈。肥马衣轻裘,扬扬过间里,虽得市童怜,还为识者鄙。"恭惟祖宗所用宰辅⑪,皆忠厚笃实之士,独鲁公为之称首,余读国史,得其诗,录以为子孙之戒。(卷七)

【注释】

① 范鲁公:范质,字文素。仕后周、宋初为相。参见第 144 页第 2 则注释②。

② 怡怡:和顺貌。《论语·子路》:"切切偲偲,怡怡如也,可谓士矣。"

③ 造次必于是:意谓仓促、匆忙之间亦须如此。《论语·里仁》:"君子无终食之间违仁,造次必于是,颠沛必于是。"

④ 相(xiàng)鼠:《诗经·鄘风》篇名。《诗序》曰:"《相鼠》,刺无礼也。"古人常赋之以刺无礼义廉耻者。相,视,观察。

⑤ 八达:又称"江左八达"。指晋谢鲲、胡毋辅之等八位放达之士。《晋书·光逸传》:"(逸字孟祖)寻以世乱渡江,复依辅之。初至,属辅之与谢鲲、阮放、毕卓、羊曼、桓彝、阮孚散发裸袒,闭室酣饮已累日。逸将排户入,守者不听,逸便于户外脱衣露头于狗窦中窥之而大叫。辅之惊曰:'他人决不能尔,必我孟祖也。'遽呼入,遂与饮,不舍昼夜。时人谓之八达。"

⑥ 枢机:此处喻指言语。《周易·系辞上》:"言行,君子之枢机。"

⑦ 金兰契:契合、深厚的友情;至交。《周易·系辞上》:"二人同心,其利断金;同心之言,其臭如兰。"

⑧ 昂昂:此处指骄傲自负貌。

⑨ 籧篨(qúchú)与戚施:籧篨,本指不能折之篾席,喻患丑疾而不能俯身者。戚施,本指蟾蜍,喻驼背而不能仰视者。两者皆喻谄谀献媚之人。《文选·李萧远〈运命论〉》:"凡希世苟合之士,籧篨戚施之人,俯仰尊贵之颜,逶迤势利之间,意无是非,赞之如流,言无可否,应之如响。"籧篨,同"蘧蒢"。

⑩ 马援:字文渊,汉扶风茂陵(今陕西兴平东北)人。新莽末,为新成大尹。后依附陇西隗嚣。继归光武帝刘秀,灭隗嚣。建武十一年(35),任陇西太守,安定西羌。十七年,任伏波将军,封新息侯。尝以"男儿要当死于边野,以马革裹尸还葬耳"自誓,出征匈奴、乌桓。二十五年(49),征武陵五溪蛮,病卒于军中,年六十三。马援戒诸子书,据《后汉书》本传:"初,兄子严、敦并喜讥议,而通轻侠客。援前在交阯,还书戒之曰:'吾欲汝曹闻人过失,如闻父母之名,耳可得闻,口不可得言也。好论议人长短,妄是非正法,此吾所大恶也,宁死不愿闻子孙有此行也。汝曹知吾恶之甚矣,所以复言者,施衿结褵,申父母之戒,欲使汝曹不忘之耳。龙伯高敦厚周慎,口无择言,谦约节俭,廉公有威,吾爱之重之,愿汝曹效之。杜季良豪侠好义,忧人之忧,乐人之乐,清

浊无所失，父丧致客，数郡毕至，吾爱之重之，不愿汝曹效也。效伯高不得，犹为谨敕之士，所谓刻鹄不成尚类鹜者也。效季良不得，陷为天下轻薄子，所谓画虎不成反类狗者也。讫今季良尚未可知，郡将下车辄切齿，州郡以为言，吾常为寒心，是以不愿子孙效也。'"

⑪ 恭惟：又作"恭维"。对上谦词。一般用于行文之始。

11. 李迪为学子时

李文定公迪为学子时，从种放明逸先生学①。将试京师，从明逸求当塗公卿荐书②，明逸曰："有知滑州柳开仲塗者③，奇才善士，当以书通君之姓名。"文定携书见仲塗，以文卷为贽④，与谒俱入。久之，仲塗出，曰："读君之文，须沐浴乃敢见。"因留之门下。一日，仲塗自出题，令文定与其诸子及门下客同赋。赋成，惊曰："君必魁天下，为宰相。"令门下客与诸子拜之曰："异日无相忘也。"文定以状元及第，十年致位宰相。仲塗门下客有柳某者，后官至侍御史，文定公命长子柬之娶其女，不忘仲塗之言也。文定所拟赋题不传。如王沂公初作《有物混成赋》⑤，识者知其决为宰相，盖所养所学发为言辞者，可以观矣。程明道先生为伯温云。（卷七）

【注释】

① 种放明逸：种放，字明逸。参见第159页第20则注释①。

② 当塗：亦作"当涂""当途"。指身居要职、手握大权者。

③ 柳开仲塗：柳开，字仲塗。参见第229页第13则注释①。

④ 贽：初次见人时所执礼物。

⑤ 王沂公：王曾，字孝先。参见第185页第5则注释②。　有物混成赋：宋真宗咸平五年（1002）殿试题。取自《老子》二十五章："有物混成，先天地生。寂漠！"据《宋史·王曾传》："咸平中，由乡贡试礼部、廷对皆第一。杨亿见其赋，叹曰：'王佐器也。'"

12. 李沆谓天下太平未必能高拱无事

咸平、景德中，李文靖公沆在相位，王文正公旦知政事①。时西北二方未平②，羽书边报无虚日③，上既宵旰④，二公寝食不遑。文正公叹曰："安得及见太平，吾辈当优游矣。"文靖公曰："国家有强敌外患，足以警惧。异日天下虽平，上意浸满⑤，未必能高拱无事⑥。某老且死，君作相时当自知之，无深念也。"及北鄙和好，西陲款附,于是朝陵展礼[7],封山行庆[8],巨典盛仪,无所不讲。文靖已死,文正既衰,疲于赞导[9],每叹息曰:"文靖圣矣。"故当时谓文靖为圣相云。(卷七)

【注释】

① 知政事:别本"知"上有"参"字,宜补。

② 西北二方:西方指党项,时称大夏;北方指契丹(辽)。

③ 羽书:又称"羽檄"。古代军事文书,插鸟羽以示紧急,须速递。

④ 宵旰(gàn):即"宵衣旰食"之省。天不亮就穿衣起身,天黑了才吃饭。形容帝王勤于政事。

⑤ 浸满:逐渐自满。

⑥ 高拱:两手相抱,高抬于胸前。安坐之姿。

⑦ 朝陵:帝王拜扫祖先陵墓。景德四年(1007)正月,真宗诣河南府巩县(今河南郑州市巩义市东)朝陵。

⑧ 封山:即封禅大典。在泰山上筑土为坛以祭天,报天之功,故曰封;在泰山下梁父山辟场祭地,报地之德,故曰禅。大中祥符元年(1008)十月,真宗东封泰山。

⑨ 赞导:举行典礼时依照仪式赞唱引导。真宗东封,以王旦为封禅大礼使。

13. 吕夷简奏宜厚葬李宸妃

吕文靖公为相,章献太后垂帘同听政。李宸妃薨,章献秘之,欲以宫人常礼治丧于外。文靖早朝,留身奏曰:"闻禁中贵人暴薨,丧礼宜从厚。"章献遂挽仁宗入内。少顷,独坐帘下,召文靖问曰:"一宫人死,相公云云何与[1]?"公曰:"臣待罪宰相事,内外无不当预。"章献怒曰:"相公欲离间我母子耶?"公从容对曰:"陛下不以刘氏为念,臣不敢言;尚念刘氏也,丧礼宜从厚。"章献悟,遽曰:"宫人李宸妃也,且奈何?"文靖乃请治丧皇仪殿[2],太后与帝举哀后苑,百官奉灵轜由西华门以出,用一品礼殡洪福寺[3]。公又谓入内都知罗崇勋曰[4]:"宸妃当以后服殓,用水银实棺,异时莫道夷简不曾说来。"章献皆从之。后章献上仙,燕王谓仁宗言[5]:"陛下李宸妃所生,妃死以非命。"仁宗号恸毁顿,不视朝者累日,下哀痛之诏自责,尊宸妃为皇太后,谥章懿。甫毕,章献殿殡[6],幸洪福寺祭告。易梓宫[7],帝亲哭视之,后玉色如生,冠服如皇太后者,以有水银沃之,故不坏也。帝叹息曰:"人言其可信哉!"待刘氏加厚。使仁宗孝德、章献母道两全,文靖公先见之明也。呜呼智哉!(卷八)

【注释】

① 云云何与：意谓如此多嘴与你有何相干。何与，有什么相干。

② 皇仪殿：北宋皇宫中的宴殿。《宋史·地理志一》："（大庆殿）北有紫宸殿，视朝之前殿也；西有垂拱殿，常日视朝之所也；次西有皇仪殿，又次西有集英殿，宴殿也。"宴殿，古代帝王退朝后休息的便殿。

③ 洪福寺：又作"鸿福寺"。在东京城西。《东京梦华录》卷六《收灯都人出城探春》："（州西）北金水河两浙尼寺、巴娄寺、养种园，四时花木，繁盛可观。南去药梁园、童太师园。南去铁佛寺、鸿福寺、东西柏榆村。"伊永文案："鸿福寺为宋仁宗生母李宸妃葬所。内有佛经、寺钟，奉安宋真宗御容。"又《汴京遗迹志》卷十："鸿福寺有二：一在城西金水河北，元末兵毁；一在城东北沙窝冈，宋崇宁元年建。"

④ 入内都知：宦官名。参见第 297 页第 20 则注释②。

⑤ 燕王：指八大王赵元俨。参见第 397 页第 9 则注释②。

⑥ 殿殡：入葬。将帝、后灵柩葬入地宫。

⑦ 梓宫：专指帝、后之棺。

14. 吕夷简其智绝人

至和间，仁宗不豫，一日少间①，思见宰执。执政闻召亟往。吕文靖为相，使者相望于路，促其行，公按辔益缓。至禁中，诸执政已见上，上体未平，待公久，稍倦，不乐曰："病中思见卿，何缓也？"文靖徐曰："陛下不豫，久不视朝，外议颇异。臣待罪宰相，正昼自通衢驰马入内未便②。"帝闻其言，咨叹久之，诸公始有愧色。又文靖夫人因内朝③，皇后曰："上好食糟淮白鱼。祖宗旧制，不得取食味于四方，无从可致。相公家寿州④，当有之。"夫人归，欲以十奁为献。公见问之，夫人告以故，公曰："两奁可耳。"夫人曰："以备玉食，何惜也？"公怅然曰："玉食所无之物，人臣之家安得有十奁也？"呜呼，文靖公者，其智绝人类此。（卷八）

【注释】

① 少间（shǎojiān）：病稍好一些。

② 正昼：犹言大白天。

③ 内朝：中宫。皇后住所。此处用作动词。

④ 相公家寿州：吕夷简之祖吕龟祥知寿州（治今安徽淮南市凤台县），子孙遂为寿州人。

15. 韩亿与李若谷

韩参政亿、李参政若谷未第时①，皆贫，同途赴试京师，共有一席一毡，乃割分之。每出谒，更为仆。李先登第，授许州长社县主簿。赴官，自控妻驴②，韩为负一箱。将至长社三十里，李谓韩曰："恐县吏来。"箱中止有钱六百，以其半遗韩，相持大哭别去。次举韩亦登第。后皆至参知政事，世为婚姻不绝。韩参政之孙宗师侍郎云。（卷八）

【注释】

① 韩亿：字宗魏。参见第 392 页第 5 则注释③。 李若谷：字子渊，徐州丰（今江苏徐州市丰县）人。少孤，游学于洛下。举进士，补长社县尉。真宗朝历知宜兴、陕州、延州、寿州、江宁府等。宝元元年（1038）三月，自尚书工部侍郎、权知开封府，并除参知政事。后因耳疾以太子少傅致仕，卒，年八十。赠太子太傅，谥康靖。《宋史》本传："若谷性资端重，在政府，论议常近宽厚。治民多智虑，恺悌爱人，其去，多见思。少时与韩亿为友，及贵显，婚姻不绝焉。"

② 自控妻驴：意谓亲自牵引妻所骑乘之驴。

16. 富弼与范仲淹同对上前

庆历三年，范文正公作参知政事，富文忠公作枢密副使，时盗起京西①，掠商、邓、均、房②，光化知军弃城走③。奏至，二公同对上前，富公乞取知军者行军法，范公曰："光化无城郭，无甲兵，知军所以弃城。乞薄其罪。"仁宗可之。罢朝至政事堂④，富公怒甚，谓范公曰："六丈要作佛耶？⑤"范公笑曰："人何用作佛，某之所言有理，少定为君言之。"富公益不乐。范公从容曰："上春秋鼎盛，岂可教之杀人？至手滑，吾辈首领皆不保矣！"富公闻之汗下，起立以谢曰："非某所及也。"富公素以父事范公云。（卷八）

【注释】

① 盗起京西：指陕西张海之乱。庆历三年（1043）夏，陕西大旱。八月，商州张海、郭貌山等率饥民千馀人劫掠州县，京西路各地响应，连下襄、邓、均、郢各州，逼近东京。朝廷命左班殿直曹

元喆统领禁军讨伐。十二月,杀张海,乱平。京西,北宋前期路名。治河南府(今河南洛阳市),辖河南、颍昌、襄阳三府,随、唐、邓、均、房、金、郢、郑、滑、孟、蔡、陈、颍、汝十四州,光化、信阳两军。神宗熙宁五年(1072),改分京西南路、京西北路。

②商、邓、均、房:商州(治今陕西商洛市西北)、邓州(今属河南南阳市)、均州(治今湖北十堰市丹江口市均县镇)、房州(治今湖北十堰市房县)。后三州时属京西路,熙宁改属京西南路。

③光化:光化军(治今湖北襄阳市老河口市西北)。时属京西路,熙宁改属京西南路。

④政事堂:宰相、参知政事办公处。唐置。初设于门下省,中宗时移至中书省,玄宗时改政事堂为中书门下。宋前期沿唐制,设于禁中。政事堂下设舍人院,有知制诰或直舍人院,掌撰拟诏旨。元丰改制,称为三省都堂或都堂。

⑤六丈:范仲淹行第为六。丈,对年长者的尊称。

17. 薛奎知范镇

薛简肃公知成都①,范蜀公方为举子②,一见爱之,馆于府第,俾与子弟讲学。每曰:“范君,廊庙人也③。”公益自谦退。乘小驷至铜壶阁下④,即步行趋府门。逾年,人不知为帅客也。简肃还朝,载蜀公以去。或问简肃曰:“自成都归,得何奇物?”曰:“蜀珍产不足道,吾归得一伟人耳。”时二宋公有大名⑤,一见,与公为布衣交。及同赋《长啸却胡骑》⑥,公赋成,人争传诵之。公后为贤从官⑦,其所立,温公自以为不可及也。呜呼,简肃公者,可谓知人矣。(卷八)

【注释】

① 薛简肃公:薛奎,字宿艺。卒谥简肃。参见第187页第8则注释④。天圣四年(1026),薛奎加枢密直学士、知益州。

② 范蜀公:范镇,字景仁。参见第181页《东斋记事》题解。

③ 廊庙人:比喻能担负朝廷重任者。廊庙,殿下屋与太庙,借指朝廷。

④ 小驷:此处泛指马。小驷,马名。《左传·僖公十五年》:“步扬御戎,家仆徒为右,乘小驷,郑入也。”杜预注:“郑所献马名小驷。” 铜壶阁:在成都。陆游《渭南文集》卷十八《铜壶阁记》:“乃南直剑南、西川门,西北距府五十步,筑大阁曰铜壶。”

⑤ 二宋公:即宋庠、宋祁兄弟。参见第276页第5则注释③。

⑥ 同赋《长啸却胡骑》:指范镇与宋祁同题作赋。据吴曾《能改斋漫录》卷十四:“范蜀公少时与宋子京同赋《长啸却胡骑》。蜀公先成,破题云:‘制动以静,善胜不争。’景文见之,于是不复出其所作,潜于袖中毁之。因谓蜀公曰:‘公赋甚善,更当添以二“者”字。’蜀公从其说。故谓之‘制

动者以静,善胜者不争'。然景文赋虽不逮于蜀公,然他人亦不能到,破题云:'月满边塞,人登戍楼。'真奇语也。"又据《宋史·范镇传》:"少时赋《长啸却胡骑》,晚使辽,人相目曰:'此长啸公也。'"

⑦ 贤从官:即侍从官。宋侍从官组成较为复杂,据赵升《朝野类要》卷二"侍从":"翰林学士、给事中、六尚书、八侍郎是也。又中书舍人、左右史以次,谓之小侍从。又在外带诸阁学士、待制者,谓之在外侍从。"范镇于英宗时迁翰林学士,神宗朝为翰林学士兼侍读,哲宗即位后拜端明殿学士,故称贤从官。

18. 贾黯得范仲淹二字

贾内翰黯以状元及第归邓州①,范文正公为守②,内翰谢文正曰:"某晚生,偶得科第,愿受教。"文正曰:"君不忧不显,惟'不欺'二字,可终身行之。"内翰拜其言不忘,每语人曰:"吾得于范文正公者,平生用之不尽也。"呜呼! 得文正公二字者,足以为一代之名臣矣。(卷八)

【注释】

① 贾黯:字直孺,邓州穰(今河南邓州市)人。庆历六年(1046),擢进士第一。起家将作监丞通判襄州,还为秘书省著作佐郎、直集贤院,迁左正言,判三司开拆司。黯备位谏官,敢于言事,首论韩琦、富弼、范仲淹可大用。历左司谏、权知开封府、中书舍人、给事中、权御史中丞。英宗时,与两制合议请以帝生父濮王为皇伯,执政不从。后以翰林侍读学士知陈州,未行而卒,年四十四。赠尚书礼部侍郎。欧阳修曰:"黯为人刚直,但思虑或有不至耳。"(《续资治通鉴长编》卷二百一)

② 范文正公为守:指庆历五年(1045),范仲淹引疾求解边任,改知邓州,至皇祐元年(1049)徙知杭州,守邓三年馀。

19. 富 弼 之 功

富韩公初游场屋,穆修伯长谓之曰①:"进士不足以尽子之才,当以大科名世②。"公果礼部试下。时太师公官耀州③,公西归,次陕。范文正公尹开封,遣人追公曰:"有旨以大科取士,可亟还。"公复上京师,见文正,辞以未尝为此学。文正曰:"已同诸公荐君矣。又为君辟一室,皆大科文字,正可往就馆。"时晏元献公为相,求婚于文正。文正曰:"公之女若嫁官人,某不敢知。必求国士,无如富某者。"

元献一见公，大爱重之，遂议婚。公亦继以贤良方正登第。公之立朝，初以危言直道事仁宗为谏官④，至知制诰。宰相不悦，故荐公以使不测之虏。欧阳公上书，引卢杞荐颜真卿使李希烈事⑤，言宰相欲害公也，不报。公使虏，虏之君臣诵公之言，修好中国，不复用兵者几百年，可谓大功矣，然公每不自以为功也。使回，除枢密直学士，又除翰林学士，又除枢密副使，公皆以奉使无状，力辞不拜，且言："虏既通好，议者便谓无事，边备渐弛。虏万一败盟，臣死且有罪。非独臣不敢受，亦愿陛下思夷狄轻侮中原之耻，坐薪尝胆，不忘修政。"因以告纳上前而罢。逾月，复除枢密副使。时元昊使辞，群臣班紫宸殿门⑥，帝俟公缀枢密院班⑦，乃坐。且使宰相章得象谕公曰⑧："此朝廷特用，非以使虏故也。"公不得已乃受。呜呼，使虏之功伟矣，而不自有焉。至知青州⑨，活饥民四十馀万，每自言以为功也，盖曰过于作中书令二十四考矣⑩。公之所以自任者，世乌得而窥之哉！苏内翰奉诏撰公墓道之碑⑪，首论公使虏之功，非公之心也。伯温先君子隐居谢聘，与公为道义交，独为知公之深云。（卷九）

【注释】

① 穆修伯长：穆修，字伯长，郓州（治今山东泰安市东平县）人。幼嗜学，不事章句。大中祥符元年（1008），真宗东封，诏举齐、鲁经行之士，修预选，赐进士出身，调泰州司理参军。颇负才，与众龃龉，坐贬池州。后遇赦居京师。久之，补颍州文学参军，徙蔡州。明道中，卒。《宋史》本传："修性刚介，好论斥时病，诋诮权贵，人欲与交结，往往拒之。"又云："自五代文敝，国初柳开始为古文。其后，杨亿、刘筠尚声偶之辞，天下学者靡然从之。修于是时独以古文称，苏舜钦兄弟多从之游。修虽穷死，然一时士大夫称能文者必曰穆参军。"

② 大科：唐制，取士之科，由皇帝自诏者曰制举。其科目随皇帝临时所定，如贤良方正、直言极谏等。宋人谓之大科。

③ 太师公：指富言。富弼之父。据《东坡全集》卷八十七《富郑公神道碑》："曾大父内黄令讳处谦、大父商州马步军使讳令荀、考尚书都官员外郎讳言，皆以公贵赠太师、中书令、尚书令，封邓、韩、秦三国公。" 耀州：北宋属永兴军路，治今陕西铜川市耀州区。

④ 危言直道：正直而确当的言论。

⑤ 卢杞荐颜真卿使李希烈：唐德宗建中四年（783），淮西节度使李希烈反，攻陷汝州。时宰相卢杞因报私怨，荐太子太师颜真卿前往宣谕。真卿至，为李希烈所拘，贞元元年（785）缢杀于蔡州龙兴寺。

⑥ 班紫宸殿门：指群臣在紫宸殿门按官品分班排列位次。紫宸殿，北宋皇宫视朝之前殿。

⑦ 缀：此处指入列。

⑧ 章得象：字希言，世居泉州，家浦城（今属福建南平市）。进士及第。真宗朝历知台、南雄、洪诸州。杨亿以为有公辅器，荐之。曾出使契丹，入为翰林学士。仁宗景祐三年（1036），迁同知枢密院事。宝元元年（1038），拜同中书门下平章事。庆历五年（1045）罢相，拜镇安军节度使、同平章事，封郇国公，徙判河南府，守司空致仕。八年，薨，年七十一。赠太尉兼侍中，谥文宪，皇祐中改谥文简。得象为人庄重，深厚有容，在翰林十二年、枢府三年、相位八年，清忠无所附，宗党亲戚一切抑而不进。

⑨ 知青州：指庆历六年（1046），富弼知青州赈灾救荒事。庆历四年，契丹与西夏交战，仁宗疑二边同谋攻宋，欲出兵。富弼不以为然，力劝乃止。夏竦等不得志，以飞语中弼，弼惧，求宣抚河北。五年，还，以资政殿学士、京东西路安抚使兼知郓州。岁余，谗不验，加给事中移知青州。据《宋史·富弼传》：“河朔大水，民流就食。弼劝所部民出粟，益以官廪，得公私庐舍十余万区，散处其人，以便薪水。官吏自前资、待缺、寄居者，皆赋以禄，使即民所聚，选老弱病瘠者廪之，仍书其劳，约他日为奏请受赏。率五日，辄遣人持酒肉饭糗慰藉，出于至诚，人人为尽力。山林陂泽之利可资以生者，听流民擅取。死者为大冢葬之，目曰‘丛冢’。明年，麦大熟，民各以远近受粮归，凡活五十余万人，募为兵者万计。帝闻之，遣使褒劳，拜礼部侍郎。弼曰：‘此守臣职也。’辞不受。”

⑩ 中书令二十四考：唐郭子仪任中书令甚久，主持官吏考绩达二十四次。后用作称秉政大臣功高任久之典。《旧唐书·郭子仪传》：“天下以其身为安危者殆二十年，校中书令考二十有四。权倾天下而朝不忌，功盖一代而主不疑，侈穷人欲而君子不之罪。富贵寿考，繁衍安泰，哀荣终始，人道之盛，此无缺焉。”

⑪ 苏内翰奉诏撰公墓道之碑：指苏轼奉诏撰《富郑公神道碑》。见《东坡全集》卷八十七。

20. 富弼为使者而不见国书

庆历二年，大辽以重兵压境，泛使刘六符再至①，求关南十县之地②。虏意不测，在廷之臣无敢行者。富韩公往聘，面折虏之君臣，虏辞屈，增币二十万而和。方当公再使也，受国书及口传之辞于政府，既行，谓其副曰：“吾为使者而不见国书，万一书辞与口传者异，则吾事败矣。”发书视之，果不同。公驰还，见仁宗具论之。公曰：“政府故为此，欲置臣于死地。臣死不足惜，奈国命何？”仁宗召宰相吕夷简面问之，夷简从容袖其书曰：“恐是误，当令改定。”富公益辩论不平，仁宗问枢密使晏殊曰：“如何？”殊曰：“夷简决不肯为此，真恐误耳。”富公怒曰：“晏殊奸邪，党吕夷简以欺陛下。”富公，晏公之婿也，富公忠直如此。契丹既平，仁宗深念富公之功，御史中丞王拱辰对曰："富弼不能止夷狄溪壑无厌之求③，今陛下止一女，若虏乞和亲，弼亦忍弃之乎？"帝正色曰："朕为天下生灵，一女非所惜。"拱辰惊惧，知言之不可入，因再拜曰："陛下言及于此，天下幸甚！"呜呼，吾仁宗圣矣哉！拱辰盖吕丞相之党也。（卷九）

【注释】

①　泛使：宋时称派往他国临时办理事务的一般使节。此指辽使。

②　关南十县之地：参见第 371 页第 3 则注释⑥。

③　溪壑：喻贪欲。

21. 富弼与张方平论王安石

熙宁二年，富公判亳州，以提举常平仓赵济言公沮革新法①，落武宁节度及平章事，以左仆射判汝州。过南京，张公安道为守②，列迎谒骑从于庭，张公不出。或问公，公曰："吾地主也。"已而富公来见，张公门下客私相谓："二公天下伟人，其议论何如？"立屏后窃听。张公接富公亦简，相对屹然如山岳。富公徐曰："人固难知也。"张公曰："谓王安石乎？亦岂难知者！仁宗皇祐间，某知贡举院，或荐安石有文学，宜辟以考校③，姑从之。安石者既来，凡一院之事皆欲纷更之。某恶其人，檄以出，自此未尝与之语也。"富公俯首有愧色。盖富公素喜王荆公，至得位乱天下，方知其奸云。（卷九）

【注释】

①　提举常平仓：宋路级机构提举常平广惠仓司长官之简称。提举常平广惠仓司掌全路义仓、常平仓、市易、差役、水利等事。神宗熙宁二年（1069）设，哲宗元祐元年（1086）废，绍圣元年（1094）复设，遂成定制。徽宗政和元年（1111）又设提举茶盐司，南宋绍兴五年（1135）将两司合并，称提举常平茶盐司，简称"仓司"。

②　张公安道：张方平，字安道。参见第 312 页第 9 则注释①。

③　考校：此处代指馆职。皇祐三年（1051），王安石三十三岁，以殿中丞通判舒州。时宰相文彦博荐安石经数任而无所陈请，有恬退之风，请不次进用。朝廷特令赴阙应试馆职，安石以家贫亲老辞。至和二年（1055）三月，翰林学士杨伟等再荐安石文行颇高，乞除职名。有言安石累召试不赴，诏特充集贤校理，安石固辞不拜，遂除群牧判官。嘉祐四年（1059）五月，安石召入为三司度

支判官,时富郑公弼为相荐之,寻直集贤院。

22. 王安石短韩琦非知己

韩魏公自枢密副使以资政殿学士知扬州①,王荆公初及第为金判②,每读书至达旦,略假寐,日已高,急上府,多不及盥漱。魏公见荆公少年,疑夜饮放逸。一日从容谓荆公曰:"君少年,无废书,不可自弃。"荆公不答,退而言曰:"韩公非知我者。"魏公后知荆公之贤,欲收之门下,荆公终不屈,如召试馆职不就之类是也。故荆公《熙宁日录》中短魏公为多③,每曰:"韩公但形相好尔。"作《画虎图》诗诋之④。至荆公作相,行新法,魏公言其不便。神宗感悟,欲罢其法。荆公怒甚,取魏公章送条例司疏驳⑤,颁天下。又诬吕申公有言藩镇大臣将兴晋阳之师⑥,除君侧之恶,自草申公谪词,昭著其事,因以摇魏公。赖神宗之明,眷礼魏公,终始不替。魏公薨,帝震悼,亲制墓碑,恩意甚厚。荆公有挽诗云:"幕府少年今白发,伤心无路送灵辀⑦。"犹不忘魏公少年之语也。(卷九)

【注释】

① 韩魏公句:据《宋史·宰辅表二》,庆历五年(1045)三月,枢密副使韩琦因上疏论富弼不当轻罢,又反对修建水洛城(今甘肃平凉市庄浪县),以资政殿学士出知扬州。

② 金判:即"签书判官厅公事"的简称。参见第160页第21则注释⑥。庆历二年(1042),王安石"擢进士上第,签书淮南判官"(《宋史·王安石传》)。

③ 熙宁日录:王安石主政时期政事日志。绍兴四年(1134),范冲重修《神宗实录》时毁之。

④ 画虎图:《王文公文集》卷五十作《虎图》。诗曰:"壮哉非黑亦非貙,目光夹镜当坐隅。横行妥尾不畏逐,顾盼欲去仍踟蹰。卒然我见心为动,熟视稍稍摩其须。固知画者巧为此,此物安肯来庭除。想当盘礴欲画时,睥睨众史如庸奴。神闲意定始一扫,功与造化论锱铢。悲风飒飒吹黄芦,上有寒雀惊相呼。槎牙死树鸣老乌,向之俯嚼如哺雏。山墙野壁黄昏后,冯妇遥看亦下车。"

⑤ 条例司:即"制置三司条例司"的简称。参见第177页第44则注释⑦。

⑥ 晋阳之师:本作"晋阳之甲"。《公羊传·定公十三年》记晋赵鞅兴晋阳之甲,以清君侧为名,逐荀寅、士吉射。后因称地方长吏不满朝廷而举兵内向为兴"晋阳之甲"。此句中"吕申公",乃吕公著。熙宁二年(1069)因王安石荐,代吕诲为御史中丞。"诬吕申公有言藩镇大臣将兴晋阳之师,除君侧之恶"事,本书卷十二有载,见第415页第27则。

⑦ 幕府两句：见《王文公文集》卷七十八《韩忠献挽辞二首》其二。辞曰："两朝身与国安危，曲策哀荣此一时。木稼曾闻达官怕，山颓果见哲人萎。英姿爽气归图画，茂德元勋在鼎彝。幕府少年今白发，伤心无路送灵轜。"灵轜（ér），丧车。

23. 张望识文彦博于童子时

张金部名方，为白波三门发运使①，王司封名湛，为副使，文潞公父令公名异，为属官，皆相善。张金部被召去，荐文令公为代。潞公为子弟读书于孔目官张望家②。望尝为举子，颇知书，后隶军籍，其诸子皆为儒学。潞公少年好游，令公怪责之，潞公久不敢归。张望白令公曰："郎君在某家，学问益勤苦，不复游矣。"因出潞公文数百篇，令公为之喜。王司封欲以女嫁公，其妻曰："文彦博者寒薄，其可托乎？"乃已。后潞公出入将相，张望尚无恙。公判河南日，母申国太夫人生日，张望自清河来献寿，有诗云："庭下郎君为宰相，门前故吏作将军。"张望以子通籍封将军云③。望尝曰："吾子孙当以立、门、金、石、心为名。"长子靖，与潞公同年登科，兄弟为监司者数人④。潞公遇之甚厚。至门字行诸孙益显，有为侍从者。康节先生云⑤："尝见张将军沈深雄伟，有异于众人。能识潞公于童子时，宜其有后也。"（卷九）

【注释】

① 白波三门发运使：北宋太宗朝始置三门发运，掌自陕西路陕州（今河南三门峡市陕县）至京西路河清县（治白波镇，今河南洛阳市吉利区）黄河水道漕运纲船事。真宗朝又置白波发运，掌自河清至河阴汴口（今河南荥阳市北）黄河水道纲船运输事。仁宗宝元元年（1038），合置为一使，称"三门白波黄渭河水路发运使"，由文臣朝官充任。神宗朝改"三门白波辇运使"。

② 孔目官：官府衙门中高级吏人。参见第63页第11则注释⑤。

③ 通籍：指记名于门籍，可以进出宫门。意谓初入朝为官。

④ 监司：宋路级行政机构，主要有帅、漕、宪、仓四个监司。帅，称安抚使，掌一路兵民、军工诸事。漕，称转运使，本职为经营一路财赋，后演为稽考簿籍、举劾官吏，成为事实上的大行政区（路）的监司官。宪，称提点刑狱公事，掌司法之事。仓，称提举常平公事，掌赈济事宜。

⑤ 康节：邵雍，字尧夫，别号伊川先生，谥康节。幼随父迁共城（今河南辉县市）。隐于苏门山百源之上，屡授官不赴。后居洛阳，与司马光、吕公著从游甚密。理学象数学派的创立者。著作有《皇极经世》《伊川击壤集》等。

24. 文彦博德度绝人

元丰间,文潞公以太尉留守西京,未交印,先就第庙坐见监司、府官①。唐介参政之子义问为转运判官,退谓其客尹焕曰:"先君为台官,尝言潞公,今岂挟以为恨耶?某当避之。"焕曰:"潞公所为必有理,姑听之。"明日,公交府事,以次见监司、府官如常仪。或以问公,公曰:"吾未视府事,三公见庶僚也②。既交印,河南知府见监司矣。"义问闻之,复谓焕曰:"微君殆有失于潞公也③。"一日,潞公谓义问曰:"仁宗朝先参政为台谏,以言某谪官,某亦罢相判许州④。未几,某复召还相位。某上言唐某所言切中臣罪,召臣未召唐某,臣不敢行。仁宗用某言起参政通判潭州,寻至大用,与某同执政,相知为深。"义问闻潞公之言至感泣,自此出入潞公门下。后潞公为平章重事,荐义问以集贤殿修撰,帅荆南。呜呼!潞公之德度绝人盖如此。(卷十)

【注释】

① 第庙:犹家庙。古时有官爵者才能建家庙,作为祭祀祖先的场所。上古称宗庙,唐始创私庙,宋改为家庙。赵彦卫《云麓漫钞》卷二:"文潞公作家庙,求得唐杜岐公旧址,止馀一堂、四室、两翼。公增置前两庑及门,东庑以藏祭器,西庑以藏家谱,祊在中门之右,省牲涤器在中门之左,庖厨在东南外门再重西折而南。"

② 庶僚:亦作"庶寮"。百官。

③ 微君:犹先君。称自己已故父亲。

④ 罢相判许州:文彦博于皇祐元年(1049)八月拜相,三年十一月罢,以观文殿学士出知许州。据《宋史·文彦博传》:"御史唐介劾其在蜀日,以奇锦结宫掖,因之登用。介既贬,彦博亦罢为观文殿大学士知许州。"后文彦博改忠武军节度使、知永兴军。至和二年(1055)六月,召还复相位。

25. 吕诲弹王安石不已

英宗即位,侍御史吕诲献可言欧阳修首建邪议①,推尊濮安懿王,有累圣德;并劾韩琦、曾公亮、赵槩。积十馀章,不从。乞自贬,又十馀章,率其属以御史敕告纳帝前,曰:"臣言不效,不敢居此位。"出知蕲州,徙晋州。神宗即位,擢天章阁待制,

复知谏院,擢御史中丞。帝方励精求治,一日,紫宸早朝②,二府奏事久,日刻宴③,例隔登对官于后殿④,须上更衣复坐,以次赞引⑤。献可待对于崇政⑥,司马温公为翰林学士,侍读延英阁⑦,亦趋赞善堂待召⑧,相遇朝路,并行而北。温公密问曰:"今日请对,何所言?"献可举手曰:"袖中弹文,乃新参政也。"温公愕然曰:"王介甫素有学行,命下之日,众皆喜于得人。奈何论之?"献可正色曰:"君实亦为此言耶?安石虽有时名,好执偏见,不通物情,轻信奸回⑨,喜人佞己。听其言则美,施于用则疏。若在侍从,犹或可容;置诸宰辅,天下必受其祸矣!"温公又谕之曰:"与公相知,有所怀不敢不尽。未见其不善之迹,遽论之不可。"献可曰:"上新嗣位,富于春秋。朝夕谋议者,二三执政耳。苟非其人,则败国事,此乃腹心之疾,治之惟恐不及,顾可缓耶?"语未竟,阁门吏抗声追班⑩,乃各趋以去。温公自经筵退,默坐玉堂,终日思之不得其说。既而缙绅间寖有传其疏者,多以为太过。未几,中书省置三司条例司,相与议论者以经纶天下为己任,始变祖宗旧法,专务聚敛,私立条目,颁于四方,妄引《周官》,以实诛赏。辅弼异议不能回,台谏从官力争不能夺,州郡监司若奉行微忤其意,则谴责从之。所用皆憸薄少年⑪,天下骚然。于是昔之怀疑者始愧仰叹服,以献可为知人。温公与安石相论辩尤力。神宗欲两用之,命温公为枢密副使,温公以言不从,不拜。以三书抵安石,冀其或听而改也。安石如故所为,终不听,乃绝交。温公既出,退居于洛,每慨然曰:"吕献可之先见,吾不及也。"献可言安石不已,出知邓州。康节先生与献可善,方献可初赴召,康节与论天下事,至献可谪官,无一不如所言者。故献可之为邓州也,康节寄以诗云:"一别星霜二纪中,升沉音问不相通。林间谈笑虽归我,天下安危且系公。万乘几前当謇谔⑫,百花洲上略相从⑬。不知月白风清夜,能忆伊川旧钓翁?"献可和云:"冥冥鸿羽在云天,邈阻风音已廿年。不谓圣朝求治理,尚容遗逸卧林泉。羡君身散随时乐,顾我官闲饱昼眠。应笑无成三黜后,病衰方始赋归田。"献可寻请宫祠归洛,温公、康节日相往来。献可病,自草章乞致仕,曰:"臣无宿疾,偶值医者用术乖方,殊不知脉候有虚实,阴阳有逆顺,诊察有标本,治疗有先后,妄投汤剂,率任情意,差之指下,祸延四肢,寝成风痹,遂艰行步。非只惮跔趋之苦⑭,又将虞心腹之变。势已及此,为之奈何?虽然一身之微,固未足恤;其如九族之托,良以为忧。是思纳禄以偷生,不俟引年而还政。"盖以一身之疾喻朝政之病也。温公、康节日就卧内问疾,献可所言,皆天下国家之事,忧愤不能忘,未尝一语及其私也。一日手书托温公以墓铭,温公亟省之,已瞑目矣。温公呼之曰:"更有以见属乎!"献可复张目曰:"天下事尚可为,君实勉之。"故温公志其墓,论献可为中丞时,则曰:"有侍臣弃官家居者,朝野称其才,以为古今少伦[15]。天子引参大政,众皆喜于得人,献可独以为不然,众莫不怪之。居无何,新为政者恃其才,弃众任己,厌常为奇,多变更祖宗法,专汲汲于敛民财,所爱信引拔,时或非其人,天下大失望。献可屡争不能及,抗章条其过失曰:'误天下苍生者,必此人也。使久居庙堂,必无安靖之理。'又曰:'天下本无事,但庸人扰之耳。'"志未成,河南监牧使刘航仲通自请书石,既见其文,仲通复迟回不敢书[16]。时安石在相位也。仲通之子安世曰:"成吾父之美可乎?"代书之。仲通又阴祝献可诸子勿摹本,恐非三家之福。时用小人蔡天申为京西察访,置司西都。天申厚赂镌工,得本以献安石。天申初欲中温公,安石得之挂壁间,谓其门下士曰:"君实之文,西汉之文也。"献可忍死谓温公以"天下尚可为,当自爱",后温公相天下,再致元祐之盛,献可不及见矣,天下诵其言而悲之。至温公薨,献可之子由庚作挽诗云:"地下若逢中执法,为言今日再升平。"记其先人之言也。司马温公尝曰:"昔与王介甫同为群牧司判官[17],包孝肃公为使[18],时号清严。一日,群牧司牡丹盛开,包公置酒赏之;公举酒相劝,某素不喜酒,亦强饮,介甫终席不饮,包公不能强也。某以此知其不屈。"(卷十)

【注释】

① 吕诲:字献可,幽州安次(今河北廊坊市安次区)人,寓居开封。太宗、真宗朝宰相吕端之孙。进士及第。仁宗时,历仕州县,召为殿中侍御史。嘉祐六年(1061),以言事罢,出知江州。上疏言早建皇嗣。英宗即位,召为侍御史,改同知谏院。治平二年(1065),迁兵部员外郎,兼侍御史知杂事。时濮议起,诲与范纯仁、吕大防、司马光、贾黯等力主以帝生父濮王(赵允让)为皇伯,执政韩琦、欧阳修等不从,以为皇考。诲遂劾之,皆不报,下迁工部员外郎知蕲州。神宗立,徙知晋州、河中府,召为盐铁副使,擢天章阁待制,复知谏院,拜御史中丞。王安石执政,又屡劾之,罢知邓州。明年,改知河南府,命未下而寝疾,旋提举西京崇福宫。熙宁四年(1071)卒,年五十八。

② 紫宸:北宋皇宫殿名。为帝视朝之前殿。

③ 日刻:时间。

④ 登对官:上朝言事官。

⑤ 赞引:赞礼并导引。

⑥ 崇政:北宋皇宫殿名。位于紫宸殿西北,为帝阅事之所。

⑦ 延英阁:别本作"迩英阁"。参见第320页第3则注释④。

⑧ 赞善堂:应为"资善堂"。位于皇宫宣佑门内东廊次北,崇政殿之东。讲筵所寓于其中。

⑨ 奸回：奸恶邪僻。

⑩ 抗声追班：高声催促官员按位次排列谒见皇帝。

⑪ 憸(xiān)薄：奸邪浮薄。

⑫ 謇(jiǎn)谔：亦作"謇咢""謇愕""謇鄂"。忠直敢言貌。謇，通"謇"。

⑬ 百花洲：此或指洛阳园林。李格非《洛阳名园记·湖园》："在唐，为裴晋公宅园。园中有湖，湖中有堂，曰'百花洲'，名盖旧，堂盖新也。"

⑭ 跖戾(zhílì)：亦作"蹠戾"。谓脚掌扭曲反戾。

⑮ 少伦：鲜有伦比。

⑯ 迟回：迟疑，犹豫。

⑰ 群牧司：隶太仆寺。掌内外饲养、放牧、管理国马之政。北宋咸平三年(1000)始置，元丰五年(1082)罢。设使、副使各一员，都监、判官各二员。

⑱ 包孝肃公：包拯，字希仁，庐州合肥(今属安徽)人。天圣进士。仁宗时累迁监察御史，建议选将练兵、充实边备。奉使契丹还，历任三司户部判官，京东、陕西、河北路转运使。入朝担任三司户部副使，请求朝廷准许解盐通商。改知谏院，多次弹劾权幸大臣。授天章阁待制、龙图阁直学士、河北都转运使，移知瀛、扬诸州，再召入朝，权知开封府、权御史中丞、三司使等职。官至枢密副使。嘉祐七年(1062)卒，年六十四。赠礼部尚书，谥孝肃。

26. 王荆公天资孝友

　　王荆公天资孝友，俸禄入门，诸弟辄取以尽，不问。其子雱既长，专家政，则不然也。荆公诸弟皆有文学，安礼者字和甫，事神宗为右丞[①]，气豪玩世，在人主前不屈也。一日宰执同对，上有无人材之叹，左丞蒲宗孟对曰[②]："人材半为司马光以邪说坏之。"上不语，正视宗孟久之。宗孟惧甚，无以为容。上复曰："蒲宗孟乃不取司马光耶？司马光者未论别事，只辞枢密一节，朕自即位以来，唯见此一人。他人则虽迫之使去，亦不肯矣。"又因泛论古今人物，宗孟盛称扬雄之贤，上作色而言曰："扬雄著《剧秦美新》[③]，不佳也。"上不乐。宗孟又因奏书请官属恩[④]，上曰："所修书谬甚，无恩。"宗孟又引例书局、仪鸾司等当赐帛[⑤]，上以小故未答。安礼进曰："修书谬，仪鸾司者恐不预。"上为之笑。罢朝，安礼戏宗孟曰："扬雄为公坐累矣。"方苏子瞻下御史狱，小人劝上杀之，安礼言其不可。安国者字平甫，尤正直有文。一日，荆公与吕惠卿论新法，平甫吹笛于内，荆公遣人谕曰："请学士放郑声。"平甫即应曰："愿相公远佞人。"惠卿深衔之。后荆公罢，竟为惠卿所陷，放归田里，卒以穷死。雱者字元泽，性险恶，凡荆公所为不近人情者皆雱所教。吕惠卿辈奴事之。荆公置条例司，初用程颢伯淳为属。伯淳贤士，一日盛暑，荆公与伯淳对语，雱囚首跣足，手携妇人冠以出，问荆公曰："所言何事？"荆公曰："以新法数为人沮，与程君议。"雱箕踞以坐，大言曰："枭韩琦、富弼之头于市，则新法行矣。"荆公遽曰："儿误矣。"伯淳正色曰："方与参政论国事，子弟不可预，姑退。"雱不乐去。伯淳自此与荆公不合。祖宗之制，宰相之子无带职者，神宗特命雱为从官，然雱已病不能朝矣。雱死，荆公罢相，哀悼不忘，有"一日凤鸟去，千年梁木摧"之诗⑥，盖以比孔子也。荆公在钟山，尝恍惚见雱荷铁枷杻如重囚者⑦，荆公遂施所居半山园宅为寺，以荐其福。后荆公病疮良苦，尝语其侄曰："亟焚吾所谓《日录》者。"侄绐公，焚他书代之，公乃死。或云又有所见也。（卷十一）

【注释】

① 右丞：即尚书省右丞。尚书丞分左、右，始于东汉初，北宋沿置，南宋建炎三年罢。北宋前期无职事，为文臣迁转官阶，位六部尚书之下。元丰新制为职事官，升任执政（副相），正二品，为尚书省实际长官尚书左、右仆射副贰。

② 蒲宗孟：字传正，阆州新井（治今四川南部县大桥镇）人。第进士，调夔州观察推官。治平中，水灾地震，上书斥大臣及宫禁、宦寺。熙宁元年（1068），改著作佐郎。后召试学士院，以为馆阁校勘、检正中书户房兼修条例，进集贤校理。六年，同修起居注、知制诰，为翰林学士兼侍读。元丰五年（1082），拜尚书左丞。六年，为御史所论出知汝州。逾年，徙亳、杭、郓三州。在郓，痛治梁山之盗，所杀不可胜计。元祐四年（1089），御史以为政惨酷劾，夺职知虢州。五年，复职知河中。七年，帅永兴军，移大名府。以疾求河中，卒，年六十六。谥恭敏。

③ 扬雄著《剧秦美新》：扬雄，字子云，蜀郡成都（今属四川）人。西汉学者。王莽时，校书天禄阁，官大夫。尝仿司马相如《封禅文》作《剧秦美新》以谀莽，文中指斥秦朝，美化新朝，故名。

④ 属（zhǔ）恩：请托恩典。

⑤ 仪鸾司：隶卫尉寺。掌供奉皇帝朝会、亲祠郊庙、巡幸、宴享及宫殿内供设幕帘幄帐等事。

⑥ 一日凤鸟去，千秋梁木摧：见王安石《题雱祠堂》诗。诗曰："斯文实有寄，天岂偶生才。一日凤鸟去，千秋梁木摧。烟留衰草恨，风造暮林哀。岂谓登临处，飘然独往来。"李壁《王荆公诗注》卷二十二："临川李子经谓此诗属王逢原，恐非。按公父子皆以经术进，当时颂美者多以为'周孔'，或曰'孔孟'。范镗为太学正，献诗云：'文章双孔子，术业两周公。'公大喜，曰：'此人知我父子。'元泽卒，公辞相位归金陵。杨元素当制，亦云：'俄属伯鱼之逝，遽兴王导之悲。'观此所

述，公既处之不疑。以'凤鸟''梁木'拟元泽，无怪也。又雱尝作公真赞云：'列圣垂教，参差不齐；集厥大成，光于仲尼。'"

⑦ 枷杻（chǒu）：古代加于囚犯颈项与手腕的刑具。

27. 王安石怒吕公著叛己

王荆公与吕申公素相厚，荆公尝曰："吕十六不作相，天下不太平。"又曰："晦叔作相，吾辈可以言仕矣。"其重之如此。议按举时①，其论尚同。荆公荐申公为中丞，欲其为助，故申公初多举条例司人作台官。既而天下苦条例司之为民害，申公乃言新法不便。荆公怒其叛己，始有逐申公意矣。方其荐申公为中丞，其辞以谓有八元、八凯之贤②，未半年，所论不同，复谓有驩兜、共工之奸③，荆公之喜怒如此。初亦未有以罪申公也，会神宗语执政："吕公著尝言：'韩琦乞罢青苗钱，数为执政者所沮，将兴晋阳之甲以除君侧之恶。'"荆公因用此为申公罪，除侍读学士，知颍州。宋次道当制辞④，荆公使之明著其语，陈相旸叔以为不可⑤，次道但云："敷奏失实，援据非宜。"荆公怒，自改之曰："比大臣之抗章，因便殿之与对。辄诬方镇，有除恶之谋，深骇予闻，无事理之实。"申公素谨密，实无此言。或云孙觉莘老尝为上言⑥："今藩镇大臣如此论列而遭挫折，若当唐末、五代之际，必有兴晋阳之甲以除君侧之恶者矣。"上已忘其人，但记美须，误以为申公也。熙宁四年，申公以提举嵩山崇福宫居洛，寓兴教僧舍；欲买宅，谋于康节先生。康节曰："择地乎？"曰："不。""择材乎？"曰："不。"康节曰："公有宅矣。"未几，得地于白师子巷张文节相宅西⑦，随高下为园宅，不甚宏壮。康节、温公、申公时相往来，申公寡言，见康节必从容，终日亦不过数言而已。一日，对康节长叹曰："民不堪命矣。"时荆公用事，推行新法者皆新进险薄之士，天下骚然，申公所叹也。康节曰："王介甫者远人⑧，公与君实引荐至此，尚何言？"公怍曰："公著之罪也。"十年春，公起知河阳，河南尹贾公昌衡率温公、程伯淳饯于福先寺上东院，康节以疾不赴。明日，伯淳语康节曰："君实与晦叔席上各辩论出处不已⑨，某以诗解之曰：'二龙闲卧洛波清，几岁优游在洛城。愿得二公齐出处，一时同起为苍生。'"申公镇河阳岁馀，召拜枢密副使。后以资政殿学士知定州，又以大学士知扬州。哲宗即位，拜左丞，迁门下侍郎，与温公并相元祐，如伯淳之诗云。伯温以经明行修命官⑩，见公于东府。公语及康节，咨叹久之，谓伯温曰："科名特入仕之门，高下勿以为意。立身行道，不可不勉。"伯温起谢焉。

公三子,希哲、希积、希纯,皆师事康节,故伯温与之游甚厚。三年,公辞位,拜司空、平章军国事。次年薨。(卷十二)

【注释】

① 按举:查办,举劾。

② 八元、八凯:凯,亦作"恺"。皆传说中古代才子。《左传·文公十八年》:"昔高阳氏有才子八人:苍舒、隤敳、梼戭、大临、尨降、庭坚、仲容、叔达,齐圣广渊,明允笃诚,天下之民谓之'八恺'。高辛氏有才子八人:伯奋、仲堪、叔献、季仲、伯虎、仲熊、叔豹、季狸。忠肃共懿,宣慈惠和,天下之民谓之'八元'。"孔颖达疏:"恺,和也,言其和于物也。""元,善也,言其善于事也。"

③ 驩兜、共工:传说中尧臣。与三苗、鲧并称"四凶"。《尚书·舜典》:"流共工于幽州,放驩兜于崇山,窜三苗于三危,殛鲧于羽山。四罪而天下咸服。"

④ 宋次道:宋敏求,字次道,赵州平棘(今河北赵县)人。宝元中赐进士第,官至史馆修撰、龙图阁直学士。藏书甚富,勤于著述。曾预修《新唐书》,补唐武宗以下六世《实录》一百四十八卷,编《唐大诏令集》一百三十卷,撰《长安志》《春明退朝录》等。元丰二年(1079)卒,年六十。

⑤ 陈相旸叔:陈升之,字旸叔,建州建阳(今属福建)人。初名旭,避神宗嫌名改焉。举进士。历知封州、汉阳军,入为监察御史。唐介、吕诲等劾其阴结宦官,遂出知定州,徙太原府。治平二年(1065)复拜枢密副使。熙宁二年(1069),拜同中书门下平章事、集贤殿大学士。因与王安石在设制置三司条例司上相忤,乃称疾不朝,会母丧去位。七年,召为枢密使。未几,以足疾拜镇江军节度使、同平章事判扬州,封秀国公。八年,罢归建阳。元丰二年(1079)卒,年六十九。赠太保、中书令,谥成肃。

⑥ 孙觉:字莘老,高邮(今属江苏)人。甫冠从胡瑗受学。登进士第,调合肥主簿。神宗即位,直集贤院,为昌王记室,升右正言。因论副相邵亢不才,贬为越州通判。熙宁二年,诏知谏院。三年,反王安石变法,落职出知广德军。后徙知湖、庐等七州。哲宗立,兼侍讲,迁右谏议大夫,擢御史中丞。数月以疾请罢,授龙图阁直学士、提举醴泉观。元祐五年(1090)卒,年六十三。有《春秋传》十五卷。

⑦ 张文节:张知白,字用晦,沧州清池(今河北沧州市东南)人。中进士第。累迁河阳节度判官。咸平中,上疏言当今要务,真宗异之,召试舍人院,权右正言。后官至参知政事。仁宗即位,进尚书右丞、枢密副使。天圣三年(1025),以工部尚书同中书门下平章事。在相位,慎名器,无毫发私,常以盛满为戒。六年,卒于任上。赠太傅、中书令,谥文节。

⑧ 远人:此指关系疏远之人。

⑨ 出处:出仕和隐退。

⑩ 经明行修:古代选科之一。王应麟《小学绀珠》卷九《制度类·四科》:"德行志节、经明行

修、明晓法律、刚毅明勇，汉辟士四科。"

28. 苏轼移汝州过金陵见王安石

　　王介甫与苏子瞻初无隙，吕惠卿忌子瞻才高，辄间之。神宗欲以子瞻为同修起居注，介甫难之。又意子瞻文士，不晓吏事，故用为开封府推官以困之。子瞻益论事无讳，拟廷试策，献万言书，论时政甚切，介甫滋不悦子瞻①。子瞻外补官②。中丞李定，介甫客也。定不服母丧，子瞻以为不孝，恶之。定以为恨，劾子瞻作诗谤讪。子瞻自知湖州下御史狱③，欲杀之；神宗终不忍，贬散官，黄州安置。移汝州④，过金陵，见介甫甚欢。子瞻曰："某欲有言于公。"介甫色动，意子瞻辨前日事也，子瞻曰："某所言者，天下事也。"介甫色定，曰："姑言之。"子瞻曰："大兵大狱，汉、唐灭亡之兆。祖宗以仁厚治天下，正欲革此。今西方用兵⑤，连年不解，东南数起大狱⑥，公独无一言以救之乎？"介甫举手两指示子瞻曰："二事皆惠卿启之，某在外安敢言！"子瞻曰："固也，然在朝则言，在外则不言，事君之常礼耳。上所以待公者非常礼，公所以事上者岂可以常礼乎？"介甫厉声曰："某须说⑦。"又曰："出在安石口，入在子瞻耳。"盖介甫尝为惠卿发其"无使上知"私书，尚畏惠卿，恐子瞻泄其言也。介甫又语子瞻曰："人须是知'行一不义，杀一不辜，得天下弗为'⑧，乃可。"子瞻戏曰："今之君子争减半年磨勘⑨，虽杀人亦为之。"介甫笑而不言。（卷十二）

【注释】

　　① 滋：益；更加。

　　② 外补：京官外调。据王宗稷《东坡先生年谱》："（熙宁）四年辛亥，先生年三十六，任监官告院兼判尚书祠部。王荆公欲变科举，上疑焉，使两制三馆议之。先生献三言，荆公之党不悦，命摄开封府推官。有奏《罢买灯疏》。御史知杂事诬告先生过失，未尝一言以自辩，乞外任避之，除通判杭州。"

　　③ 知湖州下御史狱：元丰二年（1079）三月，苏轼再贬湖州，遭御史台以作诗谤讪朝廷罪弹劾，七月被捕，八月入狱，十二月责授黄州团练副使本州安置。

　　④ 移汝州：元丰七年（1084）四月，苏轼自黄移汝，七月过金陵。时王安石退居于此。

　　⑤ 西方用兵：指神宗两次对西夏用兵。参见第396页第8则注释⑥、⑧。

　　⑥ 东南数起大狱：指熙宁年间郑侠之狱、李逢谋逆案等。郑侠，字介夫，福州福清（今属福建）人。熙宁八年（1075）正月，王安石首次罢相后，郑侠因上书论吕惠卿"朋党奸邪"，得罪编管

汀州。吕惠卿追究郑侠等攻击"免行钱"事,定罪编管英州。参知政事冯京罢知亳州,著作佐郎王安国免官放归田里,牵连颇众。李逢谋逆案,参见第 391 页第 5 则注释①。

⑦ 某须说:犹言我当然得说。须,本来,理所当然。

⑧ 行一不义,杀一不辜:做一件不该做的事,杀一个无罪的人。语见《孟子·公孙丑上》:"行一不义,杀一不辜而得天下,皆不为也。"

⑨ 磨勘:唐宋官员考绩升迁制度。参见第 170 页第 34 则注释⑧。范仲淹《答手诏条陈十事》:"今文资三年一迁,武职五年一迁,谓之磨勘。"

29. 王安石晚年悔恨于吕惠卿

王荆公晚年于钟山书院多写"福建子"三字①,盖悔恨于吕惠卿者,恨为惠卿所陷,悔为惠卿所误也。每山行多恍惚,独言若狂者。田画承君云②:"荆公尝谓其侄防曰:'吾昔好交游甚多,皆以国事相绝。今居闲复欲作书相问。'防忻然为设纸笔案上,公屡欲下笔作书,辄长叹而止,意若有所愧也。"公既病,和甫以邸吏状视公③,适报司马温公拜相,公怅然曰:"司马十二作相矣。"公所谓《日录》者,命防收之。公病甚,令防焚去,防以他书代之。后朝廷用蔡卞请④,下江宁府,至防家取《日录》以进。卞方作史,惧祸,乃假《日录》减落事实,文致奸伪,上则侮薄神宗,下则诬毁旧臣,尽改元祐所修《神宗正史》。盖荆公初相,以师臣自居⑤,神宗待遇之礼甚厚。再相,帝滋不悦,议论多异同,故以后《日录》卞欺⑥,神宗匿之。今见于世止七十馀卷,陈莹中所谓"尊私史以压宗庙"者也⑦。伯温窃谓,荆公闻温公入相则曰:"司马十二作相矣。"盖二公素相善,荆公以行新法作相,温公以不行新法辞枢密使,反复相辩论,三书而后绝。荆公知温公长者,不修怨也。至荆公薨,温公在病告中闻之,简吕申公曰:"介甫无他,但执拗耳。赠恤之典宜厚。"大哉,温公之盛德不可及矣。(卷十二)

【注释】

① 福建子:吕惠卿籍贯泉州晋江,宋属福建路,故称。

② 田画:画,别本作"昼"。盖"畫""晝"形近之误。田昼,字承君,阳翟(今河南禹州市)人。枢密使况之从子。历校书郎、磁州录事参军、知西河县。《宋史·田昼传》:"有善政,民甚德之。议论慨慷,有前辈风,与邹浩以气节相激励。"

③ 和甫:王安礼,字和甫。王安石之弟。事见第 413 页第 26 则。 邸吏狀:即"邸报"。参

见第 60 页第 7 则注释⑥。

④ 蔡卞：字元度。蔡京之弟，王安石之婿。元丰中曾官侍御史。参见第 356 页第 9 则注释②。

⑤ 师臣：对居师保之位或加有太师官号之执政大臣的尊称。此处泛指讲读官。熙宁初，王安石召为翰林学士兼侍讲；二年，拜参知政事；三年，拜相。

⑥ 卞欺：犹辩诈。言巧伪而不实。卞，通"辩"。

⑦ 陈莹中：陈瓘，字莹中，南剑州沙县（今属福建）人。参见第 356 页第 9 则注释②。

30. 刘安世刚大不枉

刘仲通慕司马温公、吕献可之贤①，方温公欲志献可墓，时仲通自请书石。温公之文出，直书王介甫之罪不隐，仲通始有惧意。其子安世字器之，出入温公门下，代其父书，自此益知名。至温公入相元祐，荐器之为馆职，谓器之曰："足下知所以相荐否？"器之曰："某获从公游旧矣。"公曰："非也。某闲居，足下时节问讯不绝，某位政府，足下独无书，此某之所以相荐也。"至温公薨，器之官浸显，为温公之学益笃，故在台谏以忠直敢言闻于时。绍圣初，党祸起②，器之尤为章惇、蔡卞所忌，远谪岭外。盛夏奉老母以行，途人皆怜之，器之不屈也。抵一郡，闻有使者自京师来，人为器之危之。郡将遣其客来劝器之治后事，客泣涕以言。器之色不动，留客饭，谈笑自若。对客取笔书数纸，徐呼其纪纲之仆③，从容对曰："闻朝廷赐我死即死，依此数纸行之。"笑谓客曰："死不难矣。"客从其仆取其所书纸阅之，则皆经纪其家与经纪其同贬当死者之家事甚悉④，客惊叹以为不可及也。器之留数日，使者入海岛，杖死内臣陈衍，盖章惇、蔡卞固令迁往诸郡，逼诸流人自尽耳。器之一日行山中，扶其母篮舆憩树下⑤，有大蛇冉冉而至，草木皆披靡，担夫惊走，器之不动也。蛇若相向者，久之乃去。村民罗拜器之曰："官异人也。蛇，吾山之神也，见官喜相迎耳。官远行无恙乎！"建中靖国初，以上皇登极，赦恩得归，居南京。寻复从官帅定武。蔡京用事，再落职以死。呜呼，温公门下士多矣，如器之者所守凛然，死生祸福不变，真元祐人也。器之平生喜读《孟子》，故其刚大不枉之气似之。（卷十三）

【注释】

① 刘仲通：刘航，字仲通，魏（今河北大名县西北）人。第进士，历知虞城、犀浦县。为政宽猛

急缓不同,两县皆治。为河南监牧使,尝持节册夏主秉常。还,为河北西路转运使。熙宁时,论新政不便者五,徙知泾、相二州及陕府。终太仆卿。生平附《宋史·刘安世传》。

② 绍圣党祸:元祐八年(1093)十月,哲宗亲政,恢复新法。明年,改元绍圣,命章惇为相,起蔡京、蔡卞、林希等入朝,追夺司马光、吕公著所赠谥号。下诏:"大臣朋党司马光以下,各以轻重议罪,布告天下。"章惇籍文彦博以下三十人,揭榜朝堂。绍圣四年(1097),又追贬司马光、吕公著、王岩叟等已故诸人,吕大防、刘挚、苏辙、梁焘、范纯仁等流于岭南,文彦博由太师贬为太子少保。

③ 纪纲之仆:统领仆隶之人。后亦泛指仆人。

④ 经纪:管理照料。

⑤ 篮舆:古代供人乘坐的交通工具,形制不一,多以人力抬着行走。类似后世的轿子。

31. 奇士李承之

李承之待制①,奇士,苏子瞻所谓"李六丈,人豪也"。为童子时,论其父纬之功于朝,久不报,自诣漏舍以状白丞相韩魏公,公曰:"君果读书,自当取科名,不用纷纷论赏也。"承之云:"先人功罪未辨,深恐先犬马沟壑②,无以见于地下,故忍痛自言。若欲求官,稍识字,第二人及第固不难。"魏公,王尧臣榜第二人登科③,承之故云,公闻其语矍然。或云魏公德量服一世,独于承之终身不能平。承之既登第,官浸显,益有直声。唐介参政为台官时,言文潞公灯笼锦献张贵妃事④,上怒甚,谪介春州,承之送以诗,有"去国一身轻似叶,高名千古重如山。并游英俊颜何厚,已死英雄骨尚寒"之句。后介用潞公荐,官于朝廷,无所言,承之以故从介索所送诗,介无以报,取诗还之曰:"我固不用落韵诗也⑤。"以"山""寒"二字韵不同,故云。可见承之之刚正也。承之在仁宗朝官州县,因邸吏报包拯拜参政,或曰:"朝廷自此多事矣。"承之正色曰:"包公无能为⑥。今知鄞县王安石者,眼多白,甚似王敦⑦。他日乱天下者,此人也。"后荆公相神宗,以"天命不足畏、祖宗不足法、人言不足恤"为术,承之深诋之。至吕献可中丞死,承之以诗哭之,有"奸进贤须退,忠臣死国忧。吾生竟何益,愿卜九泉游"之句。荆公之党吕惠卿益怨之,未有以发也。会承之上章自叙,神宗留其章禁中,惠卿坚请领之。惠卿因节略文意,以"天生微臣,实为陛下"等语激上意,遂有愚弄人主之责,终其身不至大用。呜呼!士若承之,岂孔子所谓刚者欤?(卷十三)

【注释】

① 李承之：字奉世，濮州（治今山东鄄城旧城镇）人。真宗、仁宗朝宰相李迪之侄。登进士第。尝建免役议，王安石见而称之。熙宁初，以为条例司检详文字，察访淮浙陕常平、农田水利、差役事。迁集贤殿修撰，擢宝文阁待制。后入权三司使，进枢密直学士。坐补吏不当，降待制知汝州。未几，为陕西都转运使，复以枢密直学士知青州。历应天府、河阳、陈、郓、扬州而卒。

② 犬马沟壑：谓生病死于野地。犬马，生病婉辞。《公羊传·桓公十六年》："属负兹舍，不即罪耳。"何休注："天子有疾称不豫，诸侯称负兹，大夫称犬马，士称负薪。"沟壑，此处借指野死之处。

③ 王尧臣榜：指仁宗天圣五年（1027）丁卯科进士榜。《小学绀珠》卷六《三人并登两府》："王尧臣伯庸第一，韩琦稚圭第二，赵概叔平第三。天圣五年榜。"《续资治通鉴长编》卷一百五："（天圣五年）三月乙丑，赐进士王尧臣等一百九十七人及第。"

④ 文潞公灯笼锦献张贵妃事：见第388页第3则。

⑤ 落韵：出韵；错韵。李承之诗中"山"属上平声"十五删"韵，"寒"属上平声"十四寒"韵。

⑥ 无能为：不能做什么。

⑦ 王敦：字处仲，琅邪临沂（今山东临沂市北）人。西晋末镇东大将军。与堂弟王导助司马睿建立东晋政权，迁大将军、荆州牧。后图谋篡夺政权，起兵攻入建康，史称王敦之乱。太宁二年（324）遭明帝讨伐，病死军中。年五十八。

32. 马涓贤于时彦远矣

韩持国大资知颍昌府①，时彦以状元及第②，为签判。初见持国，通谒者称"状元"，持国怒曰："状元无官耶？"自此呼时彦"签判"云，彦终身衔之。马涓巨济亦以状元及第为秦州签判③，初呼"状元"，吕晋伯为帅④，谓之曰："状元云者，及第未除官也。既为判官，不可曰'状元'也。"巨济愧谢。晋伯又谓巨济曰："科举之学既无用，修身为己之学其勉之。"时谢良佐显道作州学教授⑤，显道为伊川程氏之学。晋伯每屈车骑，同巨济过之，则显道为讲《论语》，晋伯正襟肃容听之，曰："圣人言行在焉，吾不敢不肃。"又数以公事案牍委巨济详覆，且曰："修身为己之学不可后，为政治民其可不知。"巨济自以为得师，后立朝为台官有声，每曰："吕公数载之恩也。"贤于时彦远矣。（卷十四）

【注释】

① 韩持国：韩维，字持国。韩亿第五子。参见第392页第5则注释③。　　大资：宋资政殿大

学士之简称。熙宁七年(1074)四月,王安石首次罢相,韩维之兄韩绛二次拜相,韩维加端明殿学士知河阳,复知许州(元丰改颍昌府),进资政殿学士。

②时彦:字邦美,开封人。举进士第,签书颍昌判官。入为秘书省正字,累至集贤校理。绍圣中,迁右司员外郎。使辽失职,坐罢。旋复校理,提点河东刑狱。寒序辰使辽还,举报时彦擅自接受辽国赏赐,匿而不报,再停官。徽宗朝,积官至开封尹。数月,迁工部尚书,进吏部。卒。

③马涓:字巨济,阆州南部(今属四川)人。元祐六年(1091)辛未科状元。

④吕晋伯:吕大忠,字进伯,其先汲郡(治今河南卫辉市)人,后家京兆蓝田(今属陕西)。元祐宰相吕大防之兄。登第为华阴尉,晋城令。元丰中,为河北转运判官。元祐初,历工部郎中、陕西转运副使、知陕州。以直龙图阁知秦州,进宝文阁待制。绍圣三年(1096),加宝文阁直学士、知渭州。后与其弟大防为章惇、曾布新党所排,徙知同州,降待制致仕。卒。本则马涓事亦见《宋史·吕大忠传》。

⑤谢良佐:字显道,寿春上蔡(今属河南)人。与游酢、吕大临、杨时并称程(颢、颐)门四大弟子。元丰进士。建中靖国初,官京师,召对忤旨,去监西京竹木场,坐口语系狱,废为民。良佐记问该赡,人称"上蔡先生"。其学为朱熹所称。著有《论语说》《上蔡语录》。

33. 儒释特立之士

儒释之道虽不同,而非特立之士不足以名其家,近时伯温闻见者二人。大儒伊川先生程正叔,元祐初用司马温公荐,侍讲禁中。时哲宗幼冲,先生以师道自居。后出判西京国子监①,两加直秘阁,皆辞之。党祸起,谪涪州②。先生注《周易》,与门弟子讲学,不以为忧;遇赦得归③,不以为喜。长老道楷者,崇宁中以朝廷命住京师法云寺。上一日赐紫方袍及禅师号,楷曰:"非吾法也。"却不受。中使潜于上,以为道楷掷敕于地。上怒,下大理寺杖之。理官知楷为有道者,欲出之,问曰:"师年七十乎?"曰:"六十九矣。""有疾乎?"楷正色曰:"某平生无病。上赐杖,官不可辄轻之。"遂受杖,无一言。自此隐沂州芙蓉溪,从之者益盛。朝廷数有旨,复命为僧,不从。呜呼,二人者虽学不同,皆特立之士也。为儒为释而不以道者,闻其风可以少愧矣!(卷十五)

【注释】

①出判西京国子监:据《续资治通鉴长编》卷三百六十一:"(元丰八年十一月)丁巳,乡贡进士程颐为汝州团练推官、充西京国子监教授。以门下侍郎司马光、尚书左丞吕公著及西京留守韩

绛荐其学行，故有是命。"

②涪州：隶成都府路，治今重庆市涪陵区。《宋史·哲宗纪二》："（绍圣四年十一月丁丑）程颐，涪州编管。"

③遇赦得归：元符三年（1100）正月，哲宗崩，徽宗即位，程颐徙峡州（治今湖北宜昌市）。俄复其官。崇宁间再遭排挤，遂隐居龙门，卒。

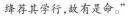

34. 邵氏门生姜愚

太学博士姜愚字子发，京师人，长康节先公一岁，从康节学，称门生。先公年四十五未娶。潞州张仲宾太博字穆之未第，亦从康节学。二君同白康节曰："不孝有三，无后为大。先生年逾四十不娶，亲老无子，恐未足以为高。"康节曰："贫不能娶，非为高也。"子发曰："某同学生王允修颇乐善，有妹甚贤，似足以当先生。"穆之曰："先生如婚，则某备聘，令子发与王允修言之。"康节遂娶先夫人。后二年，伯温始生。故康节有诗云："我今行年四十七①，生男方始为人父。鞠育教诲诚在我，寿夭贤愚系于汝。我若寿命七十岁，眼见吾儿二十五②。我欲愿汝成大贤，未知天意肯从否？"子发本京师富家，气豪乐施，登进士第，月分半俸奉康节。治平间知寿州六安县，以目疾分司，居新乡。子发死，康节以其女嫁河南进士纪辉，视之如己女，伯温以姊事之。元符三年，纪辉与姜女俱亡，今二子依吾家避乱入蜀，伯温亦以子侄处之。王观文乐道未遇时③，与子发交游甚善。乐道苦贫，教小学京师，居州西，子发居州东，相去远。一日大雪，子发念乐道与其母寒饥，自荷一锸，划雪以行。至乐道之居，扣门，久之方应。乐道同母冻坐，日已过高，未饭。子发恻然，亟出买酒肉薪炭，往复同乐道母子附火饮食。乐道觉子发衣单，问之，以绵衣质钱买饭食也。子发说《论语》，士人乐听之，为一讲会④，得钱数百千，为乐道娶妻。乐道登第，调睦州判官。妻卒，子发又为求范文正公夫人侄汝阳李氏以继，其负义如此。熙宁初，乐道以翰林侍读学士为西京留守，子发老益贫，且丧明，自新乡驾小车来见乐道，意乐道哀之也。乐道遗酒三十壶而已，子发殊怅然。康节馆于天津之庐⑤，典衣赆其行，归新乡，未几卒。（卷十八）

【注释】

①我今行年四十七：邵雍《击壤集》卷一《生男吟》作"我本行年四十五"。题注"嘉祐二年"。

②眼见吾儿：诸本作"眼前见汝"。《击壤集》与诸本同。

③王观文：王陶，字乐道，京兆万年（今陕西西安市）人。庆历进士。英宗即位，为淮阳颍王府翊善，擢知制诰，进龙图阁学士、知永兴军。神宗立，迁枢密直学士，拜御史中丞。因力攻韩琦，徙翰林学士出知陈州，入权三司使。吕公著言其反覆不可近，以侍读学士知蔡州，历河南府与许、汝、陈三州，以东宫旧臣加观文殿学士。帝终薄其为人，不复用。元丰三年（1080）卒，年六十一。赠吏部尚书，谥文恪。

④讲会：此指学术演讲及论辩集会。

⑤天津：即天津桥。故址在今河南洛阳市西南。隋炀帝大业元年（605）迁都，以洛水贯都，有天汉津梁气象，因建此浮桥，名曰天津。隋末为李密烧毁。唐宋屡次改建加固，金以后废圮。

35. 邵雍早岁游学之艰

康节先公少日游学，先祖母李夫人思之恍惚，至倒诵佛书。康节亟归，不复出。夫人捐馆①，康节持丧毁甚②，躬自爨以养③。祖父置家苏门山下④，康节独筑室于百源之上。时李成之子挺之⑤，东方大儒也，权共城县令，一见康节心相契，授以《大学》。康节益自克励，三年不设榻，昼夜危坐以思。写《周易》一部，贴屋壁间，日诵数十遍。闻汾州任先生者有《易》学，又往质之。挺之去为河阳司户曹，康节亦从之，寓州学，贫甚，以饮食易油贮灯读书⑥。一日，有将校自京师出代者⑦，见康节曰："谁苦学如秀才者。"以纸百幅、笔十枝为献。康节辞而后受。每举此语先夫人曰："吾少日艰难如此，当为子孙言之。"康节又尝谓伯温曰："吾早岁徒步游学至有所立，艰哉。"程伯淳、正叔虽为名士，本出贵家，其成就易矣。因泣书之以示子孙。（卷十八）

【注释】

①捐馆：又作"捐馆舍"。抛弃馆舍。死亡之婉辞。

②持丧毁甚：居丧时悲哀过度而损害健康。毁，哀毁。

③躬自爨（cuàn）以养：谓亲自烧煮以供奉。

④苏门山：在今河南新乡市辉县百泉镇境内，属太行山支脉。山南有百泉湖。

⑤李挺之：李之才，字挺之，青社（今山东潍坊市青州市）人。天圣八年（1030）同进士出身。《易》学家。程颢《康节先生墓志铭》："昔七十子学于仲尼，其传可见者，惟曾子所以告子思，而子思之所以授孟子者耳。其馀门人各以其材之所宜为学，虽同尊圣人，所因而入者，门户则众矣。

况后此千馀岁,师道不立,学者莫知其从来。独先生之学为有传也,先生得之于李挺之,挺之得之于穆伯长,推其源流,远有端绪,今穆李之言及其行事概可见矣。"(见朱熹《伊洛渊源录》卷五)

⑥ 以饮食易油:"易",各本作"之"。

⑦ 出代:各本作"出戍"。至边地戍守。

墨庄漫录

[宋] 张邦基

《墨庄漫录》十卷，宋张邦基撰。邦基字子贤，高邮（今属江苏扬州市）人。仕履未详，生活于南北宋之交。性喜藏书，尝榜其寓曰「墨庄」。

《墨庄漫录》多记杂事，兼及考证，尤留意于诗词文的评论及本事，保存了一些重要的文学史资料，其辨杜、韩、苏、黄诸家诗，亦颇有见地。《宋诗纪事》称引其文达三十八条。《四库全书》收于子部杂家类，《提要》评为「宋人说部之可观者」。

选文标题为今本点校者孔凡礼所拟。

1. 东坡西湖长短句

东坡在杭州，一日游西湖，坐孤山竹阁前临湖亭上①。时二客皆有服②，预焉③。久之，湖心有一彩舟，渐近亭前，靓妆数人④，中有一人尤丽，方鼓筝，年且三十馀，风韵闲雅，绰有态度⑤。二客竞目送之。曲未终，翩然而逝。公戏作长短句云："凤凰山下雨初晴。水风清，晚霞明。一朵芙蓉，开过尚盈盈。何处飞来双白鹭，如有意，慕娉婷。　忽闻江上弄哀筝。若含情，遣谁听。烟敛云收，依约是湘灵⑥。欲待曲终寻问取，人不见，数峰青。"（卷一）

【注释】

① 孤山：杭州西湖景区。位于西湖北端，东连白堤，西接西泠桥。

② 有服：谓居丧。

③ 预：通"与"，参与。指参与游湖。

④ 靓（jìng）妆：浓妆艳抹。

⑤ 绰有态度：形容姿态优美。绰，多。态度，姿态。

⑥ 湘灵：传说中的湘水之神。一说指舜妃，即湘夫人。

2. 王母乃蜀鸟

杜子美《玄都坛歌》："子规夜啼山竹裂，王母昼下云旗翻。"说者多不晓王母，或以谓瑶池之金母也①。中官陈彦和言："顷在宣和间掌禽苑②，四方所贡珍禽，不可殚举③。蜀中贡一种鸟，状如燕，色绀翠④，尾甚多而长。飞则尾开，颤袅如两旗⑤，名曰王母。"则子美所言，乃此禽也。盖遐方异种，人罕识者。"子规夜啼山竹裂"，言其声清越如竹裂也。（卷一）

【注释】

① 瑶池之金母：传说中昆仑山上有瑶池，女神西王母所居。西王母，即金母俗称。

② 宣和：宋徽宗年号（1119—1125）。

③ 殚：尽；竭尽。

④ 绀（gàn）翠：翠绿透红。绀，暗红，黑里透红。

⑤ 颤袅：轻微颤动。

3. 苏子瞻蒋颖叔吴安中题灵壁石

宿州灵壁县张氏兰皋园一石甚奇，所谓小蓬莱也①。苏子瞻爱之，题其上云："东坡居士醉中观此，洒然而醒。"子瞻之意，盖取李德裕平泉庄有醒醉石，醉则踞之，乃醒也。蒋颖叔过，见之，复题云："荆溪居士暑中观此，爽然而凉。"吴右司师礼安中为宿守②，题其后云："紫溪翁大暑醉中读二题，一笑而去。"张氏皆刻之石，后归禁中。（卷一）

【注释】

① 蓬莱：蓬莱山。古代传说中的神山。

② 右司：唐宋尚书省所辖六部二十四司，分属左司和右司。左司掌管吏、户、礼三部十二司，右司掌管兵、刑、工三部十二司。左、右司各设郎中一人，次官员外郎一人。文中吴师礼曾累官至右司员外郎。

4. 吴姓学佛者命穷

荆公退居金陵，蒋山学佛者俗姓吴，日供洒扫，山下田家子也。一日，风堕挂壁旧乌巾①，吴举之复置于壁。公适见之，谓曰："乞汝归遗父。"数日，公问幞头安在②，吴曰："父村老，无用，货于市中，尝卖得钱三百金供父，感相公之赐也。"公叹息之。因呼一仆同吴以原价往赎，且戒苟以转售，即不须访索。果以弊恶犹存③，乃赎以归。公命取小刀，自于巾脚刮磨，粲然黄金也，盖禁中所赐者。乃复遗吴。吴后潦倒，竟不能祝发④，以竹工居真州。政和丙申年，予尝令造竹器，亲说如此。时已年六十馀，贫窭之甚⑤，亦命也。（卷一）

【注释】

① 乌巾：黑头巾。即乌角巾。古代多为隐士戴的帽子。

② 幞(fú)头：头巾。

③ 弊恶：破旧。

④ 祝发：削发出家为僧尼。

⑤ 贫窭(jù)：贫乏；贫穷。

5. 蔡约之未契杜子美《闷》诗

　　蔡绦约之《西清诗话》云："人之好恶，固自不同。杜子美在蜀作《闷》诗，乃云：'卷帘惟白水，隐几亦青山。'若使予居此，应从王逸少语'吾当卒以乐死'①，岂复更有闷乎？"予以谓此时约之未契此语耳。人方忧愁亡聊，虽清歌妙舞满前，无适而非闷②。子美居西川，一饭未尝忘君，其忧在王室，而又生理不具③，与死为邻，其闷甚矣。故对青山青山闷，对白水白水闷，平时可爱乐之物，皆寓之为闷也。约之处富贵，所欠二物耳。其后窜斥④，经历崎岖险阻，必悟此诗之为工也。（卷二）

【注释】

　　① 王逸少：即东晋书法家王羲之。王羲之因与王述不合辞官，定居会稽山阴（今浙江绍兴市）。参见第 257 页第 2 则注释④。王逸少"吾当卒以乐死"语，见苏轼《题逸少帖》："逸少为王述所困，自誓去官，超然于事物之外，尝自言吾当卒以乐死。然欲一游岷岭。勤勤如此，而至死不果，乃知山水游放之乐，自是人生难必之事，况于市朝眷恋之徒，而出山林独往之言，故已疏矣。"

　　② 无适而非闷：到处都是郁闷的。

　　③ 生理：生计；生活用度。

　　④ 窜斥：贬逐。

6. 欧公柳与薛公柳

　　扬州蜀冈上大明寺平山堂前，欧阳文忠公手植柳一株，谓之"欧公柳"。公词所谓"手种堂前杨柳，别来几度春风"者①。薛嗣昌作守，相对亦种一株，自傍曰"薛公柳"②，人莫不嗤之。嗣昌既去，为人伐之。不度德有如此者③。（卷二）

【注释】

　　① 公词：指欧阳修《朝中措·送刘仲原甫出守维扬》。词曰："平山阑槛倚晴空。山色有无中。手种堂前垂柳，别来几度春风。　文章太守，挥毫万字，一饮千钟。行乐直须年少，尊前看取衰翁。"

② 自傍:自题。傍,通"榜",题署。一说自我标榜,亦通。

③ 不度(duó):不料;没想到。

7. 明州陈生海上奇遇

明州士人陈生,失其名,不知何年间赴举京师。家贫,治行后时①,乃于定海求附大贾之舟,欲航海至通州而西焉。时同行十馀舟。一日,正在大洋,忽遇暴风,巨浪如山,舟人失措。俄视前后舟,覆溺相继也,独相寄之舟,人力健捷,张蓬随风而去,欲葬鱼腹者屡矣。凡东行数日,风方止,恍然迷津,不知涯涘②,盖非常日所经行也。俄闻钟声舂容③,指顾之际,见山川甚迩,乃急趋焉,果得浦溆④,遂维矴近岸⑤。陈生惊悸稍定,乃登岸,前有径路,因跬步而前。左右皆佳木荟蔚,珍禽鸣弄。行十里许,见一精舍,金碧明焕,榜曰"天宫之院",遂瞻礼而入⑥。长廊幽闃,寂无喧哗。堂上一老人据床而坐,庬眉鹤发⑦,神观清癯⑧,方若讲说。环侍左右,皆白袍乌巾,约三百馀人,见客皆惊。问其行止,告以飘风之事,恻然悯之。授馆于一室,悬锦帐,乃馈客焉。器皿皆金玉,饮食精洁,蔬茹皆药苗,极甘美而不识名。老人自言:"我辈皆中原人,自唐末巢寇之乱,避地至此,不知今几甲子也。中原天子今谁氏,尚都长安否?"陈生为言:"自李唐之后,更五代,凡五十馀年,天下太定。今皇帝赵氏,国号宋,都于汴,海内承平,兵革不用,如唐虞之世也。"老人首肯,叹嗟之,又命二弟子相与游处。因问二人:"此何所也?老人为谁?"曰:"我辈号处士,非神仙,皆人也。老人,唐丞相裴休也⑨。弟子凡三等,每等一百人,皆授学于先生者。"复引登山观览,崎岖而上,至于峻极,有一亭,榜曰"笑秦",意以秦始皇遣徐福求三山神药为可笑也。二人遥指一峰,突兀干霄,峰顶积雪皓白,曰:"此蓬莱岛也。山脚有蛟龙蟠绕,故异物畏之,莫可干犯也。"陈生留彼久之。一日西望,浩然有归思,口未言也。老人者微笑曰:"尔乃怀家耶?尔以夙契⑩,得践此地,岂易得也?而乃俗缘未尽,此别无复再来矣。然尔既得至此,吾当助尔舟楫,一至蓬莱,登览胜境而后去。"遂使具舟,倏已至山下。时夜已暝,晓见日轮晃曜,傍山而出。波声先腾沸,汹涌澎湃,声若雷霆,赤光勃郁,洞贯太虚。顷之天明,见重楼复阁,翚飞云外⑪,迨非人力之所为。但不见有人居之,唯瑞雾葱茏而已。同来处士云:"近世常有人迹至此,群仙厌之,故超然远引鸿濛之外矣⑫。唯吕洞宾一岁两来,卧听松风耳。"乃复至老人所,陈生求归甚力。老人曰:"当送尔归。"山中生人参,甚大,多如人形,陈生欲乞数本,老人曰:"此物为鬼神所护惜,持归经涉海洋,恐贻祸也。山中良金美玉,皆至宝也,任尔取之。"老人再三教告,皆修心养性、为善远恶之事,仍云:"世人慎勿卧而语言[13],为害甚大。"又云:"《楞严经》乃诸佛心地之本,当循习之。"陈生再拜而辞。复令人导之登一舟,转盼之久,已至明州海次矣。时元祐间也。比至里门,则妻子已死矣。皇皇无所之,方悔其归,复欲求往,不可得也,遂为人言之。后病而狂,未几而死,惜哉!予在四明,见郡人有能言此事者。又闻舒信道尝记之甚详,求其本不获,乃以所闻书之。(卷三)

【注释】

① 治行后时:整理行装以后。后时,以后。

② 涯涘(sì):水边;岸。

③ 舂容:声音悠扬洪亮。

④ 浦溆:水边。

⑤ 维矴(dìng):拴缚石块或石礅。矴,停船时沉入水底用以稳定船身的石块或系船的石礅。

⑥ 瞻礼:瞻仰礼拜。

⑦ 厖(máng)眉:眉毛花白。

⑧ 神观:指精神容态。 清癯(qù):又作"清癯"。清瘦。

⑨ 裴休:字公美,河内济源(今属河南)人。性好佛,中年后不食荤血。唐宣宗大中六年(852)拜相。参见第 97 页第 37 则注释①。

⑩ 凤契:前世的因缘。

⑪ 翚(huī)飞云外:形容宫殿高峻壮丽。翚,五彩山雉。翚飞,语出《诗经·小雅·斯干》:"如翚斯飞。"比喻屋檐翼角向上如翚之飞。

⑫ 鸿濛:亦作"鸿蒙"。东方之野,日出之处。

⑬ 慎勿卧而语言:千万不要躺着说话。古代养生论认为卧而语言不利于调养气息。晋陶弘景《养性延命录·杂诫忌禳害祈善篇第三》:"凡卧,欲得数转侧,语笑欲令至少,莫令声高大。"元李杲《脾胃论》卷上:"卧不语,以养其气。"

8. 秦少游侍儿边朝华

秦少游侍儿朝华,姓边氏,京师人也。元祐癸酉岁纳之,尝为诗云:"天风吹月入栏杆,乌鹊无声子夜阑。织女星明来枕上,了知身不在人间。"时朝华年十九也。

后三年，少游欲修真断世缘①，遂遣朝华归父母家，资以金帛而嫁之。朝华临别泣不已。少游作诗云："月雾茫茫晓柝悲②，玉人挥手断肠时。不须重向灯前泣，百岁终当一别离。"朝华既去二十馀日，使其父来云："不愿嫁，乞归。"少游怜而复取归。明年，少游出倅钱唐③，至淮上，因与道友论议，叹光景之遄④，归谓华曰："汝不去，吾不得修真矣。"亟使人走京师，呼其父来，遣朝华随去，复作诗云："玉人前去却重来，此度分携更不回⑤。肠断龟山离别处⑥，夕阳孤塔自崔嵬⑦。"时绍圣元年五月十一日。少游尝手书记此事，未几，遂窜南荒云。（卷三）

【注释】

① 修真：指道教学道修行。

② 晓柝(tuò)：天亮时敲响的柝声。柝，打更用的梆子。

③ 出倅(cuì)：出任州郡长官的副职。

④ 遄(chuán)：疾速。

⑤ 分携：离别。

⑥ 龟山：山名。在今江苏盱眙县境内。

⑦ 崔嵬：高耸貌。

9. 苏子瞻说故事辞故人干请

苏子由在政府①，子瞻为翰苑。有一故人与子由兄弟有旧者，来干子由，求差遣，久而未遂。一日，来见子瞻，且云："某有望内翰以一言为助。"公徐曰："旧闻有人贫甚，无以为生，乃谋伐冢，遂破一墓，见一人裸而坐，曰：'尔不闻汉世杨王孙乎②？裸葬以矫世，无物以济汝也。'复凿一冢，用力弥艰。既入，见一王者，曰：'我汉文帝也。遗制：圹中无纳金玉③，器皆陶瓦，何以济汝？'复见有二冢相连，乃穿其在左者，久之方透。见一人，曰：'我伯夷也④。'羸瘠，面有饥色，饿于首阳之下。'无以应汝之求。'其人叹曰：'用力之勤，无所获，不若更穿西冢，或冀有得也。'羸瘠者谓曰：'劝汝别谋于他所。汝视我形骸如此，舍弟叔齐岂能为人也？'"故人大笑而去。（卷五）

【注释】

① 政府：即政事堂。唐宋时以称宰相治理政务的处所。

②杨王孙：汉武帝时人。学黄老之术，家业千金。临终嘱其子曰："吾欲裸葬，以反吾真。"报友人书亦云："厚葬诚亡益于死者，而俗人竞以相高。"又云："吾是以裸葬，将以矫世也。"参见《汉书·杨王孙传》。

③圹（kuàng）：墓穴。此句谓汉文帝尚俭约，遗诏禁厚葬。"治霸陵，皆瓦器，不得以金银铜锡为饰。"参见《汉书·文帝纪》。

④伯夷：商末孤竹君长子。墨胎氏。初，孤竹君以次子叔齐为继承人，孤竹君死后，叔齐让位于伯夷，不受。后伯夷、叔齐闻周文王善养老而入周。武王伐纣，二人劝谏。灭商后，他们隐居首阳山，不食周粟而死。

10. 范正平正思力请撤去忠直坊名

范忠宣公薨①，朝廷赐墓碑之额曰"世济忠直"。时唐彦猷君益知颍昌，为表其居曰"忠直坊"。范公之子正平、正思，直谓君益曰："荷公之意②，但上之所赐，刻于螭首③，揭于墓隧，假宠于范④。若施于康庄⑤，以为往来之观，非朝廷之意也。"君益曰："此州郡之事，于君家无与也。"二公曰："先祖先人功名闻于远迩，何待此而显。且十室之邑，必有忠信，流俗所尚，识者所耻，异时不独吾家为人嗤诮⑥，公亦宁逃于指议？故不得不力请也。"时李端叔官于许下，乃见唐公，且言曰："顷胡文恭宿知苏州时，蒋堂希鲁将致政归。文恭昔为诸生，尝受学于蒋公，乃即其里第表之为'难老坊⑦'。蒋公见之，不乐，曰：'此俚俗歆焰⑧，内不足而假之人以为夸者，非所望于故人也，愿即撤去。'文恭谢之，欲如其请，则营缮已毕，乃资其尝获芝草之瑞⑨，更为'灵芝'。文恭退而语人曰：'识必因德而后达，蒋公之德盖所畏⑩，而其识如此，非吾所及也。'"君益闻端叔之言，遂撤去之。范氏二公闻之，乃谢端叔曰："非公之语，莫遂吾心也。"因复笑曰："凡以伎能物货自营，图售于人⑪，则多曰元本某家；至于假供御供使州土为名⑫，殆与此一类。颜子居陋巷⑬，一箪食，一瓢饮，人不堪其忧，而不改其乐，故与禹、稷同道，当时未闻表其巷为何坊也。"端叔亦笑之。后复陈此语于君益，君益亦大笑之。（卷七）

【注释】

①范忠宣：范纯仁，字尧夫，范仲淹次子。哲宗元祐朝累官至尚书右仆射兼中书侍郎，卒谥忠宣。

②荷（hè）：承受；承蒙。

③ 螭(chī)首：碑额上面的螭龙头像。此处代指碑额。螭，传说中无角的龙。

④ 假宠：凭借威望和地位。此句意谓使范氏能凭借朝廷的恩宠。

⑤ 康庄：四通八达的大道。

⑥ 嗤诮：讥笑责备。

⑦ 难(nán)老：长寿。多用于祝寿之辞。语见《诗经·鲁颂·泮水》："既饮旨酒，永锡难老。"

⑧ 歆焰：又作"歆炎"。美慕。

⑨ 芝草：灵芝。古以为瑞草。此句意谓凭借他(蒋公)曾获得灵芝这个吉兆。

⑩ 所畏：令人敬服。

⑪ 图售：设法施展(手段)。

⑫ 供御供使：此处指服奉公事、履行职责。此句意谓假借奉行公事、服务地方的名义。

⑬ 颜子：颜回，字子渊，春秋末鲁国人。孔子学生。贫居陋巷，箪食瓢饮，而不改其乐，受到孔子称赞。早卒，孔子极悲恸。后世尊为"复圣"。

11. 欧阳文忠公四事

　　欧阳文忠公，本朝第一等人也。其前言往行，见于国史、墓碑及文集诸书中，详矣。予复得四事于公之曾孙当世望之①，云尝载于《泷冈阡表》。泷冈阡，盖欧阳氏松楸垄名也②。今不传于世，惜其遗没，因识于此。

　　一云：公于为政仁恕，多活人性命，曰："此吾先公之志也。"尝曰："汉法惟杀人者死，后世死刑多矣。"故凡于死，非已杀人者多活之。其为河北转运使，所活二千馀人。先是，保州屯兵闭城叛，命田况、李昭亮等讨之，不克，卒招降之。既开城，况等推究反者二千馀人，投于八井。又其次二千馀人，不杀，分隶河北诸州。事已定，而富相出为宣抚使③，恐其复为患，谋欲密委诸州守将同日悉诛之。计议已定，方作文书，会公奉朝旨权知镇府，与富公相遇于内黄④。夜半屏人，以其事告公。公大以为不可，曰："祸莫大于杀降，昨保州叛卒，朝廷已降敕榜，许以不死而招之。八井之戮，已不胜其冤，此二千人者，本以胁从，故得不死，奈何一旦无辜就戮？"争之不能止，因曰："今无朝旨，而公以便宜处置⑤。若诸郡有不达事机者⑥，以公擅杀，不肯从命，事既参差⑦，则必生事，是欲除害于未萌，而反趣其为乱也。且某至镇，必不从命。"富公不得已，遂止。是时小人潜言已入，富、范势已难安。既而富公大阅河北之兵⑧，将卒多所升黜。潜者献言，富某擅命专权，自作威福，已收却河北军

情，北兵不复知有朝廷矣。于是京师禁军讹因大阅多所升擢。而富公归至国门，不得入，遂罢枢密，知郓州。向若擅杀二千人，其祸何可测也。然则公之一言，不独活二千人命，亦免富公于大祸也。

二云：公于修《唐书》，最后至局⑨，专修纪、志而已，列传则宋尚书祁所修也。朝廷以一书出于两手，体不能一，遂诏公看详列传，令删修为一体。公虽受命，退而叹曰："宋公于我为前辈，且人所见多不同，岂可悉如己意。"于是一无所易。及书成奏，御史白旧例修书只列书局中官高者一人姓名，云某等奉敕撰，而公官高当书。公曰："宋公于列传亦功深者，为日且久，岂可掩其名而夺其功乎？"于是纪、志书公姓名，列传书宋姓名。此例皆前未有，自公为始也。宋公闻而喜曰："自古文人不相让，而好相陵掩⑩，此事前所未闻也。"

三云：公自言学道三十年，所得者平生无怨恶尔。公初以范希文事得罪于吕相⑪，坐党人，远贬三峡，流落累年。比吕公罢相，公始被进擢。后为范公作神道碑，言西事，吕公擢用希文，盛称二人之贤，能释私憾而共力于国家。希文子纯仁大以为不然，刻石时辄削去此一节，云："我父至死，未尝解仇。"公亦叹曰："我亦得罪于吕丞相者，惟其言公所以信于后世也。吾尝闻范公自言平生无怨恶于一人，兼其与吕公解仇书见在范集中，岂有父自言无怨恶于一人，而其子不使解仇于地下，父子之性相远如此？"公知颍州时，吕公著为通判⑫，为人有贤行，而深自晦默⑬，时人未甚知。公后还朝，力荐之，由是渐见进用。

四云：陈恭公执中素不喜公，其知陈州时，公自颍移南京，过陈，拒而不见。后公还朝作学士，陈为首相，公遂不造其门。已而陈出知亳州，寻罢使相，换观文⑭，公当草制，自谓必不得好词。及制出，词甚美，至云："杜门却扫，善避权势而免嫌；处事执心，不为毁誉而更守。"陈大惊喜，曰："使与我相知深者不能道此，此得我之实也。"手录一本寄门下客李师中，曰："吾恨不早识此人。"（卷八）

【注释】

①当世望之：欧阳当世，字望之，欧阳修曾孙。修有四子发、奕、棐、辩，发有两子宪、宾，宪有四子延世、克世、舆世、当世。

②松楸：坟墓。墓地多种植松树和楸树，因以代之。泷（shuāng）冈，在今江西永丰县沙溪南凤凰山上，欧阳修父母葬于此。阡，墓道。欧阳修撰有《泷冈阡表》一文，今存。

③宣抚使：唐玄宗开元十六年（728）始设。派遣朝官巡视经过战争及受灾地区，称"宣慰安

抚使"或"宣抚使"。宋代用兵时以将相大臣充任此职,负责指挥军事和安定边境,其职位高于一路长官"安抚使"。富相,即富弼,时任枢密副使,主北事。

④ 内黄:大名府内黄县(今属河南)。

⑤ 便(biàn)宜处置:谓可斟酌情势,不拘规制条文,不须请示,自行处理。

⑥ 不达事机:此处指不明事理。

⑦ 参差(cēncī):纷纭繁杂。

⑧ 大阅:检阅军队;阅兵。

⑨ 局:书局。朝廷编书机构。

⑩ 陵掩:遮掩。

⑪ 以范希文事得罪于吕相:仁宗景祐三年(1036),范仲淹上《百官图》,讥吕夷简执政多进用亲近,被指为朋党,贬饶州(治今江西上饶市鄱阳县)。朝中多论救,司谏高若讷独以为当黜。欧阳修作《与高司谏书》,责其"不复知人间有羞耻事"。若讷上其书,修坐贬夷陵(今湖北宜昌市)令。

⑫ 吕公著:字晦叔,吕夷简第三子。哲宗即位,与司马光同被召用,任尚书右仆射兼中书侍郎,废除新法。未几,司马光死,独当国政。元祐三年(1088)四月,恳辞位,拜司空、同平章军国事。明年二月薨,赠太师、申国公,谥正献。参见第 392 页第 5 则注释③。

⑬ 晦默:沉默;缄默。

⑭ 换观文:调任观文殿学士。观文,观文殿学士的简称。参见第 155 页第 16 则注释⑦。

12. 张继夜半钟乃书实

予妹夫王从一太初著《东郊语录》,有云:"唐人诗云:'月落乌啼霜满天,江枫渔火对愁眠。姑苏城外寒山寺,夜半钟声到客船。'此张继《枫桥夜泊》之作也。说者谓美则美矣,但三更非撞钟时。按《南史·裴皇后传》载:齐永明中,上数游幸诸苑囿,载宫人从后车。宫内深隐,不闻端门鼓漏声①,置钟于景阳楼上②,应五鼓、三鼓。宫人闻钟声,早起妆饰。由是言之,夜半之钟,有自来矣。"予以谓不然,非用景阳故事也,此盖吴郡之实耳。今平江城中从旧承天寺鸣钟③,乃半夜后也,馀寺闻承天钟罢,乃相继而鸣,迨今如是。以此知自唐而然。枫桥去城数里,距诸山皆不远,书其实也。承天今更名能仁云。(卷九)

【注释】

① 端门鼓漏声:宫殿正南门的报时声。鼓和漏,古代报时用器。

② 景阳楼：故址在今南京市玄武湖侧。南齐武帝萧赜置钟于此，以报时。

③ 平江：南宋平江府治，即今江苏苏州市。

13. 东坡赤壁与乌林赤壁

靖康初①，韩子苍知黄州，颇访东坡遗迹，常登赤壁，而赋所谓"栖鹘之危巢"者②，不复存矣，悼怅作诗而归。郡人何颉斯举者，犹及识东坡，因次韵献子苍云："儿时宗伯寄吾州③，讽诵移文至白头。二赋人间真吐凤④，五年江上不惊鸥。蟹尝见水人犹恶，鹘有危栖孰肯留。珍重使君寻往事，西风怅望古城楼。"然黄之赤壁，土人云本赤鼻矶也，故东坡长短句云"故垒西边，人道是、三国周郎赤壁"⑤，则亦是传疑而已。今岳阳之下，嘉鱼之上，有乌林赤壁，盖公瑾自武昌列舰⑥，风帆便顺，溯流而上，逆战于赤壁之间也。杜牧有《寄岳州李使君诗》云："乌林芳草远，赤壁健帆开。"则此真败魏军之地也。（卷九）

【注释】

① 靖康：宋钦宗年号（1126）。

② 赋：此处指苏轼《后赤壁赋》，其中有云："攀栖鹘之危巢，俯冯夷之幽宫。"

③ 宗伯：文章学问受人尊崇的大师。此处指苏轼。轼元丰三年（1080）贬黄州。

④ 吐凤：称颂有文才或文采。苏轼于元丰五年（1082）作前、后《赤壁赋》。

⑤ 东坡长短句：指苏轼《念奴娇·赤壁怀古》词。

⑥ 公瑾：周瑜，字公瑾，三国吴名将。

鸡肋编

[宋] 庄 绰

《鸡肋编》三卷，宋庄绰撰。绰字季裕，以字行，清源（今山西清徐县）人。生卒年不详。据书中年月，始于哲宗绍圣，终于高宗绍兴，知其生活于南北宋之间。历仕襄阳、临泾、顺昌、澧州等州县，为何官则不可考。其父在元祐中，与黄庭坚、苏轼、米芾诸人游。

《鸡肋编》多记异闻旧事、各地习俗，兼及诗文评论与考证。虽偶有误记，然可资参考者多。《四库全书总目提要》云：「统观其书，可与后来周密《齐东野语》相埒，非《辍耕录》诸书所及也。」

选文标题为今本点校者萧鲁阳所拟。

1. 米 元 章

米芾元章，或云其母本产媪①，出入禁中，以劳补其子为殿侍②，后登进士第。善书，尤工临模，人有古帖，假去，率多为其模易真本。至于纸素破污，皆能为之，卒莫辨也。有好洁之癖，任太常博士，奉祠太庙，乃洗去祭服藻火③，而坐是被黜。然亦半出不情④。其知涟水军日⑤，先公为漕使⑥，每传观公牍，未尝涤手。余昆弟访之，方授刺，则已须盥矣。以是知其为伪也。宗室华源郡王仲御家多声妓，尝欲验之。大会宾客，独设一榻待之。使数卒鲜衣袒臂，奉其酒馔，姬侍环于他客，杯盘狼藉，久之，亦自迁坐于众宾之间。乃知洁疾非天性也。然人物标致可爱，故一时名士俱与之游。其作文亦狂怪。尝作诗云："饭白云留子⑦，茶甘露有兄。"人不省"露兄"故实，扣之，乃曰："只是甘露哥哥耳。"大观中⑧，至礼部员外郎知淮阳军卒。（卷上）

【注释】

① 产媪：产婆。旧时称专为产妇接生的妇人。

② 殿侍：无品武阶官。掌宫中侍奉。宋因荫补入仕者，武官最高可补东西头供奉官，其次为左右班殿直、三班借职、三班奉职等，其次为无品级殿侍。均为低级寄禄官。参见第 171 页第 35 则注释③。

③ 藻火：古代官服上所绣作为等差标志用的水藻与火焰形图纹。

④ 半出不情：一半出于不近人情。此句言米芾被黜另一半原因是他有洁癖而不与人亲近。

⑤ 涟水军：北宋属淮南东路（治今江苏涟水县）。宋行政区划设路，路下设府、州、军、监，再下为县。

⑥ 漕使：宋转运司（南宋改称漕司）长官。掌一路（或府、州、军）财税钱粮运输和出纳。

⑦ 云留子：云子。喻饭粒。

⑧ 大观：宋徽宗年号（1107—1110）。

2. 明主与廉士

太宗尝玩禁中树曰①："此嘉木也！"宇文士及从旁美叹。帝正色曰："魏徵常劝我远佞人，不识佞人为谁，今乃信然。"玄宗在殿庭玩一嘉树，姜皎盛赞之，帝遽令徙植其家。二主之相去，以是可知矣。王义方买第后数日，爱庭中树，复召主人，曰："此嘉树，得无欠偿乎②？"又予之钱。此又足见廉士之心也③。（卷上）

【注释】

① 玩：观赏；欣赏。唐太宗赏树事，见第24页第15则。

② 得无欠偿乎：不是未付抵偿费用吗。意即买第时未支付这棵嘉树的价钱。

③ 廉士：有节操、不苟取的人。

3. 李 杜 诗 交

杜子美有赠忆李白及寄姓名于他诗者，凡十有三篇。《昔游》诗云："昔者与高李，晚登单父台①。"又有《登兖州城楼》诗，盖鲁、砀相邻②。而太白亦有《鲁郡尧祠送别》长句，虽不著为谁而作，然二公皆尝至彼矣。世谓太白惟《饭颗山》一绝外，无与少陵之诗。史称《蜀道难》为杜而发③。二公以文章齐名，相从之款④，不应无酬唱赠送，恐或遗落耳。按工部行二⑤，高适、严武诸公皆呼杜二。今白集中有《鲁郡东石门送杜二子》诗一篇⑥，余谓题下特脱一"美"字耳。杜赠白诗云"秋来相顾尚飘蓬"⑦，而李有"秋波落泗水""飞蓬各自远"云。以此考之，各无疑者。俗子遂谓翰林争名自绝，因辨是诗以释争名之谤。"醉别复几日，登临遍池台。"后言"何时石门路，重有金尊开。秋波落泗水，海色明徂徕。飞蓬各自远，且尽林中杯。"又有《送友人寻越中山水》诗云："闻道稽山去，偏宜谢客才⑧。此中多逸兴，早晚向天台。"少陵《壮游》诗云："东下姑苏台，已具浮海航。剡溪蕴秀异，欲罢不能忘。归帆拂天姥，中岁贡旧乡。"李所谓友人者，疑亦杜子美也。（卷上）

【注释】

① 单父（Shànfǔ）台：单父，春秋鲁国邑名。故址在今山东单县南，城北一里处有子贱琴台。孔子弟子宓子贱为单父宰，有治绩，孔子美之。刘向《说苑·政理》："宓子贱治单父。鸣琴，身不下堂而单父治。"

② 鲁、砀相邻：唐兖州（治今山东兖州市）与宋州（治今河南商丘市南）相邻；而单父、砀山两县属宋州。

③ 《蜀道难》为杜而发：据《新唐书·严武传》，武在蜀颇放肆，房琯以故宰相为巡内刺史，武慢倨不为礼。最厚杜甫，然欲杀甫数矣。李白作《蜀道难》者，乃为房与杜危之也。此说不确，后

人多驳之。参见第97页第36则注释⑨。

④ 相从之款：相交融洽、投合。

⑤ 行(háng)二：(兄弟)排行第二。

⑥ 鲁郡东石门送杜二子：王琦注《李太白全集》卷十七中题作《鲁郡东石门送杜二甫》。诗曰："醉别复几日，登临遍池台。何时石门路，重有金樽开？秋波落泗水，海色明徂徕。飞蓬各自远，且尽手中杯。"

⑦ 秋来相顾尚飘蓬：杜甫天宝四载(745)作《赠李白》诗中句。诗曰："秋来相顾尚飘蓬，未就丹砂愧葛洪。痛饮狂歌空度日，飞扬跋扈为谁雄？"

⑧ 谢客：指谢灵运。据钟嵘《诗品》卷上："初，钱塘杜明师夜梦东南有人来入其馆。是夕，即灵运生于会稽。旬日而谢玄亡。其家以子孙难得，送灵运于杜治养之。十五方还都，故名客儿。"

4. 右军左军泰山泰水

王逸少好鹅，曹孟德有梅林救渴之事①，而俗子乃呼鹅为"右军"，梅为"曹公"。前人已载尺牍有"汤燖右军一只②，密浸曹公两瓶"，以为笑矣。有张元裕云：邓雍尝有柬招渠曰③："今日偶有惠左军者，已令具面，幸过此同享。"初不识"左军"为何物，既食，乃鸭也。问其所名之出，在鹅之下，且淮右皆有此语。邓官至待制典荆州，洵武枢密之子。俗人以泰山有丈人观④，遂谓妻母为"泰水"，正可与"左军"为对也。（卷上）

【注释】

① 梅林救渴：据《世说新语·假谲》："魏武(曹操)行役，失汲道，军皆渴，乃令曰：'前有大梅林，饶子，甘酸可以解渴。'士卒闻之，口皆出水，乘此得及前源。"成语"望梅止渴"本于此。

② 汤燖(xún，又读qián)：用热汤煮肉。

③ 渠：第三人称代词。他。

④ 丈人观：宫观名。泰山绝巅西里许有丈人峰，丈人观疑在此。

5. 以 人 为 粮

唐初，贼朱粲以人为粮①，置捣磨寨②，谓"啖醉人如食糟豚"③。每览前史，为之伤叹。而自靖康丙午岁，金狄乱华，六七年间，山东、京西、淮南等路，荆榛千里④，斗米至数十千，且不可得。盗贼、官兵以至居民，更互相食。人肉之价，贱于犬豕，肥壮者一枚不过十五千，全躯暴以为腊⑤。登州范温率忠义之人⑥，绍兴癸丑岁泛海到钱唐，有持至行在犹食者⑦。老瘦男子廋词谓之"饶把火"⑧，妇人少艾者名为"不羡羊"⑨，小儿呼为"和骨烂"，又通目为"两脚羊"。唐止朱粲一军，今百倍于前世，杀戮焚溺饥饿疾疫陷堕，其死已众，又加之以相食。杜少陵谓"丧乱死多门"⑩，信矣！不意老眼亲见此时，呜呼痛哉！（卷中）

【注释】

① 朱粲：隋末亳州城父（今属安徽亳州市）人。初为县佐吏。隋大业十一年（615）十二月，聚众为盗，号"可达寒"，自称"迦楼罗王"，引军十馀万渡淮，屠竟陵（今湖北天门市）、沔阳（今湖北仙桃市西南）。大业十四年（618）十一月，称楚帝于冠军（今河南邓州市西北），年号"昌达"，有众二十万。后兵败降唐，不久又依附王世充。唐武德四年（621）被擒，斩于洛水之上。据《旧唐书·朱粲传》："粲所克州县皆发其藏粟以充食，迁徙无常，去辄焚馀赀、毁城郭，又不务稼穑，以劫掠为业。于是百姓大馁，死者如积，人多相食。军中罄竭，无所房掠，乃取婴儿蒸而啖之。因令军士曰：'食之美者，宁过于人肉乎？但令他国有人，我何所虑。'即勒所部有略得妇人小儿皆烹之，分给军士。乃税诸城堡，取小弱男女以益兵粮。"

② 捣磨寨：应指唐僖宗中和三年（883）六月，黄巢军围困陈州（今河南淮阳）时分食人肉处。此处作者误用于朱粲。据《旧唐书·黄巢传》："贼围陈郡百日，关东仍岁无耕稼，人饿倚墙壁间。贼停人而食，日杀数千。贼有'舂磨砦'，为巨碓数百，生纳人于臼，碎之，合骨而食。"又《资治通鉴》卷二百五十五："时民间无积聚，贼掠人为粮，生投于碓硙，并骨食之，号给粮之处曰'舂磨寨'。"

③ 糟豚：用酒糟腌制的猪肉。据《旧唐书·朱粲传》："粲败，以数千兵奔于菊潭县（今河南内乡县），遣使请降。高祖（李渊）令假散骑常侍段确迎劳之，确因醉侮粲曰：'闻卿啖人，作何滋味？'粲曰：'若啖嗜酒之人，正似糟藏猪肉。'"

④ 荆榛：又作"荆蓁"。泛指丛生灌木，用以形容荒芜景象。

⑤ 暴（pù）以为腊（xī）：（把人身）晒制成干肉。腊，干肉。

⑥ 范温：登州（治今山东蓬莱市）人。北宋末，曾组织义军抗金。南宋绍兴三年（1133），兵败，率残部乘船渡海至临安（今浙江杭州市）。

⑦ 持至行在犹食：意谓到了天子所在地仍持有作口粮的人肉干。

⑧ 廋（sōu）词：隐语。　饶把火：多烧一把火。因老瘦男子肉老，烹煮时须多加柴火。

⑨ 少艾：指年轻美貌的女子。　不羡羊：意即味道鲜美胜过羊肉。

⑩ 丧乱死多门：意谓因丧乱而死有多种，或死于战争，或死于徭役，或死于饥馁，或死于流离

等。杜甫《白马》诗中句。诗曰："白马东北来，空鞍贯双箭。可怜马上郎，意气今谁见。近时主将戮，中夜伤于战。丧乱死多门，呜呼泪如霰。"

6. 李勣之作俑

唐高宗召大臣，欲废皇后，立武昭仪①，李勣称疾不入，褚遂良以死争。他日，勣独入见，帝问之曰："朕欲立武昭仪为后，遂良固执，以为不可。遂良既顾命大臣②，事当且已乎？"对曰："此陛下家事，何必更问外人。"帝意遂决。武惠妃谮太子瑛、鄂王瑶、光王琚③，帝欲皆废之，张九龄不奉诏。李林甫初无所言，退谓宦官之贵幸者曰："此人主家事，何必问外人？"帝犹豫未决。九龄罢相，帝召宰相审之，林甫对曰："此陛下家事，非臣等宜预。"帝意乃决。德宗欲废太子，立侄舒王，李泌曰："赖陛下语臣，使杨素、许敬宗、李林甫之徒承此旨④，已就舒王图定策之功矣。"帝曰："此朕家事，何预于卿，而力争如此？"对曰："天子以四海为家，今臣独任宰相之重，四海之内，一物失所，责归于臣，况坐视太子冤横而不言，臣罪大矣。"太子由是获免。李勣首倡奸言，遂使林甫祖用其策以逢君恶。至德宗便谓当然，反云"家事"以拒臣下。则作俑者，可不慎乎？卒之长源⑤，能保其家族。而敬业之祸⑥，戮及父祖，剖棺暴尸。忠邪之报，亦可以鉴矣！而蹈覆辙者相接。哀哉！（卷中）

【注释】

① 昭仪：妃嫔的称号。唐沿隋制，皇后之下有贵妃、淑妃、德妃、贤妃各一人，称夫人，正一品；其下有昭仪、昭容、昭媛、修仪、修容、修媛、充仪、充容、充媛各一人，称九嫔，正二品；其下有婕妤九人，正三品；美人四人，正四品；才人五人，正五品；宝林二十七人，正六品；御女二十七人，正七品；采女二十七人，正八品。 武昭仪：即武曌。十四岁入宫，唐太宗选为才人，太宗死后为尼，旋被高宗召为昭仪。永徽六年（655）立为皇后。以后参与朝政，废中宗、睿宗，自称圣神皇帝，改国号为周，史称武周。卒谥大圣则天皇后。

② 顾命大臣：帝王临终前托以治国重任的大臣。时长孙无忌、褚遂良受太宗顾命，执掌朝政。

③ 武惠妃：玄宗贞顺皇后。开元十二年（724），玄宗废王皇后，封武氏为惠妃，礼同皇后。曾构陷太子瑛等结党营私，终致三王被害。卒追赠贞顺皇后。

④ 使：假使。

⑤ 卒之长源：终结于长源。长源，李泌字。

⑥ 敬业之祸：嗣圣元年（684），武后临朝称制，徐敬业起兵反于扬州，武后令掘平其祖李勣

（原名徐世勣，高祖赐姓李，避太宗讳改）之坟。参见第 91 页第 28 则。

7. 燕山道间上皇诗

有人自房中逃归云，过燕山道间僧寺，有上皇书绝句云[①]：“九叶鸿基一旦休[②]，猖狂不听直臣谋。甘心万里为降虏，故国悲凉玉殿秋。”天下闻而伤之。使尚在位，岂止祭曲江而已乎[③]？申屠刚谓“未至豫言，固当为虚；及其已至，又无所及”者[④]，是矣。杜牧谓“后人哀之”[⑤]，可不鉴哉！（卷中）

【注释】

① 上皇：此处指宋徽宗。靖康二年（1127）春，金兵破东京，掳徽宗、钦宗北还，北宋亡。

② 九叶鸿基：九代王业。北宋自太祖至钦宗传九代。

③ 祭曲江：指唐安史之乱，玄宗逃蜀，追悔未听从宰相张九龄早除安禄山之言，遣使赴韶州曲江祭奠九龄。参见第 99 页第 39 则。

④ 申屠刚：字巨卿，扶风茂陵（今陕西咸阳市西北）人。汉平帝时仕郡功曹。王莽篡位，避地于河西。“未至豫言，固当为虚；及其已至，又无所及”，意谓预料的事没有到来时，固执地把它当作虚妄；等到真的发生了，又没有应对的办法。为刚规劝隗嚣语，时隗嚣据陇右（约今甘肃六盘山以西，黄河以东一带），欲叛汉附公孙述。

⑤ 后人哀之：唐杜牧《阿房宫赋》结语。曰：“秦人不暇自哀，而后人哀之；后人哀之而不鉴之，亦使后人而复哀后人也。”

8. 韩世忠轻薄儒子

韩世忠轻薄儒士[①]，常目之为“子曰”。主上闻之，因登对问曰[②]：“闻卿呼文士为子曰，是否？”世忠应曰：“臣今已改。”上喜，以为其能崇儒。乃曰：“今呼为萌儿矣[③]。”上为之一笑。后镇江帅沈晦因虏退锡宴[④]，自为致词，其末云：“饮罢三军应击楫，渡江金鼓响如雷。”韩闻之，即悟其旨云：“给事，世忠非不敢过淮！”已而自起，以大觥劝之[⑤]，继而使诸将竞献。沈不胜杯酌，屡致呕吐。后至参佐僚属，斟既不满，又容其倾泻。韩怒曰：“萌儿辈终是相护！”又戏沈云：“向道教给事休引惹边事[⑥]。”盖指其词为引惹也。（卷下）

【注释】

①　韩世忠：南宋名将。字良臣，延安（今属陕西）人，一说绥德（今属陕西榆林市）人。宋金战争起，率军抗金，屡建战功。随高宗南下后，力谋恢复，与主和派秦桧针锋相对。绍兴十一年（1141）授枢密使，解除兵权。二十一年薨，年六十三。孝宗朝追封蕲王，谥曰忠武，配享高宗庙庭。

②　登对：上朝对答皇帝询问。

③　萌儿：乡野小子。此处是韩世忠对文官的蔑称。

④　沈晦：宣和间进士。金人攻汴京，借给事中，从肃王赵枢出为人质。绍兴四年（1134），知镇江府。　　锡宴：皇帝命臣下共宴。

⑤　觥：酒器。

⑥　向道：刚才所为。此句意谓刚才这么做是让你不要招惹（干涉）边防军务。

9. 淮阴节妇传略

余家故书，有吕缙叔夏卿文集，载《淮阴节妇传》云：妇年少美色，事姑甚谨①。夫为商，与里人共财出贩，深相亲好，至通家往来。其里人悦妇之美，因同江行，会傍无人，即排其夫水中。夫指水泡曰："他日此当为证！"既溺，里人大呼求救，得其尸，已死，即号恸，为之制服如兄弟②，厚为棺敛，送终之礼甚备。录其行橐，一毫不私。至所贩货得利，亦均分著籍③。既归，尽举以付其母，为择地卜葬④。日至其家，奉其母如己亲。若是者累年。妇以姑老，亦不忍去，皆感里人之恩。人亦喜其义也。姑以妇尚少，里人未娶，视之犹子，故以妇嫁之。夫妇尤欢睦，后有儿女数人。一日大雨，里人者独坐檐下，视庭中积水窃笑。妇问其故，不肯告，愈疑之，叩之不已⑤。里人以妇相欢，又有数子，待己必厚，故以诚语之曰："吾以爱汝之故，害汝前夫。其死时指水泡为证，今见水泡，竟何能为？此其所以笑也。"妇亦笑而已。后伺里人之出，即诉于官，鞫实其罪而行法焉。妇恸哭曰："以吾之色而杀二夫，亦何以生为？"遂赴淮而死。此书吕氏既无，而余家者亦散于兵火，姓氏皆不能记，姑叙其大略而已。（卷下）

【注释】

①　姑：婆婆。丈夫的母亲。

②　制服：丧服。此处用作动词。

③ 著籍:此处指登记入账册。

④ 卜葬:古代丧葬,先占卜以择吉祥之葬日与葬地,谓之"卜葬"。

⑤ 叩:询问。

10. 王大节恶报

建炎初,车驾自维扬渡江①。金人分兵逼寿春②,众劫太守马识远使投拜,马拒之,率兵城守,卒能保全。及虏退,其尝欲降者反不自安,乃谋杀太守以掩前失,曰:"守若存,我辈终不得全。"幕官王大节曰:"彼有家属,如何?"于是尽杀,推大节权领州事③,以太守首先投降及兵退尚不肯用建炎年号具奏朝廷,乃擢大节通判权州事。绍兴二年,大节与徐兢明叔俱在孟庾幕中,一日,大节与徐论禅,曰:"罪福之事,报应有无?"徐云:"未了还须偿宿债。"大节曰:"如何可脱?"徐曰:"法心觉了无一物④。赵州和尚道'放得下时都没事'⑤。若放不下,冤债到来,何由弹免⑥?"王面发赤。次日具饭邀徐,密告寿春之事,曰:"还可脱免否?"明叔曰:"如赵州言,放得下始得。"王曰:"如何放得下?"明叔曰:"惟觉能了。"翌日,徐与同官王昌俱访大节,忽言"病来",又曰"了不得!了不得!且救我。"遂倒仆。二公取艾灸其脐中,方三四壮⑦,矍然而起曰:"知罪过!知罪过!"又曰:"且放宽我。"语言纷纭,莫能悉记。二公惊出,但闻哀祈之声,久之竟死。孟与徐皆能道其事。(卷下)

【注释】

① 车驾:代指帝王。此处指高宗赵构。建炎三年(1129)正月,金兵南袭扬州,高宗渡江至镇江,再退杭州。五月,由杭州北上,驻江宁,改江宁为建康府。

② 寿春:今安徽寿县。

③ 权领州事:代掌州政。

④ 法心觉了无一物:禅语。意谓顿悟佛性便觉世间万物皆空。

⑤ 赵州和尚:晚唐高僧。名从谂。唐宣宗大中年初驻锡赵州观音院(今河北赵县柏林寺),为传南禅顿教于北土之先驱。

⑥ 弹(duǒ)免:躲避;避免。

⑦ 壮:中医艾灸法术语,用艾炷熏灼穴位一次称一壮。

图书在版编目(CIP)数据

唐宋笔记选注.上 / 倪进选注. —上海:上海教育出版社,2015.12
(历代笔记选注)
ISBN 978-7-5444-5843-6

Ⅰ.①唐… Ⅱ.①倪… Ⅲ.①笔记—注释—中国—唐宋时期
Ⅳ.①Z429.4

中国版本图书馆CIP数据核字(2015)第000208号

策划编辑 屠又新　徐建飞
责任编辑 徐建飞
封面设计 陆　弦

历代笔记选注

唐宋笔记选注
上

倪　进　选注

出　　版　上海世纪出版股份有限公司
　　　　　上 海 教 育 出 版 社
　　　　　易文网 www.ewen.co
地　　址　上海市永福路123号
邮　　编　200031
发　　行　上海世纪出版股份有限公司发行中心
印　　刷　昆山市亭林印刷有限责任公司
开　　本　700×1000　1/16　印张 29.5　插页 4
版　　次　2016年4月第1版
印　　次　2016年4月第1次印刷
书　　号　ISBN 978-7-5444-5843-6/H·0236
定　　价　70.00元(软精)

(如发现质量问题,读者可向工厂调换)